中国大学一〇〇强

TOP 100 UNIVERSITIES IN CHINA

王战军 李旖旎 蔺跟荣 等 编著

看世界·强国教育

教育部学位管理与研究生教育战略研究基地系列著作

中国科学技术出版社
·北京·

图书在版编目（CIP）数据

中国大学 100 强 / 王战军等编著. -- 北京：中国科学技术出版社，2025. 1. -- ISBN 978-7-5236-1185-2

I. G649.1

中国国家版本馆 CIP 数据核字第 2024N5U538 号

总 策 划	秦德继
策划编辑	王晓义
责任编辑	杨　洋
装帧设计	锋尚设计
责任校对	邓雪梅
责任印制	徐　飞

出　　版	中国科学技术出版社
发　　行	中国科学技术出版社有限公司
地　　址	北京市海淀区中关村南大街 16 号
邮　　编	100081
发行电话	010-62173865
传　　真	010-62173081
网　　址	http://www.cspbooks.com.cn

开　　本	710mm×1000mm　1/16
字　　数	470 千字
印　　张	27
版　　次	2025 年 1 月第 1 版
印　　次	2025 年 1 月第 1 次印刷
印　　刷	北京瑞禾彩色印刷有限公司
书　　号	ISBN 978-7-5236-1185-2 / G·1075
定　　价	99.00 元

（凡购买本社图书，如有缺页、倒页、脱页者，本社销售中心负责调换）

内容简介

本书是继《世界大学100强》后，介绍中国知名大学的历史沿革、学科特色、重点院系、学生结构、师资队伍、校园文化等的又一力作。《中国大学100强》以"双一流"建设高校为主，突出发展水平、行业一流、区域特色、服务贡献等，呈现了中国改革开放以来大学建设与发展的成就，中国百所大学深厚的精神内涵、丰富的文化底蕴和独特的发展模式。

全书内容翔实、资料丰富，可为学生和家长选择大学和学科专业以及为国内外学者进行院校研究提供有益参考，亦可作为高等教育学、研究生教育学的教学用书，以及作为大学管理与研究人员、留学服务机构的参考书。

INTRODUCTION

Following the publication of *Top 100 Universities in the World*, this book serves as another comprehensive and systematic exploration of the development trajectory, academic specialties, key departments, student structure, and university culture of Chinese universities. *Top 100Universities in China* focuses on universities participating in the "Double First-Class" initiative, highlighting factors such as their development level, industry leadership, regional characteristics, and service contributions, comprehensively presenting the remarkable achievements in university construction and development since China's reform and opening-up. Adhering to an authentic and fact-based approach, this book comprehensively showcases the profound spiritual essence, rich cultural heritage, and unique development models of China's top 100 universities.

With detailed content and rich data, this book serves as a guide for students and parents in choosing universities and majors, and offers beneficial references for domestic and international scholars conducting institutional research. It can be used as a textbook for higher education and postgraduate education, and also as a reference book for university management and research personnel as well as overseas education service agencies.

前言 PREFACE

大学是知识传递与发展的中心，是文化传承与创新的枢纽，体现了不同文化背景下文化的"性格"，携带着不同文明的基因。大学的发展与国家的历史演进、经济发展、科技发展、文化传承与创新协同共生。第二次世界大战以后，大学在促进国家发展、推动社会进步方面发挥的作用越来越显著，逐渐成为国家战略发展的重要组成部分。建设世界一流大学成为各国促进科技创新、经济发展、社会进步、文化繁荣的重要选择。

西方大学起源于城市兴起后的各类行会。因此，西方大学教育重视以从事专业劳动为目的的专门基础知识养成。受到14世纪文艺复兴的影响，西方大学摆脱了神学影响下的以发展、支撑神学合法性、合理性为内核的知识传承模式，转而将科学和真理作为大学的核心追求，形成追求学术自由、自治的文化氛围。工业革命在欧洲兴起后，大学发展与社会产生了深刻的勾连。大学与社会的相互建构，一方面体现在社会的发展需要大学培养人才和生产新的知识，另一方面社会潜移默化地推动了大学的自我改造。第二次世界大战后，研究型大学对国家发展的重要作用得到重视，大力发展研究型大学成为各国政府的一项重要国家战略。同时，欧洲和美国作为高等教育的诸多重要事件的起点，西方大学模式逐渐成熟，并成为大学发展的主流。

中国古代的教育以"修身、齐家、治国"等品德培养为核心，注重人文修养和个人品质的形成，真正现代意义上的大学则迄自清末民国初年。1898年的戊戌变法将发展高等教育作为"新政"的措施之一，建立了中国近代史上第一所国立综合性大学——京师大学堂。京师大学堂主张"中学为体，西学为用"，奠定了中国近代大学发展以学习西方为主的发展基调。之后，中国陆续建立了北洋大学堂等一批现代大学。中国共产党成立后，高度重视人才培养和教育的发展，陆续创办了马克思共产主义学校、中国人民抗日红军大学、苏维埃大学、高尔基戏剧学校、红军通信学校、中国工农红军军医学校等，培养了一批工农运动领导骨干和高级干部。延安时期又先后创办了陕北公学（中国人民大学前身）、自然科学院（北京理工大学前身）、延安大学等，为中华人民共和国成立后的大学发展模式奠定了基础。

中华人民共和国成立初期，我国借鉴苏联高等教育模式，对传统的大学进行改造。1952年，为了建立中国自己的工业体系，我国开始进行大规模的高校院系调整，加强工科院校和单科性专门学院的建设。1961年，国家发布《教育部直属高等学校暂行工作条例（草案）》（简称"高教六十条"），大学发展回归理性，教育质量实现较大提升。1977年恢复高考，我国大学面貌焕然一新。1980年《中华人民共和国学位条例》的颁布，标志着大学发展进入法制化、规范化的高速发展阶段。

1988年，国家教委在全国组织评选了416个高等学校重点学科点，涉及107所大学。大学发展进入重点建设的新阶段。1994年，为适应社会主义市场经济建设，满足社会对高层次、多元化人才规模的需求，国家正式启动面向21世纪、重点建设100所左右的高等学校和一批重点学科的建设工程（简称"211工程"），使相当一批高等学校和重点学科点能够成为培养高层次专门人才和解决国家经济建设、科技和社会发展重大科技问题的基地，在教育质量、科学研究和管理等方面处于国内先进水平，并有一定的国际影响。其中若干所高等学校和部分重点学科点达到或接近世界先进水平，有112所高校入选"211工程"建设项目，考虑到部分学校两地办学相互独立等原因实为116所。

1998年5月，教育部决定实施《面向21世纪教育振兴行动计划》，重点支持北京大学、清华大学等部分高等学校创建世界一流大学和高水平大学（简称"985工程"），先后有39所大学进入"985工程"项目，有力地带动了中国大学的建设与发展，引领我国教育水平跨入世界中等偏上行列。

2015年，中央全面深化改革领导小组会议审议通过《统筹推进世界一流大学和一流学科建设总体方案》，我国开始实施世界一流大学和一流学科建设（简称"双一流"建设）重大战略。"双一流"建设是继"211工程""985工程"之后的又一国家战略，旨在提升中国高等教育综合实力和国际竞争力，为实现"两个一百年"奋斗目标和实现中华民族伟大复兴的中国梦提供有力支撑。首轮"双一流"建设共有一流大学建设高校42所，其中 A类36所，B类6所；一流学科建设高校95所。第二轮"双一流"建设高校147所。建设学科中数学、物理学、化学、生物学等基础学科布局59个，工程类学科180个，哲学社会科学学科92个。北京大学、清华大学自主建设的学科自行公布。通过两轮的建设，我国大学质量提升和结构优化成效显著，产出了一批具有国际影响力的标志性成果，为我国社会主义现代化建设进步做出了重要贡献。

我国有独特的历史、文化和国情，决定了我国要扎实办好中国特色的大学。为进一步深入挖掘中国大学的精神内核和文化底蕴，讲好中国大学的发展故事，展现中国大学的精神文化，推介中国大学的办学模式，扩大中国大学的全球影响力，我们组织、遴选了百所中国大学进行"画像"，力求全面描述其发展模式、学科特色、招生情况、大学文化，全面展现中国百所大学深厚的精神内涵、丰富的文化底蕴和独特的发展模式。

在中国百所大学的遴选过程中，我们按照"顶级优先、兼顾特色、结构合理"的原则，突出发展水平、行业一流、区域特色、服务贡献，充分考虑所选大学的国际认可和区域分布，充分展现中国高等教育的实力和特色。内地大学遴选以147所"双一流"建设高校为主要对象，同时考虑建设水平和国际影响，兼顾地域特点、行业特征、民族特色等。港澳台地区大学遴选以世界大学排行榜为依据，兼顾地区分布情况。同时，我们邀请知名专家、学者组成大学遴选专家委员会，审核把关遴选结果。最终确定了100所中国顶级大学名单，其中"双一流"建设央属高校72所，省（市）属高校22所，港澳台地区高校6所，如下表所示。

中国大学100强名单及排序

序号	区域	省份	数量	大学名称
1	华北	北京市	24	北京大学、中国人民大学、清华大学、北京航空航天大学、北京理工大学、中国农业大学、北京师范大学、中央民族大学、北京外国语大学、中国政法大学、北京邮电大学、中国传媒大学、北京科技大学、北京交通大学、中央财经大学、对外经济贸易大学、华北电力大学、北京中医药大学、北京林业大学、北京工业大学、北京化工大学、北京体育大学、中央音乐学院、中国医学科学院北京协和医学院
2	华北	天津市	2	南开大学、天津大学
3	华北	河北省	1	河北工业大学
4	华北	山西省	2	山西大学、太原理工大学
5	华北	内蒙古自治区	1	内蒙古大学
6	东北	辽宁省	2	大连理工大学、东北大学
7	东北	吉林省	2	吉林大学、东北师范大学
8	东北	黑龙江省	2	哈尔滨工业大学、哈尔滨工程大学
9	华东	上海市	9	复旦大学、同济大学、上海交通大学、华东理工大学、东华大学、上海中医药大学、华东师范大学、上海外国语大学、上海大学
10	华东	江苏省	8	南京大学、苏州大学、东南大学、南京航空航天大学、南京理工大学、中国矿业大学、河海大学、江南大学
11	华东	安徽省	3	安徽大学、中国科学技术大学、合肥工业大学
12	华东	山东省	3	山东大学、中国海洋大学、中国石油大学
13	华东	福建省	2	厦门大学、福州大学
14	华东	浙江省	1	浙江大学
15	华东	江西省	1	南昌大学
16	华东	台湾省	1	台湾大学
17	华中	湖北省	5	武汉大学、华中科技大学、中国地质大学、武汉理工大学、华中师范大学
18	华中	河南省	2	郑州大学、河南大学
19	华中	湖南省	2	湖南大学、中南大学

续表

序号	区域	省份	数量	大学名称
20	华南	广东省	4	中山大学、暨南大学、华南理工大学、南方科技大学
21		香港特别行政区	4	香港大学、香港中文大学、香港科技大学、香港理工大学
22		广西壮族自治区	1	广西大学
23		海南省	1	海南大学
24		澳门特别行政区	1	澳门大学
25	西南	四川省	3	四川大学、西南交通大学、电子科技大学
26		重庆市	2	重庆大学、西南大学
27		贵州省	1	贵州大学
28		云南省	1	云南大学
29		西藏自治区	1	西藏大学
30	西北	陕西省	5	西北大学、西安交通大学、西北工业大学、西安电子科技大学、西北农林科技大学
31		甘肃省	1	兰州大学
32		青海省	1	青海大学
33		新疆维吾尔自治区	1	新疆大学

注：① 100所中国大学的排序规则为：首先按照所在省份的大学数量，数量相同则依据省份行政区划代码，省内则依据学校代码进行排序。②区域划分以行政区划为准。

我们对中国100所顶级大学的描述按照"三要点、六要素"的思路展开。"三要点"涵盖三项主要内容：一是办学模式。我们关注中国顶级大学如何构建教育模式，以及这些模式如何适应并推动学术和社会发展；二是学术贡献。研究这些大学在学术领域取得的显著成就，以及在人才培养方面所做的贡献；三是精神文化。探讨在大学发展过程中形成的独特的精神价值和文化传统。"六要素"包括历史沿革、优势学科、重点院系、学生构成、师资力量、校园文化六个方面。通过这种多层次、多视角的研究，力求能够全面探析中国顶级大学的现状、特征、形成规律和发展趋势。这不仅有助于揭示这些大学成功的关键因素，而且能够为政策制定者、教育管理者以及学术界提供宝贵的见解和建议。

我们期望，在新一轮科技革命和产业变革的背景下，本书和之前出版的姊妹篇《世界大学100强》，能够为全球读者深入了解全球大学发展和中国大学建设打开一扇窗口，为加深对"新时代"大学内涵、功能、作用的认识，创新大学发展模式提供重要参考，同时激发学者们对世界尤其是对中国大学发展的深入思考、研究，促进我国"院校研究"走向深入。我们更加希望本书能够为促进国际间大学文化交流与合作、全球学生流动和中国世界一流大学建设提供有益借鉴，为全面建成社会主义现代化强国贡献智慧和力量。

目录 CONTENTS

华北地区大学

北京大学 / 2

中国人民大学 / 6

清华大学 / 10

北京航空航天大学 / 14

北京理工大学 / 18

中国农业大学 / 22

北京师范大学 / 26

中央民族大学 / 30

北京外国语大学 / 34

中国政法大学 / 38

北京邮电大学 / 42

中国传媒大学 / 46

北京科技大学 / 50

北京交通大学 / 54

中央财经大学 / 58

对外经济贸易大学 / 62

华北电力大学 / 66

北京中医药大学 / 70

北京林业大学 / 74

北京工业大学 / 78

北京化工大学 / 82

北京体育大学 / 86

中央音乐学院 / 90

中国医学科学院北京协和医学院 / 94

南开大学 / 98

天津大学 / 102

河北工业大学 / 106

山西大学 / 110

太原理工大学 / 114

内蒙古大学 / 118

东北地区大学

大连理工大学 / 124

东北大学 / 128

吉林大学 / 132

东北师范大学 / 136

哈尔滨工业大学 / 140

哈尔滨工程大学 / 144

华东地区大学

复旦大学 / 150

同济大学 / 154

上海交通大学 / 158

华东理工大学 / 162

东华大学 / 166

上海中医药大学 / 170

华东师范大学 / 174

上海外国语大学 / 178

上海大学 / 182

南京大学 / 186

苏州大学 / 190

东南大学 / 194

南京航空航天大学 / 198

南京理工大学 / 202

中国矿业大学 / 206

河海大学 / 210

江南大学 / 214

安徽大学 / 218

中国科学技术大学 / 222

合肥工业大学 / 226

山东大学 / 230

中国海洋大学 / 234

中国石油大学 / 238

厦门大学 / 242

福州大学 / 246

浙江大学 / 250

南昌大学 / 254

台湾大学 / 258

华中地区大学

武汉大学 / 264

华中科技大学 / 268

中国地质大学 / 272

武汉理工大学 / 276

华中师范大学 / 280

郑州大学 / 284

河南大学 / 288

湖南大学 / 292

中南大学 / 296

华南地区大学

中山大学 / 302

暨南大学 / 306

华南理工大学 / 310

南方科技大学 / 314

香港大学 / 318

香港中文大学 / 322

香港科技大学 / 326

香港理工大学 / 330

广西大学 / 334

海南大学 / 338

澳门大学 / 342

西南地区大学

四川大学 / 348

西南交通大学 / 352

电子科技大学 / 356

重庆大学 / 360

西南大学 / 364

贵州大学 / 368

云南大学 / 372

西藏大学 / 376

西北地区大学

西北大学 / 382

西安交通大学 / 386

西北工业大学 / 390

西安电子科技大学 / 394

西北农林科技大学 / 398

兰州大学 / 402

青海大学 / 406

新疆大学 / 410

后记 / 414

华北地区大学

北京大学

　　北京大学（Peking University）位于北京市海淀区，被誉为"中国最具精神魅力的大学"。校园与邻近的颐和园、圆明园等历史遗迹相映生辉，共同构筑了一幅绚丽的人文画卷。北京大学是中国新文化运动的中心，五四运动的策源地，在中国传播马克思主义和民主科学思想的最初基地。陈独秀、蔡元培、李大钊、茅盾、胡适、马寅初、钱玄同、刘半农这些文化巨匠宛如星辰，是五四运动以来科学与民主的倡导者，并成为北京大学的学术奠基人。他们的精神，如同不灭的灯塔，照亮着后来学子前行的道路，激励着学子们为中华民族的伟大复兴贡献力量，续写着北京大学辉煌的篇章。

北京大学创立于1898年戊戌变法之际，初名京师大学堂，是中国近现代第一所国立综合性大学，创立之初也是国家最高教育行政机构。1912年改为国立北京大学，严复出任校长。1917年，蔡元培就任北京大学校长，对北京大学进行了卓有成效的改革，促进了思想解放和学术繁荣。1937年卢沟桥事变后南迁至长沙，与清华大学和南开大学组成国立长沙临时大学。1938年迁至昆明，更名为国立西南联合大学。抗日战争胜利后，北京大学北返故园，于1946年10月在北平正式复学。1952年，经全国高校院系调整，成为以文理基础教学和科学研究为主的综合性大学。2000年与原北京医科大学合并，组建为新的北京大学。今日的北京大学，在创建中国特色世界一流大学的进程中取得了不俗的成就。

北京大学的学科生态呈现出综合性特征。目前设有人文、社会科学、经济与管理、理学、信息与工程科学、医学6个学部；共有文学、历史学、哲学、理学、工学、医学等12个学科门类。北京大学的优势学科包括数学和统计学、物理学、化学、信息科学与技术、中国语言文学、考古学、社会学、临床医学等。近年来，北京大学依托学科综合优势，在继续保持基础学科优势的基础上，大力发展应用学科，推动学科深度融合。在理工医科方面成立了应用物理与技术研究中心、前沿计算研究中心、生态研究中心、人工智能研究院、碳基电子学研究中心等跨学科研究机构，聚集了若干世界水平优秀团队。人文社科方面，成立了区域与国别研究院、博古睿研究中心、全球健康发展研究院等跨学科研究机构，对于创新人才的培养起到了极大的推动作用。

北京大学拥有多个在国内乃至全球享有盛誉的学院。光华管理学院是北京大学知名的商学院，在经济学、金融学、管理学等领域取得了显著的学术成果，培养了大量杰出的商业领袖和学者。法学院是中国法学教育的领军者之一，以培养优秀的法律人才和法学研究者而知名。法学院在国内外法学界享有很高的声誉，毕业生遍布中国各级司法机构、政府部门和律师事务所。数学科学学院是北京大学的传统优势学院之一，以培养高水平的数学研究者和教育者为目标。数学科学学院在国内外数学界具有广泛的影响力，研究成果在数学领域处于领先地位。物理学院是北京大学的另一个传统强院，以培养优秀的物理学者和科研人才而著称。物理学院在物理学研究方面取得了多项重要成果，包括量子信息、粒子物理、凝聚态物理等领域的研究。

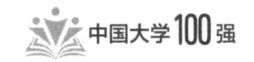

截至2022年年底，北京大学有在校学生46970人，其中本科生16544人，硕士研究生16651人，博士研究生13775人，本科生占在校生总数的35.22%，硕士研究生占35.45%，博士研究生占29.33%；研究生与本科生的比达到1.84∶1。北京大学强调以实践能力培养为重点，通过产教融合的方式，培养学生的实践创新能力。北京大学与多个国家实验室合作，开展博士研究生培养，探索重大项目平台的人才培养功能，支撑高层次基础研究人才取得原始创新。同时，促进产教融合，推出跨院系招生、教学和培养资源整合联动的项目，支持学生利用创新成果进行创业，推进高层次应用人才培养模式改革。

北京大学拥有雄厚的师资力量。截至2022年年底，有专任教师3784人，其中，中国科学院院士98人、中国工程院院士30人、发展中国家科学院院士37人；具有博士学位的专任教师3457人，占专任教师的比例为91.36%。近年来，北京大学培养和汇聚了一批具有世界领先水平的科学家、科技领军人才和创新团队：生命科学学院的相关团队创新了干细胞与再生医学新一代底层技术；信息科学技术学院相关团队将碳管芯片技术推至5纳米水平，创造未来芯片的北京大学方案；多学科交叉研发团队在高时空分辨在体成像系统研制方面取得突破性技术革新等。北京大学的院士、教授、教学名师积极投身本科教学一线，教授为本科生上课比例超过90%，近3年来，共有62名国家级、省市级教学名师累计为学生授课超过6400学时。北京大学有博士生导师2800余人，是一个老中青相结合的高水平导师群体，每位博士生导师平均带5名博士研究生。

北京大学来华留学教育历史悠久。迄今为止，通过做强做实"留学中国计划""留学北京大学计划""北京大学国际发展战略"，学校国际化办学水平和教育质量不断提升，在校国际生规模不断扩大，先后有来自195个国家逾11万人次国际生走进北京大学求学问教。如今的北京大学来华留学生源类别和国别不断丰富，截至2022年年底，有来自116个国家的长期外国留学生6857人，其中攻读学位的国际生2783人。2022年，北京大学共录取1359名国际生，其中本科生367人，硕士研究生474人，博士研究生84人，普通进修生249人，高级进修生15人，预科生120人，短期进修生50人。百余年来，北京大学培养了一大批富有北京大学底蕴、涵养中国情怀的优秀外国留学生，他们中不乏元首政要、驻华使节、知名学者及各界英才。

北京大学位于首都北京市高校最集中的海淀区，占地面积约275.13万平方米。北京大学的校园在明清两代是著名的皇家园林，这里不仅有亭台楼阁等古典建筑，而且山水环抱，湖泊相连，风景如画。优美典雅的环境内充满着丰富多彩、魅力无穷的校园生活，让人可以同时感受到自然的风景和浓厚的人文气息。

北京大学的美育传统源远流长，在中国近现代教育史上有着重要地位。中国最早的"美学"和"美术史"课程、最早的管弦乐队、最早的专业音乐教育机构均诞生于北京大学。20世纪20年代，在蔡元培扶持下，先后创建画法、书法、音乐、戏剧等研究会。北京大学有学生社团160余个，涵盖政治理论类、学术科创类、文化艺术类、体育健身类、公益志愿类、实践促进类等。2010年，北京大学成立了歌剧研究院，它是中国第一所专门从事歌剧研究、创作和表演的高等教学科研机构。中国音乐创作界的乔羽、西班牙男高音歌唱家普拉西多·多明戈（José Plácido Domingo Embil）担任名誉院长。歌剧研究院继承和发展了北京大学的美育传统，是学科建设和人才培养模式上的一次重要探索，对人文艺术精神的彰显和对外交流起到积极促进作用。

多年来，北京大学秉承爱国、进步、民主、科学的精神和勤奋、严谨、求实、创新的学风，成为中国培养高素质拔尖创新人才的重要摇篮、创造前沿科技和先进思想文化的重要阵地、服务国家高质量发展的枢纽平台、推动高水平对外开放的桥梁纽带。面向未来，北京大学对自身的未来建设发展提出了明确的路线图：到2035年进入世界一流前列；到21世纪中叶，成为能够引领世界高等教育的中国大学。

中国人民大学

中国人民大学（Renmin University of China）是中华人民共和国成立后创办的第一所新型正规大学，被誉为"我国人文社会科学高等教育领域的一面旗帜"。从陕北公学时期至今，中国人民大学为国家革命、建设、改革事业培养输送了一大批优秀人才，共计培养38万余名高水平建设者和各行各业精英。中国培养的法学、新闻学第一位博士、人文社会科学第一位外国留学生博士，以及第一批政治经济学、世界经济、货币银行学、统计学等专业的博士皆出自中国人民大学。对中国改革开放具有里程碑意义的两篇文章——《实践是检验真理的唯一标准》和《东方风来满眼春》均出自中国人民大学师生之手。中国人民大学形成了

"人民共和国建设者"的摇篮、人文社会科学高等教育的重镇、马克思主义教学与研究的高地三大办学特色，为中国哲学社会科学的发展和繁荣，为中国特色社会主义现代化建设事业做出了重要贡献，成为探索创办新型高等教育，扎根中国大地办大学的典范和缩影。

中国人民大学前身是1937年诞生于抗日战争烽火中的陕北公学，以及后来的华北联合大学和北方大学、华北大学。1950年10月3日，中国人民大学成立并举办开学典礼，原华北大学校长吴玉章出任校长。建校初期，秉持"教学与实际联系，苏联经验与中国情况相结合"的办学方针。到1965年年底，全校共有1个学院、12个系、3个研究所、1个研究室，设有19个专业。从建校到1965年的15年间，中国人民大学共接收过24个国家和地区的400多名留学生，为国家培养各类毕业生65870名，取得科研成果2397项。1978年8月，中国人民大学恢复和新建了哲学、政治经济学、工业经济、经济信息管理等15个系，设有24个本科专业、14个硕士研究生专业。1979年，按照关于扩大招生的部署，分别在崇文区和西城区创办第一、第二分校。1997年，正式被列为"211工程"建设高校并获得重点支持。在"985工程"一期建设和二期建设时期，形成了"主干的文科，精干的理工科"的学科特色。2017年首批入选国家"世界一流大学和一流学科"建设名单。在办学过程中，中国人民大学走出了一条建设中国特色、世界一流大学的新路径。

中国人民大学长期以来在人文社会科学领域独树一帜，为国家哲学社会科学繁荣发展做出了奠基性、引领性贡献。哲学学科是中国哲学教学、科研、咨政和培养高级人才的重镇，在全国范围内一马当先，产生了中国教育史上第一本马克思主义哲学教材、被誉为中国哲学教育的"工作母机"。其中，在政治经济学、马克思主义哲学中国化等研究领域取得了显著成绩，建有北京市高校思想政治理论课高精尖创新中心暨全国高校思想政治理论课教师网络集体备课平台。经济学科历史悠久，门类齐全，实力超群，其中的理论经济学是中国特色社会主义思想的引领者和中国经济学研究的理论重镇，而应用经济学则是中国财政金融高等教育领头雁，在绿色金融、全球金融治理和"一带一路"建设等方面持续发挥资政启民的作用。政治学科聚焦国家理论、治理理论、世界秩序、战争与和平等重大问题，注重政治与历史、经济的连接，突出对政治思想史、政治制度史、国内政治经济与国际政治经济等研究特色，被教育部一流学科专家评审委员会誉为"最具优势的中国政治学学科阵地"。法学学科引领法学教育与研究，服务法治中国建设，民法典参编人数居全国高校首位，推动中国进入"民法典时代"。工商管理专业是传统王牌专业，致力于培养掌握组织与管理领域基础知识以及国际前沿理论，善于从全球视野出发，运用大数据技术，解决中国企业商业与管理实践的创新型管理人才。新闻传播学以马克思主义新闻观为引领，围绕中国特色新闻学体系，面向新时代、新技术革命以及全球化，聚焦马克思主义新闻观与中国特色新闻学研究、融媒体与数据新闻、传播学基础理论创新与中国传播学知识体系构建、公共传播与国家治理、全球新闻传播与跨文化交流等领域，突出大数据与新闻传播、战略传播等特色人才培养方向。

中国人民大学下设有马克思主义学部、人文学部、经济学部、管理学部、法政学部和理工学部6个学部，下分37个学院，另设有体育部、继续教育学院、深圳研究院等。其中，哲学院肇始于1956年创立的哲学系，成立于2005年，历史上艾思奇、何思敬、萧前、石峻、苗力田等哲学名家曾在此执教，下设哲学系和宗教学系，以及孔子研究院、人文社会科学发展研究中心、外国哲学研究所、茶道哲学研究所等科研机构。经济学院的前身可追溯至陕北公学时期设立的政治经济学研究室，是中国经济学教育的旗舰，经济人才培养的摇篮，目前设有"经济学—数学"双学位实验班、"中国经济"全英文硕士班、中国特色经济学本硕博连读实验班等8个创新人才培养平台，拥有一批结构合理、实力强悍的经济学专家团队，包括马克思主义研究与建设工程首席专家8名、诺贝尔经济学奖得主担任名誉教授4名。国际关系学院拥有70年的学术传统，下设国际政治系、外交学系、政治学系、国家安全学系4个系，培养了近万名各层次的全日制毕业生，活跃于行政管理、外交外事、政策研究、教育科研以及新闻媒体等领域，已成为国内遥遥领先的政治学与国际关系学科的人才培养基地和学术研究中心。新闻学院成立于1955年，历史上汇聚了北京大学、中国人民大学、燕京大学3校学科资源，是"新中国"记者的摇篮、马克思主义新闻学研究重镇，着力构建以本为本的卓越新闻传播人才培养体系和生态型培养体系。

中国人民大学人才荟萃、名家云集。截至2024年1月，有专任教师1956人，其中教授801人，副教授751人。入选国家重大人才工程132人，获国务院政府特殊津贴508人，入选国家重大青年人才工程136人。马克思主义经济学家卫兴华和法学家、法学教育家高铭暄于2019年获得"人民教育家"国家荣誉称号。卫兴华长期从事《资本论》研究，主编《政治经济学原理》，提出了商品经济理论、生产力多要素论等理论。高铭暄作为中华人民共和国刑法学的主要奠基者和开拓者之一，参与中国第一部刑法的制定，编撰了第一部权威性刑法教材《刑法学》。此外，中国人民大学注重构建中国自主知识体系，产生了《中国民法典释评（十卷本）》和《中国民商法研究文丛》等推介中国民法典研究系列成果，系统阐述马克思主义发展史的研究著作《马克思主义发展史（十卷本）》，以及十年来"一带一路"建设成果的《"一带一路"十年答卷》丛书（8本9大语种）及合编本等独创性成果。

中国人民大学以"复兴栋梁、强国先锋"为人才培养目标。截至2024年1月，拥有在校学生28224人，其中本科生11749人、硕士研究生11400人、博士研究生5075人。人才培养方面，建有明德书院、明理书院、新民书院、崇实书院、求是书院、远见书院6书院，形成了覆盖6个学部与本、硕、博全体学生的新型书院体系。拥有23个博士学位授权一级学科、35个硕士学位授权一级学科，设有136个博士学位授权二级学科、166个硕士学位授权二级学科，24种专业硕士学位。截至2024年1月，学校同61个国家和地区的312所高校和国际组织建立了伙伴关系，参与了7所海外孔子学院建设。

中国人民大学主校区位于北京市名校云集的海淀区，占地面积69.65万平方米。坐享中关村大街的繁华，地理位置优越。既有明德楼、崇德楼、世纪馆等众多设计理念现代、建筑风格大气的教学楼建筑，又有历史色彩厚重、颇具苏联风格的求是楼、红楼楼群。通州区新校区位于北京市城市副中心，建设规模约105万平方米。位于江苏省的苏州校区（中外合作办学），产权占地面积12.3万平方米，毗邻独墅湖，环境优美。中国人民大学图书馆是中国人文社会科学图书馆的翘楚，馆藏丰富，涵盖了各个学科领域。图书馆不仅提供传统的纸质书籍和期刊，还拥有大量的电子资源，包括电子图书、在线数据库和学术期刊，满足了师生多样化的学术需求。

中国人民大学的校训是"实事求是"。中国人民大学坚持立足中国实际，解决中国问题，以回答中国之问、世界之问、人民之问、时代之问为学术己任，致力于研究重大政治、经济、文化和社会问题，为国家经济建设和社会发展提供强大的理论保证和有力的智力支持。面向未来，中国人民大学将积极参与全球高等教育的治理，在全球高等教育舞台上发挥更加重要的作用，为建设人类命运共同体以及解决全球性问题贡献智慧和力量。

清华大学

清华大学（Tsinghua University）位于北京市海淀区，与名园古迹圆明园、颐和园等交相辉映。清华大学被誉为"红色工程师的摇篮"，是中国高层次人才培养和科学技术研究的重要基地，梁思成、王国维、闻一多、华罗庚、钱学森、叶企孙皆是其中的佼佼者。清华大学开创了中西融汇、古今贯通、文理渗透的办学风格，形成了爱国奉献、追求卓越的精神和又红又专、全面发展的特色，培养了大批学术大师、兴业英才、治国英才，为国家、为中华民族复兴做出了重要贡献。

清华大学的前身清华学堂，始建于1911年，1912年更名为

清华学校，1925年设立大学部，1928年更名为国立清华大学。1937年抗日战争全面爆发后南迁长沙，与北京大学、南开大学组建国立长沙临时大学。1938年国立长沙临时大学迁至昆明，改名为国立西南联合大学。1946年迁回清华园复校，设有文、法、理、工、农5个学院、26个系。1952年全国高等学校院系调整后，清华大学成为一所多科性工业大学，重点为国家培养工程技术人才。改革开放以来，清华大学逐步确立了建设世界一流大学的长远目标，进入了蓬勃发展的新时期。学校先后恢复或新建了理科、文科、医学学科和经济管理学科，并成立了研究生院和继续教育学院。1999年，中央工艺美术学院并入，成立清华大学美术学院。2012年，中国人民银行研究生部并入，成为清华大学五道口金融学院。历经百年，如今的清华大学在人才培养、科学研究、社会服务、文化传承创新、国际合作交流等方面都取得了辉煌的成就，成长为面向世界、自信开放的知名高校。

清华大学的学科生态呈现出综合性、研究型、开放式的特征。工程学在全球享有极高的声誉，尤其在电子工程、计算机科学、材料科学、机械工程、土木工程等方面表现突出。计算机科学与技术专业涵盖了计算机系统结构、计算机软件与理论、计算机应用技术等多个方向，其课程设置既注重基础理论的掌握，又强调实践能力的培养，使学生具备扎实的计算机知识和创新能力。电子信息工程专业主要研究信息的获取、传输、处理和应用，涉及电子技术、通信技术和计算机技术等多个领域。经济管理学院也是其优势学科之一。经济管理类专业涵盖了经济学、金融学、管理学等多个方向，注重培养学生的经济思维和管理能力。近年来，清华大学依托学科综合优势，在继续保持工学学科优势的基础上，大力发展应用学科和交叉学科，推动学科深度融合。先后成立了交叉信息研究院、航空发动机研究院、生物医学交叉研究院、智能产业研究院、碳中和研究院等研究机构，为拔尖创新人才培养和关键技术攻关起到了极大的推动作用。

清华大学目前设有22个学院，59个系，已成为一所具有理学、工学、文学、艺术学、历史学、哲学、经济学、管理学、法学、教育学和医学等学科的综合性的研究型大学。信息科学技术学院由电子工程系、计算机科学与技术系、自动化系等组成，拥有国家集成电路人才培养基地、国家工程技术研究中心和国家工程实验室，学院致力于提高信息学科学术研究水平，加速高层次人才培养，促进学科交叉与联合。公共管理学院是国内首家公共管理学院，拥有政治与公共政策研究所、政府管理与创新研究所等常设研究所，致力于培养具备国际化视野的卓越师资队伍，提供多种中文和英文教学项目。物理学院拥有一流的物理实验室和科研设施，致力于培养高水平的物理研究和应用人才。医学院致力于培养医学科学家、高级临床医生、医学教育工作者和大健康产业技术创新人才，在免疫学、肿瘤生物学、微生物与传染病学、神经科学、分子与生物学等方向拥有卓越的研究成果。

清华大学凭借一流的教育质量，每年吸引众多国内外学子来此深造。截至2022年年底，清华大学共有在校学生59270人。本科生16320人，其中国际学生946名；硕士研究生22423人，其中国际学生1659人；博士研究生20527人，其中国际学生467人。本科生占在校生总数的27.54%，硕士研究生占37.83%，博士研究生占34.63%；研究生与本科生的比达到2.63∶1。清华大学强调以博士研究生培养为核心，构建了健全的学术型研究生培养体系。这一体系旨在推动学科交叉培养和国际化培养，培养学生的学术创新能力和国际竞争力。清华大学为专业学位研究生教育设计了"项目制"和"中心制"的管理模式，通过建设专业学位研究生教育中心，开设特色研究生项目，推动与培养目标相匹配的课程体系建设。清华大学秉持科教融合的核心理念，将科研平台变为人才培养的平台，把科研活动变成培养独创精神和批判性思维的载体，深化科教融合，全面提升研究生培养质量。

"所谓大学者，非谓有大楼之谓也，有大师之谓也。"清华大学培育和凝聚了一批又一批高水平的专家学者。截至2023年，有专职教师3837人，其中教研系列教师2157人。教师中45岁以下青年教师1838人。教师中具有正高级职务的1522人，具有副高级职务的1688人。近年来，材料学院科研团队取得了多项国际先进的科研成果，如"高性能锂离子电池用石墨和石墨烯材料"荣获2017年国家发明奖二等奖，以及"生物矿化纤维的分级组装机理研究"荣获2011年国家自然科学二等奖等。生命科学学院科研团队开创性地设计了基于相分离元件的治疗性融合蛋白，实现了特异性肿瘤靶向杀伤，为相分离转化应用迈出了重要一步。电子工程系研究团队摒弃传统电子深度计算范式，在国际上首创分布式广度智能光计算架构，研制全球首款大规模干涉衍射异构集成芯片"太极"（Taichi），实现160 TOPS/W的通用智能计算。

清华大学校园内，绿草茵茵、树木成荫，不同时期的建筑各具特色。主校区建筑总面积339.12万平方米，全校绿化面积超110万平方米，绿化覆盖率54.8%。优美典雅的环境内充满着丰富多彩、魅力无穷的校园生活，让人可以同时感受到自然的风景和浓厚的人文气息。校内建有校史馆、艺术博物馆、新清华学堂、大礼堂、音乐厅、学生文化活动中心，以及游泳馆、射击馆、气膜馆、综合体育馆、东西两个体育馆和东区体育活动中心，能够同时满足师生的精神文化与运动健身需求。学校素有体育运动传统，以"马约翰杯"为主线的系列体育赛事贯穿全年，"为祖国健康工作五十年"的口号影响了一代代清华人。清华论坛、"人文清华"讲坛、文科沙龙等品牌活动增进了思想碰撞和学科交融。

清华大学的校训是"自强不息、厚德载物"。这一校训由梁启超于1914年在清华大学的一次演讲中提出。他以此激励学子，要如天体运行般刚健不息，自强不息；同时也要如大地般厚实和顺，以宽厚的道德承载万物。清华大学作为中国高层次人才培养和科学技术研究的重要基地，践行着"独立之精神，自由之思想"的学术理念，形成了"严谨、勤奋、求实、创新"的学术风气。学校坚守育人初心，在实践中确立了高素质、高层次、多样化、创造性的人才培养目标，探索形成了价值塑造、能力培养、知识传授"三位一体"的教育理念，努力培养学生具有健全人格、宽厚基础、创新思维、全球视野和社会责任感，实现全面发展和个性发展相结合，成为肩负使命、追求卓越的拔尖创新人才。进入新时代，清华大学制定了自身的发展目标：到2035年，清华大学要进入世界一流前列；到21世纪中叶，清华大学要成为能够引领世界高等教育的中国大学。

北京航空航天大学

北京航空航天大学（Beihang University）位于北京市海淀区学院路，地处北京中关村高科技园区，毗邻国家奥林匹克体育中心。建校70余年来，学校致力于服务国家重大战略需求、瞄准世界科技前沿，研制发射成功的多种型号飞行器填补了国内多项技术空白，包括中国第一架轻型旅客机"北京一号"、亚洲第一枚探空火箭"北京二号"、中国第一架无人驾驶飞机"北京五号"等。北京航空航天大学累计培养了25万余名优秀人才，包括100位两院院士、300余位型号总师、总指挥等，谱写出了一篇篇培育栋梁、为国铸剑、追求卓越的绚丽华章。

北京航空航天大学创建于1952年，是由当时清华大学等八所院校的航空院系合并而成的中国第一所航空航天科技大学——

北京航空学院。1977年，恢复招生。1978年，恢复研究生招生。1981年，成为全国首批博士和硕士学位授予单位。1988年改名为北京航空航天大学，从单一工科发展成为工理管文相结合的综合性大学。1995年，学校进入国家"211工程"重点建设高校行列。2001年，学校进入国家"985工程"重点建设高校行列；首批获准试办国家示范性软件学院。2018年，学校入选教育部首批国家级新工科研究与实践项目，与宁波市人民政府签订合作协议，共同建设北京航空航天大学宁波创新研究院。今日，北京航空航天大学已迈入了高质量、内涵式发展的新阶段。

北京航空航天大学学科繁荣、特色鲜明，目前设有本科专业80个，涵盖工、理、管、文、法、经、哲、教育、医、交叉10个学科门类。拥有博士学位授权一级学科点34个、硕士学位授权一级学科点36个、26个博士后科研流动站。在航空航天、信息、理科、文科、医工交叉5大学科群建设成效显著。其中，航空宇航科学与技术学科设有飞行器设计、航空宇航推进理论与工程、导航制导与控制、模式识别与智能系统四个博士学位授权点，以及飞行器设计、航空宇航推进理论与工程、导航制导与控制、模式识别与智能系统四个硕士学位授权点。此外，还设有航天工程专业硕士学位授权点。这些专业均属于航天领域的核心学科专业，对于推动航天科技的发展起着重要支撑作用。作为国防科技发展的关键技术，该学科的发展和水平对国家科技发展和综合国力提高具有十分重要的推动作用，并对船舶、能源、环境、交通等国民经济相关领域的发展产生重要影响。软件工程学科以关键基础软件、大型工业软件、安全关键软件、智能软件工程为代表性方向，探索关键软件产教融合人才培养的新思路，依托软件开发环境国家重点实验室和虚拟现实技术与系统等国家重点实验室，该学科形成了人机物融合环境关键基础软件、先进工业软件方法与环境、安全关键系统软件与工程、人工智能与智能软件工程等优势方向。支持了自主研发操作系统的安全验证，完成了重大型号软件的试验鉴定。该学科在推动我国软件产业由大到强的历史跨越中发挥着重要作用。

截至2024年1月，北京航空航天大学设有35个二级学院。其中，宇航学院是集航天人才培养和航天科学研究为一体的综合性学院，在国内航天界享有很高的知名度，并在国际上具有较大的影响。目前，宇航学院拥有中国工程院院士1人，国家级领军人才6人，以及一大批资深专家和优秀青年学者。学院主要致力于国家重大科技工程和战略高技术的研究，承担了一系列重要科研任务，包括载人航天工程、探月工程、新型卫星、新一代运载火箭等。培养了包括赵煦院士、陈福田院士、包为民院士等为代表的大批我国航天事业的领导和骨干人才。航空科学与工程学院是一所具有航空航天特色的院系，在培养航空航天高素质专业人才和领导领军人才方面发挥着重要作用，同时也是解决航空航天及力学领域核心科学问题和重大关键技术的科研基地。学院曾成功研制"北京一号"中程旅客机、"蜜蜂"系列轻型飞机、共轴双旋翼直升机、临近空间飞艇等，填补了多项国内空白。学院培养了一大批杰出人才，包括国家最高科学技术奖获得者、载人航天工程总设计师王永志，"神舟"飞船总设计师戚发轫，运-20大型运输机总设计师唐长红，歼-15舰载机总设计师孙聪，C919大型客机总设计师吴光辉等19位两院院士以及一大批优秀企业家。仪器科学与光电工程学院源于1952年建校伊始成立的飞机设备教研室。学院研究团队在多个关键技术领域取得了突破性进展。例如，首创了多层系油田测井系列仪器，填补了国内空白，保障我国石油能源安全；成功研制了磁悬浮惯性执行机构，为我国新一代超稳超静卫星平台、空间站等大型航天器提供重要技术保障；同时，研制了国际领先的高动态星敏感器，引领卫星姿态测量技术跨越式发展。

截至2023年，北京航空航天大学全日制在校学生总数为38746人，其中本科生16366人，硕士研究生14277人，博士研究生8103人。本科生占在校生总数的42.24%，硕士研究生占36.85%，博士研究生占20.91%；研究生与本科生的比达到1.37∶1。学历教育留学生总数为1047人，其中本科生394人，硕士研究生399人，博士研究生254人，覆盖超过60%的共建"一带一路"国家。北京航空航天大学致力于研究生教育的全面提升，构建了"强情怀、强基础、强实践、强融通"的人才培养"四强"模式，以打造高质量人才培养体系。在博士研究生培养方面，以一级学科为主导，并鼓励采用跨学科培养、国际联合培养及校企联合培养等模式。同时，支持博士研究生在学期间通过双学位、联合培养、国家公派留学、博士研究生短期出国访学等各种项目及形式，进行出国出境学习与交流，以开阔国际视野，提升跨文化交流能力及国际学术竞争力。

截至2023年9月，学校共有教职工6129人，专任教师2957人，生师比为13.10。其中，院士30人、国家级计划领军人才249人、国家级计划青年人才330人。专任教师中，具有副高级及以上职称的专任教师2215人，占专任教师的74.91%；具有研究生学位的专任教师2891人，占专任教师的97.77%。教师团队在参与国家科研项目方面表现突出。例如，大科学装置研究院科研团队成功研制了一系列具有国际影响力和核心竞争力的创新成果，包括核心指标国际领先的超高灵敏极弱磁场与惯性测量实验研究装置、小型化原子自旋陀螺仪原理样机、高精度光学陀螺位置姿态测量系统及磁悬浮惯性稳定平台、卫星新型姿控储能两用飞轮、大抽速超高真空磁悬浮复合分子泵等。另外，"先进惯性仪表与系统技术-光纤陀螺系统及应用"科技部重点领域创新团队多年来致力于解决我国惯性技术的关键技术瓶颈。他们在高精度光纤陀螺技术及应用、高性能光纤陀螺惯性导航及组合导航系统技术、新型惯性器件等方向进行了深入研究，取得了一系列具有国际先进水平的创新成果。这些成果成功应用于卫星、导弹、机载及陆用等多个领域，满足了国家重大需求。

北京航空航天大学现有学院路校区和沙河校区，总建筑面积243.13万平方米。2023年启用杭州国际校园，建筑面积77万平方米。拥有图书馆2个，目前，"两校区三地"一体化运行的图书馆馆舍总面积3.1万平方米。校园建筑风格独特，融合了现代与传统元素，体现了学校的科技特色和文化底蕴。学校布局新校史馆、航空航天博物馆、晨兴音乐厅等文化场所，建设"空天报国"主题雕塑、"天空之境"等文化地标，形成了校庆嘉年华、北航大讲堂、北航艺术节、"感动北航"人物评选等特色文化品牌，创作排演《罗阳》等"校园大师剧"。此外，校园内提供了丰富多样的课余活动场所，设有体育场、篮球场、游泳池、网球馆、健身馆等各类运动健身设施，以及银行、邮局、超市、医院等生活服务设施。

北京航空航天大学秉承着"德才兼备，知行合一"的校训，萌发于民族觉醒之时，诞生于国家奋发之际，成长于民族复兴之中。从航空救国到航空报国，再到航天强国建设，学校始终把服务国家作为最高追求，矢志不渝培养一流人才，打造国之重器，始终奋进在中国高等教育第一方阵前列。未来，北京航空航天大学将继续弘扬以"空天报国"为内核的"北航"精神，树立一流大学的典范，孕育一流大学的气质，加快建设扎根中国大地的世界一流大学。

北京理工大学

　　北京理工大学（Beijing Institute of Technology）位于北京市海淀区，地处高校云集、名胜古迹众多的区域。作为一所从延安孕育的学校，北京理工大学被誉为"红色国防工程师的摇篮"。作为我国第一所国防工业学校，北京理工大学源源不断为国家输送"大国巨匠"。从国家最高科技奖获得者"中国预警机之父"王小谟，到"中国核潜艇之父"彭士禄，再到长征三号运载火箭总设计师谢光选，北京理工大学在服务国家战略和奉献世界科技发展中展现担当。学校曾创造了中国科技史上多个"第一"，包括第一台电视发射接收装置、第一枚二级固体高空探测火箭、第一辆轻型坦克、第一部低空测高雷达、第一台20千米远程照相机等。北京理工大学始终在打造国家战略科技力量中展现担当作为，为科技创新、国家发展和社会文明进步做出了重要贡献。

北京理工大学1940年诞生于延安，前身是自然科学院。历经晋察冀边区工业专门学校、华北大学工学院等办学时期，1949年定址北京，并接收中法大学校本部和数理化三个系；在国家重工业优先建设及"兵工提前建设"的背景下，1952年，学校更名为北京工业学院，确立了为国防工业服务的方向，使学校成为中华人民共和国第一所国防工业院校；1988年，为适应学校由单一工科院校向以工为主，理、工、管、文相结合的综合性大学转变的需要，学校更名为北京理工大学。如今的北京理工大学已在人才培养、科学研究、社会服务、文化传承等方面居于国内研究型大学前列，跻身于国内一流研究型大学。

截至2023年9月，北京理工大学设有73个本科专业，涵盖理学、工学、管理学、文学、艺术学、法学、经济学、教育学8个学科门类。其中，兵器科学与技术学科是我国最早建立的国防特色学科，也是最早支撑人民军队装备发展的军工专业。该学科在武器终端毁伤、精确打击武器系统、高能炸药及其应用等领域代表了国家科技水平，为我军武器装备的发展和国防行业领军人才培养做出了重大贡献。在兵器科学与技术领域，北京理工大学参与了多个重要项目的研制和设计。在2019年国庆70周年大阅兵中，北京理工大学为32方阵中的26个方阵提供了装备设计和研制的支持，展示了其在该领域的优秀实力。机械工程学科是我国坦克装甲车辆重要的科研和专业人才培养基地，也是设计我国第一辆坦克的学科点。该学科在多个研究方向上取得了显著成就，涵盖新能源汽车、地面运载装备、智能无人车辆、多域智能机动装备、激光微纳米制造、难加工材料加工技术、高强化柴油机复杂环境自适应技术、低温与制冷等领域。学科团队首创了我国自主知识产权超低地板纯电动客车平台，实现了规模产业化应用和巨大效益。他们突破了电池低温极速加热技术，在国际上首次实现纯电动汽车-40℃环境下快速启动和无损运行。该技术成功服务于北京奥运会、上海世博会、北京冬奥会等国家重大工程，并将成套技术输出至欧洲，为中国纯电动客车技术在国际上的领先地位做出了重大贡献。

目前，北京理工大学设有22个专业学院、7个书院以及前沿交叉科学研究院等8个新型教研机构。其中，机电学院前身是1954年创建的北京工业学院第二机械系。该学院始终瞄准国家重大战略需求和国际发展前沿，现已建成既具有鲜明的军工特色，又涉及力学、机械、化学、材料、电子、信息、控制等多学科多层次的办学实体。学院在武器装备等国防领域和柔性防爆、机器人、烟花民爆、3D打印防护材料等民用领域均取得重大成就，自主研制国际首个"摔、滚、走、爬、跳"多模态智能运动机器人；原创柔性复合防爆技术，实施成果转化并建设"柔性防爆技术产业化基地"；将先进的军工烟火药剂安全技术拓展到烟花爆竹行业，多次为国家庆典、北京冬奥会等国家重大活动提供技术支持。机械与车辆学院起源于1940年的延安自然科学院机械工程系，是中国著名的机械类专业学院之一。学院综合实力在国内同类高校中位居前列，曾培养出诸多知名专家，包括火炮总设计师苏哲子院士、车辆电动化领域专家孙逢春院士、车辆传动专家项昌乐院士、车辆设计专家毛明院士、激光制造领域专家姜澜院士、车辆设计专家李春明院士等。他们为我国国防事业和国民经济的发展做出了重要贡献。信息与电子学院前身可追溯至1953年的我国地方院校第一个雷达设计与制造专业，是我国首批从事雷达、遥控遥测领域科研与专业人才培养的单位之一。1956年，以雷达设计与制造业专业为基础建立无线电工程系。学院在我国不同历史时期均为国家重点建设专业学院，学院深度服务于国土防护、航天遥感、载人航天、卫星导航等国家重大专项和重大工程。经过70余年的发展，学院已成为我国电子信息领域高层次人才培养、科学探索和高新技术研发的重要基地。

截至2023年，北京理工大学全日制在校学生总数为33161人，其中本科生15106人，硕士研究生11737人，博士研究生6318人。本科生占在校生总数的45.55%，硕士研究生占35.40%，博士研究生占19.05%；研究生与本科生的比达到1.20：1。学校实施大类招生、大类培养、书院制人才培养模式改革，建立学院书院共担责任、四年贯通的本科生管理体制。研究生院坚持内涵式发展，推出了名为"'驼峰领航'拔尖创新人才培养模式"的培养方式，通过名师小班课、学科交叉研讨活动，促进不同学科和领域之间交叉融合，实现优势互补，使研究生培养资源"收益"最大化。北京理工大学重视国际化教育，国际学生规模超过2800人，生源覆盖全球四分之三的国家，来华留学质量认证获评全国唯一A+等级，国际知名度和影响力持续提升。

北京理工大学师资力量雄厚，截至2023年，有教职工5800余人，其中专任教师2678人，两院院士42人，博士生导师1514人。专任教师中，正高级职称及相当水平828人，副高级职称及相当水平1093人；具有博士学位的比例达到92.1%。学校拥有多支杰出的研究团队。例如，雷达团队长期专注于新体制雷达与实时信息处理领域的研究。在产业化方面，北京理工雷科电子信息技术有限公司成功研发了多项产品，包括某机载雷达信号处理机、Mini-SAR、北斗二代用户终端、基带处理芯片、回波模拟器、数据采集记录仪等。这些产品中有部分已经进入批量生产阶段，为国家雷达技术的发展和实用化做出了重要贡献。另外，纳米光子学团队在一维半导体超晶格微米线的制备与光学性质的研究方面取得重大突破，他们采用一种简单可控的微区CVD方法，成功实现了一维的光子超晶格结构。这一成果对降低微型固态激光器的激发阈值、实现新型光波导、光开关以及研究激子与光的相互作用具有重要意义。

北京理工大学在京有中关村校区和良乡校区。广东的珠海校区建设加速推进，取得重大进展，雄安校区获批建设；重庆创新中心、长三角研究院（嘉兴）、唐山研究院、前沿技术研究院（济南）等校地合作机构一流成果频出。其中，中关村校区紧邻国家图书馆和中关村科技园区，享有得天独厚的办学优势。中关村校区基础设施完善，拥有国家级体育场和占地面积达2.1万平方米的国内一流的体育馆（2008年奥运会排球比赛场馆）。校园内还有徐特立老院长铜像、钱学森铜像、孔子雕像、后母戊鼎等文化标志，营造出浓厚的文化氛围。良乡校区是北京理工大学的有机组成部分，位于北京市房山区良乡卫星城东，北湖是校区内的代表性景点，周围有假山瀑布、中式景墙和汉白玉石拱桥等，营造出美轮美奂的园林风光。互动广场和休憩廊架为师生提供了休闲娱乐的场所，而文化展示带则展示了学校的历史和文化底蕴。校园内绿化覆盖面积达3.22万平方米，种植了1300余株灌木和乔木，形成错落有致的植物景观，为校园增添了生机和色彩，为师生营造了宁静且舒适的学习和生活环境。总体而言，北京理工大学校园里传统文化与时代表达交相辉映，人文景观与自然景观相得益彰。

北京理工大学在80余年的办学历程中，传承"延安根、军工魂"的基因，践行"德以明理、学以精工"的校训。其中，"德以明理"意味着追求道德的崇高，将探索客观真理视为自己的使命；"学以精工"则强调治学严谨，追求精深的学术造诣。此外，学校倡导的"团结、勤奋、求实、创新"的校风，以及徐特立老院长倡导的"实事求是、不自以为是"的学风，共同塑造了学校独特的精神气质和文化内核。21世纪的今天，北京理工大学在新起点新征程上，将按照建设中国特色世界一流大学"三步走"战略目标，精心培育一流人才，赤诚创造一流贡献，奋力建设一流大学，朝着建设中国特色世界一流大学的目标迈进，续写新的辉煌。

中国农业大学

中国农业大学（China Agricultural University）位于北京市海淀区，是一所全国重点大学。中国农业大学的历史可以追溯到1905年建立的京师大学堂农科。1949年，北京大学、清华大学、华北大学三所大学的农学院合并，1950年4月正式命名为北京农业大学。1995年9月，经国务院批准，北京农业大学与北京农业工程大学合并成立中国农业大学。这一变革不仅使学校的规模进一步扩大，学科设置也更为综合化。

如今的中国农业大学历经百年沧桑，已经发展成为一所以农学、生命科学、农业工程和食品科学为核心优势和特色的研究型

大学，包括农业与生命科学、资源与环境科学、信息与计算机科学、农业工程与自动化科学以及经济管理与社会科学等。中国农业大学是国内最早设立生物（生命科学）学科的院校之一，其研究方向广泛涵盖植物科学、生物化学与分子生物学、微生物学与免疫学、动物学与动物生理学多个前沿领域。农业工程学科在中国农业大学具有悠久的历史和深厚的底蕴。该学科在农业机械化与装备工程、农业生物环境与能源工程、农业电气化与信息化工程和农业生物系统工程等二级学科方向上形成了齐全的学科体系。食品科学与营养工程学科下设农产品加工与贮藏工程、食品科学等主要学科方向，并在粮油与植物蛋白加工、酶工程与生物制造、葡萄栽培与葡萄酒酿造等领域取得了全面而显著的发展，展现出鲜明的学科特色。

中国农业大学是一所综合性大学，设有18个学院、1个实体教学单位和1个直属系。植物保护学院作为学校的重要学院之一，有超过110年的历史，是我国植物病理学和昆虫学的重要发源地。园艺学院的历史可追溯至1923年，由陈锡鑫、沈隽、汪菊渊等老一辈园艺学家开基立业。学院在园艺领域取得了丰硕的成果，拥有国家和省部级教科平台12个，培养的博士数量和质量均居国内同类博士点前列。资源与环境学院源于1905年成立的京师大学堂农科大学农艺化学门。学院建立了校内外联动的产、学、研、用一体化创新平台集群，拥有1个国家野外科学观测研究站、1个国家现代农业科技示范展示基地（曲周）、5个省部级重点实验室、3个省部级野外实验站和4个校级野外基地。学院注重实践教学和科技创新，特别是其在生产一线育人的科技小院"立德树人"专业学位研究生培养模式，为全国应用类专业学位培养提供了宝贵的经验和样板。

截至2023年，中国农业大学全日制在校生总规模达到27870人，其中本科在校生14503人，占据全日制在校生总数的52.03%。此外，学校还有全日制硕士研究生7813人，非全日制硕士研究生919人；全日制博士研究生4672人，非全日制博士研究生20人。留学生方面，共有302名留学生，包括本科生4人，硕士研究生166人，以及博士研究生132人。在研究生培养上，中国农业大学独具特色的"科技小院"研究生人才培养模式已上升为国家行动。通过这种模式，中国农业大学已经累计培养了700余名研究生，以及60余名非洲专项留学生。如今，科技小院模式已经在全国范围内广泛推广，建立了1048个科技小院，并被成功推广到老挝和非洲等8个国家。这一模式得到了联合国粮农组织的高度认可，并在2021年和2022年连续两年被联合国粮农组织向全球发布，是中国农业大学在农业教育和科技创新领域的重要贡献。

中国农业大学拥有一支实力雄厚、结构合理的师资队伍。截至2023年，学校拥有专任教师2060人，其中包括教授771人、副教授1026人。学校还拥有一支强大的研究生导师队伍，共计1767人，其中博士生导师1274人、硕士研究生导师493人。各科研团队在学校的支持下，不断创新，取得了丰富的原创性科技成果。例如，石元春院士主持完成的"黄淮海平原中低产地区综合治理的研究与开发"项目，荣获国家科技进步特等奖，这一成果不仅彰显了学校在基础研究方面的领先地位，也为我国农业现代化建设提供了有力支撑。在政府主导、企业联合的背景下，杨宁团队成功培育了"沃德188"白羽肉鸡新品种，这一成果标志着我国肉鸡产业种源自主新时代的开启，对于提升我国肉鸡产业的国际竞争力具有重要意义。赖锦盛团队在基因编辑技术方面取得了重大突破，成功开发了具有自主知识产权的Cas12i、Cas12j等基因编辑器，突破了国际专利制约，为我国基因编辑技术的产业化应用提供了底盘工具。

中国农业大学以其悠久的历史、丰富的文化底蕴和前沿的教育理念，为学生提供了一个全面而富有特色的学习环境。从古朴厚重的老校门、老水塔，到现代智能的奥运场馆、图书馆、谷仓环廊和全景教室，这些标志性建筑和设施不仅展现了农大的风采，更浸润和延续着农大精神。学校高度重视学生综合素质的培养，如橄榄球队作为中国大陆第一支橄榄球队，多次代表国家参加国际比赛，为国家赢得了荣誉。学校于2021年成立美育教学中心，秉持"崇农尚美"的育人理念，开展了一系列美育浸润计划。这些计划不仅涵盖了美术、音乐、舞蹈、曲艺、书法、建筑、摄影等艺术门类，还采用了"理论+鉴赏+实践"的创新教学模式，旨在通过美育来培养学生的审美能力和人文素养。同时，学校还打造了一系列特色品牌活动，如"禾美大讲堂"和"禾下美育沙龙"，邀请艺术家进校园，弘扬传统文化，发掘美育赋能乡村振兴的潜力。此外，"无墙美术馆"的建设更是为学生们营造了一个全环境的美育氛围，让他们在校园中就能感受到艺术的魅力。在文艺创作方面，中国农业大学也取得了令人瞩目的成绩。原创校史剧《稼穑之歌》斩获了全国"金刺猬大学生戏剧节"的唯一最高奖项"金刺猬"奖，充分展示了学校师生在文艺创作方面的才华和实力。

"解民生之多艰，育天下之英才"，是学校百年不变的追求，更是学校多年来的校训校诫，中国农业大学以农立校，国富民殷、强农为本，是学校百年不变的追求。今天的中国农业大学以培养"三农"人才，提升农业科技水平为己任，保持农业优势学科，发展多种新兴学科，同瞬息万变的世界紧密相连，与日新月异的科技同步发展，朝着建设中国特色、农业特色的世界一流大学目标阔步迈进。

北京师范大学

　　北京师范大学（Beijing Normal University）位于北京市海淀区。作为中国历史上首屈一指的师范大学，北京师范大学百余年来始终与中华民族的命运紧密相连，共同为争取独立、自由、民主、富强的伟大事业而努力奋斗。在诸如五四运动、"一二·九"运动等重要的爱国运动中，北京师范大学均发挥了举足轻重的作用。学校涌现出了一批又一批杰出的名师先贤，包括李大钊、鲁迅、梁启超、钱玄同、吴承仕、黎锦熙、陈垣、范文澜、侯外庐、白寿彝、钟敬文、启功、胡先骕、汪堃仁、周廷儒等，他们在这里弘文励教，为中国的教育事业和学术发展做出了巨大贡献。经过百余年的深厚积淀，北京师范大学形成了"治学修身，兼济天下"的育人理念，致力于培养既有深厚学术素

养，又具备高尚品德和社会责任感的优秀人才。

北京师范大学拥有悠久而辉煌的历史。其前身可以追溯到1902年创立的京师大学堂师范馆，这是中国近代高等教育的起点之一。在1908年，它独立设校并更名为京师优级师范学堂。到了1912年，学校进一步更名为北京高等师范学校，标志着其教育地位的提升。在1923年，学校正式更名为北京师范大学，成为中国历史上第一所师范大学，开启了中国师范教育的新篇章。随着时间的推移，北京师范大学不断壮大，1931年和1952年，北平女子师范大学和辅仁大学先后并入，为学校注入了新的活力。1959年，北京师范大学被中央确定为首批全国重点大学。1995年，被首批列入"211工程"建设计划。1998年，北京师范大学进入国家"985工程"建设计划。2017年，学校进入了国家"世界一流大学"建设A类名单，11个学科进入国家"世界一流学科"建设名单。2022年，学校12个学科入选第二轮"双一流"建设学科，入选学科数量位居全国高校前列。

北京师范大学是一所以教师教育、教育科学和文理基础学科为主要特色的高校，有本科专业77个、一级学科硕士学位授权点36个、一级学科博士学位授权点34个、博士专业学位授权点3个、硕士专业学位授权点21个，博士后科研流动站28个，涵盖了哲学、经济学、法学、教育学、文学、历史学、理学、工学、管理学、艺术学、交叉学科共11个学科门类。其优势学科涉及哲学、教育学、心理学、中国语言文学、外国语言文学、中国史、数学、地理学、系统科学、生态学、环境科学与工程、戏剧与影视学等领域。教育学是北京师范大学的传统优势学科，其二级学科门类齐全，覆盖国民教育和终身教育体系所有阶段和领域，研究方向包括教育学原理、比较教育学、教育史、教育技术学等。中国语言文学学科涵盖了文艺学、汉语言文字学、语言学及应用语言学等11个研究方向。地理学学科拥有以对地观测、地表过程模拟、土壤侵蚀、全球变化与综合风险防范为特色的地理学综合研究的学科体系。

北京师范大学下设3个学部、28个学院、2个系、9个研究院（中心）以及5个书院。教育学部和心理学部是该校传统的两大优势学部。教育学部承载了北京师范大学在教育学科领域的卓越成就：它是全国最早设立教育学硕士、博士学位授权点的学部之一，也是最早设立教育学博士后流动站的单位之一，并且拥有教育学一级学科博士学位授予权，其学科实力在全国处于领先地位。心理学部的历史可追溯至1902年京师大学堂师范馆的创建。经过百余年的发展，心理学部已经在心理学教学和研究方面达到了国内领先水平，并在国际上产生了一定的影响力。北京师范大学珠海校区于2019年获得教育部批准建设，目前拥有未来教育学院、文理学院、国家安全与应急管理学院、未来设计学院、湾区国际商学院以及乐育书院、弘文书院、会同书院、知行书院、凤凰书院共10个学院和书院。借助毗邻港澳的地理优势和创新氛围，北京师范大学珠海校区致力于成为培养卓越教师尤其是国家急需学科师资的南方高地。

截至2023年10月，北京师范大学北京校区的全日制本科生人数为9643人，全日制研究生为13000人，非全日制研究生为4742人；珠海校区则有6318名全日制本科生、2935名全日制研究生、1133名非全日制研究生。学校采取了"学院+书院"的协同育人模式：学院负责主要的人才培养工作，制订人才培养方案，创新培养举措，致力于培养具备良好人文与科学素养、扎实学科专业基础、开阔国际视野、具有较强实践动手能力和强烈社会责任感的卓越教师，以及具备"四有"素养的拔尖创新人才。而书院则紧密配合专业教育需求，通过丰富多彩的活动、导师的指导引领、教师与学生之间的密切交流、学长学姐与团队合作等方式，促进学科交叉，实现全方位的学习体验，推动学生在德、智、体、美、劳各方面全面发展，真正贯彻了"三全育人"的理念。

北京师范大学汇聚了一支高水平的教研队伍，截至2023年，有专任教师2606人，其中高级专业技术职务1938人，全职两院院士5人，入选各类国家级重大人才工程370人次。北京师范大学在各个学科领域都涌现出了杰出的研究团队，为学校的学术研究和人才培养提供了强有力的支持。如系统科学学院研究团队与国家安全与应急管理学院研究团队联合多国学者，共同开展地球复杂系统的临界要素与临界性研究，为研究地球临界要素以及预测各临界要素之间的级联失效提供了理论支撑，开辟了一个全新领域。数学科学学院的概率论研究团队在20世纪五六十年代研究生灭过程，首创了极限过渡的构造方法，解决了生灭过程的构造问题，并将差分方法应用于生灭过程的泛函和首达时分布的研究，获得了一系列深刻结果，这些成果均居当时的国际先进水平。此外，环境学院的研究团队在流域生态需水保障、湿地和城市环境生态建设等工程技术方面取得了多项前瞻性、关键性技术突破，为提高流域、湿地和城市环境生态保护技术水平做出了突出贡献。

北京师范大学由北京校区（包括海淀校园、西城校园、昌平校园、育荣校园）和珠海校区两个校区组成，占地面积约为68.7万平方米。北京校区主校园位于北京市海淀区，这里是全国著名的科教文化区，高校聚集，科研力量、科学仪器设备、图书情报信息、科研成果等资源密集。北京校区的校园景致古朴典雅，彰显着深厚的文化底蕴。珠海校区是按照学校"一体两翼"办学格局和"高标准、新机制、国际化"原则，打造的与北京校区同一水平同一标准的南方校区。珠海分校位于珠海市凤凰山下，有"亚洲最美山谷大学"之称，校区坐拥52万平方米草坪，15000多棵树木，流泉飞瀑，绿树成荫，景色如画，犹如一座天然植物园。校园风光秀美，人才辈出，与珠海市已融为一体，成为珠海文化教育的标志性场所。学校现藏图书465万余册，电子图书809万余册，线装古籍约40万册，馆藏古籍中有130种入选《国家珍贵古籍名录》。学校有四大博物馆：校史馆见证着学校的变化；弘文轩记载着先人文墨；文物博物馆守护着历史痕迹；标本馆重现了奇珍异兽。这些珍贵的"世间宝藏"值得每一位学子去感受见证。

北京师范大学的校训是"学为人师，行为世范"，由著名教育家启功所拟，是中国知识分子人格修养的标准和精神追求，同时也是启功70多年从教生涯中的一个感悟。北京师范大学将继续弘扬红色师范百年传统，坚守教师教育核心使命，不断提升"综合性、研究型、教师教育领先的中国特色世界一流大学"办学水平，以学校的高质量发展全面服务教育强国建设，以教育的高质量发展全面支撑中国式现代化。

中央民族大学

中央民族大学（Minzu University of China），坐落于北京市海淀区，是中国少数民族教育的最高学府。中央民族大学每年面向全国各省、市、自治区招生，来自全国56个民族的在校生为校园带来了富有特色和独具魅力的多元文化，是中华文化的全息缩影。建校以来，学校为国家输送了20余万名各民族毕业生，其中有知名专家学者近千名，少数民族各级领导干部万余名，他们在不同的岗位上为国家的民族团结与发展做出了突出的贡献。中央民族大学已成为培养少数民族杰出人才的摇篮，为民族团结做出表率。

中央民族大学前身为1941年成立的延安民族学院，以培养少数民族干部和从事民族工作的汉族干部为主要任务，以毛泽东的题词"团结"为校风。中华人民共和国成立后，经中央政府批准，1951年在北京成立中央民族学院，学校开始正规化办学并逐步发展成为一所文科高等学校。1978年，学校被确定为国家重点大学，陆续建立了物理、应用数学、生化、计算机科学技

术等理工系科，逐步发展成为一所综合性大学。1993年11月更名为中央民族大学。经过70多年的发展建设，学校已经成为铸牢中华民族共同体意识的重要阵地、培养各民族优秀人才的重要基地、民族理论政策研究的重要基地、传承和弘扬中华优秀传统文化的重要基地。

中央民族大学逐步形成了以人文社会科学为主体，以民族类学科为特色的学科体系，涵盖哲学、经济学、管理学、法学、教育学、文学、历史学、理学、工学、医学、艺术学、农学12个学科门类。民族学作为特色学科，以绝对优势进入国家"双一流"学科建设行列，除涵盖民族学、马克思主义民族理论与政策、中国少数民族经济、中国少数民族史、中国少数民族艺术5个完整的二级学科外，还设置全球治理、边疆安全2个交叉学科。学校持续深化民族学二级学科调整，规范学科设置，重点聚焦各民族交往、交流、交融研究等方向，着力打造具有中国特色、中国风格、中国气派的民族学学科。中国少数民族语言文学二级学科作为优势学科，涵盖少数民族语言文学、蒙古语言文学、维吾尔语言文学、哈萨克语言文学、朝鲜语言文学、藏语言文学、民族语文翻译7个研究方向。近年来，学校为牵动人文社科学科专业深层次变革，加强新文科建设，按照交叉学科范式积极培育中华民族共同体一级学科。

中央民族大学有1个学部、25个学院。民族学与社会学学院是我国民族学专业第一个院级教学科研单位，建设初期汇集一批从事民族学、社会学、人类学、民族史和民族语言等方面研究的权威学者，如翁独健、潘光旦、吴文藻、闻宥、翦伯赞、杨成志、费孝通、林耀华、冯家升、傅乐焕、汪明瑀、王钟翰、陈永龄、宋蜀华、王辅仁。中国少数民族语言文学学院是中央民族大学历史最为悠久的院系之一，有各民族师生1000余人，科学研究曾覆盖汉藏、阿尔泰、南岛、南亚、印欧5大语系、100多种语言、30多种民族文字、50多个民族的文学与文献，具有深厚的学术传统和良好的综合比较研究优势。建校70多年来，中国少数民族语言文学学院培养了大批既懂民族语又通国家通用语言文字的优秀毕业生，他们分布于祖国各地，为我国民族地区的社会发展和文化建设事业做出了巨大贡献。音乐学院创建于1959年，是培养少数民族高级音乐人才的殿堂。学院一贯重视师资梯队建设，形成了良好的传承体系，曾有陈振铎、田联韬、金正平、关也维、袁炳昌、宋承宪、金在清、糜若如等知名专家教授，培养了杨秀昭、斯仁·那达米德、嘉雍群培、朴长天、格桑曲杰、杨民康、三宝、乌日娜等

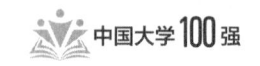

杰出人才和学界翘楚。

截至2023年9月,学校全日制在校生总规模为23307人,其中普通本科生15087人,占全日制在校生总数的比例为64.73%。中央民族大学本科招生除了普通本科、预科、强基计划、艺术类、高水平运动员、港澳台/华侨联招等多种录取通道外,还特设少数民族语言测试招生;研究生招生除了一般高校招生方式外,还包括"少数民族高层次骨干人才计划"。学校持续推进人才培养模式改革,以"强基计划""孝通班"为牵引,实施跨类打通、学制贯通培养,打造人才培养高地。首届"强基计划"学生顺利完成了本科向研究生培养转段。学校以数字中国战略为导向,推进文理交叉,推动经管法新闻教育等专业数字化改造,探索数字经济、网络与新媒体、数据科学与大数据技术、人工智能等产学研用一体化人才培养链条。

中央民族大学是中国最早获得来华留学生接收资格的8所高校之一,在留学生教育方面积累了丰富的经验,为大力发展留学生教育成立国际教育学院。学院本、硕、博学科体系完善,面向全球招生,每年招收40余个国家的近千名国际学生来校学习,现国际学生本科生和中外硕博研究生达450余人,已成为国内外知名的国际中文教育教学科研单位。汉语国际教育专业实施中外联合、本硕贯通培养,形成了独具特色的"知行研+国际化"人才培养模式,学生在本科阶段可以拥有在国际教育学院以及其他著名汉语教学项目的实习机会,如美国各大学联合汉语中心、哥伦比亚大学北京中文暑期项目等,在本科阶段学习成绩优异者可直接保研攻读汉语国际教育硕士或者出国攻读硕士。学院已与美国布兰戴斯大学、西东大学、罗德岛大学、南佛罗里达大学联合培养汉语国际教育硕士。

截至2023年,中央民族大学有专任教师1151人,外聘教师85人,其中"双师型"教师107人,占专任教师的比例为9.3%;具有高级职称的专任教师673人,比例为58.47%;具有研究生学位的专任教师1101人,比例为95.66%。学校逐渐形成了以高水平教学科研领军人才为带头人、大批高素质中青年教师为主体的师资队伍,有教育部"长江学者奖励计划"特聘教授3人、教育部"长江学者奖励计划"青年学者1人、"国家杰出青年科学基金"入选者1人、人社部"万人计划"入选者3人、中宣部"四个一批人才"3人;国家级教学名师2人,全国模范教师1人,国家级教学团队1个,黄大年式教师团队2个。学校拥有研究生导师900余人,其中有牟钟鉴、胡坦、戴庆厦、金炳镐、杨圣敏、黄泰岩、游斌、再帕尔·阿不力孜、麻国庆、蒙曼等一批在相关学科领域颇具影响的专家、学者。杨圣敏教授致力于创建民族学人类学的中国学派，为边疆民族地区繁荣发展和民族学研究做出突出贡献，坚守讲台近40年，传道授业解惑，培养了一批又一批学生，先后获国家级教学名师、全国民族团结进步模范个人、全国教材建设先进个人等荣誉称号。麻国庆教授领衔的铸牢中华民族共同体意识创新团队加强学科互动与协同创新，引领铸牢中华民族共同体意识理论与实践体系及教育体系研究，积极参与国家各部委决策咨询服务。

中央民族大学已形成海淀、丰台、海南三个校区共同发展的"一校三址"办学格局，总占地面积达107.98万平方米。位于北京西郊的海淀校区，毗邻国家图书馆，北依中关村高科技园区，校园环境优美，人文氛围浓郁，独具鲜明的民族特色；坐落于青龙湖畔的丰台校区于2021年正式启用，其建筑风格融合了中式经典与山水园林特色，独具匠心。"多元一体、和而不同"是中央民族大学校园文化的精髓所在，56个民族的特色文化共同编织了校园生活的绚丽画卷。学校的图书馆收藏着丰富的少数民族文字图书，民族博物馆内陈列着各民族珍贵的特色文物，各民族的节庆活动在校园内更是层出不穷，独具魅力。在校园生活中，学生是真正的主体。社会实践、"挑战杯""孝通杯"等学术科技竞赛、志愿服务、文艺交流、体育竞技等活动丰富多彩，为学生提供了广阔的平台。学校有5个大学生艺术团、68家社团，这些社团不仅为学生提供了培养兴趣、展现才华的机会，也成了他们增长才干、锻炼能力的"第二课堂"。得益于这种独特的校园文化，中央民族大学不仅成了中华民族大家庭的缩影，更是展示中国民族政策以及民族团结进步的重要窗口。在这里，各民族学生相互学习、相互尊重、共同进步，共同书写着民族团结的壮丽篇章。

中央民族大学校训为"美美与共，知行合一"，出自名誉校长费孝通教授关于文化自觉的著名论述，意为不同民族间要相互尊重、欣赏和赞美对方文化，体现学校的文化特质和治学理念。当前，学校以铸牢中华民族共同体意识为主线，坚定不移扎根中国大地，建设特色鲜明的世界一流大学，在中华民族共同体构建中发挥先锋旗帜作用，在民族高等教育发展进程中发挥龙头带动作用，在中华优秀传统文化传承中发挥典范榜样作用。

北京外国语大学

北京外国语大学（Beijing Foreign Studies University），坐落于北京市海淀区，前身是1954年成立的北京外国语学院。学校素有"共和国外交官摇篮"之称，这不仅是因为它扎根于中国外交事业的土壤，更因为学校长期以来一直致力于培养具备卓越外语能力和国际视野的人才。在北京外国语大学的校园里，学生们不仅仅是接受语言技能的训练，更是通过跨文化交流和国际合作的学习机会，锻造着世界公民的意识和素养。这些学生毕业后，不仅在外交领域发挥着重要作用，还广泛分布于国际组织、跨国企业、国际NGO等领域，成为中外交流与合作的桥梁。

北京外国语大学的历史悠久且充满变革。1954年8月，经国务院批准，北京外国语学院正式成立。随着时间的推移，学校不断发展和壮大。1994年，学校更名为北京外国语大学。2001年，学校在原有的英语系基础上，成立了英语学院。英语学院现

包括英语系、外交学系、新闻与传播系和法律系，涵盖了多个学科领域，为学生提供了更加广泛的学习和研究机会。同时，国际商学院和大英学院也在这一时期成立，为学校的国际化办学注入了新的活力。2002年，英语语言文学和德语语言文学分别被国务院学位委员会批准为国家重点学科。同时，国际商学院的经济管理学科群也被确定为国家"211工程"重点支持学科，进一步提升了学校在经济管理领域的学术地位。2017年9月，学校入选国家首批"双一流"建设高校。2022年2月，学校再次入选国家第二轮"双一流"建设高校名单，这标志着学校在"双一流"建设方面取得了新的突破。

北京外国语大学秉持着"多学科、多语种、多层次"的办学理念，长期以来不懈努力，目前已拥有超过100个外语专业。学校的学科设置主要围绕文学、经济学、管理学、法学、教育学、历史学、工学7大学科门类展开。目前，学校设有2个一级学科博士点、11个一级学科学术型硕士点、8个专业硕士点，以及121个本科专业。学校的学科布局以文学和语言学为主导，并辅以经贸和外交学科。其中，有4个学科被列为国家重点学科，分别是英语语言文学、德语语言文学、外国语言学及应用语言学、日语语言文学。英语语言文学专业涵盖了英语语言学与应用语言学、英美文学、英语国家研究3个研究方向。该专业不断拓展其研究领域，逐步向英语国别和区域研究、跨文化研究等领域延伸，其教学和学术研究水平一直保持在国内一流水平，并在国际上产生了重要影响。德语语言文学专业的研究方向包括德语文学、德语语言学、翻译学、德国外交、德国经济、跨文化研究等六个方向。该专业体系完整，各个方向之间相互促进，取得了丰硕的成果。学校以德语语言文学学科为基础，建立了教育部中德人文交流中心研究基地和教育部区域与国别研究培育基地（德国研究中心和奥地利研究中心），为中德文化交流与合作提供了重要支持。外国语言学及应用语言学专业包括理论语言学、应用语言学、外语教育学、汉外语言对比与翻译、语言政策与规划研究、语料库语言学6个研究方向。该专业旨在培养具备语言研究和教学能力，同时能够胜任外事、管理等工作的人才。日语语言文学专业的研究方向涵盖了日本语学、日语教育、日本文学、日本文化、日本社会、日本经济6个研究方向，为培养高水平日语学术人才和各行业的中坚人才提供了全面的教学资源。

北京外国语大学拥有26个学院和11个科研机构。其中，俄语学院创立于1941年，是学校历史最为悠久的院系。该学院一直秉承着良好的教学和学术传统，教师队伍中有1人曾荣获俄罗斯政府颁发的"总统奖"，多人获得"普希金奖""高尔基奖""友谊奖"以及"俄语教学杰出贡献奖"等殊荣。欧洲语言文化学院的历史可追溯至20世纪50年代，目前开设25个语种专业，是国内欧洲非通用语种最为齐全的教学和科研单位。北京外国语大学中东欧研究中心由欧洲语言文化学院负责建设，是教育部指定的国别和区域研究培育基地，并于2017年入选中国智库索引（CTTI）来源智库名单。此外，该学院还负责建设12个教育部备案的国别和区域研究中心。英语学院的英语系成立于1954年，是我国最早的英语系。我国英语教育界的大师级人物初大告、水天同、王佐良、周珏良、许国璋、克鲁克、马克林等都曾经在英语系工作。目前，英语系是国家英语语言文学重点学科，毕业生具备扎实的英语语言技能和交际能力，同时具备一定的领域知识结构、社会适应能力和竞争力。往届毕业生涵盖了高级外交官、媒体主持人、企业高管、高校教授、研究人员、校长以及联合国高级翻译等多个领域职业。

学校有在校本科生5700余人，研究生（硕士、博士）3900余人，国际学生1300余人。本科生占在校生总数的52%，研究生占36%，国际学生占12%。北京外国语大学在本科生培养上采用复语型人才培养模式、复合型人才培养模式以及国际人才培养模式，强调"外语小班教学"，每班学生数量控制在24人以内，生师比为8∶1。北京外国语大学积极探索"新文科"复合型人才培养模式，如与中国政法大学联合开设"英语+法学联合学士学位项目"，培养具有国际视野、熟悉国际规则与英美国家法律规则的复合型、应用型、创新型、国际型的高端涉外法治人才；与中国人民大学联合开设"西班牙语+国际新闻传播"联培专业，培养熟谙我国国情、通晓西班牙语国家国情、擅长国际舆论工作的传媒人才。研究生培养层面，学校实行注重外语能力、专业知识和实践技能有机结合的"三位一体"培养方式，采用由校内外法学、外交学、经济学与管理学科等专业教师担任专业导师，由校内外语教师承担语言文化导师，由具有国际组织实务经验的人员担当实践导师的跨学科导师组"1+1+1"培养制。与此同时，积极创新研究生实习模式，开拓海外实习渠道，逐步建立长期、稳定的海外实习基地，满足学生在学习期间赴国际组织及相关机构实习的需求，提高研究生综合素质及实践能力。

截至2023年，学校拥有在职在编教职工超过1300人，其中专任教师665人，包括博士生导师81人、硕士研究生导师240人，教授134人、副教授233人。此外，还有近200名来自65个国家和地区的长短期外籍教师受聘于学校。几十年来，学校教师在各自的专业领域取得了许多高水平的教学和科研成果，很多教师已成为国内同类学科的学术领军人物，在学术界享有较高的声誉。以俄语教研团队为例，他们长期专注于国内俄语教材的编写工作，几十年来编写的各类专业教材在全国俄语教学中发挥着举足轻重的作用。德语教研团队在一系列全国性学术机构中担任着重要领导位置，肩负着全国德语教学组织、研讨以及指导的重要使命，为全国德语专业的发展做出卓越贡献。翻译系的教师曾全力承担北京申办2008年奥运会所有重要文件的翻译工作，为成功申奥立下了汗马功劳。学校的中国外语与教育研究中心教师团队创造性地编写出版了能够解决"学用分离"弊端的《新一代大学英语》，还构建了具有北京外国语大学特色的通识教育体系，探索培养国家急需的复语型、复合型高层次国际化人才。该团队还承担了"国家外语人才动态数据库建设"项目，对提高国家对外语人才培养规划的科学决策力起到了重要作用。

北京外国语大学位于高校和高新技术产业云集的北京市海淀区，地处西三环北路，在三环路两侧分设东、西两个校区，总占地面积为49.2万平方米，地理位置优越，交通极为便利。北京外国语大学图书馆馆藏纸质中外文图书145万余册，中外文电子图书222万余册，中外文报刊1123种，中外文数据库97个，形成了以语言、文学、文化为主要资料的馆藏特色。近年来，随着学校学科建设的发展，法律、外交、经济、新闻和管理等方面的文献逐渐形成藏书体系。北京外国语大学校园气氛自由宽松，经常会举办个人和团体的各种讲座、研讨会、演出、社团活动、电影放映等活动。学校校园建筑精致，图书馆外墙由多种语言的"图书馆"做成镂空式，漂亮又不失特色；位于西校区东门的红砖色的莫比乌斯环，多种语言的"你好"刻于其上，夜晚降临后，各种文字还会发光；莫比乌斯环背后就是语言博物馆，墙上也用各种语言写满了"语言博物馆"。校园处处体现着多语种的特色。

北京外国语大学的校训"兼容并蓄、博学笃行"，旨在强调学校的品质以及师生的修养，表达了学校以国际化视野和开放胸怀办学的理念，学生则被鼓励将学习与实践相结合，实现知行合一。北京外国语大学以建设国际化、重特色、高水平、综合型的世界一流外国语大学为目标，以"语通中外，道济天下"为使命，培养更多有家国情怀、有全球视野、有专业本领的复合型人才，为推动中国更好走向世界、世界更好了解中国做出更大贡献。

中国政法大学

中国政法大学（China University of Political Science and Law）坐落于首都北京市西北的军都山旁，有"中国法学教育的最高学府"之称。该校以法学学科为特色和优势，是法学研究的重要阵地，是国家法学教育和法治人才培养的主力军。自建校以来，中国政法大学始终与中国的法制建设息息相关，从1954年第一部《中华人民共和国宪法》的起草，到2020年《中华人民共和国民法典》的论证、研讨、通过，几乎每一部重要法律的实施和诞生，都有辛勤付出。入学誓词中的"挥法律之利剑，持正

义之天平，除人间之邪恶，守政法之圣洁"鼓舞着一代又一代法大人为法治中国而奋斗。

中国政法大学的前身是1952年由北京大学、清华大学、燕京大学三校的法学、政治学、社会学等学科组建而成的北京政法学院。1952年11月23日，毛泽东同志亲笔题写了"北京政法学院"校名，周恩来总理签发中央人民政府政务院令，任命法学家、政治学家钱端升为学院院长。1983年，北京政法学院与中央政法干部学校合并，组建成立中国政法大学。学校形成一校及本科生院、研究生院、进修学院三院办学格局。进修学院后更名为中央政法管理干部学院，单独办学，2000年复并入中国政法大学。1991年，学校办学主体及工作重点从学院路校区转移到昌平校区。2000年，学校转为教育部直属的重点大学。2017年9月，学校入选国家"双一流"建设高校。2022年2月，学校入选教育部公布的第二轮"双一流"高校名单。

中国政法大学设有4个一级学科博士点，13个一级学科硕士点，39个二级学科博士点，77个二级学科硕士点，11个专业硕士学位点，4个博士后流动站，以及27个本科专业。法学是中国政法大学的优势及特色学科，特别是法律史学和行政法学在国内具有顶尖的学术地位和一流的科研水平。法律史学的研究领域涵盖了法制史、比较法史和法文化史等多个方面。行政法学的研究领域包括行政法与行政诉讼法、国家赔偿法、行政管理学、中国行政诉讼法学等。政治学学科的研究方向涵盖了政治学理论、中外政治学制度、国际政治、国际关系、国家监察学等领域，该学科培养具有强烈社会责任感和公共精神，具有政治学-管理学-法学复合型知识结构，具有较强政治分析能力和公共管理能力的复合型人才。

中国政法大学共设有21个教学单位。法学院是学校的骨干学院，下设9个科研机构和38个学术研究中心，是我国理论法学和公法学教育研究的重镇。张晋藩、应松年、马怀德等法学家为法学院的发展奠定了坚实的学术基础，开创了新的研究方向。政治与公共管理学院涵盖哲学、政治经济学、中共党史、国际政治、政治学、行政管理、政治教育等7个教研室。在杜汝辑、云光、徐理明等学者的引领下，学院已经建立了完整的学科体系，成为国内政治学和公共管理领域的重要培养和研究基地。民商经济法学院成立于2002年，拥有8个研究所。学院注重基础研究与应用研究的结合，推崇多学科交叉协同，开设近百门法学课程，推崇德国鉴定式案例教学模式，形成了自身独特的教学风格和特色。国际法学院的教学与科研是学校法学教育的重要组成部分，钱端升、王铁崖、汪暄、朱奇武、姚兆辉、钱骅、周仁等国际法学家为学院的发展奠定了坚实基础，使之成为国家国际法学研究和高层次人才培养的主要基地之一。建院三十多年来，国际法学院已在国际公法学、国际私法学和国际经济法学等领域取得了突出成就。

中国政法大学现有学生18442人，其中内地本科生9630人，内地研究生8053人，港澳台侨及外国留学生759人。中国政法大学的本科培养方案包括7大模块课程：专业必修课、通识必修课、专业选修课、通识选修课、国际课程课组、创新创业课组、课外实践教学。在研究生培养上，学校注重学生价值观、实践能力、创新能力和国际视野的培养。学校与全国各级党政机关、法院、检察院、国有企事业单位、律师事务所建立博士研究生、硕士研究生挂职、实习基地，每年有大量博士研究生和硕士研究生到合作基地挂职、实习，为国家和区域重大战略、经济社会发展提供了人才支撑。近年来，学校在"本硕贯通"培养模式上也进行了新的探索，新创办的"端升书院"作为"中国政法大学哲学基础学科拔尖学生培养基地"，实行"哲学+"培养方案，是"本硕贯通"人才培养的一种创新模式。

截至2023年，学校有专任教师1058人，其中高级职称718人，博士研究生导师320人、硕士研究生导师884人，博士学位获得者占87.7%。学校有5位终身教授：江平、陈光中、张晋藩、李德顺、应松年。江平教授作为中国民法学界的泰斗，引领中国民商法学从发展走向成熟，奠定了我国民商事法律制度的理论基础，组织《中华人民共和国行政诉讼法》和《中华人民共和国信托法》的起草工作，参与《中华人民共和国民法通则》等诸多重要法律的立法工作。陈光中教授被尊称为"中国新刑事诉讼法之父"，他长期致力于刑事诉讼法学、证据法学、中国司法制度史和国际刑事人权法的研究，为培养法学高级人才、发展诉讼法学特别是刑事诉讼法学、改革和健全中国刑事司法制度、加强刑事司法人权保障、开展国内外诉讼法学交流做出了卓越的贡献。张晋藩教授是中国法律史学奠基人，在近70年的法学教育生涯中，创造了多项中国法律史学的第一：招收培养了我国第一届法律史专业博士研究生、第一届法学博士留学生；创建并长期主持我国第一个，也是唯一的法律史国家级重点学科基地。李德顺教授是法治文化研究领域的专家，在校担任人文学院院长期间，为学院提出了"法大人文，人文法大"的办学意向，学校首创的"法治文化"这个二级新兴交叉学科正是以这一理念为基础发展起来的，如今已经形成了具有自身特色及规模的硕士博士点，为培养高端法治建设人才开拓了新的渠道。应松年教授是中国最早从事行政法学和行政学研究的学者之一，也是中国第一批行政法硕士研究生导师、最早的行政诉讼专业博士生导师之一。他参与全国最早统编教材《行政法概要》的编写，主编全国最早的行政专著之一《行政管理学》，此后一直站在行政法学术研究的前列，至今仍为行政法学术研究团队的主要领导人。

中国政法大学共有2个校区，分别为海淀校区和昌平校区，总占地面积约44.6万平方米。昌平校区坐落于北京市昌平区府学路，位于军都山下，以本科生教育为主，同时，昌平校区兼作学校的管理中心区，承担学校主要的党政管理职能。海淀校区位于北京市海淀区西土城路，毗邻蓟门桥，以研究生教育为主。图书馆是国内最早建立的以政治法律资料信息为重点馆藏的高校图书馆，保持年进书量8万余册，拥有齐全的数字资料库。校园内设有各类运动场所、琴房、录音室等文体设施，为师生提供了丰富多彩的校园文化生活。学校注重校园文化建设，学生组织和社团活动丰富多样，有的社团结合法学学科特色，积极开展各种社会公益活动和法律援助工作，为社会发展和法治建设做出积极贡献。

办学60余载，一代代中国政法大学的师生秉承着"厚德、明法、格物、致公"的校训精神，坚持"学术立校、人才强校、质量兴校、特色办学、依法治校"的办学理念，追求公平正义、崇尚学术自由，积极参与国家立法和普法宣传，主动服务执法司法实践，始终活跃在国家法治建设的最前列，始终奋进在高等教育的最高端。未来，中国政法大学将以强劲的发展势头和昂扬的精神面貌继续书写自强不息、追求卓越的崭新篇章，在繁荣高等教育事业、全面推进依法治国、实现中华民族伟大复兴中国梦的伟大进程中，实现学校更好更快的发展。

北京邮电大学

北京邮电大学（Beijing University of Posts and Telecommunications）位于北京市海淀区，是中国第一所邮电高等学府，是中国信息科技人才的重要培养基地。北京邮电大学在信息与通信工程领域享有较高声誉，在国内外均有较强的影响力。建校以来，北京邮电大学所培养的毕业生人才济济，在政界、商界以及学术界等各个领域都展现出了优秀的素质和能力。北京邮电大学厚植"传邮万里　国脉所系"的家国情怀，形成了信息科技背景浓郁、学科专业优势突出、育人实践特色鲜明的办学格局，走出了一条传承红色基因，扎根中国大地，服务国家战略，对外开放融通的奋进之路，为挺起中国信息通信产业的脊梁做出了重要贡献。

北京邮电大学创建于1955年，原名北京邮电学院，前身可以追溯到1950年成立的中国人民解放军总参通信部电讯工程学

校。北京邮电学院的建立基础深厚，是以天津大学电讯系、电话电报通讯和无线电通信广播两个专业以及重庆大学电机系电话电报通讯专业为基础组建而成的。1960年，北京邮电学院被国务院确定为全国64所重点院校之一。1981年11月，经国务院批准，学校成为全国首批博士和硕士学位授予单位。1993年，北京邮电学院正式更名为北京邮电大学。2000年，学校划入教育部直属高校行列，这一变化进一步提升了其在国内高等教育体系中的地位。随着时间的推移，北京邮电大学在学科建设方面取得了显著成就。2004年，它成为全国56所设立研究生院的高校之一，这为其培养高层次人才提供了更加广阔的平台。到2017年，"信息与通信工程"和"计算机科学与技术"两个学科更是成功进入国家"双一流"建设学科行列，这一成就充分证明了其在相关领域的领先地位和强大实力。

北京邮电大学以信息科技为特色，以工学为主体，同时涵盖理学、工学、文学、法学、经济学、管理学、教育学、艺术学、交叉学科9大学科门类，形成了多学科协调发展的格局。面对技术创新带来的深刻变革，学校积极响应，积极探索需求导向下的知识体系重组和学科交叉实践下的学科体系重构。学校率先提出并打造了"雁阵式"行业特色院校学科体系，着重加强"信息网络科学与技术"和"计算机科学与网络安全"两个学科群的建设。信息与通信工程是国家级重点学科，有着卓越的表现和突出的贡献。该学科为支撑国家重大战略和信息通信及相关行业重大需求提供了强有力的支持，为国家信息通信及相关行业培养了大批德才兼备的高层次人才。其研究方向涵盖信息理论与信息处理、信息通信网络、无线和移动通信、光通信系统与网络、人工智能与大数据等多个方面。计算机科学与技术学科源于1977年设立的计算机通信专业，经过多年的发展，已经形成了先进计算与新型网络相融合的鲜明学科特色。该学科在信息通信网络、大数据、物联网、人工智能、多媒体、服务计算、区块链等研究领域具有突出的学术影响。同时，学科拥有一流的导师队伍，包括院士、长江学者、国家杰出青年基金获得者等140余人，研究方向涉及物联网与多媒体、网络服务、管理与安全、网络新技术与应用、大数据与智能信息处理、智能系统与嵌入式系统、云计算与服务计算等多个领域。

北京邮电大学设有19个教学单位，其中信息与通信工程学院和计算机学院（国家示范性软件学院）均在其领域内具有极高的声誉和实力。信息与通信工程学院以信息科技为特色，拥有突出的学科实力和明显的专业优势，其学科和专业源自北京邮电大学建校之初的有线电工程系和无线电工程系。经过60余年的建设与发展，该学院已成为北京邮电大学学科实力最突出、专业优势最明显、师资力量最雄厚、历史渊源最深远的学院。学院始终面向科技前沿、国家重大需求、国民经济主战场和人民生命健康，持续不断地向信息通信领域输送最优质的人才，为国家的科技进步和社会发展做出了重要贡献。计算机学院（国家示范性软件学院）的发展则紧密结合国家重大战略需求、信息通信行业跨越式发展以及计算机科学与技术学科的快速演进。学院拥有中国科学院/中国工程院院士3人（含兼职），以及网络与交换技术国家重点实验室、可信分布式计算与服务教育部重点实验室、电子政务云计算应用技术国家工程实验室等高水平研究基地。这些资源为学院的教学和科研提供了强有力的支持，使学院能够为国家培养出一批又一批计算机专业人才和计算机通信复合型人才。

截至2022年，北京邮电大学的在校生总规模达到了26642人。其中，本科生15171人，占在校生总数的56.94%；研究生超过9500人，其中博士研究生约1300人，学术型硕士研究生约5200人，专业学位研究生约3000人。北京邮电大学的研究生教育不仅注重规模，更在质量上追求卓越。学校不断改革、开拓进取，致力于提升研究生的培养质量。在卓越工程师培养方面，学校打通信通、电子、材料、系统科学等学科培养方案，邀请产业高级专家联合打造学科交叉型产教融合课程，最大限度实现"产业先进技术进课堂"。这一举措有助于培养学生的跨学科思维和创新能力，使他们更好地适应未来的职业发展。此外，学校还成立了"北邮—华为学院"，聚焦移动通信、光通信和数据通信等核心领域，大力促进人才培养与产业链、创新链的有机衔接。这一举措旨在打造服务国家战略需求的产教融合"北邮方案"，为国家的科技进步和产业发展培养更多优秀人才。

北京邮电大学拥有着一支实力雄厚的师资队伍。截至2023年，学校拥有在职教职工2700余人，其中专任教师1757人，具有博士、硕士学位的教师占专任教师总数的95%，这一比例显示了学校教师队伍的高学历和高素质。各科研团队在行业内发挥着重要的作用，为行业的发展贡献了智慧和力量。冯志勇教授团队完成的"面向一体化无线网络的多域资源认知与虚拟化关键技术"项目，针对移动通信产业重大需求，通过产学研紧密合作与技术攻关，突破了一体化无线网络中多域资源认知与虚拟化关键技术，形成了无线通信网络的多项国际标准。这一成果不仅解决了我国"北斗"系统与4G TD-LTE系统间军民频谱共用的重大技术难题，还展现了学校在无线通信领域的深厚实力和创新能力。另外，由马华东、罗红、刘亮、赵东、孙岩组建的团队所研究的多媒体传感网基础理论与方法，也取得了显著的成果。他们开辟了有向传感网方向，被国际评价为先驱性、引领性工作。该团队率先提出了有向传感网概念并建立其理论基础，揭示了多媒体传感网数据融合路由机理，发现了适合网内信息处理与服务的计算模式。这些成果在推动传感网技术的发展和应用方面具有重要的意义。

北京邮电大学在深厚的历史文化底蕴中，形成了独具特色的文化，彰显了个性化的校园文化风格与韵味。漫步于北京邮电大学的校园，你会被浓厚的学术氛围和美丽的景色所吸引。其中，标志性的奉献走廊以简洁而庄重的风格令人印象深刻。走廊的地面花纹灵感来源于世界上第一条电报码——摩斯电码，巧妙地将校训"厚德博学，敬业乐群"的文字内容融入其中，体现了学校对科学精神的追求和对学生的殷切期望。在校园中，引人注目的校训"厚德博学 敬业乐群"铭刻在精心挑选的泰山石上，象征着坚韧和厚重，也是学子们砥砺前行的精神支柱。西土城校区内，毛泽东主席雕像，李白烈士雕像，叶培大、蔡长年、周炯槃三老铜像等纪念雕塑，无声地诉说着北京邮电大学人的奋斗历程，激励着全体师生为科学事业、为祖国教育事业、为国家发展而努力奋斗。此外，北京邮电大学的校歌《传邮万里》以激昂的旋律和深情的歌词，传达了对祖国通信事业的热爱和忠诚；爱岗敬业、躬耕奉献的良好教风，脚踏实地、敢于创新的良好学风，以人为本、服务师生的行政管理工作作风，以及健康积极、蓬勃发展的校友文化和展示学校正面形象的网络文化，共同构成了北邮独特的校园文化生态。

60余载风雨砥砺，60余载春华秋实。北京邮电大学全体师生员工在"团结、勤奋、严谨、创新"的校风、"厚德博学 敬业乐群"的校训和"崇尚奉献、追求卓越"的北邮精神引领下，正意气风发向着高质量建成信息科技特色世界一流大学的奋斗目标阔步前进，全力为回答好"强国建设，北邮何为"这一新时代"北邮之问"，为全面建设社会主义现代化强国、全面推进中华民族伟大复兴而团结奋斗。

中国传媒大学

中国传媒大学（Communication University of China）位于北京市朝阳区，是一所信息传播领域行业特色大学，被誉为"中国广播电视及传媒人才摇篮"和"信息传播领域知名学府"。学校以培养"弘道崇德、经世致用"的传媒人为己任，培养了大量国家所需、能够应对未来媒体挑战、驰骋于国际舞台的优秀传媒人才，其中既有资深的新闻工作者，也有优秀的电视制作人、导演和编剧，还有知名的演员、歌手，优秀的节目主持人、记者和评论员。这些杰出的传媒人才为学校的辉煌历史增添了新的篇章，也为未来信息传播领域的发展注入了源源不断的活力和创新力。

中国传媒大学的前身可追溯到1954年创建的中央广播事业局技术人员训练班。1958年，北京广播专科学校成立，标志着中国传媒大学的前身逐渐走向正轨。1959年，经过国务院的批准，学校正式更名为北京广播学院。到2000年，随着中国高等教育管理体制的改革，北京广播学院由国家广播电影电视总局划转至教育部管理。2001年，学校被确定为国家"211工程"重点建设高校。2002年，中国矿业大学北京校区东校园（原北京煤炭管理干部学院）整体并入北京广播学院，这次合并不仅扩大了学校的规模，也丰富了学校的学科设置。2004年，北京广播学院正式更名为中国传媒大学。近年来，中国传媒大学在学科建设、科学研究、人才培养等方面取得了显著成就。2017年，学校入选国家"世界一流学科"建设名单。

中国传媒大学现有本科专业84个，硕士学位授权一级学科点19个，专业硕士类别11个，博士学位授权一级学科点8个，博士后科研流动站7个。新闻传播学、戏剧与影视学是国家"一流学科"。新闻传播学涵盖了新闻学、传播学、新媒体、互联网信息、信息传播学、广播电视艺术学、广告学、传媒经济学、编辑出版学、国际新闻学等方向。其中新闻学、广播电视艺术学是国家重点学科，传播学是国家重点培育学科。戏剧与影视学的研究方向涵盖广播剧、电视剧、电视节目、电影、纪录片、戏曲、戏剧、网络文艺等各类戏剧影视艺术形态的史论批评与创作实践。学校走新工科、新文科融合发展之路，以新闻传播学、戏剧与影视学、艺术学理论、信息与通信工程为龙头，设计学、音乐与舞蹈学、美术学、中国语言文学、外国语言文学、电子科学与技术、计算机科学与技术、管理科学与工程等为支撑，互联网信息、文化产业、信息传播学、数字艺术等交叉学科为重点，多学科融合渗透，形成独具特色的"小综合"的学科格局。

中国传媒大学设有21个教学科研单位。新闻学院的前身是1959年成立的北京广播学院新闻系，是国内最早开展新闻人才培养和科学研究的机构之一。学院依托专业特色和优势，举办了多项特色活动，如"子牛杯"社会调查、中国记者节系列交流活动、"新传杯"首都大学生新闻传播院系辩论邀请赛等。电视学院是国内历史最久、声誉最高的电视专业教育机构，始终引领着我国电视和视听新媒体传播教育的发展。学院创设"光明影院"无障碍电影制作与传播项目，已完成500余部无障碍电影的制作。自2020年以来，学院连续4年邀请全国优秀新闻工作者作为讲述人，制作《中国新闻传播大讲堂》，该课程已覆盖全国

719所高校，形成了广泛的社会影响力。戏剧影视学院是学校艺术学科中规模最大的学院，学院师生主创、参与大量影视作品。不少教师是一系列广播影视节目的主创人员，多次荣获包括华表奖、金鸡奖、金鹿奖、飞天奖、金鹰奖、"五个一"工程奖在内的国内外重要奖项。学生也积极参与国内外主流媒体机构的创作生产，其中奥运摄影班全程参与了北京奥运会、伦敦奥运会、里约奥运会的赛事转播工作。信息与通信工程学院组建于1995年3月，是中国传媒大学设立的首个学院，学科专业源自建校之初的"广播技术人员训练班"。学院长期植根于广电传媒与文化科技领域，深耕电子信息领域相关学科，利用人工智能、大数据、5G/6G网络、超高清视频等新兴技术和思维进行深化创新，全面推动学校智能传媒教育发展，建立健全有中国特色的全媒体传播体系。

中国传媒大学现有本科生9869人、专科生610人、硕士研究生5183人、博士研究生900人及外国留学生688人。本科生培养方面，学校实施"五个一流"（一流生源、一流专业、一流师资、一流课程、一流教材）教育质量提升工程，致力于培养全面发展的优秀传媒人才；依托通识教育中心不断加强通识教育课程体系和通识教育文化建设，汇聚校内外优秀教师开展经典研习会、"传者"大讲堂，持续为学生提供优质的经典研读类和讲座类活动；依托实践教育中心、融媒体中心探索"以人为中心、以作品为导向"的实践育人体系，规划设计了一批校内跨专业、跨学院、跨学科的联合实践教学项目，打破专业、学院、学科壁垒，整合学生专业知识，促进技术应用、人文素养、艺术创作与实践技能的融通。中国传媒大学的研究生教育始于1979年，是全国最早开展研究生教育的高校之一。随后，学校不断拓展研究生教育的领域。1981年成为首批硕士学位授予单位，1998年成为博士学位授予单位。学校致力于打造一流研究生教育，凸显"上手快、筋骨壮、后劲足"的人才培养特色。为提升研究生培养质量，学校实行严格的学术训练，包括制定研究生基本文献阅读制度，以实战形式检验学习成果；组织实施研究生学术论文写作工作坊和精读文献导读工作坊，提高研究生科研素养和写作水平；与知网合作建立"研究生文献阅读与学术论文服务平台"，开设"中国传媒大学研究生论文写作训练营"，协同推进研究生论文写作指导体系建设。

中国传媒大学现有教职工2034人，其中双聘院士3人，"新世纪百千万人才工程"国家级人选6人，长江学者2人。具有正高级职称的教职工371人，副高级职称的教职工616人，专任教师（含科研人员）1202人。动画与数字艺术学院的教师团队作品硕果累累，在莫斯科国际电影节、日本东京动画节、法国昂西国际动画节、德国斯图加特动画节等国际一流节展中获得了近百个奖项和提名，在华表奖、金鹰奖、中国国际动漫节"金猴奖"、中国国际漫画节"金龙奖"、中国动画学会"美猴奖"等国内一流节展中获得了超过200个奖项。音乐艺术、录音学的教师担任主创的作品获中宣部"五个一工程"奖、"文华大奖""荷花奖"等国家级奖项和"中国电影电视技术学会广播节目技术质量金鹿奖"等，学院教师带领学生多次承担包括庆祝中华人民共和国成立70周年广场联欢、建党100周年文艺演出、北京冬奥会闭幕式等重大活动的演出、录音任务。人类命运共同体研究院的教师在研究对非传播问题的基础上提出了"建构性新闻理论"，立足于解决跨文化传播中的误解问题，是新闻传播领域全新的理论贡献，不但在对非传播中得到了运用，也为其他国家间的新闻传播提供了理论参考。

中国传媒大学坐落于北京古运河畔，地处首都功能核心区和北京城市副中心之间，校园占地面积46.37万平方米，总建筑面积63.88万平方米。中国传媒大学注重学生全面发展，有200多个学生社团，涵盖了学术、艺术、体育等多个领域，校园文化活动丰富。图书馆累计拥有纸本图书180多万册，累计订购报刊2000多种，数据库44个，累计包含电子期刊3.7万种，电子图书290多万册，中外文学位论文1000多万篇，音像资料3万多件。学校的传媒博物馆记载着传媒相关的历史，有着丰富的馆藏和展品供师生参观学习，这里也是"朝馆夕室"，白天是博物馆，晚上则是自习室。广告博物馆里则能看到与广告相关的历史，每年毕业季会在这里展出毕业生的毕业设计。校园内的建筑设计融合了现代化的元素和传统的文化特色，展现了时代与历史的交融。

中国传媒大学始终秉承"立德、敬业、博学、竞先"的校训，弘扬"严谨、勤奋、求实、创新"的校风，励精图治，传承和弘扬中华优秀传统文化，以勇于创新、敢于挑战为手段，不断追求学术和艺术的卓越。面向未来，中国传媒大学将以中国特色、世界一流为目标，瞄准"智能传媒"和"国际一流"两大主攻方向，全面布局智能传媒教育，以率先实现由传统传媒教育向智能传媒教育的转型跨越，赢得智能传媒教育主动权和主导权，引领推动新文科建设，早日实现建成中国特色世界一流传媒大学的奋斗目标。

北京科技大学

北京科技大学（University of Science and Technology Beijing）位于北京市海淀区学院路，这里是全国著名的高校云集区，周边有鸟巢、水立方、奥林匹克森林公园、中关村高科技园区等丰富人文科技生态圈。作为全国重点大学之一，北京科技大学源自钢铁工业领域，创建至今已有70余年历史。它以在钢铁工业方面的积极贡献而闻名于世，被誉为"钢铁摇篮"，在中国历史上取得了多个首创的成绩，如研制了第一台弧形连铸机、第一台国产工业机器人，完成了中国的第一颗东方红卫星以及第一枚洲际导弹的壳体材料设计，还完成了中国第一台十万次每秒晶体管计算机的体系结构设计等重要科研成果。北京科技大学培养了各行各业人才30余万人，特别是在冶金、材料行业中，这些人已成为该行业的栋梁和骨干。

北京科技大学的历史可追溯至1895年北洋西学学堂创办的中国近代史上第一个矿冶学科。1952年，学校由天津大学（原北洋大学）、清华大学等6所国内著名大学的矿冶系（科）组建而成，名为北京钢铁工业学院，是中国第一所钢铁工业高等学府。1960年更名为北京钢铁学院，并被批准为全国重点高等学校。1984年，成为全国首批正式成立研究生院的高等学校之一。1988年，更名为北京科技大学。2014年，学校牵头的以北京科技大学、东北大学为核心高校的"钢铁共性技术协同创新中心"成功入选国家"2011计划"。2017年，学校入选国家"双一流"建设高校。2018年，学校获批国防科工局、教育部共建高校。

　　北京科技大学以工为主，工、理、管、文、经、法等多学科协调发展。学校冶金工程、材料科学与工程、矿业工程、科学技术史4个全国一级重点学科学术水平蜚声中外，其中，冶金工程学科在冶金领域处于国际领先地位。学科点设有"钢铁冶金新技术"国家重点实验室，"稀贵金属绿色提取与回收"北京市重点实验室，"生态与循环冶金"教育部重点实验室，为学科研究提供了重要支持。此外，该学科点重视国际交流，与东京大学、麻省理工学院等世界知名大学及研究机构建立了稳定的合作关系，使其在国际冶金学科享有较高的知名度。材料科学与工程学科具有重要的战略地位。这一学科的发展为我国钢铁工业从小到大、由弱到强的转变提供了有力支撑。助力我国材料、冶金、机械、汽车、交通、电子信息等重点基础与支柱产业的科技进步，并为国防工业的发展做出了重要的贡献。另外，该学科深度参与长征、北斗系列，以及嫦娥、天宫、天问、张衡、蛟龙项目，并承担航母、"两机"专项、高铁等"大国重器"关键部件的研发工作，为国家科技实力提升、国防安全和经济建设做出了突出贡献。

　　北京科技大学目前共有土木与资源工程学院、冶金与生态工程学院、材料科学与工程学院等15个学院。其中，材料科学与工程学院被认为是中国材料科学与工程类人才培养与科技创新的重要基地之一。70余年来，为国家培养了3万余名优秀人才，包括王崇愚、叶恒强、张统一、张跃等19位两院院士。该学院有着悠久的历史和雄厚的师资力量，其中包括中国科学院、中国工程院院士6人，国家自然科学基金杰出青年获得者8人等。冶金与生态工程学院的历史可以追溯到1895年成立的北洋大学矿冶学科。学院现拥有钢铁冶金新技术国家重点实验室、金属与矿冶文化遗产研究国家文物局重点科研基地。培养了魏寿昆、李依依、周国治等中国科学院院士，殷瑞钰、毛新平等6名中国工程院院士。机械工程学院是北京科技大学的一个重要二级学院，起源于1952年的钢铁机械系。其研究领域涉及智能制造、机器人、航空航天装备、新能源汽车等新兴领域。中国第一台弧形连铸机、最早的热连轧计算机控制系统、最早的零件轧制技术均诞生于此。培养了中国工程院院士陈先霖、胡正寰、钟掘、关杰、刘玠、沈政昌，以及中国深海载人潜水器"蛟龙号"总指挥、天问一号火星探测器总指挥、中国载人航天工程专家等一批国家栋梁和优秀人才。

截至2023年9月，北京科技大学全日制在校学生总数为28982人，其中本科生13743人，硕士研究生10237人，博士研究生4220人，留学生733人。本科生占在校生总数的47.42%，硕士研究生占35.32%，博士研究生占14.56%；研究生与本科生的比达到1.05：1。学校于2019年在采矿工程专业、矿物加工工程专业和冶金工程专业试点进行本硕贯通人才培养，该培养模式是统筹设计本科和硕士研究生教育的六年一贯制培养模式。学生前两年按照普通本科生培养，第三、第四年需同时完成本科大三、大四学年和硕士研究生第一学年的学业要求，后两年按硕士第二、第三学年的要求培养。通过有效整合本硕培养环节，强化本科生教学和研究生教学的有机衔接，突出指导教师的全程化指导，强化科学研究训练，深化校企合作育人和国际化能力培养。

截至2023年9月，北京科技大学教职工总数为3549人，其中专任教师2052人。中国科学院院士（含双聘）4人，中国工程院院士（含双聘）12人，专任教师中，拥有正高级专业技术职务职称的732人，占专任教师总数的35.68%；拥有副高级专业技术职务职称833人，占专任教师总数的40.59%；拥有博士学位的1892人，占专任教师总数的92.20%，拥有硕士学位的207人，占专任教师总数的10.09%；35岁及以下的教师572人，占专任教师总数的27.88%。北京科技大学拥有一批高水平的专家学者队伍，为国家的科技进步和工程领域的发展做出了重要贡献。如集成计算材料工程团队在交通运输与航天航空关键铝材挤压加工、高性能特钢、铜合金和铜铝复合材料短流程加工新工艺及其关键装备的研究开发和工程应用等方面取得了重要成果。特别是在铜铝复合材料连铸直接成形技术方面，团队发明了连铸过程固液界面精确控制成套技术与装备，解决了铜铝复合材料连铸直接成形的关键技术难题。这些成果在提高界面结合强度、缩短工艺流程、节能降耗等方面取得了显著成效，对于实现大规模替代纯铜产品，推动以铝节铜，缓解铜资源紧缺问题具有重要意义。

北京科技大学本部占地约80.39万平方米，校舍建筑总面积99.68万平方米。图书馆馆舍面积为2万余平方米，图书馆设有保存本、中外文书刊等阅览室，以及冶金、材料外文过刊阅览室、"摇篮书斋"阅览室、文献检索与学位论文阅览室等独具特色的阅览室，图书馆与北京市高校和京外40余家图书情报机构建立了馆际互借和资源共享关系。北京科技大学校园拥有泰山石、"志存高远"和"钢铁摇篮"汉白玉匾、亚洲锻锤等标志性建筑物；有多个具有象征意义的广场，位于学校主楼前的求实广场中央矗立着毛主席像，主楼正中悬挂着"为中华之崛起"牌匾，体现了学校的学术传统和价值取向；鼎新广场上有不锈钢鼎，象征着学校的创新发展和重要地位；五环广场因承办2008年北京奥运会而命名，是学校的重要地标和文化遗产；青年广场位于学生宿舍区中央，是青年学生开展文化活动的空间，体现了学校的青年文化。这些元素共同构成了北京科技大学独特的校园文化，彰显了学校的学术底蕴和精神风貌。此外，学校设有"礼敬中华·文溢满井"传统文化节、"贝壳青年艺术节""校园歌手大赛""主持人大赛""校园戏剧节"等丰富的文化活动，不仅丰富了学生的校园生活，也增强了他们对传统文化的兴趣和认同感。

建校70余年来，学校逐步形成了"求实鼎新"的校训精神、"学风严谨，崇尚实践"的优良传统和"追求卓越、勇于争先"的新时代北科精神新特质。"求实"代表了学校恪守学术规律、追求科学真理的价值取向；"鼎新"体现了学校坚持与时俱进、不断开拓创新的精神特征。鼎作为"国之重器"，是中华悠久文化的象征和我国冶金科技文明的代表，体现了学校建校来引领钢铁行业发展、支撑国家工业化建设的卓越贡献，彰显了学校在国家高等教育体系中的重要地位和创新发展的坚定信心。面向未来，北京科技大学将继续强调追求卓越、勇于争先的精神，鼓励超前谋划、敢为人先的锐气、攻坚克难的毅力和精益求精的执着，奋力建成国内一流、国际知名的高水平研究型大学。

北京交通大学

北京交通大学（Beijing Jiaotong University）位于首都北京市的海淀区，是我国第一所专门培养管理人才的高等学校。学校以信息、管理等学科为优势，以交通科学与技术为特色。北京交通大学不仅是交通运输领域的领军者，更以开放包容的校园文化，吸引了无数国内外学子。建校百余年来，学校培养出中国第一个无线广播电台创建人刘瀚、中国第一本铁路运输专著作者金士宣、中国铁路运输经济学科的开创者许靖、中国最早的四大会计师之一杨汝梅以及中国现代作家、文学评论家、文学史家郑振铎等一大批蜚声中外的杰出人才。同时，中国第一台大马力蒸汽机设计者应尚才、"东京审判"中国检察官向哲浚，中国著名经济学家、人口学家马寅初等都曾在学校任教。学校始终瞄准科技发展前沿和国家重大战略需求，全面参与了铁路大提速、青藏铁路建设、大秦铁路重载运输、磁悬浮列车、高速铁路、川藏铁路建设和城市轨道交通核心技术自主研发等中国轨道交通发展的重大

历史事件，取得了一系列具有完全自主知识产权、处于国际先进水平的原创性重大成果，为服务交通、物流、信息、新能源等行业以及北京经济社会发展做出了积极贡献。

北京交通大学是一所历史悠久、文化底蕴深厚的学校。办学历史可以追溯到1896年，前身是清朝创办的北京铁路管理传习所，这也是中国近代铁路管理、电信教育的发祥地，为中国铁路事业的发展奠定了基础。随着时代的变迁，北京交通大学几经更名。1923年，学校改组，更名为北京交通大学。1950年，学校定名为北方交通大学。1952年，北方交通大学撤销，学校改称北京铁道学院。直到1970年，学校恢复"北方交通大学"的校名。到2003年，学校再次恢复使用"北京交通大学"的校名，并一直沿用至今。百年的风雨兼程中，北京交通大学始终与国家的命运紧密相连，秉持着对国家和社会的高度责任感，致力于培养优秀的交通运输领域的专家、学者。学校的教育质量和科研成果在国内外享有盛誉，为国家的发展做出了不可磨灭的贡献。

北京交通大学历经双甲子发展，形成了以信息、管理等学科为优势，以交通科学与技术为特色，工、管、经、理、文、法、哲等多学科协调发展的完备的学科培养体系。学校以"智慧交通"一流学科领域建设为引领，以交通运输工程、系统科学、信息与通信工程3个一级学科为支撑，实施一流学科群建设工程。交通运输工程学科下设交通运输规划与管理二级学科，以交通运输系统为研究对象，研究综合交通运输系统及城市交通系统的发展政策、规划设计、运行管理等的基础理论、方法和技术，为交通运输系统的发展提供理论依据和技术支撑。主要研究方向包括运输组织理论与技术、城市交通工程理论与技术、运输与物流理论与技术、智能运输系统理论与技术以及综合交通运输理论与技术。信息与通信工程学科具有悠久的历史，拥有一支以中国科学院院士、国家"973"计划首席科学家等为骨干组成的高水平师资队伍。学科围绕国家信息产业和行业重大需求，瞄准国际学术前沿，形成了光通信、无线与移动通信、互联网、信息与网络安全等优势研究方向以及轨道交通专用通信特色，为国家通信领域培养了大批人才。

学校现设有自动化与智能学院、电子信息工程学院、交通运输学院、土木建筑工程学院等20个学院。交通运输学院作为北京交通大学最具代表性的学院，是建设世界一流学科、培养交通运输拔尖创新人才、塑造行业科技创新的重要源头。其与母校同庚，是我国近代铁路管理教育的发祥地，经过百余年的积淀，形成了以铁路为优势和特色，涵盖公路、城轨、民航等多种交通方式的高水平教学和研究团队。该学院拥有十余个教学科研平台，并参与"轨道交通控制与安全"国家重点实验室的建设，充分发挥"产学研"合作优势。电子信息工程学院成立于1996年，其前身可溯源至1909年建校之初设立的邮电班。学院拥有中国科学院院士1名、中国工程院院士1名等优秀教师和多个创新教学团体，下设6个研究所/基地，建设有多个国家级以上水平教学平台、4个国家级科研平台以及11个省部级科研平台。学院培养了3万余名优秀学子，活跃在通信信息、铁路、城市轨道交通通信和控制行业的政府、科研院所、高新技术企业和高等院校，其中有中国科学院院士简水生、中国工程院院士宁滨、中国工程院院士张宏科、铁路专用移动通信系统首席科学家钟章队、国家杰青艾渤等一批杰出人才。詹天佑学院（智慧交通未来技术学院）成立于2020年7月，是学校实体化的拔尖创新人才培养试验区。学院旨在发挥"智慧交通"一流学科领域的优势，深化"书院制、导师制、学分制"教育教学改革，培养服务于交通强国战略、引领智慧交通发展的未来科技领军人才。

截至2023年8月，北京交通大学现有在校学生53081人，其中本科生16880人、硕士研究生10690人、博士研究生3337人及留学生745人。本科生占在校生总数的31.8%，硕士研究生占20.14%，博士研究生占6.3%。在人才培养方面，北京交通大学实施了一系列富有成效的计划。学校通过"高原""高峰"拔尖人才培养计划，以及"1+2+5"本研贯通人才培养模式，致力于培养基础学科科学研究拔尖人才及优势学科科技创新领军人才。同时，学校还实施了产学联合培养"知行"计划，围绕国家发展急需，培养卓越工程人才。北京交通大学始终将研究生教育视为建设特色鲜明世界一流大学的"强校之源"，通过推进学术评价机制改革、资源分配机制改革和联合培养机制改革，不断提升研究生的培养质量。这些改革措施包括重真才实学、重质量贡献的评价导向，向国家战略急需、科学研究水平高和成果多的重大平台、师德师风和培养质量好的导师倾斜招生指标，以及促进优势特色学科专业的交叉融合等。此外，北京交通大学还非常注重国际合作与交流。学校积极响应国家"一带一路"倡议，与美、英、德、法等51个国家的252所大学和机构建立了合作关系。这不仅有助于提升学校的国际影响力和话语权，也为师生提供了更广阔的学术视野和交流平台。

截至2023年8月，北京交通大学拥有在职教职工共计4265人，其中专任教师人数为2094人。在雄厚的师资队伍中，担任研究生导师的有1739人。值得一提的是，学校还拥有中国科学院院士3人，中国工程院院士8人，以及中国工程院外籍院士1人。北京交通大学在科研领域积极与物联网、大数据、人工智能等新一代信息技术融合，并取得了显著成果。其中，由电信学院的荆涛教授、经济管理学院的朱明皓副教授、计算机与信息技术学院的高勃研究员以及电信学院的高青鹤老师等人组成的科研团队，经过深入钻研，成功攻克了多项技术难题。他们研发了多源异构数据整合技术，突破了多业务环节动态建模技术，并构建了智能排产和决策算法体系。此外，他们还研制了家具木料质量智能化检测技术与系统，针对全球最大的家具木料备料基地，创新了共享制造新模式，构建了跨工厂多业务共享制造引擎平台。这一成果实现了家具生产全流程的智能化、数字化协同制造以及全生命周期管理，实现了"产—学—研—用"的深度融合，为相关产业的升级与发展提供了有力支持。

北京交通大学坐落在被称为"学府胜地"的海淀区，建筑面积100余万平方米，其古朴的校园建筑讲述着这所学校百余载的砥砺前行，展现着学校丰厚历史底蕴下的校园文化精神。走进校园，昂然挺立的南校门是北京交通大学地标性建筑之一，据传为"亚洲第一高"，校门拱形的外观看起来如同一个"涵洞"，象征着"交通"，对应着校名。从远处望去，它就像火车的隧道，每一位学生如同一列火车，进入交大的隧道，经历成长，再驶出隧道时，已成长为国之栋梁。思源楼秉承着"饮水思源，爱国荣校"的北京交通大学精神，是学校功能性最强、最丰富的建筑，也是我国4所交通大学共有的楼宇名字，纪念着4所交通大学共同经历的风雨路程。在思源楼的北面，"知行碑"传承着百年老校优良的治学传统，弘扬交大立校精神。校园内的明湖，取之"明诚之意"，湖西北有亭，名为"爱知亭"，由茅以升题写，是学校师生学习休憩的好去处，体现着对北京交通大学学子的殷切期望。学校的图书馆创建于1909年，随着历史的变迁，馆舍已更新过三代，有着极具交通特色的丰富馆藏，图书馆交通、铁路史料收藏量在全国首屈一指，助力学生成长为领域内优秀人才。

"饮水思源，爱国荣校"。北京交通大学将秉承"知行"的校训，坚持"求真务实、开拓创新"的校风，保持战略定力，坚定发展信心，锚定时代坐标，踔厉奋发谋突破，善作善成开新局，努力成为国内外知名的高水平学校，奋力谱写特色鲜明世界一流大学建设新篇章。作为交通运输领域的领军者，学校将继续为国家和社会的发展做出更大的贡献。

中央财经大学

中央财经大学（Central University of Finance and Economics）位于北京市海淀区，是中华人民共和国成立后中央人民政府创办的第一所新型高等财经院校。长期以来，学校传承"求真求是，追求卓越"的办学理念，坚持鲜明的办学特色，为国家经济建设和社会发展培养了17万余名各级各类高素质人才，被誉为"中国财经管理专家的摇篮"，涌现陈岱孙、崔敬伯、崔书香、李宝光、刘光第、胡中流、李天民、张玉文、闻潜、姜维壮、魏振雄、王佩真、侯荣华、李继熊等一大批著名经济学家和学者。他们不仅在学术领域取得了卓越的成就，更为国家和社会的发展提供了宝贵的智力支持。

中央财经大学始建于1949年，创办之初由财政部主管，校名先后为中央税务学校、中央财政学院。1952年，与北京大学、清华大学、燕京大学、辅仁大学的经济系科合并成立中央财经学院，由高等教育部主管。1996年，中央财政金融学院更名为中央财经大学。1998年，在中央财政金融干部学校基础上成立的中央财政管理干部学院并入中央财经大学。2000年2月，学校由财政部划转教育部直属管理，并于2012年成为教育部、财政部和北京市人民政府共建高校。中央财经大学充分发挥国家部委和地方政府决策的"思想库"和"智囊团"的作用，为国家经济建设和社会发展提供了强大的理论保证和有力的智力支持。

中央财经大学已形成以经济学、管理学和法学学科为主体，文学、理学、工学、教育学、艺术学等多学科协调发展的学科体系，学科结构日益优化、重点学科竞争力大幅提升，为培养创新型、复合型、国际化的高端财经人才奠定了坚实基础。应用经济学入选国家"双一流"建设学科，涵盖了国民经济学、财政学、金融学、国际贸易学、产业经济学、区域经济学、劳动经济学、数量经济学、国防经济学9个二级学科，致力于培养复合型经济学拔尖创新人才。会计学二级学科作为国家重点学科，学术研究方向紧跟学科前沿，科研成果显著，在财务会计、注册会计师审计、管理会计等各个分支领域的高质量成果和标志性成果不断增加，形成了中央财经大学会计学科的研究特色。作为国家经济学、管理学学科领域的重要科研创新基地，学校建立国家金融安全教育部工程研究中心、教育部人文社会科学重点研究基地中国精算研究院等智库机构。

中央财经大学现有21个学院。经济学院是中央财经大学实行学院制以来成立的第一批学院，经济学科是财经类大学的办学之基，陈岱孙等老一辈经济学家为学校经济学科发展奠定了坚实的基础，人才培养成效显著，逐步成为在国内外有较高影响力和知名度的经济学院。保险学院在全国保险教育领域处于领先地位，保险与精算学科是最早得到国际上保险专业资格免试认证的学科，具有一批在学术界和业界都具有较大影响的学科与学术带头人，如陈建成教授、郝演苏教授等，在2005年世界保险大会上，中央财经大学被誉为对世界保险业做出突出贡献的亚洲三所大学之一。会计学院办学层次齐全，是目前全国高校会计学科办学规模最大的高级财会人才培养基地之一，在国内会计、审计和财务学科教育中居于领先地位，同时也是我国管理会计、注册会计师审计、财务管理以及财务会计等领域的一个重要研究基地。财政税务学院是中央财经大学最早设置的院系之一，是国内最早的财政税务人才培养的重要基地之一，全国资产评估专业学位研究生教育指导委员会秘书处设在该院，拥有财政学国家级教学团队，注重学生全面发展，旨在培养具有全球战略眼光和社会责任感的财经高端人才。

截至2023年12月，学校有本科生10138人，硕士研究生5675人，博士研究生924人，外国留学生440人，成人教育学生2894人。学校根据经济社会发展需求及学科优势，明确人才培养目标定位，形成了以经管类专业为主，其他相关专业协调发展的研究生培养布局，总体上学术型研究生和专业学位研究生的比例约为1：2.1。全国保险、资产评估专业学位研究生教育指导委员会秘书处设在中央财经大学。学校深化专业学位研究生教育改革，提升实践能力，鼓励和支持各培养单位加强实践基地建设，采用和企业合作等方式为研究生实践教学搭建平台，并依托北京市教育委员会产学研联合培养项目建设了一批产学研联合培养基地，为专业学位研究生提供更加丰富的实践机会。学校高度重视专业学位教学案例的开发和使用，加大对专业学位研究生教学案例集建设和出版的资助力度，着力组织建设一批国际化、高水平的专业学位研究生教学案例集。研究生案例大赛是学校专业学位研究生具有特色的赛事之一，旨在提升专业学位研究生创新精神、实践能力和协作意识。为服务粤港澳大湾区人才需求，开展产教融合、跨学科、复合式的专业硕士研究生培养，2020年成立粤港澳大湾区（黄埔）研究院，采用以"项目带学生"的模式，为粤港澳大湾区的发展提供人力资源和智力支持，推动大湾区的发展。

截至2023年12月，全校有教职工1768人，其中专任教师1094人，教授374人，副教授483人，具有博士学位者981人。学校有39人（次）入选国家级重大人才项目，拥有国家级教学团队5个，其中3个团队入选"全国高校黄大年式教师团队"。近年来，学校也着力在全球范围内平台式引进大批海外优秀人才，聘请了一批国内外著名学者担任学院领导和学术带头人，例如，诺贝尔经济学奖获得者劳伦斯·克莱因（Lawrence Robert Klein）、约瑟夫·斯蒂格利茨（Joseph Stiglitz）、罗伯特·恩格尔（Robert F. Engle）、埃里克·马斯金（Eric Maskin）、罗杰·迈尔森（Roger B. Myerson）等担任学校学术委员、名誉教授、客座教授和兼职教授，极大提升了师资的国际化水平。学校现有研究生导师1583人，其中校内博士生导师193人，外聘兼职博士生导师35人，校内硕士研究生导师815人，校外兼职学术型硕士研究生导师77人，校外兼职专业学位硕士研究生导师540人，聘请数量众多的具有丰富实践经验的行业专家和社会精英担任兼职导师，加强导师人才队伍建设。李建军教授领衔的金融安全工程教师团队，充分发挥导师组优势，积极带领研究生赴基层、赴边疆，深入企业和金融机构进行实践和调研，大力开展基础性、原创性、前沿交叉研究，推动国家金融安全人才中心和创新高地建设，为国家金融安全贡献力量。

中央财经大学在北京市学院南路和沙河有两个校区，采取两校区统一管理的运行模式，总占地面积102.72万平方米。学院南路校区虽然占地面积不大，但地处北京三环的繁华地段，环境优美，交通便捷，拥有现代化的教学楼群和实验室，图书馆和校园网等公共服务体系先进齐全。沙河校区位于北京市昌平区沙河高教园区东北部，除了由一座主教楼、7座学院楼组成的教学功能区外，世界一流的图书馆聘望楼、东区操场和大学生活动中心为师生提供了广阔的学习活动空间。中央财经大学注重培养学生的综合素质和社会责任感，开展丰富的校园文化活动，通过举办各类学术文化节、学术竞赛、主题讲座等学术活动，如"龙马学术之星"评选、研究生论文大赛、研究生案例大赛，为研究生展现学术风采，繁荣学术交流提供平台。学校还积极参与社会公益事业，建立青年志愿者行动指导中心和红十字会学生分会，营造向上、向善、向美的校园文化，培养学生良好的道德品质和社会责任感。

学校秉持"忠诚、团结、求实、创新"的校训，围绕"把中央财经大学建设成为特色鲜明的世界一流大学"的发展战略，坚守"立德树人、财经报国"的使命担当，以服务需求、提高质量为主线，以分类推进培养模式改革、统筹构建质量保障体系为着力点，致力于培养富有创新力和行动力、具备全局思维与国际视野，能够在财经及相关领域为中国乃至世界的经济发展及人类文明进步做出贡献的学术精英和业界领袖。

对外经济贸易大学

对外经济贸易大学（University of International Business and Economics）位于北京市朝阳区，是中国第一所培养对外贸易专门人才的高等学府。学校人才培养特色鲜明，具有良好的口碑，始终坚持和不断彰显高素质、创新型、国际化领军人才培养特色，毕业生因专业知识技能扎实、外语娴熟、思维活跃、实践能力强而受到社会的普遍欢迎。"世界上凡是有贸易往来的地方，就有对外经贸大学人的身影"。对外经济贸易大学的校友

中，不乏一批在国内外享有盛誉的杰出人物。他们包括廖馥君、武堉干、袁贤能、姚曾荫、沈达明、姚念庆、史道源、张雄武、冯大同等中国外经贸的"大先生们"。这些校友不仅在各自的领域取得了卓越的成就，更为对外经贸大学赢得了无数的荣誉和骄傲。

对外经济贸易大学创建于1951年，前身为隶属于中央人民政府贸易部的高级商业干部学校，1953年更名为北京对外贸易专科学校。1954年，北京对外贸易专科学校和中国人民大学对外贸易专业合并成立北京对外贸易学院，1960年入选全国重点高等学校，1964年入选外语教育重点发展院校，1978年成为对外贸易部直属单位。1983年学校与隶属于国家进出口管理委员会的国际经济管理学院合并，1984年更名为对外经济贸易大学，1997年入选国家"211工程"重点建设高校。2000年学校与中国金融学院合并，2010年教育部与商务部共同签署共建对外经济贸易大学协议。当前，对外经济贸易大学以坚定走出一条"建设中国特色、世界一流的贸大新路"为目标踔厉奋发、勇毅前行。

对外经济贸易大学现有应用经济学、理论经济学、法学、工商管理、外国语言文学、统计学、政治学、公共管理、中国语言文学、管理科学与工程、马克思主义理论、数学12个一级学科，涵盖经、管、法、文、理、工6个学科门类。学科优势明显，拥有应用经济学国家"双一流"建设学科，国际贸易学、国际法学2个国家重点学科。应用经济学学科以建设国家级重点学科国际贸易学为核心，继续保持国际贸易学国内第一的优势地位，同时全面建设金融学、产业经济学、数量经济学与财政学，并且在一定程度上发展了区域经济学、劳动经济学、宏观经济学、发展经济学、能源经济学等学科。对外经济贸易大学始终坚持以服务国家对外开放战略为己任，加快构建中国特色哲学社会科学，将以应用经济学为基础，结合国际法学、会计学和企业管理等优势特色学科，构建开放型经济学科群；并将大力推动新兴交叉学科建设，促进学科融合发展，构建"优势突出、特色鲜明、结构合理、协调发展"的学科体系。学校设有140余个研究中心，拥有国家级重点基地1个，省部级科研机构22个，包括国家涉外法治研究基地、中国WTO研究院、教育与开放经济研究中心、全球价值链实验室、北京对外开放研究院、全球创新与治理研究院等。

对外经济贸易大学现有32个教学科研单位。国际经济贸易学院承续着中国近代国际贸易学术之脉，主要承担应用经济学和理论经济学两个一级学科建设。

历经近70年的发展壮大，学院在学科建设、人才培养、科学研究、社会服务和国际交流等方面保持着国内领先水平，至今已发展成为一所在海内外有着重要影响和广泛学术声誉的贸易、金融与经济综合发展的研究型学院，是我国国际经贸领域最重要的人才培养和科学研究基地。法学院是全国首批获得国际经济法专业博士学位授予权的4所院校之一（其他3所为北京大学、武汉大学、厦门大学）。法学院以培养具有国际视野的高层次法律人才为目标，拥有一支高水平的师资队伍。沈达明教授、冯大同教授创建了在国内外有广泛影响的国家商法特色学科，奠定了法学院发展的基础，目前学院教师的博士化率超过98%，并且有相当一部分教师在国外名校法学院学习或进修，一批中青年学者崭露头角，在法学界发挥着越来越重要的学术引领作用。外语学院下设阿拉伯语系、法语系、德语系、意大利语系、日语系、朝鲜语系、俄语系、西班牙语系、越南语系、葡萄牙语系、波斯语系、希腊语系共12个系，大部分专业是国内同类院校中开设较早的专业点之一。学院在国际化、复合型精英人才培养方面创建了一套完整而系统的机制与模式，为国家和社会培养了大批优秀人才。金融学院在原中国金融学院基础上组建成立，秉承两校特色，具备专业化程度强、国际化程度高的特点，并与金融业界保持广泛而紧密的联系。学院以人才培养为本，致力于塑造高素质、创新型、国际化的高级金融专业人才，注重学生学术能力和应用能力培养，打造"新一代银行家摇篮"的品牌。

截至2024年3月，学校全日制在校生1.7万余人，其中本科生8900余人，硕士研究生6300余人，学历留学生2200余人。本科生占全日制在校生总数的比例为52%，本科生与硕士研究生比例接近1.4∶1。学校深入推进本科生大类招生改革，实现金融学大类跨院招生，加强招生培养就业联动，推动学校"双学士学位"项目申报，获批"法学—英语类""国际政治—英语""法学—数据科学与大数据技术""国际经济与贸易—法学""金融学—供应链管理""国际经济与贸易—法语"等12个"双学士学位项目"。在博士招生中，除通过硕博连读、申请—考核制、直博生招生等方式，创新普通招考两段制考试，突出基层学术组织作用，规范博导在人才选拔中的主导作用。近年来，专业学位招生规模已提升至总招生规模的69%，学校夯实融合培养，大力推进案例建设，全面赋能教育教学，将案例库建设纳入教改专项项目，优秀案例及入库案例纳入"教学研究与改革成果"，打造专业学位人才培养新高地，做实做优国际商务、金融、会计、法律、翻译等特色专业学位点。

截至2023年，全校共有教职工1711人，其中专任教师1022人，教授336人，副教授401人。对外经济贸易大学师资力量雄厚，大师云集，新秀辈出。学校55人次入选国家级重大人才项目，36人享受国务院政府特殊津贴，拥有国家级教学团队5个，其中会计与财务管理、国际贸易教师团队入选"全国高校黄大年式教师团队"，3人入选财政部会计名家、2人荣膺中国金融学科终身成就奖。赵忠秀教授带领的国际贸易教师团队创立的全国高校国际贸易学科协作组、国际经济与金融学会中国分会，已经成为我国高校国际贸易学科影响最大的学科建设和学术交流的平台，围绕国际经贸热点、高水平对外开放等问题积极为国家建言献策。此外，学校还聘请一定数量的兼职教师及外国专家，如前世界贸易组织上诉机构大法官张月姣教授、现世界贸易组织上诉机构大法官赵宏教授等。诺贝尔经济学奖获得者迈克尔·斯宾塞（Michael Spence）、中国改革友谊奖章获得者斯蒂芬·佩里（Stephen Perry）、安德烈亚斯·洛舍尔（Andreas Löschel）等担任学校学术职务。

对外经济贸易大学办学实力雄厚，环境优雅，南邻元大都遗址，北望鸟巢，总占地面积34.39万平方米。学校图书馆、体育馆、实验室、国际交流大厦一应俱全，拥有独立的体育馆，内含游泳馆、健身场馆、羽毛球场馆等，校史馆、博物馆纪录学校伴随中国对外开放发展历程。女生宿舍虹远楼是亚洲最大的单体宿舍，包括2000多间学生公寓房。学校设立了完善的研究生奖助体系和科研资助体系，目前社会力量在学校设立的奖助学金、奖教金近30项，院系级基金100余项，鼓励并支持研究生紧贴国家发展导向，参与高端科学研究、参加高水平学术会议、从事国际化学术交流。

对外经济贸易大学秉持"育人育才、融通中外、内涵发展、创建一流"的办学理念，牢记"为党育人、为国育才"的初心使命，弘扬"博学、诚信、求索、笃行"的校训精神，扎根中国、胸怀天下，扩宽基础、激发创新，力争到2025年开放型经济学科群达到亚洲一流水平；到2035年建成世界知名、亚洲一流大学；到2050年实现建设具有国内外重要影响力和鲜明办学特色的世界一流大学的奋斗目标，以高水平学科发展引领高水平人才培养。

华北电力大学

华北电力大学（North China Electric Power University）位于北京市昌平区，傍依八达岭高速公路，紧邻中关村高科技开发区和上地信息产业基地，这为学校的科研合作和产学研结合提供了得天独厚的条件。该校在电力行业中享有极高的声誉，被誉为"电力黄埔"。学校现由12家特大型电力集团和中国电力企业联合会组成的理事会与教育部共建，这种独特的理事会架构使得学校毕业生在电力和相关行业具有很高的竞争力。学校培养出的优秀毕业生中，涌现出众多中国工程院院士、电力企业高级技术和管理人才。因此，学校又被誉为我国能源电力高级专门人才的摇篮。学校一直不断增强科技创新能力，攻克了能源电力行业大

批关键技术难题，为推动能源电力高水平科技自立自强做出了重要贡献。

学校1958年创建于北京市，原名北京电力学院，长期隶属于国家电力部门管理。1969年，学校迁至河北省邯郸市，1970年迁到保定市，更名为河北电力学院。1978年经国务院批准为全国重点大学，同年更名为华北电力学院，面向全国招生。1995年，华北电力学院与北京动力经济学院合并组建华北电力大学。2003年，学校由原国家电力公司划转教育部管理，成为教育部直属高校。2005年，学校正式列入国家"211工程"高等学校行列。同年10月，经教育部批准，学校校部变更为北京市，分设华北电力大学保定校区，两地实行一体化管理。今日，华北电力大学以崭新姿态朝着特色鲜明高水平研究型大学办学目标稳步前进。

华北电力大学全面构建起了"以优势学科为基础，以新兴能源学科为重点，以文理学科为支撑"的"大电力"特色学科体系。学校拥有7个博士后科研流动站，7个博士学位一级学科授权点、23个硕士学位一级学科授权点。华北电力大学的国家级重点学科包括"电力系统及其自动化"和"热能工程"。其中，电力系统及其自动化学科包括电力系统分析、运行与控制、电力经济分析、电力系统规划与可靠性等方向，是强电和弱电、技术与电气控制技术交叉渗透的综合型学科专业。旨在培养在电气工程与信息领域从事电力系统运行与控制、信息处理、试验分析、研制开发等的复合型高级工程技术人才。热能工程学科是华北电力大学传统的主力学科之一。该学科结合电力行业的发展需要，紧密围绕火力发电厂热力设备及热力系统的经济安全问题开展研究。在机网协调与轴系稳定研究领域一直处于国内前沿水平，自主研发了"汽轮发电机组轴系扭振应力在线监测系统"，已在数十台大型机组投入运行。通过实施状态维修，改变发电厂目前采用的定期维修制度，成功降低了发电厂的运行与维修成本。

截至2023年，华北电力大学设有电气与电子工程学院、能源动力与机械工程学院、控制与计算机工程学院等14个专业学院。其中，电气与电子工程学院起源于1958年建校之初的电力工程系，学院历史悠久，办学基础雄厚。拥有新能源电力系统全国重点实验室等8个国家级、省部级重点实验室和研究中心，为学术研究和科技创新提供了一流的研究条件和平台。学院以解决我国能源转型发展面临的问题为己任，围绕大规模新能源消纳与新能源电力系统安全稳定运行方向，开展了新能源高效转换与发电过程特性、先进输变电技术与电磁理论、新能源电力系统控制与优化、多元信息融合与综合能源系统优化等关键核心技术攻关，攻克了一批理论和技术难题，取得了一批标志性成果。能源动力与机械工程学院的前身为1958年建校之初的动力系。学院现有国家储能技术产教融合创新平台、国家火力发电工程技术研究中心等一批高水平研究基地。在先进能量系统热力学及集成优化、多相流与传热传质、污染物脱除、电站设备状态监控与故障诊断等形成较强的优势研究方向。60余年来，学院以国家电力发展和社会需求为己任，担当不同时期电力专业技术人才培养和科学研究的重任和使命，累积培养和输送各类人才超过30000余人。

截至2023年，华北电力大学有全日制在校生39885人，其中本科生2.4万余人，研究生1.2万余人，本科生占全日制在校生总数的比例为61.65%。北京校部长期在校来华留学生453人，长短期留学生近600人。学校实施研究生教育创新工程，全面提高研究生的培养质量。学校积极与能源电力的科研机构及高新技术企业开展联合培养和科研合作，不断创新培养模式，提升研究生的实践创新能力。学校被授予首批"全国工程硕士研究生教育创新院校"荣誉称号；研究生工作站获得首批"全国示范性工程专业学位研究生联合培养基地"荣誉称号。学校全力推进国际化办学进程，搭建世界一流大学合作伙伴网络和共建"一带一路"国家大学合作伙伴网络，全面开展学生国际交流、院系科研合作等项目，设立中外合作办学项目，不断提高来华留学规模和质量。学校积极践行国家"一带一路"倡议，主动承担国家外交任务，承办多个国家级援外培训项目；与俄罗斯莫斯科动力学院等15所海外高校共同签署"一带一路"能源学院合作伙伴计划；担任上海合作组织大学能源学方向中方牵头院校，建立上海合作组织大学能源智库。学校积极传播中华文化，在美国设立的西肯塔基孔子学院是北美规模最大的孔子学院。

华北电力大学的专任教师规模、教学能力、学缘结构、国际化水平稳步提升。截至2023年，有专任教师2024人，整体生师比为19.7∶1。拥有中国工程院院士3人，其他各类高层次人才百余名。专任教师中，"双师型"教师140人，占专任教师的比例为6.92%。从专任教师的职称结构看，具有高级职称的专任教师1219人，占比60.23%，其中正高级职称409人，占比20.21%，副高级职称810人，占比40.02%。从专任教师的学历结构看，具有博士学位的专任教师1561人，占比77.12%；具有硕士学位的专任教师430人，占比21.25%。

从专任教师的年龄结构看，35岁及以下493人，占比24.36%；36~45岁729人，占比36.02%；46~55岁577人，占比28.51%；56岁及以上225人，占比11.11%。近年来，学校建成多支高水平研究团队。例如，新能源电力系统同步测量与保护控制团队承担输电线路电磁环境、阀厅电磁干扰、对无线电台站与输气管道电磁影响、直流接地极等方面的基础研究，为云南—广东、向家坝—上海±800kV特高压直流输电示范工程建设提供了技术支撑。

华北电力大学占地106.67万平方米，建筑面积100余万平方米，拥有两个校区，分别是位于北京市昌平区的北京校区和位于河北省保定市的保定校区。在楼宇建筑方面，北京校区的"深密"和保定校区的"简单"各擅所长。北京校区承续北京动力经济学院的故地，不断拓展与建设，特别是西区建设，体制宏大、造型现代。保定校区楼宇建筑不论是教学楼、宿舍楼、图书馆还是食堂，都以白色为基调，方方正正，线条简洁，棱角分明。北京校区的小池流水、古朴典雅大方的保定校区门楼以及别有洞天的"一馆、一角、一塔"共同构筑了华北电力大学多姿多彩的校园景观。此外，学校注重校园环保和节能减排，实施绿色校园战略，鼓励学生积极参与环境保护和节能减排工作。

在60余年的发展历程中，华北电力大学几经播迁，几历曲折，形成了"自强不息、团结奋进、爱校敬业、追求卓越"的精神。学校秉承"团结、勤奋、求实、创新"的校训，贯彻"学科立校、人才强校、科研兴校、特色发展"的办学方针，紧抓机遇、乘势而上，各项事业实现跨越式快速发展。站在继往开来的新起点，面向欣欣向荣的新时代，学校将围绕碳中和领域和能源电力行业产业链，实施学科专业拓新、人才培养提质、科技创新登攀、开放合作升级、高端师资汇聚、零碳校园建设等六大行动，构建从基础研究到工程转化的完整创新链，形成双碳引领、学科交叉、特色鲜明、结构完整的世界一流能源电力学科体系，加快培养能源电力领域未来战略人才和工程领军人才，为我国构建以新能源为主体的新型电力系统，早日实现"双碳"目标提供坚实的人才支撑和智力支持。

北京中医药大学

北京中医药大学（Beijing University of Chinese Medicine）位于北京市朝阳区，是一所以中医药学为主干学科的全国重点大学。学校倡导"人心向学、传承创新"理念，坚持"立德树人、以文化人"宗旨，弘扬"追求卓越、止于至善"精神，彰显特色、强化优势，是我国培养高层次创新型中医药人才的教育基地、中医药知识创新和技术创新的研究基地、防治重大疾病和疑难疾患的医疗基地、推进中医药走向世界的国际交流基地，为人类健康事业发展和文明进步做出了重要贡献，已经成为在国内外享有盛誉的集教育、科研、医疗、中医药文化传播于一体的著名

中医药高等学府。

北京中医药大学始建于1956年，前身为北京中医学院，是国务院批准最早创办的高等中医药院校。1960年，被中央确定为全国重点高校，成为发展高等中医药教育事业的引领者。1993年，更名为北京中医药大学。1996年，成为唯一一所进入国家"211工程"建设行列的高等中医药院校。2000年，与北京针灸骨伤学院合并，组建新的北京中医药大学。2018年，成为教育部新一届高等学校中医学类、中西医结合类专业教学指导委员会主任委员单位。北京中医药大学与中国高等中医药教育一路同行，始终作为高等中医药教育的引领者和示范者，站在世界中医药教育、科技、医疗和文化的最前沿。

北京中医药大学是全国高等中医药院校中首批建立博士学位点和博士后科研流动站的单位之一，设有中医学、中药学、中西医结合3个博士后科研流动站。学校以中医药学作为主干学科，涵盖医学、文学、管理学、法学、工学5大学科门类，其中中医学、中西医结合、中药学3个学科入选国家"双一流"建设学科。中医学科由老一辈中医学家任应秋、王玉川、程士德、王洪图等创建与发展，现涵盖中医基础理论、中医诊断学、中医临床基础、民族医学、中医内科学、中医外科学、中医药管理、健康管理学等21个培养方向，建有中医学、针灸推拿学2个国家一流专业，博士研究生招生规模居全国中医药院校首位。中西医结合学科涵盖中西医结合基础、中西医结合药理学、中西医结合循证医学、中西医结合临床、中西医结合护理学5个培养方向。该学科拥有国家中医药管理局重点学科6个，居行业院校首位，并制定了国内首部《中医/中西医结合临床研究方法学指南》。

北京中医药大学现有中医学院、中药学院、生命科学学院、针灸推拿学院、岐黄学院、管理学院、护理学院、国际学院、台港澳中医学部等14个教学单位。中医学院是北京中医药大学历史最长、规模最大的集教学、科研及医疗服务为一体的学院，许多为中国中医药事业做出开创性贡献的国医泰斗在此执掌教席，为国家和社会培养了一大批功底深厚、学验俱丰的国医大师与国医精英。中医学院现有国医大师3人，全国名中医2人，首都国医名师12人，中医药高等学校教学名师2人，形成了一支以国内外著名专家学者和国内有影响的中青年教授为主的师资队伍。中药学院具有深厚的学术传承，颜正华、谢海洲、金恩波、李家实、巩国本、毛震东、姜铭锳、曹春林等先后在中药学院任教，拥有深厚的学术积淀，为中药学的发展培养了大量专门人才和许多领军人物。中药学院现有国医大师1名、首都国药大师1名、国务院学科评议组成员2名、中医药传承与创新百千万人才工程"岐黄学者"2人、全国模范教师1名、国家万人计划教学名师1名。

截至2023年，北京中医药大学有全日制在校生15474人，其中本科生8937人、硕士研究生4439人、博士研究生1590人，留学生508人，另有网络教育学生20813人。学校充分发挥申请审核制、提前攻博、临床推博、本科直博等招生方式，针对中医药创新拔尖、交叉复合型人才的培养需求，创新博士研究生"中医+""+中医""双创推博""丹心计划""科研临床联合培养"等招生项目。为弘扬中医文化，学校实施研究生医古文水平考试，在开展博士招生医古文考试的基础上，建立常态化的针对硕士学位的医古文水平考试制度，使硕、博层次研究生都可以医古文作为语言要求之一获得学位。学校全面致力于构建面向未来以高层次教育为主的人才培养体系，2007年创办"中医教改实验班"，2011年开办九年制中医学专业（岐黄国医班），2012年推出的中医学专业，采用"5+3"一体化培养模式，2015年，增设中药学专业——时珍国药班，同时开设中药学专业——卓越中药师专业。

截至2023年9月，学校（含附属医院）现有专任教师1758人。其中，具有博士学位教师976人，硕士学位教师535人，具有硕博士学位者占比85.95%；正高级专业技术职务472人，副高级专业技术职务629人，具有高级专业技术职务者占比62.63%；45岁以下青年专任教师1090人，占比62.00%。学校有中国工程院院士2人，国医大师8人，建设了一支以学术大师为引领、名医名家为主体、中青年骨干为后继的专家队伍，成为中医药事业传承创新发展的坚强力量。先后涌现出董建华、王永炎、田金洲3位中国工程院院士，创造了中医系统脑病学科"一门三院士"的奇迹。建校伊始，学校就成为中国最早接收外国留学生攻读中医学的高等中医药院校，到目前已为94个国家和地区培养了2万余名中医药专门人才，并先后与31个国家和地区的118所知名大学和研究机构建立合作关系。

北京中医药大学现有望京校区、和平街校区和良乡校区3个校区，总占地面积108.30万平方米。望京校区、和平街校区位于市中心，地理位置优越；良乡校区在房山区，校园风景如画，教学设备先进。近年来，学校探索校地合作共建新模式，支持附属医院在地方搭建高质量中医药区域服务平台，现有北京中医药大学东直门医院、北京中医药大学东方医院、北京中医药大学第三附属医院、北京中医药大学房山医院4家在京直属附属医院和国医堂中医门诊部，另有中日医院、广安门医院、西苑医院、望京医院、北京中医医院等19个临床教学基地，承担着全校学生的临床教学、见习、实习工作。北京中医药大学图书馆以中医药专业文献为特色，致力于为中医药教学、科研及人才培养提供信息资源保障，在全国高等中医药院校及省部级中医药科研院所中首屈一指。学校坚持以文化人，积极搭建学生文化交流平台，探索中医药特色艺术教育平台，打造校园精品活动，逐渐形成以学术节、艺术节、体育节、文化节、权益节为代表的校园文化品牌活动，通过开展"药王杯"中医药百科知识竞赛、"岐黄之星，研读中西经典"征文比赛、中经大讲堂等丰富多彩的校园文化活动，营造"有特色、厚基础"的学校文化氛围，陶冶学生情操，培养学生创新精神。

北京中医药大学秉承"勤求博采、厚德济生"校训，以德行和智慧培育英才，以仁爱之心包容四海，以中国医药造福人类。迈入新时代，学校将落实立德树人根本任务，把守正创新作为发展思路，把深化改革作为强大动力，踔厉奋发、笃行不怠，以强烈的历史使命感奋进新征程、建功新时代，为全面建成中医药特色世界一流大学而不懈奋斗。

北京林业大学

北京林业大学（Beijing Forestry University）位于北京市海淀区，是教育部直属、教育部与国家林业和草原局、北京市人民政府共建的全国重点大学。学校自1952年建校以来，秉承"知山知水，树木树人"办学理念，坚守"替河山装成锦绣，把国土绘成丹青"伟大情怀，把生态文明建设作为立校之本、发展之基，积极投身植树造林、绿化祖国、美丽中国等生态文明建设的实践中，始终与国家共进共荣、与时代同向同行。北京林业大学培养了许多杰出的校友，如关君蔚、沈国舫、陈俊愉等16名两院院士。

北京林业大学的办学历史可追溯至1902年的京师大学堂农业科林学目。在百余年的风雨兼程中，学校经历了多次变革和发展，为我国的林业教育和科研事业做出了重要贡献。1952年，全国高校院系调整之际，北京农业大学森林系与河北农学院森林

系合并，正式成立北京林学院。得益于首任林垦部部长梁希的深切关怀和鼎力支持，学校在西山大觉寺诞生，开启了中国高等林业教育的新篇章。1956年，北京农业大学造园系和清华大学建筑系部分并入学校，进一步丰富了学校的学科体系和教学资源。1960年，北京林业大学被列为全国重点高等院校，标志着学校的教学和科研水平得到了国家的高度认可。改革开放以来，学校积极融入国家改革发展的浪潮，培养造就了一批名师大家，以林科为特色，发展多科，为我国的林业事业做出了卓越贡献。1981年，北京林业大学成为首批具有博士、硕士学位授予权的高校，进一步提升了学校的办学层次和科研水平。1985年，学校正式更名为北京林业大学，标志着学校进入了新的发展阶段。2004年，学校正式成立研究生院，为培养高层次创新人才提供了有力保障。2022年，北京林业大学开启了北京、雄安"一校两区"跨越式发展新征程。

北京林业大学的办学特色鲜明。学校以生物学、生态学为基础，以林学、风景园林学、林业工程、水土保持与荒漠化防治、草学和农林经济管理为特色，强化生态修复工程学、城乡人居生态环境学、减碳固碳科学与工程等交叉学科建设，是农、理、工、管、经、文、法、哲、教、艺等多门类协调发展的全国重点大学。风景园林学科的前身是创建于1951年的造园专业，在国内外享有盛誉。国际权威专家对北京林业大学风景园林学科给予了高度评价，认为其已达到国际高水平地位，并在国际上产生了相当的影响力。风景园林学科的专家和学者们凭借其深厚的学术背景和丰富的实践经验，在多个重要项目中展现了卓越的专业素养和创新精神。其中，花港观鱼公园的设计和建设便是他们开创中国现代公园设计典范的杰作之一。这个公园不仅展示了中国园林艺术的精髓，更融入了现代设计理念和环保理念，成为一个集观赏、休闲、科普于一体的综合性公园。林学学科为一级国家重点学科，包含森林培育、森林经理学、森林保护学等3个国家二级重点学科。森林培育学科建立于1952年，长期以来，该学科在速生丰产林培育国家发展战略、立地分类及适地适树理论、林木需水规律及其调控机制、林木种苗培育理论与技术等方面取得国内外瞩目的成果。森林经理学学科在学科交叉领域首创了林业信息技术新方向，为我国森林资源经营管理的现代化建设做出了重大贡献，其研究方向为森林可持续经营理论与技术、森林生长收获与模型模拟等。北京林业大学科学研究和科技平台建设实力雄厚，成果丰硕，现有国家、省（部）级重点实验室、工程中心及野外台站共85个，实验林场占地面积832万平方米。

北京林业大学现有17个学院。各学院办学特色鲜明、学科优势突出，为林业事业做出了突出贡献。林学院是学校历史最久、师资最强、培养人才最多的传统和优势学院，也是我国林业行业人才培养、科学研究和产学研联合的核心基地，学院积极参与国家林业重大工程建设，为基层林业部门提供上万次技术支持，在这里走出了8位院士以及近万名林业科技人才。水土保持学院是世界唯一的水土保持学院，一直致力于推动我国生态文明建设，学院秉承"把精彩论文写在祖国大地上"的办学理念，培养出以关君蔚院士、崔鹏院士为代表的一大批高级人才。园林学院是中国现代园林教育的发源地，是国内外同类院校中本科、研究生培养规模最大、最具全球影响力的教学研究中心，是世界上唯一以风景园林为核心，引领建筑、城市规划、区域规划、观赏园艺、旅游规划及管理的学院。生态与自然保护学院组建于2019年9月，使学校对接山水林田湖草系统治理、支撑以国家公园为主体的自然保护地体系建设的学科体系更为完整、更加系统。

截至2022年年底，学校共有在校生25693人，其中本科生13730人，研究生8102人，各类继续教育学生3861人。目前，学校独立设置国际学院，是"全国留学生工作平台试点高校"之一。2022年共有来自65个国家的281名留学生在校学习，其中学历生比例占95%。学校探索多样的拔尖创新人才和复合型人才的培养模式，如国家理科基地、国家卓越农林人才培养计划、梁希实验班、中外合作办学等。以大团队、大平台、大项目支撑研究生培养，设立创新专项。北京林业大学自2009年起设立"研究生科技创新专项计划项目"，每年投入100万元资助10~20名优秀研究生进行科学研究和国际学术交流。鼓励和支持研究生开展原创性学术研究或具有良好应用前景的技术创新研究。

师资力量雄厚。截至2023学年末，专任教师为1247人，其中正高级教师447人，占比35.85%；副高级教师548人，占比43.95%；其他252人，占比20.20%。35岁及以下教师240人，占比19.25%。拥有中国工程院院士4人（含双聘院士2人）。北京林业大学发展了一批学术影响力高的核心力量，其中森林经营教师团队引领森林经营基础理论与关键技术研发，实现森林质量精准提升，开创了森林经营长期定位监测。森林保护教师团队以林业生物灾害生态调控和入侵生物防控为特色，近年来国家林业和草原局发布的4种入侵害虫警示通报均为团队首次发现，为有效防控赢得时间。针叶树遗传育种团队联合6个国家11家单位的科研人员于《细胞》在线发表其最新科研成果，共同揭示了油松演化关键特征的遗传基础，为深入理解针叶树演化机制提供了重要参考。这些团队秉承"知山知水，树木树人"理念，坚持教书与育人相结合，科教融合、产教融合，促进了相关领域的可持续发展。

北京林业大学的地理位置优越，位于北京市海淀区学院路，靠近五道口，周边有多所大学。校园面积相对较小，约46.4万平方米，但布局紧凑，拥有独特的校园文化和历史。北京林业大学的建筑风格以中式和现代化相结合为主。最具标志性的建筑是位于校园中心的钟楼和图书馆。钟楼高耸入云，体现了传统文化的精髓；而图书馆则采用了现代化设计理念，外观简洁明快。此外，校园内还有古典的园林建筑和现代建筑风格的建筑，与周围的环境相得益彰。作为林业专业院校，北京林业大学在校园景观设计上注重自然融合。整个校园内绿草如茵、花木扶疏、景色宜人。主要道路两侧设置了各种植物、花坛和雕塑等艺术品，营造出浓郁的人文气息。学校的绿化率高达44.7%，校园内的每一个角落都能感受到自然景观的无限魅力。图书馆建筑面积2.34万平方米，现有馆藏纸质文献197余万册，各类数据库、电子期刊、电子图书等数字资源文献837余万册，中外文数据库及资源平台76个。校园内教学楼、实验楼、科技馆等一应俱全，为师生提供了良好的学习和科研条件。

站在新起点，北京林业大学将秉承"知山知水，树木树人"的校训，崇尚自然，追求真理。高质量发展作为生命线，以更加奋进的姿态、更加昂扬的斗志、更加勇毅的行动，为建设服务生态文明建设的世界一流大学接续奋斗，在坚定不移推进中国式现代化的道路上再建新功、再出新绩。围绕林草现代化和绿色发展需求，培养具有理想信念、使命担当、宽厚基础、知行合一、创新精神、国际视野、服务于生态文明建设的创新型、复合型和应用型领军人才。

北京工业大学

北京工业大学（Beijing University of Technology），坐落于首都北京市。北京工业大学建校60多年以来，始终紧随时代的步伐，与国家的发展脉搏紧密相连，深耕科技创新和工程技术教育领域，以培养高素质的工程技术和管理人才为己任，通过优质的教育资源和严谨的教学管理，为国家输送了大批的优秀人才，为中国的现代化建设贡献了重要力量。北京工业大学在工程学、材料科学、信息科技、管理学等学科领域的科研实力雄厚，取得了令人瞩目的科研成果，多项成果不仅在国内享有盛誉，更在国际上产生了广泛的影响，为国家的科技进步和产业发展提供了有力的支撑。

北京工业大学创建于1960年，建校初设有机械、电机、无线电、化工、数理5个系。1961年，北京建筑工程学院、北京

工业学院、北京师范大学的部分学生转入该校，增设土建系。1972年，北京工商管理专科学校并入，该校校址在北京市宣武区牛街南横西街，设为北京工业大学预科，后改称北京工业大学新生部。1978年～1989年，学校调整系的设置，设机械工程学系、工业自动化系、无线电系、土木工程系、化学与环境工程学系等12个系。1981年入选教育部批准的第一批硕士学位授予单位，1985年成为博士学位授予单位。建校64年来，北京工业大学始终与国家和首都改革发展同向同行，走出了一条特色内涵差异化发展的一流大学建设之路，成为首都北京市培养高素质创新人才的重要基地、服务区域社会经济发展的有力支撑、展现市属高校发展建设成果的示范窗口。

北京工业大学作为一所综合性工业大学，学科设置丰富多样，覆盖工学、理学、经济学、管理学、文学、法学、教育学、艺术学、交叉学科9个门类。目前，共有本科专业72个，其中国家级一流专业建设点32个、教育部特色专业8个、北京市特色专业12个、北京市品牌专业9个。信息安全学科的研究方向涵盖网络安全、密码学、系统安全、应用安全等多个领域，在攻防对抗、漏洞挖掘与利用、安全协议设计等方面取得了显著成果。机械工程及自动化学科的研究方向主要包括智能制造、机器人技术、精密制造与检测等，在智能制造装备、机器人控制算法、精密加工技术等方面取得了重要突破。材料科学与工程学科具有鲜明的特色和优势，是国内该领域的重要研究基地之一，研究方向包括新型功能材料、高性能结构材料、复合材料等，在新材料的设计、制备、性能表征及应用等方面取得了显著进展。此外，北京工业大学注重学科的交叉融合和创新发展，致力于培养具有创新精神和实践能力的高素质人才。

北京工业大学目前设置25个院（系、部）。其中，涵盖了工程、理学、管理学、文学、法学、经济学、教育学等多个学科领域。材料科学与工程学院是该校最具优势的学院之一，在材料制备、性能表征以及应用等方面具有深厚的学术积累和科研实力，在新型功能材料、高性能结构材料、纳米材料等领域取得了多项重要成果。计算机学院也是该校的强势学院之一，在计算机科学、软件工程、人工智能等领域具有显著优势，拥有一流的师资队伍和科研设施，研究团队在机器学习、自然语言处理等方面取得了突破性进展，为相关领域的发展提供了创新性的技术和方法。环境与能源工程学院在环境科学与工程、能源科学与工程等领域具有较强的实力，在污水处理、大气污染治理、新能源开发等方面取得了多项重要成果，研究团队在环境修复技术、节能减排技术等方面取得了显著进展，为改善环境质量和推动能源结构的优化提供了有力的技术支持。

截至2023年，北京工业大学拥有在校生25927人。其中，学历教育学生中全日制研究生10969人（博士研究生2514人、硕士研究生8455人），非全日制硕士研究生637人，普通本科生12957人，成人教育本科生1364人。另有外籍留学生324人（学历生289人、非学历生35人）。为深度融入和服务北京国际科技创新中心建设，北京工业大学持续推进本科人才培养模式改革，双学士学位项目"环境保护-低碳能源利用"于2023年首年招生，采用"3+1+4"培养模式，探索实行本硕博一体化贯通培养。在研究生培养方面，北京工业大学在培养模式、课程体系、教学方式、双师队伍、工程平台及质量保障体系等方面锐意改革，构建了工程硕士研究生教育"5+1"培养新体系，现有"全国示范性工程专业学位研究生联合培养基地"2个，北京市级产学研联合培养研究生实践基地1个，新增校外产学研联合培养研究生实践基地100余个。此外，北京工业大学可授予来华留学生本科学位项目67个，硕士学位项目33个，博士学位项目20个，迄今为止培养了来自90余个国家的来华留学生近万人。

北京工业大学师资队伍一流，汇聚了众多国内外知名学者和专家。截至2023年，拥有教职工3291名。其中，专任教师2196人，包括正高级职称501人、副高级职称867人；博士生导师731人，硕士研究生导师1742人；中国两院院士10人，中国社会科学院学部委员1人，日本工程院院士（含外籍）2人；国际及港澳台教师70人，其中，教授4人，副教授2人。北京工业大学师资团队专注于战略性强、系统性高、前瞻性广的学科领域核心问题，在前沿引领技术、关键共性技术、现代工程技术以及颠覆性技术创新方面，发挥了不可或缺的智慧力量，为推动相关领域的发展做出了重要贡献。如由宋晓艳教授带领的"纳米材料与计算材料学"研究团队基于发明的系列纳米化制备方法，构建了国际上唯一引入纳米效应的稀土数据库，于国内率先实现了纳米硬质合金的产业化；"循环经济"研究团队在院士领衔指导和学校学部支持下积极响应国家循环经济助力降碳行动，开拓"碳循环——废杂塑料等化学再生耦合制氢"研究方向并取得阶段性成果。

北京工业大学本部位于北京市朝阳区平乐园100号，东临东四环南路，西邻西大望路，南抵双龙路，北望平乐园小区。另有中蓝、管庄、花园村、琉璃井、惠新东街和通州6个校区，占地面积96.1418万平方米（约1442亩）。学校图书馆矗立在校园的核心位置，见证着学校的发展变化。北京工业大学校园文化活动多姿多彩，开展有科技节、校园文化节文化体育嘉年华、校园歌手大赛、樱花文化节等各式各样的校园文化活动；还拥有共计90余个学生社团，涉及学术、实践、艺术、公益、竞技、传媒6个门类。此外，北京工业大学吉祥物以北京市市鸟雨燕为原型，取名为"燕小北"，诠释了北京工业大学及其学子追求卓越的拼搏精神，蓬勃向上的发展势头，展现出学子们展翅翱翔的拼搏精神。

北京工业大学在满足北京建设"高、精、尖、新"发展需要的基础上，形成了"不息为体，日新为道"的校训，旨在激励工大人要秉承艰苦拼搏、奋发向上的优良传统；锤炼坚忍不拔、知难而进的顽强品格；彰显开拓进取、革故鼎新的精神风貌。植根首都，科技报国。北京工业大学于2023年发布《北京工业大学服务北京国际科技创新中心建设工作方案》（简称"北工大科创十条"），推动构建"基础研究+技术攻关+成果产业化+科技金融+人才支撑"全过程创新生态链，深度融入和服务北京国际科技创新中心建设。展望未来，北京工业大学坚持"内涵、特色、差异化"发展战略，构建"领军、拔尖、国际化"三位一体创新人才培养体系，大力推进高水平师资队伍建设，打造有创新活力的学科生态系统，围绕首都战略需求，深化科研攻坚，稳步推进内部治理结构改革，努力实现"在2060年建校100周年时将北京工业大学建设成为世界一流大学"的战略目标。

北京化工大学

　　北京化工大学（Beijing University of Chemical Technology）位于北京市朝阳区北三环东路，地理位置优越，毗邻国际展览中心、国家体育场、环球贸易中心等北京市知名地标。作为国家为"培养尖端科学发展需要的高级化工技术人才"而创建的一所高水平大学，北京化工大学肩负着高层次创新人才培养和基础性、前瞻性科学研究以及原创性高新技术开发的使命。在历史的长河中，北京化工大学始终保持着与时俱进的姿态。从最初的化工专业，到如今涵盖理、工、管、经、文、法、教育、医学等多个学科的综合性大学，学校始终坚持"育人为本、学术至上"的办学理念，培养了一批又一批的杰出人才，其中许多人已经成为国内外知名学者、企业家和政界精英。

　　北京化工大学创办于1958年，培养目标为"培养尖端科学

发展所需的高级化工技术人才"，是由北京大学和天津大学两所大学的化学系合并组建而成，原名北京化工学院。1960年，学校被确定为全国重点大学。1971年，与北京化纤工学院合并组建新的北京化工学院。1981年，成为首批具有硕士学位授予单位之一。1987年，获得博士学位授予权。1994年，学校更名为北京化工大学。1996年，学校进入国家"211工程"重点建设高校行列，同年，北京化工管理干部学院并入北京化工大学。1998年，学校划转教育部直接管理。学校经过60余年的建设，已经发展成为一所理科基础坚实、多学科富有特色的重点大学。

北京化工大学共有本科专业57个，涵盖理学、工学、管理学、哲学、法学、经济学、文学、教育学、医学等10个学科门类。其中，化学工程与技术是学校的一级学科，包括化学工程、化学工艺、生物化工、应用化学和工业催化5个二级重点学科。该学科在生物催化技术、生物材料及生化分离技术等研究领域处于领先水平，并在环境生物技术及新型生物能源方面取得了重大突破。与食品、医药、材料、环境及能源等多学科交叉，对实现可持续发展战略至关重要。特别是在资源的深度与精密加工、资源和能源的洁净和优化利用，以及环境污染的治理方面，发挥着关键作用，支撑着生物工程、新材料等新兴技术领域的发展和工业化进程。此外，应用化学学科在国内处于领先地位，在国际上也具有重要的学术地位。其研究领域涵盖超分子插层化学、微系统与限域组装化学、催化化学、功能材料化学、环境分析化学、环境友好材料化学以及精细化学品化学与技术等。该学科申请了100余项发明专利，先后获得国家科技进步奖、国家技术发明奖及省部级奖励30余项，其科研成果的转化对社会经济发展起到了重要推动作用。

北京化工大学设有化学工程学院、材料科学与工程学院、机电工程学院等17个学院。化学工程学院作为该校核心学院之一，其前身涵盖基本有机合成和无机化工等专业，始建于1958年，与学校同步创建。学院建有当前全国化工学科唯一的国家自然科学基金委创新研究群体。在科研方面取得了一系列重要的创新成果，如超重力过程强化、大型搅拌组合反应器、结构化催化剂多相反应强化、特殊物系精馏、集中式城市生活垃圾生物制燃气5项国内领先的特色产业化技术，以"交钥匙工程"方式向中国石油化工集团有限公司、中国石油天然气集团有限公司、中国海洋石油集团有限公司、中国铝业股份有限公司等100多家大型企业提供了1800多套装备和技术，涵盖石油化工、冶金、生物化工、新材料、新能源、环保、制药等国民经济支柱行业和战略新兴产业，并向德国、巴西、新加坡、伊朗等国家出口60多套装备与技术，为我国化工节能减排和产品结构调整升级做出了重要的贡献。材料科学与工程学院也创办于北京化工大学建校时期，是我国最早专注于高分子（聚合物）材料，并促进复合材料、无机非金属材料和金属材料协同发展的院系之一。该学院在高分子活性自由基/离子聚合及工程、合成橡胶材料及产品工程、高性能碳纤维及其复合材料等方向形成特色优势并处于全国引领地位，特别是在光催化表面C-H键转化新体系、橡胶纳米复合材料及产品工程等研究方向处于国际领先水平。此外，该学院在材料工程化技术创制及成果转化方面也表现出显著优势，自主开发了稀土顺丁橡胶、丁基橡胶等多个大品种高分子材料的关键制备技术。这些技术已在中国石油化工集团有限公司、中国石油天然气集团有限公司、中国海洋石油集团有限公司等大型企业实现了产业化，并与这些企业建立了90余个校企联合研发中心和近10个产业战略创新联盟。这些合作覆盖了我国化工材料及制品等领域的400余家国内大中型企业，为经济社会发展和国家战略实施做出了突出贡献。

截至2023年9月，北京化工大学全日制在校生总数为25254人，其中本科生15645人，硕士研究生7439人，博士研究生1793人，留学生377人。本科生占在校生总数的61.95%，硕士研究生占29.45%，博士研究生占7.10%；研究生与本科生的比例达到0.59：1。研究生培养按照学位类型开设不同类型的课程，针对专业学位硕士，开设案例教学；针对博士开设学术前沿研讨课；针对国际化培养的留学生群体，特别打造了全英文授课体系。学校国际交流合作日益广泛，与美、英、法、俄、德、澳、韩、日、意等48个国家（地区）的163所大学和机构建立合作伙伴关系。积极推进学生国际交流，实施"北化-世界百强高校本硕博精英计划"，与19个国家（地区）的60余个机构开展80余项学生赴海外学习项目，资助学生赴境外攻读硕士、博士学位或博士联合培养。

北京化工大学师资队伍实力雄厚。现有教职工2700余人，其中专任教师1424人、两院院士14人、外聘教师608人，外聘教师与专任教师的比例为0.43：1。专任教师中，"双师型"教师291人，占专任教师的20.44%；具有高级职称的专任教师875人，占专任教师的61.45%；具有研究生学位（硕士和博士）的专任教师1399人，占专任教师的98.24%。另外，学校聘请了包括诺贝尔化学奖获得者在内的一批国内外著名学者作名誉教授，聘请了包括我国国家最高科学技术奖获得者在内的300多位专家学者担任名誉学衔和兼职教授。北京化工大学拥有一批高水平团队，如有机无机复合材料团队的"发现锂硫电池界面电荷存储聚集反应新机制"入选2023年度"中国科学十大进展"。该团队曾在国际上率先提出并开拓了超重力反应工程新领域，创建了超重力技术平台和新装备，成功应用于百万吨级高端化学品和纳米材料制造、脱硫环保、海洋工程、能源等流程工业中，节能减排、高品质化效果显著，其技术和装备出口欧美等国家（地区）。化学工程团队在"超高纯度化学品精馏关键技术开发及应用"取得重要成果，一举扭转了相关技术和产品被人"卡脖子"的局面。材料工程与工程团队攻克了橡胶材料"高温下抗老化兼具高温强度""高抗撕兼具高耐磨性""高阻燃兼具高耐磨性"等瓶颈问题，制出了冶金、建材、矿山、煤矿等重点行业用大型特种橡胶输送带，已被中国、澳大利亚、智利、印度等30多家国内外知名企业使用。

北京化工大学总占地面积161.20万平方米，分为东校区、西校区和昌平校区3个校区。学校拥有逸夫图书馆和昌平校区图书馆两座图书馆，图书馆总面积达6万多平方米，馆舍气势恢宏，基础平台装备完善，云服务体系高效便捷。东校区位于北京市朝阳区北三环东路15号，该校区建筑风格独特，融合了中式和西式建筑风格。其中最著名的建筑是"清华式建筑群"，是仿照清华大学建筑风格而建造的，包括了教学楼、图书馆、礼堂等多个建筑。此外，校区内还有一座"母校之光"雕塑，成为北化人的精神标志。西校区位于北京市海淀区紫竹院路98号，紧邻北京紫竹院公园，环境优雅，地理位置优越。昌平校区位于风景秀丽的昌平区南口镇，距离市区40千米，近邻虎峪风景区，远览八达岭—十三陵风景名胜区。这些校区建筑风格多样，展现出丰富的人文地理特色。为学生提供了宽敞舒适的学习和生活环境，为学校的教育教学创造了良好的条件。

北京化工大学历经半个多世纪的磨砺，形成了"宏德博学、化育天工"的校训和"团结奉献、艰苦奋斗、务实力行、博学创新"的精神。新时代新征程，北京化工大学将持续打造更加卓越的"育人北化""创新北化""开放北化""幸福北化"，加快中国特色和世界一流大学的建设步伐，推动学校成为在国际上有更大影响力的研究型大学，努力在强国建设、民族复兴伟业中做出新的更大贡献。

北京体育大学

北京体育大学（Beijing Sport University），坐落于北京市海淀区，隶属国家体育总局，是一所具有悠久历史和卓越声誉的高等体育学府。学校以本科教育为基础、研究生教育为重点，是中国最早培养体育专业研究生的高等院校，不断推进人才培养高端化、贯通化、国际化和协同化，为体育强国、教育强国和健康中国建设培养输送高素质新型体育人才。建校以来，学校为国家培养了近10万学校体育、竞技体育和体育产业等领域的优秀人才，培养了一大批享誉国内外的优秀体育专家学者、教师、教练员、运动员和管理干部，是我国体育人才成长的摇篮，培养出一批批全国冠军、世界冠军、奥运冠军。

北京体育大学成立于1953年，原名中央体育学院，以先农坛体育场为临时校址，"北体"人"艰苦奋斗、敢为人先"的"先农坛精神"从这里发轫。1956年，学校更名为北京体育学院，同年在校学生陈镜开以133斤的挺举创造了中国体育史上第一个世界纪录。1958年，学校筹备、创建北京体育科学研究所，标志着中国体育科研的开始，1960年被批准为首批全国重点高等学校，1993年更名为北京体育大学。2017年入围首批"双一流"建设高校，开启了建设中国特色世界一流体育大学的新篇章。北京体育大学的发展征程是一代代"北体"人自强不息、孜孜以求的传承和不忘初心、牢记使命的奉献，为我国体育教育事业发展贡献力量，得到了社会各界及国际社会的充分肯定，曾获国家授予的"北京奥运会、残奥会先进集体"荣誉称号和由国际奥委会授予的"体育与社会责任奖"。

北京体育大学拥有教育学、法学、经济学、文学、理学、工学、医学、管理学、艺术学9个学科门类，逐步建设形成以体育学一流学科为核心，科学技术学科群、人文社科学科群等多学科支撑的学科发展体系。体育学入选国家"双一流"建设学科，整体水平在全国名列前茅，涵盖体育人文社会学、运动人体科学、体育教育训练学、民族传统体育学4个二级学科，均为国家重点学科，还自主设置中外体育人文交流二级学科，拥有体育学一级学科博士学位授权点及全国首个体育学博士后科研流动站。学校持续优化专业结构，完善体育、运动与健康"体育+"专业群以及人文与社会科学、生命科学与医学、心理与智能科学、工程科学"+体育"专业群，推进体育、医学、康复和体能训练前沿交叉的运动健康人才培养探索，加大体育与教育、卫生、新闻、旅游、人工智能、外语、经济管理领域相融合的复合型人才培养力度。依托体育学形成的综合学科优势，学校现有教育部运动与体质健康重点实验室和国家体育总局体能训练与身体机能恢复重点实验室等8个省部级重点实验室，1个国家体育科普基地、1个教育部工程研究中心、2个国家体育总局科研基地、1个体育科学学会培训基地、1个国家级实验教学示范中心，中国体育战略研究院等4个中国智库索引（CTTI）来源智库，为国家高质量体育人才培养、高效益运动训练、体育决策咨询等发挥作用。

北京体育大学现设有体育与健康学部、人文社科学部、奥林匹克运动学部、体育工程学部4个学部，25个学院（校）。奥林匹克运动学部是一个面向奥林匹克运动、服务竞技体育的学部，以冰雪运动、足球、篮球、排球、游泳、极限运动、马术等项目为核心，下设中国足球运动学院（中国足球教练员学院）、中国篮球运动学院等9个学院（校），致力于打造小学到大学的全程青训体系，推进科技与竞技体育融合，人文与竞技体育融合，为奥林匹克运动发展和奥林匹克精神传播提供人才、科技和文化支撑，为中国竞技体育培养了以女排三连冠曹慧英、杨希、陈招娣，射箭队宋淑贤、黄淑艳、孟繁爱等为代表的优秀人才。体育与健康学部和人文社科学部面向健康中国和面向世界学科前沿，以学科发展为主线，以一级学科为导向，打造学科高峰，培养了大批高层次体育人才及其他领域人才。体育与健康学部下设教育学院（体育师范学院）、心理学院、运动人体科学学院、运动医学与康复学院、中国武术学院（武术与民族传统体育学院）、体能训练学院、体育休闲与旅游学院7个学院，人文社会科学部下设马克思主义学院、管理学院、体育商学院、新闻与传播学院、国际体育组织学院（外国语学院）、艺术学院、人文学院、继续教育学院（东奥培训学院）8个学院。体育工程学部下设体育工程学院，以体育学特色学科为基础，通过计算机科学与技术、人工智能技术、生物医学工程等多个工科学科深度融合，致力于高素质创新型科技人才培养；同时，该学部积极响应国家新工科建设号召，成立了中国体育大数据中心和国内体育院校首个人工智能体育工程实验室。

北京体育大学现有在校学生13000余名，其中本科生9800余名，研究生3500余名。2023年学校共录取本科生2392人，其中，运动训练、武术与民族传统体育专业录取638人，运动健将录取285人，运动健将录取比例达到44.7%，国际级运动健将数量达到历年新高。研究生招生类别单独设置冠军班培养项目，即优秀运动员及教练员免试攻读硕士研究生。截至2024年，招收的研究生中，共有奥运会冠军80余人，世界冠军190余人，冠军教练员90余人。研究生教育突出教育、训练、科研三结合。2003年，研究生院与国家皮划艇队合作，在浙江千岛湖国家水上训练基地建立起第一个北京体育大学研究生工作流动站，助力研究生冠军班学生孟关良在雅典奥运会男子双人划艇500米决赛中取得中国水上项目的第一枚奥运金牌。北京体育大学是教育部批准的"中国政府奖学金来华留学生"招收院校、国家建设高水平大学公派研究生项目资助院校和欧盟教育委员会"伊拉斯谟+"师生交流项目资助院校，建立了从本科生到研究生的全方位国际合作培养机制，现已与全球52个国家和地区的159所高等院校建立了校际关系，培养了留学生15000余名。留学生中的奥列格·马特钦（Oleg Matytsin）博士于2015年当选国际大学生体育联合会主席。

北京体育大学现有专任教师819人，外聘教师216人。专任教师中具有正高级职称140人，教授110人，并拥有国家级教练16人，国际级裁判45人，黄大年式教师团队1个。高峰教授带领的"研究生冠军班"教师团队，探索教育教学新模式，立足世界体育科技前沿，培养出许海峰、张怡宁、武大靖、孙一文、庞伟等奥运会、世界锦标赛、世界杯冠军和冠军教练。姚明担任中国篮球运动学院名誉院长。学校现有硕士研究生导师403名，博士生导师139名，国际奥委会原第一副主席、中国奥委会名誉主席何振梁曾任学校博士生导师。张长存教授是我国第一代游泳冠军培育者，也是国家体委《游泳教学训练大纲》的主要制定者，选出了庄泳、杨文意、黄晓敏、钱红等优秀苗子，他们后来都成了优秀冠军。同时，他培养的学生中还包括袁中伟、寿小玉、周同文等国家游泳队教练，他们进一步培养出了叶诗文、孙杨等游泳世界冠军。

北京体育大学的占地面积约75.5万平方米。学校注重整体规划和功能性布局，教学区、科研区、生活区等功能区域划分明确，拥有国家田径训练基地、国家游泳训练基地、国家举重训练基地等各类运动场地和设施，满足了不同专业的教学和训练需求。学校坚持以"体"育人，以"文"化人，形成了独特的体育文化氛围。学生们热爱运动，积极参与各种体育活动和比赛，校园内充满了活力和激情，展现"使命在肩、奋斗有我"精神。学校拥有丰富的校园文化活动，现有社团108个，涵盖体育、实践、文艺、公益、理论、语言文学6大类，为学子提供了丰富的兴趣爱好园地和广阔的锻炼实践平台。红十字会学生分会是学校主要的学生组织之一，号召并带领在校大学生参加社会公益活动、爱心志愿服务，带领擅长各类体育项目的体育生在群众中推广全民健身活动。2017年，学校成立学生冬奥文化传播与志愿服务中心，以全民健身推广的形式，让更多学生、民众了解并体验冰雪运动项目，宣传冬奥文化，成为提升学生实践能力和综合素质的重要平台。

北京体育大学的校训是"追求卓越"。卓越不是一个标准，而是一种境界，它是将自身的优势和能力发挥到极致的一种状态，是"更快、更高、更强——更团结"的奥林匹克格言的体现。学校传承一代代"北体"人追求卓越的优秀品质和艰苦奋斗、敢为人先的奋斗精神，牢记使命担当，坚持以体为本，带头拼、加油干，将建成中国特色世界一流体育大学和国家高水平竞技体育人才培养基地，为体育强国、健康中国建设做出更大贡献。

中央音乐学院

中央音乐学院（Central Conservatory of Music）位于北京市西城区，是教育部直属的培养高级专门音乐人才的高等学府，在国内外享有很高声誉，承担着"中国音乐文化在世界舞台的竞争和发声"的使命。中央音乐学院培养了众多在国内外享有盛誉的作曲家、音乐学家、音乐教育家和音乐表演艺术家，其中包括几十位国家级院、团的艺术总监、团长和音乐学院的院长、校长。学校以深厚的历史底蕴、卓越的教学质量以及丰硕的科研成果，受到国际音乐界的广泛认可，在这里，学生们得以接受全面的音乐教育，涵盖了音乐表演、作曲、音乐理论等各个方面的专业教育，为他们成为未来音乐领域的精英奠定了坚实的基础。

中央音乐学院的起源可以追溯到1938年成立的延安鲁迅艺术学院音乐系，随后与1940年成立的重庆国立音乐院、1948年成立的华北大学三部音乐系、1918年成立的国立北平艺术专科学校音乐系等音乐教育机构合并，最终于1949年在天津正式成

立。1952年，燕京大学音乐系并入中央音乐学院，进一步丰富了学院的学术资源和文化底蕴。1958年，学院从天津市迁至北京市，郭沫若为中央音乐学院题写了校名。1960年，中央音乐学院被定为全国重点高等学校。1981年11月，经国务院批准，中央音乐学院成为全国首批博士和硕士学位授予单位，为培养高层次的音乐人才提供了有力保障。2017年，学校入选国家"双一流"学科建设高校。2000年，学院成为全国唯一一所被列入国家"211工程"建设的艺术院校。中央音乐学院积极推进国际化办学，与多所世界著名音乐学院建立了合作关系，为师生提供了广阔的国际交流平台。

音乐与舞蹈学是中央音乐学院的传统优势学科，直接构成学校的办学本体，下设作曲与作曲技术理论、音乐表演、音乐学3个二级学科，涵盖55个本科专业方向、72个硕士专业方向、44个博士专业方向。音乐学涵盖了音乐史、中国传统音乐、中国少数民族音乐、音乐美学、中国音乐美学史、音乐心理学、中国传统音乐的美学问题、世界民族音乐、音乐文献翻译（英语）、琴学研究、专业音乐教育学、音乐编辑与出版、音乐艺术管理、各类乐器演奏、作曲、录音等多个研究方向。其中的音乐教育专业在全国率先引进目前世界上影响最大、流行最广的三大先进音乐教育体系，探索融合国际先进音乐教育理念与方法的中国特色音乐教育之路，系统引进国际先进音乐教学体系并将之与中国本土音乐文化相结合，形成了具有时代与民族特色学校音乐教育新体系，成功培养出中国高等音乐学校第一批掌握了新体系教学方法的音乐教师。学校积极推进音乐专业群之间、音乐与科技、音乐与其他人文学科之间的交叉融合，培育新的学科增长点。1997年，学校建立了音乐治疗研究中心，音乐治疗是一门成熟完整的边缘学科，已经确立的临床治疗方法多达上百种，并形成了众多的理论流派，毕业生通常在精神科、老年病、儿童特殊教育、儿童孤独症、外科手术、分娩、癌症、监狱以及心理治疗等领域工作。2019年，学校建立了音乐人工智能与音乐信息科技学科方向，获批北京高校高精尖学科，该学科包含音乐人工智能与音乐信息科技、电子音乐制作、电子音乐作曲、电子音乐技术理论、音乐录音、音响艺术指导、音乐治疗、艺术嗓音及嗓音医学8个专业方向。

中央音乐学院设有作曲系、音乐学系、指挥系、钢琴系、管弦系、民乐系、声乐歌剧系、音乐人工智能与音乐信息科技系8个系，音乐教育学院等3个学院，1个人文学部。作曲系始建于1950年，拥有深厚的学术底蕴和卓越的教学质量，它的成立和发展得到了众多著名作曲家和学者的支持和贡献。原南京国立音乐院理论作曲系、国立北平艺术专科学校音乐系理论作曲专业组教师、燕京大学音乐系理论作曲科以及全国乃至海外归国的著名作曲家，都为作曲系的发展做出了开创性的贡献。音乐学系成立于1956年，学系的一代代学者开疆拓土，攻坚克难，在接续奋斗中创造了无数荣光，涌现了以张洪岛、廖辅叔、蓝玉崧、于润洋、汪毓和、蔡仲德、田联韬、陈自明、钟子林等为代表的一批学贯中西、融通古今的名家大师。廖辅叔教授是当时全国仅有的两位音乐领域的博士生导师之一；国内西方音乐史和音乐美学的首位博士生导师均由于润洋教授担任。创建于1956年的指挥系，是中国指挥教学历史最悠久的系，长期以来曾作为中国唯一的指挥系为国家培养了大批享誉中外的优秀指挥家及名师。指挥系的教学体系在成立之初"兼容并蓄"，吸收了苏联与欧美的教学经验，在之后的发展中逐步形成学术学风严谨、师生团结开放、教学代代传承并不断发展、具有鲜明中国特色的先进教学体系。

截至2023年12月，中央音乐学院有全日制在校生2313人，其中本科生1474人，硕士研究生642人，博士研究生197人。本科生占在校生总数的63.73%，研究生占36.27%，本科生与研究生的比达到1.76∶1。由于中央音乐学院为单科性艺术院校，"音乐与舞蹈学"一级学科构成学校学科本体，由中学部（附中附小）、大学部（本科）、研究生部（硕博）构成中央音乐学院办学整体，实行"大中小"一体化育人育才模式。学校注重一贯制办学的学段衔接，打造"全程育人"体系。在此体系中，尤以"拔尖创新人才培养项目"为代表，该项目针对从附中到博士阶段的音乐表演专业学生，通过科学的选拔机制，在演奏、比赛、乐队协奏、教学研究等方面给予经费支持，是中央音乐学院在全国音乐专业院校中率先建立的高精尖人才培养模式。学校在巩固"以本为本"的基础上，积极探索研究生教育内涵发展模式，着力构建了核心凸显、科学合理、梯度分明的"本—硕—博"课程新体系，为国家文化发展提供高层次人才。学校完善学术学位和专业学位研究生分类培养，探索符合应用型音乐人才培养特点的专业学位研究生培养模式与管理机制；构建科教融合协同育人机制，将教学、科研与艺术实践重大活动有机结合，构建各专业协同创新平台和学生实践教学体系，立足高水平科研，培养高水平人才，形成了研究生教育规模与质量相融、教与学相长、教学与科研协同的良好局面。

中央音乐学院现有教师总数为340人，其中博士生导师47人，硕士研究生导师166人。专任教师281人，其中教授85人，副教授86人，教授和副教授人数占专任教师总数的60%。这些教师不仅在学术上有所建树，还在教学上富有经验，为学生提供了优质的教育资源。如著名女高音歌唱家、声乐教育家郭淑珍，曾获得首届国家金唱片奖、宝钢教育基金全国优秀教师特等奖、普通高等学校国家级教学成果一等奖、第六届奥斯卡国际歌剧奖特殊金歌剧职业生涯成就奖、中国音协"金钟奖"终身成就奖等重要奖项，且培养了孟玲、方初善、张立萍等一批优秀声乐人才，取得了举世瞩目的教学成果。中国单簧管演奏家、音乐教育家陶纯孝，编著了《单簧管演奏教程》《单簧管经典名曲》《单簧管演奏与教学》《欧洲音乐艺术史》，早年曾活跃于世界各地的舞台并具有极高知名度。在多年的教学中，她培养了大量学生，有的在国际、国内比赛中获奖，有的担任了院校教授、副教授及文艺团体骨干，因其教学成果突出，2002年获得教育部颁发的"宝钢优秀教师奖"。著名钢琴演奏家鲍蕙荞，几次在全国大赛中获得第一名和其他奖项，历任中国各届钢琴大赛和国际上许多重要赛事的评委，与音乐界同行一起编选出版了《新思路钢琴系列教程》。同时，作为钢琴教育家，她对于钢琴教育有着自己的理解和方法，她传授给学生的不仅是技巧和知识，更多的是注重培养学生的音乐素养和表现力，帮助学生更好地理解和演绎音乐。

中央音乐学院位于北京市西二环复兴门附近，校园分东西两个校区，占地面积6.48万平方米。教学楼、琴房楼、音乐厅（歌剧厅、王府厅）等设施一应俱全，其中新教学楼和音乐厅凭借其世界顶级的硬件水平，成为集教、学、练、演于一体的综合性大楼，每天都有大大小小的音乐类演出。图书馆坐落于学院教学区中央，馆舍面积约4780平方米，目前收藏了含图书、期刊、乐谱、音像资料、电子数据库等多种载体形式在内的资料逾54万件（册），其中馆藏乐谱16.6万余册、中外音乐理论书8万余册、音像资料逾24.8万余件，并形成了集采编、流通、阅览、读者咨询、视听欣赏、资料复制、现场摄录及电子数据库查询等一体化全方位的服务格局。中央音乐学院是为数不多的几所在市中心的高校，周围的车水马龙、人来人往反而更衬托出这所全国最高音乐学府的宁静、高洁和浓浓的学院气质。

中央音乐学院的校训是"勤奋、求实、团结、进取"，八字校训承载了学校的文化积淀和精神追求。学校坚持弘扬民族音乐文化，培养学生的民族自豪感和文化自信，鼓励他们积极传承和发扬中华民族优秀的音乐传统，推动音乐文化的创新和发展，为构建人类命运共同体贡献音乐力量。

中国医学科学院北京协和医学院

中国医学科学院北京协和医学院（Peking Union Medical College），坐落于北京市东城区，是一所享有国际盛誉的医学高等学府。作为中国生命科学的策源地，北京协和医学院最早开设了8年制临床医学教育、护理本科教育，最早开启了住院医师培训制度和公共卫生实践，最先取得了"北京猿人研究""单体麻黄素提取""黑热病研究"等重要原创性成果。学校始终秉承"高进、优教、严出"的精英教育理念和"尊科学、济人道"的协和精神，以培养具有真才实学、学风严谨、医德高尚、医术精湛的医教研复合型人才而闻名，被誉为中国医学殿堂。

北京协和医学院的历史可以追溯到1906年由美英基督教

教会共同创办的协和医学堂。1917年，得益于美国洛克菲勒基金会的支持，北京协和医学院正式成立，开设了医预科，附属医院即为著名的北京协和医院。1951年，学校经历了重要的转折点，由中央人民政府教育部和卫生部接管，并更名为中国协和医学院。此后，学校历经多次更名与发展，包括中国医科大学、中国首都医科大学和中国协和医科大学等，最终在2006年定名为北京协和医学院。值得一提的是，自1957年起，北京协和医学院与中国医学科学院实行院校合一的管理体制。此外，北京协和医学院与清华大学实行紧密合作办学，临床医学（8年制）专业纳入清华大学医学部进行招生。这一合作模式不仅提高了学校的招生门槛和教学质量，也为学生提供了更广阔的发展空间和更优质的学术资源。

北京协和医学院的学科门类齐全，以医学为主，与理学、工学、哲学、管理学等多学科交叉融合、协调发展。综合优势显著，拥有临床医学、药学、生物学、生物医学工程、公共卫生与预防医学等优势学科，领衔全国医学院校。研究领域几乎涵盖主要医药学科方向，包括基础医学、临床医学、生物学、药学、护理学、医学技术、公共卫生与预防医学、中西医结合、口腔医学、生物医学工程等。临床医学学科除设置内科学、儿科学、老年医学、神经病学、护理学、肿瘤学等23个方向外，还自主设置围术期医学、干细胞与再生医学等方向，坚持"加强基础，注重技能，强调素质，整体优化，面向临床、科研"的原则，培养具有多种发展潜能，追求卓越、引领未来的医学领军人才。药学学科涵盖所有二级学科，包含药物化学、药剂学、生药学、药物分析学、微生物与生化药学、药理学，紧紧围绕国家重大需求，引导研究生开展创新研究及应用型研究，在药学研究领域已达到国内领先、国际先进。北京协和医学院现建立国家级重点实验室6个、国家临床医学研究中心5个、其他国家级科研基地15个、省部级实验室59个等，规模居国内医学院校首位。

北京协和医学院设有9个学院，分别为临床学院、基础学院、护理学院、群医学及公共卫生学院、卫生健康管理政策学院、人文与社会科学学院、马克思主义学院、研究生院、继续教育学院。中国医学科学院基础医学研究所和北京协和医学院基础学院承担着北京协和医学院8年制医学专业本科生、"4+4"临床医学生、护理学本科和硕士、博士研究生的教学任务，是国家首批博士学位授予单位，在国内外享有较高的声誉和地位。护理学院是我国第一所护理学院，除首创护理本科教育外，率先形成"本硕博"高层次教育格局，培养了大批高质量护理人才，我国第一位南丁格尔奖章获得者王琇瑛就出自该院，迄今共有8名毕业生获此殊荣，为我国护理院系之首。临床学院-北京协和医院是集医疗、教学、科研于一体的现代化综合三级甲等医院，以学科齐全、技术力量雄厚、特色专科突出、多学科综合优势强大享誉海内外，是高等医学教育和住院医师规范化培训国家级示范基地、临床医学研究和技术创新的国家级核心基地，为学生在临床实践中提高基本技能、基本操作创造了良好的条件。

截至2023年9月，学校全日制在校生总规模为8289人，本科生1223人，占14.75%；硕士研究生3308人，占39.91%；博士研究生3758人，占45.34%，呈典型的"倒金字塔"结构。同时院校积极拓展资源，不断深化交流合作，联合院外研发机构，面向临床医学、基础医学、公共卫生领域共同开展博士研究生培养计划。自1985年以来，学校相继与哈佛大学、约翰斯·霍普金斯大学、加州大学旧金山分校等一批一流大学建立了校际学生交流合作，彼此交换高年级学生到对方学校学习，自2012年起，临床专业的所有学生和护理专业的大部分学生都得到了学习机会，从而有力地推动了协和的医学教育改革。为推动医学教育与多学科融合，培养未来医学科学的领军人才，2018年，在国内率先实施"4+4"临床医学教育模式，面向国内外高水平大学招收多学科背景的优秀本科毕业生；2019年，开创卓越护理人才贯通培养改革试验班；2023年，相继与多所高校联合成立"协和医班"，按照4年本科、4年直博的学制培养，推动"x+医""医+x""x+药"等多学科融通人才培养。

北京协和医学院拥有一支具有国际视野和专业前瞻性的精英师资队伍。截至2023年，校本部及各科研院所共有教职工3292人，6家附属医师资8468人。专任教师734人，外聘教师140人，其中"双师型"教师91人，占专任教师的比例为12.40%；具有高级职称的专任教师580人，占比为79.02%；具有博士学历的专任教师630人，占比为85.83%。现有两院院士24人，国家杰出青年科学基金资助者47人，万人计划领军人才32人，国家海外高层次人才引进计划30人。学校共有研究生导师2489人，其中博士生导师1211名、硕士研究生导师1278名，有着名师执教的优良传统，学生在本科阶段便可以和名师面对面地交流，学习做人和做学问。

北京协和医学院的校本部坐落在北京市东城区王府井，清朝时为豫王府，优雅的环境和古典风格的建筑显露出浓厚的历史底蕴，学校总占地面积115.28万平方米。北京协和医学院紧邻北京协和医院，与北京市著名的王府井步行街仅数步之遥，处于城市的中心位置。学校的图书馆是我国历史悠久，藏书最为丰富的医学专业图书馆，是国务院批准的国家级中心图书馆和国家科技图书文献中心医学分中心，也是联合国世界卫生组织卫生与生物医学信息合作中心，藏书以生物医学书刊为主。学校致力于构建积极、健康、活泼的校园文化氛围，打造了一系列参与度高、影响力大、覆盖范围广且深受师生喜爱的文体活动，如"协百年，齐和弦"校园歌手大赛，"坐而悬壶，起则论道"辩论赛、"乐记校史，音颂百年"协同8年制学生会、协和爱乐乐团、雨燕合唱团等，展现了协和风貌，传播了协和文化。

百年传承，薪火相继。建校之初，北京协和医学院即确定了"举办可与欧美最优秀的医学院校相媲美的高水平的医学教育"的办学目标，形成"严谨、博精、创新、奉献"的校训，光荣的使命和责任感始终存在于协和人的血液中。学校在传承优良传统的同时，一直保持着锐意进取的创新精神，为进一步加快建设中国特色世界一流大学，培养一流人才，产出一流成果，为我国人民健康、医学科学事业和医学教育事业发展做出新的更大贡献。

南开大学

南开大学（Nankai University）是一所学科门类齐全、历史底蕴深厚的综合性研究型大学，被誉为"学府北辰"。自1919年建校至今，已经走过了105年不平凡的历程，铸就了"允公允能，日新月异"的大品格，爱国奉献、淑世为公的大情怀，攻坚克难、奋斗拼搏的大担当，锐意创新、建功立业的大作为，深刻地影响了中国近现代的历程。今天的南开大学凭借优秀的教学传统，基础宽厚的学科布局，先进的育人理念，结构合理的师资队伍，别具一格的校园文化，吸引着莘莘学子到来。

南开大学拥有百年历史，可追溯于被尊称为"南开校父"的严修先生的严氏家塾，肇始于1904年兴建的私立中学堂。1919

年的民族危亡之际，校父严修和著名爱国教育家张伯苓秉承教育救国理念创办南开大学。随后，南开女中和南开小学先后于1923年和1928年创立，1937年遭侵华日军炸毁后，南迁并与北京大学、清华大学组建国立长沙临时大学，1938年迁至昆明改名为国立西南联合大学，后于1946年回津复校。中华人民共和国成立后，毛泽东主席题写校名、亲临视察；周恩来总理三回母校指导。1952年，经全国高等学校院系调整，南开大学成为文理并重的全国重点大学。改革开放以来，经教育部与天津市共建支持，南开大学发展成为国家"211工程"和"985工程"重点建设的综合性研究型大学。2015年9月，新校区建成启用后，初步形成了八里台校区、津南校区、泰达校区"一校三区"办学格局。2017年，入选国家"双一流"建设高校。

南开大学是文理并重、基础宽厚、学科门类齐全的综合性研究型大学，覆盖文、史、哲、经、管、法、理、工、农、医、教、艺等多个学科门类。其中，数学学科建设基础雄厚，重视应用数学研究，为金融、人工智能、IT以及科研机构和国家机关等领域培养了大批优秀的应用数学复合型人才。化学学科历史悠久，聚焦分子科学前沿，研究围绕催化新物质、生物活性新物质、能量存储转化新物质三大方向，拥有元素有机化学、药物化学生物学、电源类3个国家重点实验室。材料科学与工程学科瞄准新材料领域的发展前沿，主要涵盖新催化材料与能源环境催化、新能源材料与化学电源、光子学材料及器件、新材料设计与计算等方向，形成了理工结合的交叉学科的特色。统计学科师资力量雄厚，服务国家大数据和人工智能战略，旨在培养兼备统计、数学和计算机知识的高素质、复合型研究型人才。历史学是其传统优势学科，历经数代学者辛勤耕耘，形成了融合中外、贯通古今的学科特色，在中国史、世界史以及新兴的环境史、日常生活史、医疗社会史、中外文明交流与互鉴、交通社会史和科技史等研究领域多有建树。

南开大学下设专业学院28个。其中，数学科学院由中国现代数学播种人之一的姜立夫于1920年创立，是当时中国大学的第二个数学系（算学系）。化学学院可追溯至1921年邱宗岳创建的化学系，是中国高校中最早建立且最具实力的化学系之一，创造了多个具有开创性的成果，为国家建设做出了重大贡献。历史学院成立于1923年，梁启超、蒋廷黻曾于此执教，下设21个科研机构，其中中国社会史研究中心、世界近现代史研究中心是教育部普通高校人文社会科学重点研究基地。哲学院可追溯至1919年，培养了数千名活跃在党、政、军部门的杰出人才，形成了"传承人类智慧，化育一流人才"的治学理念。商学院成立于1929年，逐步成为商科人才培养重镇，现与美国、英国、法国、新加坡、韩国、中国香港等10个国家和地区的40所著名高等院校和研究机构建立了合作交流关系。

南开大学有在籍学生34806人，其中本科生17339人、硕士研究生11863人、博士研究生5604人。另外还有来自90多个国家和地区的留学生1300余名。本科生培养推进"招生-培养-就业一体化"改革，完善"通识+教育"培养模式，持续优化并重组大类招生，开设理科实验班、工科实验班、工商管理类、中国语言文学类等大类进行跨学院招生，并在数学、物理、化学、生物、经济、历史、文学、哲学8个专业建有专门培养基础学科拔尖人才培养的伯苓班。南开大学目前设有硕士学位授权一级学科10个，硕士专业学位授权点24个；博士学位授权一级学科32个，博士专业学位授权点4个。此外，南开大学持续推进高水平对外开放，不断扩大学校国际知名度和影响力，与近340所国际知名大学和学术机构建立了合作关系。其中，南开大学与英国格拉斯哥大学携手创建的南开大学—格拉斯哥联合研究生院于2015年开始招生，通过整合两所大学优势专业，打造高质量的南开大学国际化研究生培养基地。

南开大学拥有一支结构合理、阵容整齐的师资队伍。现有专任教师2286人，其中教授959人、副教授896人。有博士生导师1052人、硕士研究生导师795人。中国科学院院士13人，中国工程院院士3人，国家"万人计划"领军人才38人、青年拔尖人才37人，教育部"长江学者奖励计划"特聘教授49人、青年学者34人。此外，南开大学注重师生互访、联合培养、协同科研，现有外籍教师及来校讲学外国专家近600人。南开大学师资队伍学术精湛、锐意创新，科研硕果累累。智能科技教师团队以国家战略需求为牵引，践行科研报国，研制出中国最早的工业机器人控制器，其微操作机器人、智能起重机等一批高水平成果应用前景广阔。光学与光子学教师团队面向国家急需和学科发展前沿，在国防建设、军民融合、科教事业发展等方面开展研究；周其林院士团队的"高效手性螺环催化剂的发现"项目，在世界范围内手性催化合成领域掀起变革，获2019年度国家自然科学奖唯一一个一等奖。文学国家级实验教学示范中心师生团队运用数字修复技术，复原甘肃省庄浪县红崖寺石窟内明代时期泥塑原始面貌，搭建当地数字文化资源平台，助力乡村振兴文化帮扶。

南开大学占地443.12万平方米（664.67亩），校舍建筑总面积194.49万平方米（291.74亩），拥有八里台校区、津南校区和泰达校区三个校区。其中，八里台校区位于市中心，是主校区，新校区津南校区占地面积最大。校园环境优美，校钟、马蹄湖、思源堂、西南联大校碑、省身楼等标志性建筑错落有致，古朴典雅的20世纪20年代教学楼以及巍峨壮观的新厦交相辉映。南开大学图书馆拥有珍贵的古籍特藏文献近30万册，是全国古籍重点保护单位，现有4座图书馆舍，分别为文中馆、逸夫馆、经济学分馆以及津南校区中心馆，馆藏文献以经济、历史、数学、化学等学科最为系统、丰富。南开大学以青莲紫色为校色，象征高洁品质，校园文化丰富多彩，不仅举办荷花节、梨园春荟、数字文化节、医学文化节以及外语节等多样的文化活动，还拥有国乐相声协会、龙舟协会、宇剧社、民乐团等多种社团。其中，南开大学龙舟队"南开龙"征战南北龙舟赛场70余场，获得荣誉140项，是南开大学五育并举的精彩名片。

志向高远、为国为民、越难越开，这是南开大学办学发展的精神之源；智勇真纯、锐意进取、爱国奋斗、心怀八方，这是南开大学生生不息的精神品格。南开大学坚持"允公允能，日新月异"的校训，弘扬"爱国、敬业、创新、乐群"的传统和"文以治国、理以强国、商以富国"的理念，以"知中国，服务中国"为宗旨，以杰出校友周恩来为楷模，作育英才，繁荣学术，强国兴邦，传承文明，努力建设世界一流大学。面向未来，南开大学将加快建设具有南开品格、中国特色、世界一流的大学，为实现中华民族伟大复兴做出新一代"南开"人的历史贡献。

天津大学

天津大学（Tianjin University）位于素有"渤海明珠"之称的天津市。天津大学是中国第一所现代大学，开启了中国近代高等教育的先河。天津大学秉承"兴学强国"的使命、"矢志创新"的追求，为国家经济社会发展做出了卓越贡献，迄今为国家和社会培养了30万名高层次人才。矿冶先驱与教育家蔡远泽、修建钱塘江大桥的近代桥梁事业先驱茅以升、机械工程专家刘仙洲、"中国奥运之父"王正廷、名冠中西的经济学家马寅初、新月诗派的代表徐志摩都与之息息相关。天津大学坚持"强工、厚理、振文、兴医、交叉（融合）"的发展理念，现已成为一所师资力量雄厚、学科特色鲜明、教育质量和科研水平居于国内一流、在国际上有较大影响的高水平研究型大学。

天津大学前身为始建于1895年的北洋大学堂。1900年，因八国联军入侵津京而被迫停办，后于1903年4月在天津西沽武库复校。1937年，学校西迁，与北平大学、北平师范大学和北平研究院共同组建国立西安临时大学。1938年3月，改名为"国立西北联合大学"。1946年复名"北洋大学"。1951年，北洋大学与河北工学院合并，由国家定名为天津大学。1959年被指定为国家首批重点大学。改革开放后，成为"211工程""985工程"首批重点建设大学，入选国家"世界一流大学建设"A类高校。

天津大学形成了工科优势明显、理工结合，经、管、文、法、医、教育、艺术等多学科协调发展的综合学科布局。机械工程学科聚焦现代机械设计理论与方法、智能机器人技术、高档数控装备、高效精密加工技术以及网络化协同制造等核心研究方向。同时注重与材料、力学、生命科学等相关学科的深度交叉融合，逐步开拓了生物制造、航空航天制造等新兴研究领域，为推动中国制造业高质量发展做出了重要贡献。材料科学与工程专业服务于国民经济主战场，以先进陶瓷与加工技术教育部重点实验室、教育部材料复合与功能化工程研究中心等实验室为依托，形成了材料复合与功能化、纳米材料与器件、生物医用材料、先进高分子材料、先进陶瓷材料与器件、材料物理化学等重要研究方向，在绿色能源转化与利用、高效/低成本新型能源电池、高温隔热密封材料与技术、有机碳复合材料等方向取得了重要突破。化学学科实力名列国内前茅，聚焦柔性电子与新兴光电子，先进化学制造，能源材料和催化等研究领域，形成了分子聚集态科学、光电功能材料、有机光电材料与器件、能源催化材料与技术、生物合成、纳米光子学与响应性智能材料等特色研究方向。计算机科学在未来网络、文物保护、生物信息学等研究领域取得了诸多标志性成果。

天津大学下设24个学院，工科院系实力位居全国前列。其中，机械工程学院办学历史可上溯至1895年天津北洋西学学堂设立的机器学门，是天津大学历史最悠久和最具实力的学院之一，已成为支撑国家特别是天津市新兴产业发展，提供先进制造源头技术和培育创新人才的重要基地。材料科学与工程学院前身为1985年成立的材料科学与工程系，学科齐全，在全国同类院校中位居前列。理学院前身为创建于1946年的北洋大学理学院，下设化学系和物理系。国内第一套工科院校使用的《物理化学》《无机化学》和《有机化学》就是由天津大学的刘云浦、恽魁宏、冯子珍等学者牵头编写的。智能与计算学部成立于2018年，旨在优化学科布局，促进交叉融合。共设计算机科学与技术学院、软件学院、网络安全学院、人工智能学院4个学院，牵头建设城市智能与数字治理教育部工程研究中心，与微软亚洲研究院（MSRA）、国际商用机器公司（IBM）、谷歌、腾讯等国内外知名企业共建创新实验室，还与美国加利福尼亚大学伯克利分校、佐治亚理工学院、南卡罗来纳大学等国际知名大学共同设立研究生联合培养项目。

截至2024年3月，天津大学现有全日制在校生38484人，其中本科生18955人，硕士研究生13707人，博士研究生5822人。本科招生采取"大类+专业"模式，深入推进新工科、新医科、新农科、新文科建设，尤其是新工科建设成效显著，已在全国范围内起到示范性作用，其"新工科教育"成果荣获2022年度国家级教学成果奖高等教育本科特等奖。天津大学研究生教育率先引进欧美知名高等学府的培养模式。下设47个一级学科硕士点，34个一级学科博士点，37个博士后科研流动站，是中国研究生培养的重要基地。在工程博士培养中，天津大学形成了特色的工程博士"DID"培养体系。天津大学坚持面向全球开放办学，自1954年招收培养留学生以来，累计培养了来自世界150多个国家和地区的30000余名留学生，与50个国家和地区的260所高校、研究所和公司建立了合作关系，留学生学历生规模在2000人以上。有4个本科专业、80个研究生专业可提供英文授课，其中11个专业通过国际专业认证，建设有710门全英文课程。

天津大学师资队伍一流。截至2024年3月，现有教职工4855人，其中院士13人，国家"杰出青年科学基金"获得者67人，国家"优秀青年科学基金"获得者101人，国家"万人计划"领军人才58人、青年拔尖人才44人，教授1025人。激光及光电测试技术教师团队首次在国内提出了超大尺度空间坐标组合测量方法，开展新概念"室内空间精密测量与定位系统"研究，为国产先进装备研制和数字化制造技术进步提供了测量技术支撑；神经工程团队发明了一套面向高性能人机交互的"脑-机-体"复合神经感知与反馈的系统解决方案，其成果在医学、航天及相关领域的高性能人机交互产品中得到规模应用；膜和膜过程团队在国际上率先开拓了"仿生与生物启发膜和膜过程"这一膜领域的新研究方向，率先提出了"有机分子筛膜""酶-光偶联催化系统"等概念。

天津大学设有卫津路校区、北洋园校区和滨海工业研究院校区。老校区卫津路校区位于卫津河畔，占地总面积136.2万平方米（2043亩），校园湖光水色，绿树葱郁；新校区北洋园校区毗邻先锋河、卫津河等多条河流，占地总面积243.6万平方米（3654亩），滨海工业研究院校区占地总面积30.9万平方米（463.5亩）。天津大学图书馆资源丰富、环境优雅，现有3座馆舍，总建筑面积约7.6万平方米（114亩），包括北洋园校区郑东图书馆、卫津路校区图书馆（北馆）以及卫津路校区科学图书馆（南馆）。天津大学校园文化多姿多彩，有1985年成立的北洋艺术团、北洋合唱团、北洋军乐团、北洋交响乐团、北洋民乐团、北洋舞蹈团等诸多艺术团体，开展"海棠季""红叶季""书香校园"等文化活动，还创办有集思想教育、先进文化与前沿科技为一体的高端品牌论坛——北洋大讲堂，邀请名家大师授课，为学子创造一个思想和文化碰撞的平台。

100多年的淡定笃行，天津大学秉承"兴学强国"的使命、"实事求是"的校训、"严谨治学"的校风、"爱国奉献"的传统和"矢志创新"的追求，为国家经济、社会发展做出了卓越贡献。天津大学将奋力开创中国特色、世界一流大学建设新局面，为以中国式现代化全面推进强国建设、民族复兴伟业做出更大贡献。

河北工业大学

河北工业大学（Hebei University of Technology），坐落于天津市，由河北省人民政府、天津市人民政府和教育部共建，是中国最早创办高校校办工厂的大学，也是河北省唯一一所"211工程"重点大学。作为最早培养工业人才的高等学校之一，河北工业大学在建校初期，探寻救国之良方，践行"实业救国"之主张；在民国时期，积极探求工业兴国之战略、培育工业发展之人才；步入新时代以后，学校主动承担兴工强国的历史使命。学校百余年来坚持"工学并举"的办学思想，注重工科建设，构建校企协作育人模式，为国家输送一批批严谨务实、好学求新的工科人才，为京津冀区域发展以及雄安新区建设做出了巨大贡献。

河北工业大学百余年来始终秉持"工学并举"的办学思想，随着时代发展，不断赋予其新的内涵。其前身是创办于1903年的北洋工艺学堂，是我国最早的培养工业人才的高等学校之一，开创了"工学并举"办学思想的先河。1929年改称河北省立工业学院，首任院长魏元光坚持"手脑并用、造就实用人才"的办学方针，彰显"工学并举"的办学特色。1995年更名为河北工业大学，潘承孝担任名誉校长期间，拓展"工学并举"的思想内涵，开创了"教学为主导、科研为关键、生产为基础"的办学道路。1996年跻身国家首批"211工程"重点建设高校行列，赋予"工学并举"以"理论与实践、办学与兴工、立校与报国"相结合的时代内涵。2014年成为河北省、天津市和教育部共建高校。河北工业大学积极融入京津冀协同发展战略，服务京津冀工业发展和人才需求。2017年入选国家"双一流"建设高校，积极探索新工科建设有效路径，充分发挥"工学并举"办学思想的指导作用。河北工业大学立足京津冀、辐射全国、面向世界，为国家培养更多的"大国工匠"，推动中国由工程教育大国走向工程教育强国。

河北工业大学以工学类专业为主，涵盖工学、理学、经济学、管理学、文学、法学、艺术学7个学科门类。截至2024年3月，现拥有本科专业72个，其中，招生专业64个，工学类招生专业44个。本科专业入选省级以上一流专业建设点58个，入选国家级一流专业建设点37个，国家一流专业占招生专业数的58%。学校现拥有10个博士后科研流动站、11个一级博士学位授权点、26个一级硕士学位授权点、17个专业学位类别、28个专业学位硕士授权领域。电气工程学科是国内电气工程领域同时拥有国家重点学科、国家重点实验室、国家"双一流"建设学科的6所高校之一。该学科涵盖工程电磁场与磁技术、新型电力系统与储能技术、生物电工与智能健康、先进装备工程与技术等研究方向。学校拥有材料科学与工程、机械工程两个国家重点学科。其中，材料物理与化学学科聚焦生态环境材料、高性能金属材料等研究领域。机械工程学科是国家"世界一流学科"建设"先进装备工程与技术"学科群的核心支撑学科，涉及机械、电子、计算机、人工智能等多个方向。学校以"四新"建设为统领，重视学科交叉，构建"工工结合、工医融合、工文渗透"的专业体系，促进高等教育的内涵式发展。

河北工业大学设有21个学院。电气工程学院拥有90多年的历史，为国家培育了一批批具有基础知识、基本理论和基本技能的电气工程专业精英和社会栋梁。学院形成了完善的人才培育体系，建立了完备的科学研究平台，探索出有效的校企合作路径。搭建"省部共建电工装备可靠性与智能化国家重点实验室""电工产品可靠性技术省部共建协同创新中心""河北省电磁场与电器可靠性重点实验室"等研究平台推动科研创新，与中国电子科技集团第五十三研究所、天津电气科学研究院有限公司等知名企业开展校企合作。材料科学与工程学院在70多年的发展历程中，全面提升办学水平和科研能力，为建设高水平学院奠定基础。学院以材料物理与化学国家重点学科建设为契机，依托"生态环境与信息特种功能材料重点实验室"等科研平台，致力于实现生态环境功能材料、高性能金属材料及工程化、电子信息材料等关键技术突破。

截至2023年，河北工业大学拥有全日制本科生24000多人，研究生9000多人，在校中外合作办学项目学生1300多人，留学生近400人。在本科生的培养方面，河北工业大学构建了"校内多学科课程学习+校外多领域实践训练"的双循环培养模式，坚持理论与实践相结合。在研究生的培养方面，河北工业大学以研究生实践能力与创新能力的培养为重点。注重实践基地建设，拥有8个省级专业学位研究生培养实践基地，2个示范性实践基地，160多个校级研究生培养实践基地，涵盖电气、机械、材料、人工智能等领域。构建独具特色的校企协同育人模式，以现代产业学院为依托，实现人才培养与产业需求深度耦合。与长城汽车股份有限公司"河北工业大学专业学位研究生培养实践基地"、中汽研（天津）汽车工程研究院有限公司、中国科学院宁波材料技术与工程研究所、中国机械总院集团北京机电研究所等开展研究生协同培养工作。此外，河北工业大学注重国际交流合作，与美国亚利桑那州立大学、芬兰拉彭兰塔理工大学等60多所国外高校开展合作办学，建有"河北工业大学亚利桑那工业学院""河北工业大学芬兰校区"等，致力于培养双向融合新工科国际人才。

河北工业大学拥有一批师德高尚、治学严谨的师资队伍。截至2024年3月，学校拥有教职员工2800多人，其中专任教师1800多人。现有"长江学者""国家杰出青年基金"获得者、国家"万人计划"科技创新领军人才等国家级人才34人，国家级教学名师、"新世纪百千万人才工程"国家级人选、国务院政府特殊津贴获得者等省部级以上专家320多人。其中，元光号卫星团队深化学科交叉融合，积极吸收不同学科背景的人才参与科学研究，已经形成一支有潜质、有规模、有影响的师生共建队伍。团队与长沙天仪空间科技研究院有限公司研发的首颗卫星"元光号"随长征八号成功飞天，一颗卫星载满代代河工人的飞天梦、更载满代代河工人的强国梦。

河北工业大学位于天津市，现有四个校区，即天津市北辰校区、天津市红桥校区、河北省廊坊校区、芬兰拉彭兰塔市的芬兰校区。河北工业大学的校史博物馆充分展现学校的百余年奋斗历程与光辉岁月，是河北省、天津市的爱国主义教育基地。学校还拥有红桥校区图书馆、北辰校区图书馆、廊坊校区图书馆等多个图书馆，形成以工为主、文理兼顾、纸质资源与数字资源并重的发展思路。另外，河北工业大学注重校园文化建设。开展丰富多彩的文艺活动，邀请津巴布韦国家艺术团、中央歌剧院、天津市曲艺团、天津小百花越剧团等国内外高水平艺术团和中国传统艺术团来校演出。拥有涵盖学术科技、实践服务、文化艺术、体育素质、理想信念五类社团147个。

120多年的峥嵘岁月，河北工业大学扎根中国大地，为京津冀以及雄安新区建设提供人才支撑以及技术支持，形成了"兴工报国"的办学传统，"勤慎公忠"的校训精神，"工学并举"的办学特色，涵养了"勤奋、严谨、求实、进取"的优良校风。展望未来，河北工业大学不断提高教育质量和科研水平，不断提高办学影响力，贡献度和美誉度不断提高，不断增强服务国家和区域经济社会发展能力，努力为早日建设成为具有鲜明中国特色的社会主义现代化大学奠定坚实基础，为国家的繁荣富强和民族的伟大复兴贡献智慧和力量。

山西大学

　　山西大学（Shanxi University），坐落于山西省太原市，是国家"双一流"建设高校，是教育部和山西省人民政府共同建设的部省合建大学。作为中国最早的3所国立大学之一，它承载着厚重的历史底蕴与丰富的学术传统，与京师大学堂、北洋大学堂并驾齐驱，共同谱写着中国近代高等教育的辉煌篇章。自创立以来，学校秉承"中西会通、求真至善、登崇俊良、自强报国"的教育理念，融合中西教育精粹，强调真理的探索和品德的养成，致力于培养有能力、有担当的优秀人才。近年来，山西大学坚持

高质量内涵式发展，成功进入"双一流"建设高校行列，在学科建设、技术创新和成果转化等领域形成独特优势，培育了一大批优秀人才，产出了一大批科研成果，各方面建设迈上新台阶、实现新跨越。

山西大学的前身是创建于1902年的山西大学堂，其悠远的文脉可以上溯至明清时期的晋阳书院、三立书院和令德堂书院。学校创办的山西大学堂译书院，是中国近代大学创办的第二所译书院，有力促进了中西文化交流。20世纪50年代，法学院改称财经学院，并入中国人民大学；法律系并入北京大学；冶金工程系并入北京钢铁学院；纺织工程系和采矿工程系并入西北工学院；工学院、农学院、医学院独立建院。山西大学为国家高等教育布局调整做出了重要的贡献。改革开放以来，山西大学办学成绩斐然，先后实现了建设博士点、国家重点学科、国家重点实验室、教育部人文社科重点研究基地、获得国家级科技大奖等一系列重大突破。1998年，山西大学成为山西省重点建设大学；2005年，成为最早的一批省部共建大学；2012年，成为"中西部高校综合实力提升工程"入选高校；2018年，成为教育部和山西省人民政府共同建设的部省合建高校；2022年，进入国家"双一流"建设高校行列。学校初心如磐，步履铿锵，一步一个脚印，实现了从地方大学到高等教育"国家队"的历史性跨越。

山西大学在学科建设方面展现出了鲜明的综合性特征。在本科生教育方面，目前设有本科专业87个，涵盖文、史、哲、理、工、经、管、法、教、艺10大学科门类。山西大学在生命科学和医学领域具备较强的研究实力，拥有一流的生物医学实验平台和科研团队，致力于探索人类健康的奥秘和解决医学难题。在生物技术、药物研发、临床医学等方面，山西大学的研究成果多次获得国内外权威奖项的认可，为提升我国生命科学和医学领域的整体水平做出了重要贡献。依托教育部和山西省支持，山西大学以"双一流"建设为引领，强化物理学和哲学学科群，物理学科取得多项前沿科技应用成果，特别是在激光和量子技术领域领先国内，同时，哲学学科群立足本省，推进文化旅游和文化传承创新，形成科研、产业、人才融合创新模式。

山西大学是一所综合性大学，学院设置相当丰富，拥有包括初民学院、哲学社会学学院、化学化工学院、生命科学学院等在内的32个院系，涵盖了人文、社会科学、自然科学、工程技术等多个学科领域，为广大学生提供了丰富多样的学术选择和发展机会。初民学院是山西大学积极探索高素质创新人才培养模式的试验基地，旨在通过实施跨学科的综合教育，培养学科背景宽、理论基础厚、综合素质高、实践能力强、符合时代发展要求的高素质创新型人才。历史文化学院是山西大学有着百年传承的院系之一，中国政治制度史专家梁园东、被誉为毛泽东"一字之师"的唐史专家罗元贞等名师曾在此执教，在三晋文化传承与保护、山西城镇历史发展、传统村落调查等方面做出了突出贡献。计算机与信息技术学院的前身是成立于1980年的计算机科学系，拥有计算智能与中文信息处理教育部重点实验室、数据智能与认知计算山西省重点实验室等科研中心，在人工智能、大数据、机器学习、中文信息处理、网络安全等方面取得了丰硕的研究成果。

山西大学坚守立德树人的使命，得天下英才而育之。学校现有全日制本科生24155人、全日制硕士研究生9052人、非全日制硕士研究生1564人，全日制博士研究生1370人。山西大学在学生培养方面，无论是本科生还是研究生，都有一系列具有特色的培养计划。例如，为了培养具有创新精神和实践能力的本科生，学校设有本科创新实验班。该计划旨在选拔对某一学科领域有浓厚兴趣的优秀学生，通过提供高水平的师资、丰富的科研资源和个性化的培养方案，使学生在本科阶段就能接触到前沿的学术研究和创新实践。此外，山西大学针对研究生设立了拔尖创新人才培养计划。该计划旨在选拔具有卓越学术潜力和创新精神的优秀研究生，通过提供高水平的科研平台、国际化的培养环境和个性化的培养方案，推动他们在学术研究和创新实践方面取得突出成果。山西大学从1981年开始招收海外留学生，迄今已培养了来自美国、英国、德国、加拿大、意大利、墨西哥、澳大利亚、俄罗斯、立陶宛、乌克兰、亚美尼亚、日本、韩国、中国香港、中国台湾等50多个国家和地区的学生1000多名，包括攻读学士、硕士、博士学位的和学习汉语的学生。已完成学业的学生大都工作在各国驻中国使领馆、外交机构、友好协会以及各国和地区在中国的合资企业，为中国和其他国家和地区的友好合作交流做着贡献。

山西大学把教师队伍建设作为一项重要的基础性工作。现有教职工3265人，专任教师2083人，高级职称教师1228人，其中，国家级人才百余人。拥有1个国家自然科学基金创新研究群体、2个黄大年式教师团队、1个全国专业技术人才先进集体团队、2个国家级教学团队、3个教育部创新团队、22个省级高层次研究团队。其科研团队在多个领域取得了令人瞩目的成果，如量子光学与光量子器件国家重点实验室、光电研究所腔量子电动力学研究团队在纳米光纤波导的本征机械振动模式测量方面取得了重要进展；阴彩霞教授团队在荧光染料用于肿瘤治疗研究中取得了重要进展；激光光谱研究所胡颖教授带领的团队与中国科学院理论物理研究所石弢教授合作，在探索非厄米量子效应领域取得突破性进展，研究团队的理论研究为非厄米量子光学打开了大门，为实现有趣的量子非厄米多体效应以及量子非厄米应用开辟了路径。

山西大学目前拥有坞城校区、东山校区、大东关校区3个校区，总占地面积约200.53万平方米，建筑面积116.64万平方米，是全国文明校园、山西省园林化单位和绿色学校。学校现有教学、科研仪器设备资产总值13.56亿元，本科教学实验仪器设备达到21259台（套）。学校图书馆是全国古籍重点保护单位，馆藏图书230万册，电子期刊110万册。山西大学校园景观规划分为南北两区，呈现了"北园林，南现代"的模式，融合了悠久的历史和浓厚的人文气息，也从一个侧面反映了学校的文化发展史。诞生于20世纪历史浪潮的毛主席像，如今已在校园伫立了40多个年头，代表着曾经的风云岁月，也将见证学校的未来。山西大学百年校庆之际，为迎接八方学子，四方友人，学校对鸿猷体育场和文瀛宿舍群之间的学堂路景观进行了新的规划，形成了雕像、浮雕、石头、植物等具有人文气息的景观小品。徜徉在山西大学的校园里，欣赏融合了传统建筑艺术和现代建筑理念的建筑群落，仿佛置身于时空隧道，山西大学历经沧桑而又蓬勃发展的百年历程尽现眼前。

"中西会通，求真至善，登崇俊良，自强报国"是山西大学最新的校训，是对不同时期山西大学校训核心思想的继承、萃取和升华，是对山西大学百年文化传统与人文精神的提炼与总结，是自学堂初创以来就形成的"求真至善，登崇俊良"的追求和情怀的坚守。欣逢盛世，高歌前行，今天的山西大学迸发出前所未有的办学活力，迎来了更加美好的发展前景。学校将坚定不移地走高质量内涵式发展道路，向着建设高水平综合性研究型大学、跻身中国优秀知名大学行列的目标奋进，谱写兴学育人的崭新篇章，为山西全方位推动高质量发展，为全面建设社会主义现代化强国，为实现中华民族伟大复兴的中国梦做出新的更大的贡献。

太原理工大学

太原理工大学（Taiyuan University of Technology），坐落于中国千年历史名城的山西省太原市，是一所历史悠久、底蕴深厚、特色鲜明的世纪学府。120年的岁月征程中，太原理工大学积淀了"以人为本、文体为舟、承载德智、全面发展"的办学传统，涵养了"敢为人先、敢于创新、勇于竞争"的精神气质。历史上涌现了一大批受世人景仰的学界泰斗，培养了众多的兴业精英、治国栋梁和道德楷模，如著名教育家赵宗复、"中国石油之父"孙健初、中国"前寒武纪地质学开拓者和奠基人"王曰伦、圆弧齿轮专家朱景梓、"煤化工科技领域的开拓者之一"谢克昌、"知识分子楷模"栾茀、"草原公仆"云布龙等，他们的成就和贡献彰显了太原理工大学"得天下英才以育之、育一代新人以报国"的崇高追求。

太原理工大学的历史可追溯至1902年创办的山西大学堂西学专斋，与京师大学堂、北洋大学堂共同作为我国最早成立的三所国立大学之一。1912年，山西大学堂更名为山西大学校，继续其学术传承。1918年，山西大学校正式纳入国立体系，成为

国立第三大学。1953年，学校实现独立建制，正式命名为太原工学院，直接隶属于国家高教部。1962年，学校划归山西省管理，与地方经济和社会发展更加紧密地联系在一起。1984年，太原工学院更名为太原工业大学。1997年，太原工业大学与直属于国家煤炭工业部的山西矿业学院（始建于1958年）合并，组建成为今天的太原理工大学。同年，学校跻身国家"211工程"重点建设大学行列。2017年，学校成功入选国家"双一流"重点建设高校。一个多世纪以来，太原理工大学始终秉承求实创新的精神，为国家和社会培养了20余万优秀毕业生，他们在各自的领域里发光发热，为国家的繁荣富强和社会的进步发展做出了重要贡献。

太原理工大学已形成以工为主、理工结合、多学科交叉融合的发展格局。其学科布局广泛，涵盖理学、工学、经济学、法学、教育学、文学、管理学、艺术学、历史学9大门类。该校在教育教学方面取得了显著成就，26个专业通过了国际工程教育专业认证。学校还拥有41个国家一流专业，15个省级一流专业，31门国家一流课程。太原理工大学特色鲜明，尤其在材料学、化学、工程学等领域拥有国际一流水平。材料科学与工程学科依托"材料加工工程"国家重点学科建设，聚焦材料科学与工程发展的国际前沿、紧密结合国家产业重大需求和区域经济转型升级的地方需求，形成了轻质镁铝合金、新能源材料、不锈钢3个研究方向，在新型金属及加工和锂电池能源材料方向取得了国际领先地位。化学工程与技术学科由化学化工学院和学校直属的煤科学与技术省部共建重点实验室共同组成，该学科聚焦煤基能源化工和精细化工的国际前沿，紧密结合国家资源型经济转型发展和煤炭清洁高效利用等重大需求，同时立足我国西部区域资源优势和山西省能源革命排头兵战略的地方需求，形成了煤炭清洁利用、化学产品工程、气体吸附与分离、催化新材料及工艺4个研究方向，在煤基能源化工、煤基精细品化学和气体吸附与分离方向处于国际领先水平。矿业工程学科是山西省特色优势学科，立足山西省、内蒙古自治区等煤炭能源基地需求，研究领域聚焦于原位改性流体化采矿、煤炭绿色高效开采、煤炭高效分选与综合利用、煤层气高效开采与矿井安全4个领域，在新型矿产资源的开采利用，难采煤层、三下压煤、旧采残煤资源的开采技术，以及煤炭分选理论、工艺、设备、固液分离及综合利用等方面，形成了鲜明特色。

太原理工大学设有26个专业学院、2个中外合作办学学院。其中，化学化工学院作为学校"双一流"建设的重要支柱，历史可追溯至1949年国立山西大学工学院化学工程系。目前，化学化工学院拥有总价值超过1.5亿元的公用计算平台和大型测试仪器，为学生和教师提供了强大的科研支持。学院积极与企业合作，与国家能源集团、山西同煤、太原钢铁、陕西煤业等知名企业建立了紧密的合作关系，共同推进科研成果的转化和应用。面向未来工业发展趋势，化学化工学院以新工科建设为引领，推动教学改革。学院设立了化学工程与工艺智能化工方向的工科试验班，旨在培养具备化工专业知识与自动化、计算机及信息科学基础知识的复合型、创新型人才。矿业工程学院的前身可追溯到1958年成立的山西矿业学院。学院现已成为服务煤炭工业领域的专业学院，为煤炭及其他矿产资源的勘探、开发、利用培养了大量高级技术人才。学院设有采矿工程系、安全科学与工程系、地下工程系、地球科学与工程系、测绘科学与技术系、矿物加工工程系、煤矿机电系7个教学系，并拥有矿业、地学两个实验中心，为学生提供了丰富的实践机会。

太原理工大学现有全日制学生44422名，其中包括在籍来华留学生399人。太原理工大学秉持"以学生为中心"的办学理念，致力于创新人才培养模式，成功入选全国"三全育人"综合改革试点高校和创新创业50强高校，并获批成为国家级创新创业学院建设单位。在本科人才培养方面，太原理工大学实施"卓越工程师教育培养计划"，旨在培养具备高度专业素养和实践能力的工程人才。同时，学校还开办"科教协同育人菁英班"和工程科技创新实验班，通过跨学科融合和产学研合作，为学生提供更为丰富的学术资源和实践机会。在研究生人才培养方面，太原理工大学深化研究生教育综合改革，致力于提升研究生的创新能力和实践能力。学校被评为2024年度中国研究生创新实践系列大赛的"重要贡献单位"，学校共有1113名研究生和411名指导教师参赛，共获得107项国家级奖项，这充分展示了学校在研究生教育方面的卓越成果。此外，太原理工大学在国际化办学方面也取得了显著成就。自1985年以来，学校已与美国、英国、德国等近30个国家和地区的130余所高校、科研机构建立了紧密的合作关系。

太原理工大学师资力量雄厚，队伍结构趋优。现有专任教师2116名，其中具有博士学位的1096名，具有教授、副教授等高级专业技术职称人员967名，博士生导师185名。在科研团队建设方面，拥有教育部创新团队2个、科技部重点领域创新团队1个。其中，省部共建煤基能源清洁高效利用国家重点实验室的教师团队，在煤的结构与反应性、煤炭高效清洁转化技术开发等领域取得了显著成就，连续两次作为首席科学家承担能源领域"973"计划项目，荣获国家自然科学奖二等奖、国家技术发明奖二等奖以及省部级奖20余项。国家煤矿水害防治工程技术研究中心的教师团队在矿井水害防治、水资源利用和矿山生态环境等领域的研究处于全国乃至世界领先水平，为防治水规程、规范、标准的制定以及人才培养、技术培训等方面提供了重要支持。"新材料界面科学与工程"实验室的教师团队则聚焦于碳基功能新材料、纳米团簇及其多孔框架材料和半导体光电材料与器件等前沿研究领域，承担了多项重大科研项目，为全国经济建设和山西省地方经济转型发展提供了有力支撑。

太原理工大学坐落于风景秀丽的汾河畔，校园内绿树成荫，楼宇错落有致，为学子们提供了优美的学习和生活环境。太原理工大学现有明向、柏林、虎峪、迎西4个校区，占地面积达213万平方米。学校图书馆由迎西校区、虎峪校区、明向校区3个分馆组成，馆藏资源丰富，涵盖了多学科、多语种、多载体形式、多出版类型的文献资源。太原理工大学一直致力于校园文化建设，持续推进"高雅艺术进校园"活动，为学生搭建了一个亲近艺术、聆听大师、提升艺术素养、感受艺术魅力的平台。学校还开展了"体育嘉年华""诗耀中华 词传华夏"以及"传星火 颂青春"合唱比赛等系列文化活动，极大地丰富了学生的课余文化生活。此外，学校定期举办"清泽人文讲坛暨道德讲堂"，旨在提升理工科学生的人文素质和内在修养。在竞技体育方面，太原理工大学成绩斐然，是国内迄今为止唯一一所获得过男篮、男足两项全国总冠军的大学，展现了学校在体育教育和学生全面发展方面的卓越成就。

汾水之滨，学府巍峨。自创立之初，太原理工大学便深深扎根于被誉为"华夏文明摇篮"的三晋大地，始终坚守"求实、创新"的校训，培育出无数英才，芬芳满园。展望未来，太原理工大学将提升原始创新能力置于核心地位，致力于实现更多从0到1的跨越式突破。学校将以推动社会进步、实现国家富强、谋求人类福祉为己任，矢志不渝地迈向综合性研究型高水平一流大学的宏伟目标，奋力书写新时代的壮丽篇章。

内蒙古大学

内蒙古大学（Inner Mongolia University），坐落于内蒙古自治区呼和浩特市，是中华人民共和国成立后党和国家在少数民族地区创办的第一所综合大学，是中西部"一省一校"国家重点建设大学。内蒙古大学是一颗晶莹剔透的草原明珠，建校以来先后涌现出家畜繁殖生物学专家旭日干、法医毒物分析学家刘耀、物理学家张杰、环境化学家赵进才、天体物理学家赵刚等一大批杰出校友。内蒙古大学在中国少数民族语言文学、动物学、生态学等研究领域成果显著，学科设置立足区域发展、科研创新实现校企双赢、人才培养注重创新创业，充分彰显着自治区大学服务于少数民族发展的使命担当。

内蒙古大学诞生于1957年，开创自治区高等教育之先河，是自治区高等教育史上的一个重要里程碑。时任国务院副总理、自治区主席乌兰夫担任首任校长。1962年，学校首次招收研究

生。1978年，学校被确定为全国88所重点大学之一。1984年，学校获博士学位授予权。1997年，学校被批准为国家"211工程"重点建设院校。2004年，学校成为内蒙古自治区人民政府和教育部"省部共建"大学。2012年入选国家"中西部高校提升综合实力计划"高校（"一省一校"）。2017年，学校入选国家一流学科建设高校。2018年，学校成为教育部和内蒙古自治区人民政府合建高校。2022年，学校入选国家第二轮"双一流"建设高校。内蒙古大学坚持"立足北疆、面向全国、育人为本、特色强校"的办学理念，依托学校资源、政府资源、产业资源，助力内蒙古地区以及少数民族的经济发展。

内蒙古大学作为一所综合性大学，学科门类齐全，涵盖哲学、经济学、法学、教育学、文学、历史学、理学、工学、农学、管理学、艺术学11大学科门类。截至2023年12月，在本科生教育方面，设有85个本科专业，其中国家一流本科专业建设点占33个。学校拥有13个博士学位授权一级学科和24个硕士学位授权一级学科，2个硕士学位授权二级学科、15个硕士专业学位授权类别以及9个博士后科研流动站。学校拥有中国少数民族语言文学、动物学两个国家重点学科。中国少数民族语言文学（蒙古语言文学）学科于1988年成为国家级重点学科，涵盖现代蒙古语及方言、古文字、蒙古文献、蒙古族文学等研究领域，旨在培养具有专业基础理论和专门知识、独立思考能力、社会责任感的文科人才。动物学学科服务内蒙古畜牧业发展之需要，涉及遗传学、基因组学、细胞生物学、现代信息技术等研究方向，旨在培养学风严谨、具有现代意识和开拓进取精神的技术人才。依托高水平创新团队、优势科研平台成功培育出我国首例和首批"试管绵羊"和"试管牛"，在牛、羊体细胞克隆理论研究与集成技术处于国际领先水平。此外，生态学是国家重点培育学科和内蒙古自治区"一流拔尖培育学科"，致力于培养具有扎实的知识、独立思考能力、健全的人格的复合型、创新型高级专业人才，涉及生物多样性、草原生态、河湖湿地等方面的保护，为国家以及区域的生态文明建设以及可持续发展提供人才支持与技术支撑。

内蒙古大学设有22个学院，学院建设立足于区域特色发展。生命科学学院服务于内蒙古牧区发展，面向生物安全、生物多样性等国家战略需求。学院设有"国家理科生物学基础科学研究与教学人才培养基地"和"国家生命科学与技术人才培养基地"两个国家人才培养基地，为内蒙古自治区以及国家建设培养了近万名人才。学院的省部共建草原家畜生殖调控与繁育国家重点实验室以草原家畜生殖调控与繁育领域中的重大科学问题为导向，服务于畜牧业发展和草地保护。生态与环境学院主要服务于内蒙古自治区草场资源、动植物资源的保护工作。学院聚焦蒙古高原生态学和资源可持续利用、生态系统生态学及其适应性管理、生态修复与环境治理三大研究方向，为自治区和国家培养生态学、草学等领域的杰出人才。内蒙古大学蒙古学学院致力于蒙古学研究，培养蒙古学高级专门人才。学院构建了完善的人才培养体系，拥有齐全的配套设施。学院形成了涵盖"本科—硕士—博士"的人才培养体系，设立"蒙古史档案文献研究中心""蒙藏文化研究中心""机器翻译联合实验室"等平台促进学院发展。

内蒙古大学英才汇聚。截至2023年12月，全校有各类在校生28345人。其中，有本科生15958人，本科生占在校生总数约56.30%；有硕士研究生8694人，硕士研究生占在校生总数约30.67%；有博士研究生1143人，博士研究生占在校生总数约4.03%；有来华留学生336人，来华留学生占在校生总数约1.19%。在本科人才培养方面，蒙古学学院与计算机学院共同培养具有蒙古语言文学基础和计算机综合知识的复合型人才。在研究生培养方面，科技小院是集人才培养、科技创新、社会服务于一体的新型研究生培养模式。学校的内蒙古达茂牛业科技小院被评为"国家级科技小院"，研究生培养单位将研究生派驻到生产一线，解决农业生产中的问题，实现高等教育与农业生产实践的有机结合。学校充分整合资源，学校与中国农业科学院等科研院所联合培养研究生。此外，内蒙古大学积极与国内外知名大学和科研机构合作，积极与各大企业建立产学研合作关系，依托科技成果转化、专利转让、校企合作等手段实现了"产学研用"一体化，走出了一条服务地方发展的建设之路，探索出一条依托学校资源、立足地方特色的产学研之路，为自治区高等教育的发展提供典范。

内蒙古大学已经形成一支有特色、有潜力、有影响力的师资队伍。截至2023年12月，全校有在编教职工2098人，其中，专任教师1433人，教授307人、副教授452人。其中，教育部"长江学者奖励计划"特聘教授4人，国家杰出青年科学基金项目获得者3人，"万人计划"领军人才4人、"四青"人才9人，国家"百千万人才工程"7人，国家有突出贡献中青年专家12人，国家级教学名师奖获得者2人，全国杰出专业技术人才2人，享受国务院政府特殊津贴专家58人。学校现有"资源型产业与资源富集地区经济可持续发展""哺乳动物生殖生物学及生物技术科技创新团队"两个教育部"创新团队发展计划"研究团队，家畜现代生物育种团队这一全国高校黄大年式教师团队；内蒙古自治区高等学校"创新团队发展计划"团队31个，内蒙古自治区"草原英才"工程创新团队29个。学校在现代农牧业、食品安全、生物医药等方面硕果累累，李光鹏团队实现了牛羊繁殖生物技术体系的完善与产业化应用，其团队被认定为"科技部创新人才推进计划重点领域创新团队"。张若芳团队研究解决了若干马铃薯行业产业中存在的共性关键技术；博格日勒图团队利用现代药学技术开发创新蒙药。内蒙古大学坚持对外开放，积极开展国际合作，学校与国（境）外的114所高校和科研机构建立了合作交流关系。内蒙古大学与美国亚利桑那州立大学、日本爱知大学、英国华威大学等国际知名大学开展合作。为了更好开展国际交流，学校内部设有蒙古国研究中心、俄罗斯语言文化中心、加拿大研究中心、日本学研究中心、澳大利亚研究中心、美国研究中心。学校鼓励国际学生前往求学，学校设有国际教育学院，每年接收来自亚、欧、美、非四大洲的蒙古国、俄罗斯、美国、尼日利亚等23个国家的国际学生近600人。

  内蒙古大学占地面积约149万平方米，建筑面积77.78万平方米。内蒙古大学有南校区、北校区两个主要校区。北校区的古树和毕业林最为出名，南校区的主楼、艺术学院设计极具特色。内蒙古大学在建筑中融入现代技术以及传统蒙古族民族特色元素。在采用现代建筑的同时，辅以民族色彩与符号。内蒙古大学图书馆是全国最大的蒙古文文献基地，是自治区规模最大、现代化程度最高的高校综合性文献信息中心，在中国传统文化、蒙古文古籍保护等多方面发挥着重要作用。截至2023年12月，全校馆藏印本文献367.91万册，有中外文数据库94个、电子图书111.67万种、全文电子期刊6.11万种。此外，内蒙古大学举办铸牢中华民族共同体意识文化节、传统文化节、国际文化节、网络文化节等各式各样的文化活动。

  内蒙古大学在发展过程中始终秉持"求真务实"的校训，坚持解放思想、实事求是、追求真理、知行合一。面向未来，内蒙古大学立足北疆，加快推进"双一流"建设和"部区合建"工作，服务内蒙古以及民族经济发展，积极充当少数民族高等教育的"先行者"，在中国式现代化内蒙古建设的诗篇中留下浓墨重彩的一笔。

东北地区大学

大连理工大学

大连理工大学（Dalian University of Technology），坐落于美丽的北方明珠辽宁省大连市，学校依山傍海，办学条件优良，办学实力雄厚。作为国内理工院校的先驱，中国"四大工学院"之首，大连理工大学一直活跃在国家建设的最前线，除了国产大飞机C919之外，国产航母、港珠澳大桥、"蛟龙号"载人潜水器等国之重器，都凝聚着一个又一个大连理工大学名师的智慧与汗水。70多年来，以技术立身，为民而工的大连理工大

学，在科技创新屡次取得重大技术突破，为国家现代化建设做出了重大贡献。

大连理工大学起源于1949年4月大连大学工学院。1950年7月，大连大学建制撤销后学校独立为大连工学院，并于1960年10月被确定为教育部直属全国重点大学。1981年11月，学校成为全国首批博士和硕士学位授予单位。1986年4月设立研究生院，1988年3月更名为大连理工大学。1996年，启动实施国家"211工程"建设。2001年，启动实施国家"985工程"建设。2010年6月，入选教育部第一批"卓越工程师教育培养计划"高校。2017年9月，入选国家首批"双一流"建设高校。如今，大连理工大学是"985工程""211工程"和"双一流"工程重点建设高校，是东北地区，乃至全国都颇具盛名的名牌大学。

大连理工大学是一所以工为主，理、工、文、经、法、艺术等学科协调发展的高水平研究型大学。其力学学科面向国家重大需求，长期为新一代运载火箭、国产大飞机、航空发动机、深远海舰船等运载装备的研制任务提供服务，为解决国家的技术难题做出了实质性贡献。在海洋脐带缆结构强度分析与集成智能设计技术方面取得了新的突破，并获得了海洋工程科学技术一等奖。在智库建设与政策研究方面也取得了跨越式进展，聚焦航天强国战略，为未来航天承载结构的可靠性设计提供了系统性阐述和决策咨询建议。机械工程学科包括机械制造及其自动化、机械电子工程、机械设计及理论、车辆工程4个二级学科和智能制造一门交叉学科。作为我国最具影响力的机械工程人才培养和科学研究基地之一，该学科致力于满足创新型国家建设和东北老工业基地振兴的人才需求。学科定位为培养"学术引领者、社会领导者、行业领军者、工程领创者"，重点培养面向高性能制造、机电系统与智能传感、复杂装备与微系统设计等领域的领军人才。水利工程学科是国家一级重点学科，学科的发展方向既关注国际学术前沿，又服务地方经济。与中国长江电力股份有限公司、中国电建集团、中海油等龙头企业签订了160项横向合同，合同总金额达到1.18亿元。

截至2023年12月，大连理工大学设有31个二级学院。其中，机械工程学院成立于1949年，是我国最具影响力的机械工程人才培养和科学研究基地之一，也是大连理工大学体量最大和学科实力最强的学院之一。学院拥有一支高水平的师资队伍，其中40余人获得国家级人才荣誉或称号，包括中国科学院院士2人、中国工程院院士1人、国务院学位委员会学科评议组成员1人、国家杰出青年基金获得者4人、"百千万人才工程"国家级人选3人、国家级教学名师1人、国家优秀青年基金获得者3人。近5年，学院承担了近6亿元的科研经费，在高性能制造、精密和超精密加工、微纳制造、智能机电、重大装备设计等研究领域产出了一批高水平原创性科研成果，并在国家重点领域的研究所和企业得到转化应用，为国家重大科技工程如"长五"飞天、C919大飞机首飞、"玉兔"登月、南水北调、西气东输等提供了支持。化工学院肇始于1949年建校之初的化学工程系，现已成为化工领域科学研究的高地和人才培养的摇篮。学院以学科交叉为特色，引领行业，致力于解决能源、材料、信息、环境、健康等领域的难题，屡次获得国家自然科学奖、技术发明奖和科技进步奖。学院拥有18个国家级、省部级科研创新团队，3个国家级教学团队。其中包括特种高分子材料专家蹇锡高院士、智能光学材料专家彭孝军院士等学术大师，以及生态染料专家张淑芬教授、膜科学与工程专家贺高红教授等领军人才。学院还与美国、日本、德国、英国、加拿大、澳大利亚、瑞典、奥地利、韩国等国外知名大学、研究机构或公司建立了实质性科技合作和人才培养交流关系，定期选派优秀的研究生、本科生出国学习和交流。

截至2023年，大连理工大学有学生总数49500余人，其中本科生25700余人。研究生23800余人，其中博士研究生5400余人，硕士研究生18300余人。学校研究生教育主动服务国家战略，与国防军工等重点行业集团全面合作，联合开展科研攻关、培养紧缺人才，着力解决重点行业领域的"卡脖子"关键问题。在人工智能、航空发动机和燃气轮机等6个领域，与中国航发、航空工业、华工科技等9家单位，共同联合培养研究生。建立校企共同培养、共同选题、共享成果和师资互通、平台融通、政策畅通的"三共、三通"协同育人机制。与优质企业强强联合设立"博士生联合培养创新服务区"。

截至2023年12月，大连理工大学有教职工4500余人，其中专任教师3100余人。学校有中国科学院和中国工程院院士15人，专任教师中正高级职称1023人，副高级职称1329人。博士生导师1331人，硕士研究生导师2542人。学校各个领域都涌现了一些杰出的研究团队，例如膜科学与过程研发团队专注于气体膜分离过程、膜材料、膜结晶、燃料电池、环保以及过程工业节能改造等领域的研究。该团队在企业生产上实施了40多个项目，实现了超过20万吨/年的CO_2减排，为国家创造了超过5亿元/年的经济效益。他们的研究使我国炼厂气及VOCs处理技术提升至国际先进水平，为我国VOCs膜分离技术走出国门做出了重要贡献，并在推动我国环境技术发展和资源高效利用方面发挥了重要作用。

大连理工大学依山傍海，办学条件优良，已形成一校、两地（大连市、盘锦市）、三区（大连凌水主校区、大连开发区校区、盘锦校区）的办学格局。学校总占地面积达357.13万平方米，建筑面积约191.63万平方米。学校的图书馆藏书量超过374万册，同时还订购了96个平台上的268个数据库，其中包括约181万册的中外文电子图书和超过5.1万种的电子期刊。学校具备先进的智慧校园环境，3个校区都实现了有线和无线网络的全覆盖。学校一卡通系统采用了多种技术，如卡片、二维码和人脸识别等，实现了身份认证和消费功能，并且还融入了全国公共交通应用。学校为全体师生提供了智能自助服务的"大工e站"。校园出入口综合管理平台已经实现了对人员和车辆的精准管理。超级计算中心为科研提供了有力的支持。学校的信息化基础支持服务体系由信息化基础平台、公共服务平台和信息化业务系统组成，并且在国内高校中处于先进水平。

建校70余年来，大连理工大学凝练形成了"团结、进取、求实、创新"的校训，团结是要求有合作和团队的意识，不以小我为中心；进取是要努力上进，力图有所作为；求实是坚持实事求是的原则，探寻真理，追求真知；创新是勇于开拓，不断追求更高的境界，在传承中继承和发扬光大。面向未来，学校将以培养精英人才、促进科技进步、传承优秀文化、引领社会风尚为宗旨，秉承"海纳百川、自强不息、厚德笃学、知行合一"为基本特质的精神，致力于创造、发现、传授、保存和应用知识，勇于担当社会责任，服务国家，造福人类。以建设特色鲜明的世界一流大学为目标，深化综合改革，强化内涵特色，努力推动学校发展，实现新的历史跨越。

东北大学

东北大学（Northeastern University）坐落在沈水之滨、浑河之畔的东北中心城市辽宁省沈阳市，是中国重点发展的以工科见长的综合性大学。不仅在东北地区综合实力名列前茅，在全国范围内也享有盛誉。百年办学历程中，东北大学秉持"国之大者"的理念，立足中国大地，书写了立德树人、科技报国的壮丽篇章。从研发国内第一台模拟电子计算机、第一台国产CT、第一块超级钢等高水平科研成果，兴办第一个大学科学园，出版第一本大学期刊，创办中国大学历史上第一个学生科学技术协会，再到培养了70余位中外院士、40余万名毕业生，东北大学在中

国教育史上创造了一个又一个辉煌，为国家和地区的发展做出了巨大贡献，成为无数优秀学子向往的知识殿堂。

东北大学始建于1923年4月26日，以御侮兴邦为办学初衷，是一所具有爱国主义光荣传统的大学。1928年8月至1937年1月，著名爱国将领张学良将军兼任校长。1931年"九一八"事变之后，东北大学成为中国近代史上第一所流亡抗日大学，先后辗转北平、西安、开封及四川省。1949年3月，在东北大学工学院和理学院（部分）的基础上成立沈阳工学院。1950年8月，定名为东北工学院。自1952年全国范围内学科大调整起，先后有清华大学、大连工学院、哈尔滨工业大学等12所院校的学科和系，包括电机系、采矿系、冶金系、土木系、建筑系等并入东北大学。东北大学建筑系、土木系迁至陕西省西安市，组建西安建筑工程学院。历经多次学科调整，东北工学院最终确立了以工科为主的学科发展方向。1993年3月，复名为东北大学。1987年8月，东北工学院秦皇岛分院成立（现东北大学秦皇岛分校）。1997年1月，原沈阳黄金学院并入东北大学。1998年9月，东北大学划转为教育部直属高校。1996年成为国家首批"211工程"建设高校、1999年进入"985工程"重点建设高校。2017年9月，进入首轮一流大学建设高校行列，2022年进入新一轮"双一流"建设高校行列。

东北大学是一所以工为主、多学科协调发展的综合性大学。涵盖哲学、经济学、法学、教育学、文学、理学、工学、管理学、艺术学、交叉学科等学科门类。东北大学在自动化领域拥有独特的优势，水平居于国内一流地位。紧跟人工智能、智能制造、工业4.0等国家科技发展趋势，依托控制科学与工程国家一流学科平台，重点发展人工智能和工业智能两个新兴工科专业。这一举措不仅促进了自动化专业向智能化转型升级，还构建了

自动化、人工智能、计算机、机械、机器人、通信等多学科交叉的新工科专业布局。计算机科学与技术、电子信息工程为国家级特色专业。其中，机器人工程专业是东北大学具有生命力的新兴的交叉学科，依托无人机系统平台、云机器人平台、智能移动机器人、人机协作等多个先进机器人创新平台，仿生移动机器人实验室、人工智能与机器视觉实验室等多个创新研究实验室，以智能机器人为主体展开教学，侧重于机器人智能决策的理论和工程实现，致力于培养算法、软件和硬件的高端复合型人才。

东北大学有22个学院，工程类院系实力突出。其中，信息科学与工程学院规模庞大，下设工业人工智能与自动化系、人工智能系、智能检测与控制系、电气工程系、电子科学与技术系5个系。该学院拥有"流程工业综合自动化"国家重点实验室为代表的6个重点实验室，建设有国家级电子实验教学示范中心，致力于培养数理基础扎实、专业技能过硬、创新能力突出的自动化技术领域未来领军人才。计算机科学与工程学院追溯于1923年建校时设立的电工学系，正式成立于2015年，下设有计算机科学系、计算机工程系、通信与电子工程系、人工智能系、基础教学部5个系部，拥有计算机国家级实验教学示范中心、计算机软件国家工程技术研究中心等13个国家级、省部级研究中心。该学院成功研制出中国第一台模拟电子计算机、第一台CT机，孕育了中国第一个计算机软件国家工程研究中心和国内第一家上市的软件企业。机器人科学与工程学院是"985高校"首个机器人学院，在智能机器人、人机协作、图像处理、传感器网络等主要领域形成理论课程学习—集训技能提升—竞赛实战练兵—产业实践创造价值的人才培养模式。

东北大学现有教职工4512人，其中专任教师2938人。有中国科学院和中国工程院院士5人，海外院士6人。国家级领军人才项目入选者126人次，国家级青年人才项目入选者84人次，国家自然科学基金创新群体4个。其中，特殊钢冶金技术教师团队围绕特殊钢冶金工艺、装备和品种方面等领域进行研究，解决了中国重大装备所需高端特殊钢材料制备的系列"卡脖子"技术难题，为C919大飞机、载人航天、探月工程、新一代核电等国家重大工程建设提供了重要支持；轧制技术及连轧自动化国家重点实验室教师团队开发了世界首块"超级钢"，连创第一次得到超级钢工业生产的工艺窗口、第一次在实验室条件下得到了原型钢样品、第一次在工业生产条件下轧制出超级钢以及第一次将超级钢应用于汽车制造4个世界第一，助力中国从钢铁大国迈进钢铁强国。

截至2023年，东北大学全日制在校生总数为39747人，其中普通本科生数为20196人，硕士研究生数14801人，博士研究生数4265人，留学生数485人，本科生数占全日制在校生总数的50.81%。东北大学以"教育英才"为办学宗旨，深化人才培养模式改革，开展"本科卓越教育行动计划"，构建多元、普惠、个性化的拔尖创新培养模式，如卓越工程师人才培养模式、会计行业高端人才培养模式，实现了跨学院培养高端交叉复合型人才。研究生培养方面，推动工程硕博士培养体系改革，积极汇聚产业链全要素资源，深化产教融合、科教融汇，形成了"产学研用"深度融合的办学特色。另外，东北大学面向世界，开放办学，先后与39个国家和地区的257所大学、研究机构建立了长期稳定的合作关系。加强国际化创新型人才培养体系建设，建立高水平、特色鲜明的学生交换、联合培养、双学位、国际暑期学校项目，现有4个中外合作办学项目、1个中外合作办学机构和8个创新型人才国际合作培养项目，拥有在校国际学生1033人。

东北大学现有南湖校区、浑南校区、沈河校区3个校区以及在河北省设有东北大学秦皇岛分校。东北大学校园占地总面积264.6万平方米，建筑面积189万平方米。校内建筑宏伟大气，质朴而气派的校门、俄式建筑风格的主楼、标志建筑宁恩承图书馆、汉卿会堂、刘长春体育馆、逸夫楼、何世礼教学馆、理工科大白楼、火箭广场、大礼堂等建筑鳞次栉比。学校定期举行诗歌散文朗诵大赛、国际文化节、大学生网络文化节，以及纪念"一二·九"运动等系列活动，开展"大视野"素质提升讲座，"文化午餐"沙龙活动，丰富了校园生活。

东北大学兴学于救亡图存之际，孕育传播爱国自强的进步火种。历经百年沧桑砥砺，东北大学形成了"自强不息、知行合一"的校训精神，涵育了"实干、报国、创新、卓越"的文化品格。"爱校、爱乡、爱国、爱人类"，校歌中的铿锵誓言教导着一代代东北大学学子实干报国、前赴后继，填补工业领域的发展空缺，为祖国的发展献上厚礼，是东北大学的思想底色和文化基因。面向未来，东北大学继续遵循"教育英才"的办学宗旨，坚定"创新型、特色化、开放式"发展道路，为建成"在中国新型工业化进程中起引领作用的'中国特色、世界一流'大学"而不懈努力。

吉林大学

吉林大学（Jilin University），坐落于被誉为"北国春城"的吉林省长春市，是位于中国北疆的一所重点综合性研究型大学。在"共和国长子"崛起的浪潮里，吉林大学汇集了以李四光、吕振羽、匡亚明、朱光亚、余瑞璜为代表的知名学者，培养出开创现代理论化学的"中国学派"的唐敖庆，以及以振兴中华为己任的"时代楷模"黄大年，还培养了不少杰出的政要。吉林大学凭借着优良的办学传统、成熟的学科体系、独特的校园文化和宏大的校园面积，成为诸多学子梦寐以求的求学圣地。

吉林大学70余载奋进征程中赓续爱国基因，其前身是于1946年在黑龙江省哈尔滨市创立的东北行政学院。1948年，东北行政学院与哈尔滨大学合并，改名为东北科学院；11月，

南迁至辽宁省沈阳市并复名东北行政学院。1950年，东北行政学院更名为东北人民大学并迁至吉林省长春市，成为培养财经政法方面专门人才的正规大学。1952年，全国高等学校院系调整，国家从北京大学、清华大学、燕京大学等院校中抽调出一批知名学者，充实师资队伍，成为中华人民共和国成立后中国共产党亲手创办的第一所综合性大学。1958年，东北人民大学更名为吉林大学。1960年，被确定为全国重点综合性大学。著名教育学家匡亚明、唐敖庆等先后担任吉林大学校长。1995年，成为首批进入"211工程"的高校之一。2000年，吉林大学与分别隶属教育部、卫生部、国土资源部、信息产业部的吉林工业大学、白求恩医科大学、长春科技大学、长春邮电学院4所高校合并组建新的吉林大学。2004年，原解放军军需大学并入吉林大学。如今，吉林大学已经建设成为在国家和区域经济社会发展中具有重要地位的高素质创新人才培养、高水平科学研究和成果转化、高质量社会服务、高水平国际交流合作、先进文化引领的重要基地。

吉林大学下设52个教学单位，涵盖哲学、经济学、法学、教育学、文学、历史学、理学、工学、农学、医学、管理学、艺术学、交叉学科13大学科门类。理科王牌当属化学学科，聚焦量子化学计算与高分子统计理论、微孔晶体的定向合成与分子工程学研究、超分子结构与材料研究、耐高温特种工程塑料等领域开展了创新性、独特性研究，已实现科学仪器的批量生产及科技成果的国际合作与转让。学校建有无机合成与制备化学国家重点实验室、超分子结构与材料国家重点实验室等10余个国家和部委科研平台。法学研究历史始于1948年，以"深耕法理、拥抱科技"为研究指导方针，面向法学基本范畴、现代法的精神、新兴权利研究、中国特色人权理论、数字法治等领域，聚焦于中国特色社会主义法学理论、当代中国的政治文明与法治文明、中国特色社会主义司法理论与实践、现代科技与中国法学发展4大方向，为中国法治提供了"吉大方案"。

吉林大学下设9个学部包含44个学院，1个直属学院，2个合作办学学院。9大学部分别为人文学部、社会科学学部、理学部、工学部、信息科学学部、地球科学学部、白求恩医学部、农学部、新兴交叉学科学部。直属学院有应用技术学院和预科教育学院，合作办学学院有东荣学院、莱姆顿学院。考古学院可追溯于1962年成立的历史系考古教研室，2018年成立独立建制的考古学院，下设先秦考古系、历史考古系、外国考古系、科技考古系、古文字学系、文化遗产系、博物馆学系7大系。化学学院于2001年成立，前身为1952年的东北人民大学化学系，由老一代化学领域奠基人蔡镏生、唐敖庆、关实之、陶慰孙等创建，在70余载的教学科研实践中形成了群体协作的团队作风，求实创新的工作理念，脚踏实地的科学精神，拥有一支精湛的师资队伍，现有各类"国字号"人才80余人次。物理学院由余瑞璜、朱光亚、吴式枢、苟清泉等著名物理学家于1952年创建，培养出陈佳洱、王世绩、邹广田、宋家树等杰出校友。

吉林大学师资力量雄厚。截至2024年2月，拥有教职工16968人，专任教师6358人。其中教授2468人，副教授2618人。双聘院士42人，中国科学院和中国工程院院士12人，哲学社会科学资深教授7人，外聘杰出教授40人，国务院学位委员会学科评议组成员21人，国家级教学名师7人，国家"百千万人才工程"入选专家30人，国家杰出青年基金获得者42人，国家优秀青年基金获得者56人，吉林省"长白山学者"入选专家152人。考古教师团队的高句丽渤海考古的研究成果世界领先，《欧亚草原东部的金属之路》《中国东北旧石器文化》《中国东北新石器文化》《中国东北先史文化研究》等大量论著被译为外文出版刊发，奠定了吉林大学考古在东北亚及欧亚大陆考古研究中的地位。吉林大学化学教师团队秉持为国家发展服务的使命，密切跟踪新物质创制与转化、新能源材料、智能制造、精准医疗等前沿科学领域，针对国家重大战略需求持续开展研究，取得了一系列标志性成果，如发现羟基自由基加速分子筛成核机制等。

吉林大学学校规模庞大，已建立起"学士—硕士—博士"完整的高水平人才培养体系。截至2024年2月，吉林大学拥有在籍学生75350人（全日制72022人、非全日制3328人），其中预科生149人，本科生41853人，硕士研究生22779人（全日制19924人、非全日制2855人），博士研究生9599人（全日制9126人、非全日制473人），留学生967人。人才培养方面，吉林大学本科形成"拔尖""强基"人才培养体系，建立基础学科拔尖学生培养模式，设立唐敖庆班、匡亚明班、李四光班等试验班。推动构建东北6校研究生招生联动机制，优化招生学科结构。现有一级学科硕士学位授权点62个，一级学科博士学位授权点49个，新兴交叉学科学位授权点7个，硕士专业学位授权点36个，博士专业学位授权点9个；博士后科研流动站48个。另外，吉林大学聚焦与世界名校合作，逐步完善全球合作网络。目前已经与42个国家和地区的308所高校和科研机构建立了合作关系，与12个国家的高校和科研机构合作共建了45个中外合作平台。

吉林大学，以6大主校区和7个校园，跨越长春市新旧城区，怀抱着长春市这座传统老工业城市的历史与未来，亦藏着"共和国长子"东北的百年沉浮。校园占地面积达735.79万平方米，塑造了全中国独一无二的"城在校中"的校园气质。6大校区包括：中心校区的前卫校区（南区）、新民校区、南岭校区、朝阳校区、南湖校区、农学部和平校区。除6大主校区外，还有珠海市观音山麓的吉林大学珠海研究院，占地面积150.35万平方米。吉林大学图书馆各类藏书805.61万册，是中国高校人文社会科学文献中心东北区域中心。漫步吉林大学校区，礼堂"鸣放宫"、多次成为影视取景地的"地质宫"，一栋栋兼具巍峨恢宏的西式古典底座，拼贴了优雅雍容的中式屋顶的"兴亚式建筑"令人印象深刻。

建校以来，吉林大学秉承"求实创新、励志图强"的校训，坚持立德树人，遵循以人为本的办学理念，在国家和区域经济社会发展中起着重大作用，培养了一大批高素质创新人才，培养、促进了高水平科学研究和成果转化、提供了高质量社会服务、推动了高水平国际交流合作。面向未来，"学术立校、人才强校、创新兴校、开放活校、文化荣校"的发展战略，以追求真理、培育人才、研究学术、传承文明、服务社会、造福人类为己任，筑成高素质创新人才培养、高水平科学研究和成果转化、高质量社会服务、先进文化引领的重要基地，在建校100周年时，建成中国特色、世界一流大学。

东北师范大学

东北师范大学（Northeast Normal University），位于吉林省长春市，是东北地区第一所综合性高等学府。学校群星璀璨，人才辈出，拥有一批国内外著名的专家学者。诗人、《中国人民解放军军歌》词作者公木（张松如），作家萧军、吴伯箫，文学史家杨公骥，语言学家孙常叙，历史学家李洵、丁则民、林志纯，教育学家陈元晖，音乐家马可、吕骥，病理学家白希清，

数学家张德馨，核物理学家王琳，地理学家丁锡祉，鸟类学家傅桐生，生物学家郝水，中国学校体育创始人之一杨钟秀等著名学者，都曾经工作和生活在这里。学校以教育教学为立校之本，建校70余年来，形成了"为基础教育服务"的鲜明办学特色，被誉为"人民教师的摇篮"。

东北师范大学的前身是东北大学，1946年2月始建于辽宁省本溪市。1948年7月，学校南迁吉林省，与吉林大学合并，定名东北大学，开始探索正规化办学。1948年至1949年，原沈阳东北大学、长春大学、长白师范学院等学校陆续并入东北大学，使东北大学发展成为当时东北地区规模最大的综合性大学。1949年7月，学校迁至吉林省长春市。1950年4月，根据国家教育事业发展的需要，东北大学易名为东北师范大学，隶属教育部，成为一所以培养新型的中学师资为目标的高等师范院校。1958年4月，东北师范大学下放隶属于吉林省，同年10月学校更名为吉林师范大学。1978年2月，经国务院批准，学校重新划归教育部领导。1980年8月，经教育部批准，学校恢复了"东北师范大学"的校名。1996年，学校成为国家"211工程"首批重点建设的大学。2017年9月，学校入选国家"双一流"建设高校。

东北师范大学的学科专业体系涵盖了12个学科门类，包括82个本科专业；23个博士学位授权一级学科，4个博士专业学位类别，34个硕士学位授权一级学科，25个硕士专业学位类别；以及22个博士后科研流动站。该校的优势学科包括马克思主义理论、统计学、教育学、生态学等。马克思主义理论学科涵盖了马克思主义基本原理、马克思主义发展史、马克思主义中国化研究、国外马克思主义研究、中国近现代史基本问题研究、党的建设等7个研究方向。近年来，该学科共出版了150余部学术著作和教材。统计学的研究方向涵盖了应用概率、生物统计、教育心理统计、经济金融统计和信息统计等领域，研究内容涉及经济、金融、生物、医学、教育、心理、通信和信息等多个跨学科交叉领域。教育学学科的研究方向包括教育学原理、课程与教学论、教育史、比较教育学等多个领域。其中教育学原理是国家重点学科，该学科在教育基本理论、德育原理、教育哲学、基础教育、农村教育、教师教育和教育政策等领域取得了丰富的建设成果。生态学的研究领域包括生态系统生态学、草地放牧生态学、全球变化生态学、恢复生态学4个方向。该学科注重理论与实践相结合，研发出精准放牧技术，创建了草地系统优化管理模式，为草原保护、草牧业发展及生态文明建设提供了坚实的科学基础。

东北师范大学现设有21个学院（部）。各个学院汇聚了众多知名学者，为学生提供优质的教学资源。如成立于1994年的生命科学学院，曾有鸟类学家傅桐生、贝类学家赵汝翼、细胞生物学家郝水院士以及草地生态学家祝廷成等教授执教于此。历史文化学院创办于1949年，是东北地区的第一所专门培养历史教学与科研人员的学术机构，曾有杨公骥、郭守田、陈连庆、徐喜辰、张亮采、赵俪生、孙守任、林志纯、丁则民、刘祚昌、李洵、朱寰等史学名家执掌杏坛。近年来，东北师范大学充分发挥数学、物理、统计等学科在人工智能领域的学科优势，升级改造智能科学与技术学科专业，与中国一汽集团于2022年成立了中国一汽——东北师范大学红旗学院，新建了"人工智能+汽车"的交叉学科领域，以达成卓越工程师培养目标。学院实行"定单式+贯通式"双轨并行的招生选拔方式，打造学科交叉、校企联合授课的课程教学体系，建立"竞赛+项目+论文"三位一体的创新实践体系，创新"学校（U）+政府（G）+企业（E）"协同育人机制，已产出和发表了一系列高水平人工智能领域创新成果。红旗学院是研究生教育中科教融合和产教融合的杰出典范。

学校现有在校全日制本科生15000余人；在校硕士研究生15000余人、博士研究生3000余人；在校留学生700余人。针对本科生培养，学校实施"分类培养、自主选择"培养模式，确立了创新型卓越教师、学术型拔尖人才、应用型精英人才三类人才培养目标。本科课程设置包括通识教育、专业教育和发展方向三大模块，其中，发展方向课程模块允许学生根据个人兴趣和未来发展需求进行自主选择。对于研究生培养，学校确立了以课程为主的硕士研究生培养模式，以科研为主的博士研究生培养模式。学校探索实施了"人才培养、科学研究、团队建设"三位一体的学科带头人负责制（PI制），实行以学科团队为核心的导师集体指导制度。在理论教学方面，学校积极将科学研究成果及时转化为前沿课程成果，将课堂教学过程全面转化为科学探究过程、知识生产过程和价值塑造过程；在科研实践方面，让研究生培养过程重新回归"研究"本质，让科研过程变成人才培养过程，让研究生直面学科基本问题和前沿问题，在研究中学做研究、将"研究"贯穿培养全过程；在实践教学方面，学校建立了课程实践、专业实践、研究实践相结合的反思型实践教学体系。

东北师范大学拥有一支奋发有为、业务精湛的优秀教师队伍，截至2023年，全校共有1730名专任教师，其中含院士4人，教授560人，副教授657人，现有本校在岗博士生导师608人，荣誉教授6人，资深教授96人，在聘兼职教授43人，名誉教授33人，在聘外籍客座教授15人，更有毕业于牛津大学、东京大学等世界知名高校的28名国外专家长期在校授课。学校的师资力量雄厚，其中不乏一些学科的重要奠基者。如体育教育家杨钟秀是中国学校体育的奠基人之一，同时也是东北师范大学体育学科发展的主要推动者。杨公骥是中国著名的社会科学家和文学史家，他在文学史领域有着广泛的研究，代表作《中国文学》以马克思主义思想方法系统研究中国文学史，具有深远的学术影响。另外，教育学家王逢贤是共和国第一代教育理论家之一，也是东北师范大学教育学原理国家重点学科的创始人之一。

东北师范大学位于吉林省长春市，拥有人民大街、净月2个校区。学校占地面积150万平方米，其中人民大街校区占地80万平方米，净月校区占地70万平方米。人民大街校区至今已有70多年历史，现存的历史文化学院楼、物理学院楼、化学学院楼、地理科学学院楼、体育学院楼和综合教学楼是长春市人民政府于2016年7月公布的带有编号的"长春市历史建筑"。校园里共有木本植物2门22科43属68种，共计万余株，还有无数草本花卉。春有花，夏有荫，秋有果，冬有青，东北师范大学是名副其实的花园式学校。东北师范大学的校园建筑也充满了文化气息。体育馆是校园内的一座地标性建筑，造型独特新颖，美观大方，设施先进，功能齐全。此外，学校还有许多历史悠久的建筑，如逸夫科学楼等，这些建筑见证了学校的发展历程，也承载了师生们的记忆和情感。

东北师范大学将始终秉承"勤奋创新，为人师表"校训精神，践行"尊重的教育，创造的教育"理念，倡导和引领师德的价值追求，努力在一流大学群体建设上体现新担当，在构建高质量教师教育体系的探索上实现新突破，在培养出更多的优秀教师和未来教育家上展现新作为，奋力谱写世界一流师范大学建设新篇章。

哈尔滨工业大学

哈尔滨工业大学（Harbin Institute of Technology）坐落于黑龙江省哈尔滨市。哈尔滨工业大学以"工程师的摇篮"而著称，是一所著名的工科大学，被称为"国防七校"之一。哈尔滨工业大学创立了中国高校第一个航天学院，发射了中国第一颗由高校牵头自主研制的小卫星，在中国首次实现了星地激光链路通信，突破了世界最大口径射电望远镜的支撑结构系统关键技术、支持中国"天眼"成功"开眼"。学校培养出了115位两院院士、165位大学书记和校长、51位共和国将军、450余位航天国防总

师等一大批先进典型。中国航天事业的奠基者孙家栋、国际土木工程领域专家钟善桐、中国"海防长城"铸造者刘永坦、中国热能工程领域的先行者秦裕琨都和这所中国顶级高等学府息息相关。

哈尔滨工业大学始建于1920年，时称哈尔滨中俄工业学校，后历经中俄工业大学校、东省特区工业大学校时期。1928年，学校正式定名为哈尔滨工业大学。1951年被确定为全国学习国外高等教育办学模式的两所样板大学之一，1954年进入国家首批重点建设的6所高校行列。1996年进入国家"211工程"首批重点建设高校。1999年被确定为国家首批"985工程"重点建设的9所大学之一。2000年与哈尔滨建筑大学合并组建新的哈尔滨工业大学。如今，学校已发展成为一所以理工为主，理、工、管、文、经、法、艺等多学科协调发展的国家重点大学。

哈尔滨工业大学以国家需求为导向，积极进行学科建设。学校秉持"强精优特"学科建设理念，坚持扬工强理重交叉，形成了优势特色学科、基础学科、新兴交叉学科、支撑学科组成的较为完善的学科体系。力学是哈尔滨工业大学的传统优势学科，涉及固体力学、流体力学、一般力学与力学基础等多个子领域。控制科学与工程涉及自动控制理论、控制系统工程、智能控制与决策、机器人技术、导航与控制等多个研究方向；该学科在国内外享有极高的声誉，尤其在航天控制、工业自动化、智能系统等领域具有显著的研究成果。机械工程专业注重培养学生的机械设计与制造能力，以及自动化技术的运用，毕业生在制造业和相关领域具有广泛的就业前景。计算机科学与技术专业在国内外都有很高的知名度，特别是在人工智能、数据结构、软件工程等领域具有强大的研究实力。土木工程专业在结构工程、岩土工程、交通工程等领域具有深厚的研究基础和实践经验。学校始终坚持与国家重大战略同频共振，形成了"立足航天、服务国防、长于工程"的优势特色。

哈尔滨工业大学拥有航天学院、电子与信息工程学院、机电工程学院、材料科学与工程学院、能源科学与工程学院等28个学院。航天学院以培养高级航天专门人才和从事航天高技术研究为主，在微小卫星、激光通信、复合材料、控制理论等领域享有盛誉，成为推动中国航天事业进步的重要力量。机电工程学院的前身是始建于1920年的电气机械科，是哈尔滨工业大学历史最悠久的院系之一，其发展过程中创造了许多中国第一：如中国第一台弧焊机器人和第一台点焊机器人、第一台数控超精密加工机床、第一套石化行业机器人生产线等。计算学部科研实力雄厚，建有5个国家级重点实验室、2个教育部重点实验室、3个工信部重点实验室、22个省级重点实验室，在网络与信息安全、智能人机交互、中文信息处理研究、服务计算与软件工程等方面的研究处于国际领先或先进水平。土木工程学院的历史可以追溯到1920年创立的哈尔滨中俄工业学校铁道建筑科，是哈尔滨工业大学建校伊始的两个专业之一，拥有高性能与低碳结构工程、城市工程抗灾韧性与多灾害防御、寒区城乡基础设施建设、智能土木工程、海洋土木工程5个优势特色方向。

作为中国知名理工院校，哈尔滨工业大学每年吸引大批学生来此就读。截至2022年年底，有在校本科生31811人、硕士研究生16296人、博士研究生9224人、留学生961人。本科生占在校生总数的54.57%，硕士研究生占27.96%，博士研究生占15.82%，留学生占比1.65%；研究生与本科生的比达到0.80∶1。哈尔滨工业大学是中国最早开展研究生教育工作的高校之一，早在20世纪30年代，就开始招收研究生。1949年，学校在苏联专家指导下开始设立研究生班，并接收全国各主要大学选派的年轻助教、讲师来校攻读师资研究生。1984年，哈尔滨工业大学成立中国首批研究生院后，参照国际模式，不断深化研究生教育改革，使研究生教育工作在规模、质量和效益上都取得了明显进步和提高，为国家的科技、教育、国防和经济战线输送了一大批高层次人才。

在学校的发展过程中，学校领导求贤若渴、唯才是举、广纳贤才，逐渐形成了一批高素质高水平的教师队伍。从1950年，哈尔滨工业大学只有教师144人，其中中国籍教师仅24人，发展到1957年的800名教师，都体现了学校爱惜人才、尊重人才，不拘一格使用人才的传统。截至2023年，学校专任教师总数为4165人，其中具有正高级职称的1337人，占32.10%，具有副高级职称的1683人，占教师总数的40.41%。现有两院院士39人（含双聘），国家级高层次人才304人，国家级青年人才225人。刘永坦院士在祖国北疆凝聚了一支专注海防科技的"雷达铁军"，培养了两院院士、大学校长等一批科技英才。刘宏院士长期从事空间机器人基础理论和关键技术研究，主持研制中国首台卫星服务机械手系统和空间灵巧机械手系统，成功应用于试验七号卫星和天宫二号空间实验室。"铭记国家重托，肩负艰巨使命，扎根东北，艰苦创业，拼搏奉献，把毕生都献给了共和国的工业化事业"的"八百壮士"精神，建成了一支高素质师资队伍，为学校创建中国特色世界一流大学奠定了良好的人才基础。哈尔滨工业大学在学生培养上具备宽广的国际视野。"十二五"以来，哈尔滨工业大学已经与44个国家和地区的326所高校签署了校际合作协议，并开展了联合培养、交换生、CSC优秀本科生、研究生、暑期学校、科研实习等多种形式的合作。同时面向中国港澳台地区及其他国家招收本科生与研究生。学校发挥与俄罗斯合作传统和优势，持续巩固中国高校对俄罗斯合作"领头羊"地位，启动中俄联合校园建设，与40余所俄罗斯著名高校和科研院所建立了实质性合作，首创"俄语+工科"中俄人才联合培养模式，助力"一带一路"和中蒙俄经济走廊建设。同时，以对俄为引领，加强对欧国家、日、韩的发展策略，开展全方位、多层次、宽领域的国际交流与合作。

哈尔滨工业大学有哈尔滨、威海、深圳3个校区，校园面积565.42万平方米。校园内拥有多样化的建筑风格，包括北洋建筑风格、中国传统建筑风格和现代化建筑风格等。这些建筑不仅代表着哈尔滨工业大学的历史和文化，也是校园文化的象征。哈尔滨工业大学人文气息浓厚，图书馆拥有丰富的馆藏量，馆藏文献信息已形成与学校院系设置相适应的多学科、多语种、多载体、综合性资源体系。在校园自然环境建设上，学校结合风景园林规划打造校园文化景观，先后建成"神舟揽月""卧震苍穹"等航天特色主题微景观，将生态与文化有机融合，发挥校园文化育人功能，厚培校园文化土壤。

哈尔滨工业大学的校训是"规格严格，功夫到家"，于20世纪50年代由时任校长李昌等领导同志归纳概括而成，体现了过程管理与目标管理相结合的思想。哈尔滨工业大学以国际化、开放式的办学理念；严谨、求实的作风和追求卓越的信念；以及深厚的理工特色，不断向社会输送知识和优秀人才的庄严承诺。为谋求进一步发展，哈尔滨工业大学秉承铭记责任，矢志打造更多国之重器、培养更多杰出人才，加快推进中国特色社会主义一流大学建设，勇担中国航天第一校"尖兵"重任，奋力开创中国特色、世界一流的新百年卓越之路。

哈尔滨工程大学

哈尔滨工程大学（Harbin Engineering University），坐落于黑龙江省哈尔滨市，是一所具有辉煌历史传统的重点大学。作为以船舶工业、海军装备、海洋开发和核能应用为主要特色的学校，哈尔滨工程大学已成为我国舰船科学技术基础和应用研究的重要力量之一，也是海军先进技术装备研制的重点单位，以及我国发展海洋高技术的重要依托力量。建校以来，学校为国家培养了各类高级专业人才，包括近万名高等院校、科研院所、大中型企业的技术领军和高级管理人才。他们为国防现代化建设和国家经济社会发展做出了一系列具有战略意义的贡献，不仅以国内第一艘实验潜艇、第一艘水翼艇、第一台舰载计算机、第一套条带测探仪等数十项填补国内空白的重大科研成果，而且还以双工型潜器、气垫船、梯度声速仪等成果摘取过世界第一的桂冠。哈尔滨工程大学为我国船舶工业、核工业、国防现代化和经济社会做出了重要贡献，已成为我国船海核领域高水平研究型大学。

哈尔滨工程大学源自1953年创办的中国人民解放军军事工程学院（哈军工），陈赓大将为首任院长，毛泽东主席为学院颁发《训词》，1959年被中共中央确定为全国重点大学。随着历史的变迁，学校于1966年退出了军队序列，更名为哈尔滨工程学院。1970年在哈军工原址以海军工程系为主体组建哈尔滨船舶工程学院（哈船院），1978年再次被国务院确定为全国重点大学。1994年更名为哈尔滨工程大学（哈工程）。学校先后隶属于第六机械工业部、中国船舶工业总公司、国防科工委，现隶属于工业和信息化部。2007年，成为国防科工委、教育部、黑龙江省人民政府、海军共建高校。2019年，成为工业和信息化部、教育部、黑龙江省人民政府、哈尔滨市人民政府共建高校。

哈尔滨工程大学以"三海一核"领域为主体学科特色。学校设有65个本科专业，拥有一级学科博士学位授权点15个，一级学科硕士学位授权点32个，博士专业学位类别3个，硕士专业学位类别11个，博士后科研流动站12个，博士后科研工作站3个。其优势学科包括船舶与海洋工程、导航、制导与控制、轮机工程等。船舶与海洋工程学科在高性能船舶、海洋平台锚泊系统、潜艇潜器、海洋能开发与利用等领域的研究形成了自己的特色，并取得了多项国内第一的成果。其中包括设计了我国第一艘深潜救生艇、我国第一艘双工型探测与捞雷深潜器、我国第一套潜艇载荷称重系统等。水声工程学科从1954年创立至今，一直是我国水声科学基础理论研究和前沿技术探索的重要基地，并于2001年和2007年确定为国家重点学科。该学科的奠基人之一杨士莪院士为该学科的发展做出了突出贡献，创建了中国首个理工结合、覆盖全面的水声专业，开展了水声定位系统的研制工作，并率团队完成了"东风五号"洲际导弹落点水声测量系统等项目。此外，他还建立了首个针对声学研究的"重力式低噪声水洞"，解决了水洞噪声实验测量方法的难题。

历经70余年发展，哈尔滨工程大学目前已建立起包括船舶工程学院、航天与建筑工程学院、动力与能源工程学院、水声工程学院在内的23个独立学院。水声工程学院源于1953年建立的我国第一个海军工程系声呐专业，是改革开放后首批硕士、博士、博士后人才培养单位。目前已发展成为国内规模最大、学科方向最齐全、师资力量最雄厚的水声人才培养基地，为我国水声事业进步、海洋强国战略做出重要贡献。近5年，学院承担各级各类科研项目近900项，累计科研到款6.3亿元，获得国家科技发明奖、中国专利奖、海洋工程科学技术奖、国防科技进步奖等省部级奖近30项，科研成果先后装备在"蛟龙号""深海勇士号""奋斗者号"深海载人潜水器上。动力与能源工程学院是哈尔滨工程大学最悠久的院系之一，始建于1953年，现已成为我国舰船动力领域一流创新人才的培养摇篮和科学研究的重要基地。经过多年的发展，学院建立了一支由国内一流船舶动力领域专家和具有国际化视野的年轻教师组成的高素质教师团队，是国内高校中舰船动力领域规模最大的研究力量之一。此外，学院拥有包括"先进船舶动力技术工信部重点实验室""船舶动力技术国家级实验教学示范中心"等多个重要实验室和中心，为科学研究提供了良好的环境。

截至2023年，哈尔滨工程大学全日制在校学生总数为33369人，其中本科生16548人，硕士研究生12750人，博士研究生3586人，留学生485人。本科生占在校生总数的49.59%，硕士研究生占38.21%，博士研究生占10.75%；研究生与本科生的比达到0.99：1。学校注重培养具有广阔视野、扎实基础、强大能力、高素质和重视创新的人才，致力于培养能够担当民族复兴重任的可靠顶用人才和引领未来发展的杰出创新人才。近年来，学校坚持"三海一核"特色办学方略，全面推进"创新推动，打造品牌"的人才培养战略，研究生教育取得了明显进步和发展。学校与中船重工703研究所、中国电子科技集团第49研究所等单位联合建立了多个省级研究生培养创新示范基地，与国内众多大中型企业建立了产学研联合培养研究基地，为研究生开展社会实践实习搭建了良好的创新能力培养平台。

截至2023年，哈尔滨工程大学现有教职工2949人，其中专任教师1942人，具有高级专业技术职务的专任教师1314人。专任教师中，具有正高职称的教师493人，占比为25.39%，具有副高职称的教师543人，占比为27.96%，具有博士学历的教师1535人，占专任教师人数的比例达79.04%。专任教师中，45岁以下的青年教师占比为63.84%，35岁以下的青年教师占比为21.8%，青年教师已成为学校教学科研的中坚力量。教师队伍中现有院士7人（含双聘），"全国创新争先奖"获得者4人，各类国家级人才114人，各类省部级人才120人，"龙江学者"支持计划入选者24人。教育部创新团队2个，科技部创新人才推进计划重点领域创新团队2个，黑龙江省领军人才梯队8个。哈尔滨工程大学的研究团队在高水平科研项目和重大科学问题上发挥着关键作用，为推动相关领域的发展做出了重要贡献，如船舶与海洋工程设计制造团队在"船舶应急安全性分析及其应对技术"方面取得了重要成果，首次引入了船舶人机环境系统工程理念，并构建了相关的理论技术体系。这些研究成果已成功应用于我国主力船舶、深水半潜支持平台和豪华邮轮等高端海洋装备上，取得了显著的经济和社会效益。再如，海洋无人航行器技术"兴海"学术团队创造了潜深10896米的新世界纪录，国内首创了极地AUV、多栖航行器、潜空跨域航行器、多源海洋能驱动航行器、长航时海底地形匹配、海上无人集群全自主博弈等前沿创新技术。

学校总占地面积约227.28万平方米，总建筑面积约159.96万平方米。学校的图书馆馆藏文献资源丰富，设有3个图书馆，分别位于哈尔滨、烟台研究院和青岛创新发展基地。图书馆在支持文化传承、美育教育和阅读推广等第二课堂文化育人活动方面发挥了重要作用。图书馆新建了传统文化教育空间、素养教育教室、视听空间、录播空间、音乐欣赏空间和主题阅读空间等。此外，还新建了新技术体验空间、展览空间、特藏空间、报告空间和休闲空间等，以提升读者的使用体验，满足读者对便捷、舒适、安全等多元化的需求。校园建筑中西合璧，飞檐碧瓦，气势恢宏。每座教学楼的飞檐上都有一位骑马的战士和代表所在系的相应标志，如空军工程系大楼的飞檐上是一排飞机的雕塑、海军工程系是一排军舰的雕塑，屋脊上两只啸天虎展现出军工文化的深厚底蕴。学校经过长期积淀和建设，校园已初步形成了军工历史区、文化景观区、船海特色区和军工博物馆"三区一馆"的格局。国际大学生雪雕大赛是哈尔滨工程大学的文化坐标，比赛以"精心构筑冰雪文化、塑造特色校园景观"为理念，旨在加强大学生创新意识、实践能力、吃苦耐劳和团队精神。自2009年第一届国际大学生雪雕大赛举办以来，境内、外参赛队伍数目逐年增加，至今共有178所境内、外高校参赛，这一校园活动加强了大学生雪雕艺术的学习与交流，促进和发展了中国的冰雪文化。

哈尔滨工程大学在继承和发扬"哈军工精神"的过程中，以毛泽东主席为哈军工题写的报名"工学"二字为关键字，学校进一步提出了"大工至善、大学至真"的校训。学校秉持"忠诚、坚韧、团结、创新"的校风和"严谨、求实、勤奋、创新"的学风，不断追求卓越。哈尔滨工程大学始终坚持"以祖国需要为第一需要、以国防需求为第一使命、以人民满意为第一标准"的价值追求，着力打造"三海一核"领域国家战略科技力量和国家战略人才力量，奋力开创特色鲜明世界一流大学高质量发展新局面。

华东地区大学

复旦大学

复旦大学（Fudan University），坐落于上海市。校名取自《尚书大传·虞夏传》"日月光华，旦复旦兮"中的"复旦"二字，本义是追求光明，表示不忘"震旦"之旧，寓含自主办学、复兴中华的意义。复旦大学诞生了中国第一台质子静电加速器、第一台电子模拟计算机和第一个ALGOL-60编译器，第一台X.25分组交换机，第一套互联网监控装备、第一批真正意义上的数字电子计算机。作为一所综合性、研究型大学，复旦大学在多个学科领域都取得了卓越的成就，培养了大批杰出人才，如中国微分几何学派创始人苏步青、近现代政治家于右任、核武器工程专家胡

思得、当代作家梁晓声等。复旦大学与国家命运休戚与共，铸就了"团结、服务、牺牲"的复旦精神。

　　复旦大学的前身是1902年马相伯创办的震旦学院。在1905年，为反抗教会势力干预校政，于右任、邵力子等130名学生愤然脱离震旦学院，支持马相伯在吴淞复校。自此，复旦公学在上海吴淞提督行辕正式开学。1917年，复旦公学开始设立大学部，标志着从一所初等教育机构逐渐发展成为一所高等教育机构。抗战全面爆发后的1938年，复旦大学部分师生被迫辗转迁移至重庆市北碚区，在嘉陵江畔建成战时校园（渝校），形成文理法商农5院20余系的规模，滞留上海市的师生另组"上海补习部"（沪校），在租界继续办学。1952年全国高校院系调整，奠定了以文理为基础的综合性重点大学的基础。1959年，复旦大学被认定为全国十六所重点高校之一，进入国家重点建设大学之列，实现了复旦大学历史上的第一次腾飞。上海医科大学前身是1927年创办的国立第四中山大学医学院，是中国人自主创办的第一所国立高等医科院校。2000年，复旦大学与上海医科大学合并，进一步加强了复旦大学在医学领域的研究和教育实力。在过去的一个多世纪里，复旦大学经历了无数的风风雨雨，但始终坚持其教育和学术的使命，为中国乃至全球的教育和科研领域做出了巨大的贡献。

　　复旦大学拥有哲学、经济学、法学、教育学、文学、历史学、理学、工学、医学、管理学、艺术学、交叉学科12个学科门类。复旦大学的哲学学科历史悠久，实力雄厚，尤其在中国哲学、西方哲学、逻辑学等领域取得了显著的研究成果和学术影响力。中国史研究涵盖了从古代到近现代的广泛领域，特别是在中国古代史、近现代史、历史地理学等方面具有显著优势。临床医学专业提供全面的医学教育，包括基础医学、临床医学和公共卫生等多个领域，确保学生能够获得扎实的医学理论知识和临床技能。材料科学学科的研究方向涵盖了功能聚合物材料及应用、先进光电与储能材料、材料失效与器件可靠性、光纤材料与器件技术等众多领域，近年来在电催化一氧化碳还原制备乙酸、高性能储能材料、新型光电材料等领域的研究均取得了重要进展。数学学科的研究方向涵盖了基础数学和应用数学两大领域：基础数学包括微分几何、数学物理、偏微分方程、泛函分析、代数学、代数几何、复分析、动力系统、拓扑学、数论等；应用数学涉及应用偏微分方程、计算几何与散乱数据拟合、工业应用数学、神经网络的数学方法、非线性科学、复杂性与计算系统生物学、精算学等。

复旦大学设有直属院（系）35个。复旦大学哲学学院是中华人民共和国成立后第一批设立的3所哲学院系之一，至今已有60余年历史。胡曲园、全增嘏、严北溟、王蘧常、陈珪如等教授的开创性贡献为哲学学院的学术发展奠定了基础。经过几代人的不懈努力，复旦大学哲学学院已成为一个学科门类齐全、专业设置合理、科研特色明显、师资力量雄厚的哲学研究与人才培养基地。经济学院的历史可以追溯到1917年成立的商科和1922年成立的经济系。经济学院拥有源源不断而又实力雄厚的师资团队。1949年中华人民共和国成立以后，以许涤新、吴斐丹、漆琪生等为代表的经济学家在这里执掌教鞭。改革开放之后，在复旦大学经济学院执教的蒋学模、张薰华、宋承先、陈观烈、洪文达、余开祥、伍柏麟、洪远朋以及陈绍闻、叶世昌等成为中国南方经济学家的杰出代表。数学科学学院成立于2005年，由原复旦大学数学系与数学研究所合并而来，在以苏步青教授、陈建功教授为代表的老一辈数学家带领下，经过国家最高科学技术奖获得者谷超豪教授等几代数学家和全体师生的共同努力，已发展成为国际上有重要影响、国内有显著地位的数学人才培养中心、科学研究中心和学术交流中心。

截至2022年年底，复旦大学在校学生49782人，其中本科生15164人，研究生34618人。本科生占在校生总数的30%，研究生占70%，研究生与本科生的比达到2.28∶1。复旦大学本科教学培养方案由通识教育、大类基础、专业教育等三大模块课程构成。学校着力在通识教育改革背景下优化核心课程体系，同时逐步新增创新创意创业课程、书院新生研讨课程、服务学习课程等，扩大通识课程内涵，引导学生全面发展。在中国研究生教育史上，复旦大学曾实现过三个"率先"。1923年，金陵大学文学学士蔡乐生成为复旦大学心理学院首位硕士研究生，此举开创了国人自办高校研究生教育的先河。中华人民共和国成立的1949年，复旦大学率先在全国公开招收研究生。1984年，复旦大学和上海医科大学成为全国首批建立研究生院的高校。复旦大学重视国际化教育，吸引了大量的国际学生。目前，学校有来自130多个国家和地区的2535名国际留学生，学校为国际生提供了多种学习项目和奖学金，使他们能够更好地融入学校的学术和文化环境。复旦大学保持着高度的国际化水平，近年来同全球40多个国家和地区的350多所大学和机构签订合作协议，师生每年出国约8000人次，每年接受海外来访人员约5000人次，每年举办国际会议约100场。

复旦大学拥有教学科研人员3586人，教师队伍规模庞大，涵盖了多个学科领域。学校拥有一批高水平的专家学者队伍，包括两院院士59名（含双聘），文科杰出、资深教授15名，国家自然科学基金杰出青年基金获得者163名，优秀青年基金获得者147名，中组部"万人计划"60名，"万人计划"青年拔尖人才60名，百千万人才工程国家级人选49名，上海市领军人才95名。近年来，复旦大学在科研领域取得了一系列重大成就，如环境科学与工程系大气化学团队与合作者对固体燃料产生的气溶胶进行研究，提出基于毒性效应调控的大气污染防控机制；纤维电子学研究中心成功将纤维聚合物储能电池的制备与经典湿法纺丝方法融合，提出纤维电池的规模化生产新路线，实现了千米级纤维电池的快速连续构建。这些科研团队在各自的研究领域都取得了很高的成就，并将研究成果融入教育教学工作，为学校的学术研究、人才培养，乃至国家发展提供强大的支持。

复旦大学共有邯郸、枫林、张江、江湾4个校区，占地总面积约241.08万平方米。复旦大学现有文科馆等图书馆5座，校史馆、相辉堂等各类场地展馆6座，正大体育馆等各种体育场馆10余座，拥有室内外篮球、排球、网球、羽毛球等项目场馆，配套设施齐全，能够为师生提供各种文体服务项目，为各类校园文体活动提供了硬件支持，能够满足师生多样化的校园文体生活和活动需要。复旦大学以昂扬向上、丰富多彩的校园文化而著称，现有学生艺术团6个，文化艺术类社团79个，是校园艺术舞台上的主要力量，也让艺术推动并记录着校园文化繁荣发展。复旦大学还拥有氛围浓厚的校园体育文化，力争做到"日日有活动、周周有比赛，月月有计划"，使校园充满朝气和活力。

复旦大学的校训为"博学而笃志，切问而近思"。校训源自《论语》，自1915年提出以来，一直作为复旦大学的核心理念和办学宗旨。复旦大学为中华民族伟大复兴培养了卓越的一流人才，并在未来将继续坚持"开放、创新、卓越"的办学理念，努力构建世界一流的学术研究和教育教学体系，继续为国家和社会培养高水平的人才，为国家的科技创新和经济社会发展做出更大的贡献。同时学校将继续推进学科建设，力求打造多个世界领先学科，同时深化与国际知名高校的合作与交流，推动学校的国际化进程，提高学校的国际影响力。

同济大学

同济大学（Tongji University）坐落于上海市，历史悠久、声誉卓著，是我国最早的国立大学之一。创校至今，先后培养了近40万名毕业生，造就了一大批杰出的政治家、科学家、教育家、社会活动家、企业家、医学专家和工程技术专家。校友中当选中国科学院、中国工程院院士的有183人。取得了大跨度桥梁关键技术、结构抗震防灾技术、遥感空间信息、城市交通智能诱导、国产化智能温室、新能源汽车研发、城市污水处理、大洋钻探、心房颤动分子遗传学等标志性科研成果。学校以"同心同德同舟楫，济人济事济天下"精神为指引，走出了一条高质量发展道路。

同济大学始建于1907年，前身为德国医生埃里希·宝隆在中德两国政府和社会各界支持下创办的同济德文医学堂。1912

年与创办不久的同济德文工学堂合称同济德文医工学堂。1917年由华人接办，先后改称为同济医工学校和私立同济医工专门学校。1923年定名为同济大学，1927年成为国立大学。同济大学经过6次搬迁，先后辗转沪、浙、赣、桂、滇等地，1940年迁至四川省宜宾市的李庄古镇坚持办学。1946年回迁上海以后，发展成为以理、工、医、文、法5大学院著称的综合性大学。1954年恢复研究生教育。1996年，上海城市建设学院和上海建筑材料工业学院并入，列为国家"211工程"建设高校。经过100多年的发展，同济大学已经成为一所特色鲜明、在海内外有较大影响力的综合性、研究型、国际化大学，综合实力位居国内高校前列。

同济大学学科设置涵盖工学、理学、医学、管理学、经济学、哲学、文学、法学、教育学、艺术学、交叉学科11个门类。学校建筑学学科历史悠久，实力雄厚，在国内外享有很高的声誉。该学科涵盖了建筑设计、建筑历史与理论、建筑技术科学等多个方向，培养了大量优秀的建筑设计师和研究人员。土木工程学科创建于1914年，涵盖结构工程、岩土工程、桥梁与隧道工程、防灾减灾工程及防护工程多个研究方向，始终坚持工程科学本色、坚持学术创新与工程引领，注重前沿研究和学科交叉，从传统的关注建筑与基础设施的安全、经济向关注舒适、美观、耐久、可持续方向发展。同济大学城乡规划教育发端于1922年，至今已有超过100年的历史。当年同济大学在工科土木科开设全新课程"城市工程学"，开创了我国城市规划教育之先河。围绕城乡空间规划核心，现城乡规划学学科全面覆盖城乡规划6个二级学科方向，并与交通、土木、测绘、信息、环境、社会学、管理学、地理学等多学科交叉，培养高素质城乡规划人才。形成了智能城乡规划、人居型文化遗产保护、乡村振兴等学科方向上的标志性学术成果，开拓"数字""韧性""公正""健康"等学科前沿领域。

同济大学设有30个专业学院。其中，建筑与城市规划学院成立于1952年，拥有悠久的历史和雄厚的学科基础。学科配置完整，专业设置齐全，为国内外本科生、研究生招生规模最大的学院之一。在建筑学与风景园林学专家冯纪忠教授、陈从周教授等前辈学者的倡导下，同济大学建筑与城市规划学院始终围绕城市绿化与城市生态规划、风景名胜区与美丽乡村规划、城市公共空间与城市设计的国家需求，为中国现代风景园林学从无到有、发展繁荣、学科体系构建，以及本硕博专业教育体系化建构做出了公认的开拓性贡献。同济大学测绘与地理信息学院具有悠久和辉煌的历史，1932年成立，至今已有90余年的办学历史，曾任同济大学校长的夏坚白学部委员，以及王之卓院士、陈永龄院士、方俊院士、叶雪安教授等测绘界先驱在学院任教，培养出宁津生院士、许厚泽院士和张祖勋院士等名师。近年来，立足于"精而强"的发展定位，学院在航天重大工程遥感空间信息可信度理论与关键技术获得突破，为我国嫦娥三、四、五号和火星天问一号着陆悬停避障提供有力科技支撑；在北斗导航、重力卫星、全球变化等重大任务和战略中贡献了"同济力量"。学院还参与了港珠澳大桥，国家海底科学观测网，上海世博会场馆建设，上海长江桥隧，东海、苏通、杭州湾大桥，上海地铁等重大基础设施工程，在解决国家、上海市重大工程建设中的测绘关键问题上发挥着重要作用。

学校全日制在校生共38513人，其中本科生18602人、硕士研究生11477人、博士研究生8434人，另有国际学生4109人。按照"本科基础宽、硕士专业深、博士学术精"的阶段培养定位，打造以书院制、导师制、完全学分制为特色的本研贯通人才培养体系。早在20世纪50年代初，同济大学即在部分专业招收培养研究生，1981年起招收博士研究生。同济大学研究生教育重在革新与突破。"重视产教融合"是同济大学研究生教育的第一大特点。学校联合中交集团、中国船舶、国家电投、中国远洋海运、中建集团、中国商飞、国药集团等单位，开展卓越工程师联合培养。同济大学研究生教育重视前沿问题探究与复合人才培养。学校充分结合智能科学与技术围绕自主与感知、智能与涌现、协同与群智等重大科学问题和无人系统的卡脖子问题，依托自主智能无人系统全国重点实验室和上海自主智能无人系统科学中心等科研平台，全面开展科教融合，培养高层次复合型人才。另外，同济大学研究生教育利用对德优势，深化国际交流。学校成立全国首个中德博士生院，打造中德合作，联合培养博士研究生的创新机制，与中德联合研究中心协同构建中德合作学科交叉的国际科研合作平台，汇集中德优秀博士研究生、博士生导师，创新"人才培养—科学研究—国际交流"联动发展的世界一流学科建设新机制，共同培育具有全球竞争力的高层次人才。

同济大学以一流大学建设为中心任务，现拥有教职工5515人，专任教师2815人，其中专业技术职务正高级教师1082人，中国科学院院士19人（含双聘），中国工程院院士28人（含双聘），发展中国家科学院院士及美国、德国、瑞典等国科学院或工程院外籍院士35人。其中，医学院肺部肿瘤团队经过12年攻关，创新性研发了肺小结节鉴别诊断新技术，创建了"精准、快速"的诊断体系，将肺小结节肺癌诊断阳性预测值从69%提高至95%，两款肺癌辅助诊断试剂盒获批上市。团队还首创了肺癌精准化诊疗策略，创造肺癌诊疗"中国速度"，将患者总生存期从不足一年延长至三年。多项成果被写入美国国立综合癌症网络、欧洲肿瘤内科学会等指南，在全球推广应用。测绘与地理信息团队通过"西部山区大型滑坡潜在隐患早期识别与监测预警关键技术"项目瞄准西部山区大型滑坡成灾机理、前兆识别和立体遥感监测预警等关键问题，多单位历经十余年联合攻关，构建了"地质+测绘"结合的滑坡隐患监测与前兆识别体系。成果已在西部山区和三峡库区等全国多处滑坡地质灾害高发地推广使用，有效识别了千余处大型滑坡隐患，成功预警数十处滑坡灾害。

同济大学占地面积约259万平方米，校舍总建筑面积195余万平方米，图书馆总藏书量463余万册。学校拥有美丽的校园风光和众多标志性建筑，校园内绿树成荫，花香四溢，环境优美。其中，樱花大道是同济大学最为著名的景点之一，每年春天，樱花大道上的樱花盛开，形成了一片粉色的花海。这里是同济大学最美的赏花胜地之一，吸引了许多游客前来观赏。许多毕业生也会在樱花树下拍照留念，纪念青春岁月。综合楼内藏有一个小型空中花园，这是校园内的一大特色。空中花园绿树成荫，花香四溢，给人一种宁静和舒适的感觉。此外，校园内还有许多小水池、小桥流水、树木成荫的地方，风景迷人。同济大学最著名的标志性建筑就是南北楼。这两幢楼建于20世纪50年代，呈中国复古主义风格。衷和楼也是同济大学的另一栋标志性建筑，它是为庆祝同济大学百年校庆而建造的，集教学、科研、办公等多项功能于一体。同济大学校内还有一座钟楼，位于校园中心，是同济大学的标志性建筑之一。钟楼高耸入云，夜晚灯光璀璨，给人一种庄严而壮观的感觉。此外，同济大学图书馆、大礼堂、国立柱等也是校园内的知名建筑。

同济大学自1907年建校以来，积淀了"同舟共济"的校训精神，形成了"严谨、求实、团结、创新"的校园风气，铸就了"与祖国同行，以科教济世"的优良传统。学校胸怀国家富强、民族复兴、人类进步的远大理想，弘扬"同济天下，崇尚科学，创新引领，追求卓越"的新时代同济文化，坚持与中华民族命运休戚与共、与祖国科教事业心手相牵、与上海城市发展相濡以沫，朝着建设成为中国特色世界一流大学的目标奋力前行！

上海交通大学

上海交通大学（Shanghai Jiao Tong University），坐落于上海市，是中国历史悠久、享誉海内外的高等学府之一。一百多年来，学校为国家和社会培养了逾40万名各类优秀人才，包括一批杰出的科学家、社会活动家、实业家、工程技术专家和医学专家，如钱学森、吴文俊、徐光宪、黄旭华、顾诵芬、张光斗、黄炎培、邵力子、李叔同、蔡锷、邹韬奋、严隽琪、陈敏章、王振义、陈竺等。中国科学院、中国工程院院士中有200余位校友；在国家23位"两弹一星"功臣中，有6位校友。上海交通大学创造了中国近现代发展史上的诸多"第一"：中国最早的内燃机、最早的电机、最早的中文打字机等；中国第一艘万吨轮、第一艘核潜艇、第一艘气垫船、第一艘水翼艇、自主设计的第一代战斗机、第一枚运载火箭、第一颗人造卫星、第一例心脏二尖瓣分离术等，都凝聚着师生和校友的心血智慧。经过120多

年的不懈努力，上海交通大学已经建设成为一所"综合性、创新型、国际化"的国内一流、国际知名大学。

19世纪末，甲午战败，民族危难。中国近代实业家、教育家盛宣怀于1896年在上海创办了交通大学的前身——南洋公学。建校伊始，学校即确立"求实学，务实业"的宗旨，以培养"第一等人才"为教育目标，在20世纪二三十年代已成为国内著名的高等学府，被誉为"东方麻省理工"。抗战时期，广大师生历尽艰难，移转租界，内迁重庆，坚持办学。中华人民共和国成立后，学校响应国家建设大西北的号召，经历西迁与分设，分为交通大学上海部分和西安部分。1959年7月，交通大学上海部分改名为上海交通大学。六七十年代，学校积极投身国防人才培养和国防科研，为"两弹一星"和国防现代化做出了巨大贡献。改革开放以来，学校以"敢为天下先"的精神，大胆推进改革。1999年，上海农学院并入，2005年，与上海第二医科大学强强合并，至此，学校完成了综合性大学的学科布局。近年来，通过国家"985工程""211工程"和"双一流专项"的建设，学校实现了向研究型大学的转变。

学校现有本科专业75个，一级学科博士学位授权点52个，一级学科硕士学位授权点58个，博士专业学位授权点9个，硕士专业学位授权点32个。船舶与海洋工程学科以力学为基础、机电为两翼，主要课程涵盖了数学、力学、计算机软硬件基础系列课程、船舶原理、船舶设计原理、船舶与海洋工程结构设计、现代造船技术、工程经济和管理基础等，旨在培养具备船舶与海洋工程领域的基本理论和专业知识，能够在造船、海洋工程、海洋资源开发、海洋科研等领域从事技术和管理工作的复合型人才。机械工程学科的研究领域包括车辆设计与制造、重大装备与制造、机器人设计与制造、生机电一体化技术、内燃机燃烧以及替代燃料、燃气轮机设计与叶片冷却、微尺度流体流动与传热、光热吸附式制冷等。临床医学学科注重基础医学与临床医学的有机结合，涵盖了人体解剖学、生理学、病理学、药理学等基础医学课程，以及内科学、外科学、妇产科学、儿科学等临床医学课程，该学科旨在培养适应中国经济社会发展需要的高素质医学人才。生物学学科包括生物技术、生物工程等研究方向，旨在培养具有扎实的现代生命科学理论知识、掌握生物技术的实验技能、具有相应工程基础知识的高级科研和技术人才。

上海交通大学现有34个学院/直属系，12家附属医院。船舶海洋与建筑工程学院是上海交通大学历史最悠久、最具特色的学院之一，先后培养了第一艘万吨轮总师、第一艘核潜艇总师、第一艘航空母舰总师、第一艘7000米载人潜水器总师、第一艘3500米无人遥控潜水器总师等大批技术专家。机械与动力工程学院前身上溯于1913年设立的电气机械科，培养了一大批科技界、教育界、企业界精英，在学院学习和工作过的院士近50名。近年来，机械与动力工程学院在航天、航空、汽车、核电、高端制造装备等关键技术方面取得丰硕成果，同时在机器人与人工智能、智能制造与高端装备、智能网联汽车与无人驾驶、智慧能源与能源互联网等新兴领域开拓创新，为国家的重大工程建设做出了不可替代的贡献。医学院的前身是由圣约翰大学医学院（1896—1952年）、震旦大学医学院（1911—1952年）、同德医学院（1918—1952年）合并而成的上海第二医学院。医学院目前拥有12所附属医院，这些医院不仅为学生提供了优质的临床实习资源，也为学院的医学研究和教学提供了强大的支持。

上海交通大学现有在校学生52663人，其中本科生17606人，硕士研究生22309人，博士研究生12748人，本科生占在校生总数的33.43%，硕士研究生占42.36%，博士研究生占24.21%；研究生与本科生的比达到1.99∶1。上海交通大学从1931年起培养研究生，1984年试办研究生院，1996年经国家验收合格，首批正式成立研究生院。近年来，学校积极推进专业学位教育改革，服务国家重大战略需求，面向行业产业转型发展，形成"1+1.5"产教融合培养新模式。同时，开展国家急需学科高层次人才培养专项计划，每年招生规模达到200人左右。2022年，上海交通大学成立国家卓越工程师学院。国家卓越工程师学院旨聚焦工程实践创新，着眼于解决行业产业实际问题，突破学科化、院系制框架，探索产业创新需求牵引的人才培养新模式，培养具有突出工程技术创新能力、善于解决复杂工程问题，具备战略思维能力的卓越工程师队伍。

上海交通大学拥有雄厚的师资力量。现有专任教师3700名；中国科学院院士30名、中国工程院院士27名，国家重大科学研究计划首席科学家14名，国家杰出青年基金获得者188名，国家重点基础研究发展计划（973计划）首席科学家35名。上海交通大学打造出一批高水平创新团队和领军人才，如谭家华教授团队牵头6家单位"二十年磨一剑"共同研制的"海上大型绞吸疏浚装备"获评国家科技进步特等奖，实现了历史性突破；王如竹教授团队提出了一种新型的批处理吸附—解吸模式，实现了中国兰州半干旱气候下的大批量产水，在解决干旱问题上取得了重大突破等。这些研究团队长期致力于战略性、系统性、前瞻性的学科领域核心问题研究，在前沿引领技术、关键共性技术、现代工程技术和颠覆性技术创新上贡献了智慧力量。

上海交通大学来华留学教育历史悠久。截至2020年10月，上海交通大学外国留学生在校人数为2780人，其中学历教育的外国留学生2513人，非学历教育的外国留学生267人。外国留学生数呈逐年上升趋势，除了上海交通大学本身的吸引力外，中国政府和上海交通大学为吸引更多优秀的外国留学生也做出了积极的努力。上海交通大学针对留学生的服务也日益完善，包括提供专业的课程和项目选择，提供全方位的生活服务支持等。

上海交通大学位于上海市闵行区和徐汇区，校园建筑兼具古典和现代风格。上海交通大学的早期建筑，如中院（1899年）、新中院（1910年）、图书馆（1919年）等，不仅见证了学校的发展历程，更是在2019年被正式列入第八批全国重点文物保护单位。这些建筑以其独特的风格和深厚的历史背景，成了上海交通大学不可或缺的文化标志。上海交通大学自1996年百年校庆之际创建交通大学校史博物馆以来，已先后建成了程及美术馆、董浩云航运博物馆、钱学森图书馆、李政道图书馆等专题博物馆和人物纪念馆。这些博物馆和纪念馆在宣传交大历史文化、传承交大文脉、展示办学成就等方面开展了大量工作，为巩固和提升学校文化软实力做出了不可或缺的贡献。

上海交通大学的校训是"饮水思源，爱国荣校"。这一校训凝聚了交大人对自然、人文和社会深厚浓重的历史观，强调了感恩回馈的情怀和对国家、民族的深厚情感。上海交通大学深厚的文化底蕴，悠久的办学传统，奋发图强的发展历程，特别是改革开放以来取得的巨大成就，为国内外所瞩目。这所英才辈出的百年学府正乘风扬帆，以传承文明、探求真理为使命，以振兴中华、造福人类为己任，向着中国特色世界一流大学目标奋进。

华东理工大学

华东理工大学（East China University of Science and Technology）位于上海市杨浦区，地处上海市经济、文化和科技中心的黄金区域，毗邻复旦大学、同济大学等著名高校，交通非常便利。作为中国第一所以化工特色闻名的高等学府，华东理工大学被誉为中国"化学工程师的摇篮"，曾创造了中国科技史上多个令人瞩目的"从0到1"的奇迹，研制成功了中国第一支青霉素、第一个彩色胶片以及第一个核电站等重要科研车工，还研发出中国第一台现代化生物反应器、第一个大型煤气化炉和中国第一个海水养殖动物活疫苗等创新成果。70余年来，华东理工大学走出了一条改革创新、追求卓越的研究型大学发展之路。

华东理工大学原名华东化工学院，1952年由交通大学（上海市）、震旦大学（上海市）、大同大学（上海市）、东吴大学（苏州市）、江南大学（无锡市）等校化工系组建而成，是中国第一所以化工特色闻名的高等学府。1956年被定为全国首批招收研究生的学校之一，1960年起被中共中央确定为教育部直属的全国重点大学，1993年经国家教委批准，更名为华东理工大学，1996年进入国家"211工程"重点建设行列，2000年经教育部批准建立研究生院，2008年获准建设"985工程优势学科创新平台"，2017年入选国家"双一流"建设高校。如今，华东理工大学已发展成为一所以工为主，多学科协调发展的全国重点大学。

华东理工大学学科门类齐全，目前设置了理、工、农、医、经、管、文、法、艺术、哲学、教育共11个学科门类。其优势学科包括化学、材料科学与工程、化学工程与技术等。其中，化学工程与技术学科拥有国内最早成立的化学工程和化学工艺专业。其重点研究领域包括对资源的深度加工和精细加工、资源的清洁转化和高效利用、对高碳资源的低碳利用，以及对资源和能源的洁净与优化利用。此外，该学科还在支持新材料等新兴技术领域的发展和推动其工业化方面发挥着显著的作用。材料科学与工程学科拥有国家材料科学与工程博士学位授予权。该学科依托多个研究机构，包括高分子材料系、无机材料系、国家医用生物材料动员中心、国家级宝石检测中心等，并设有教育部重点实验室、上海市先进聚合物材料重点实验室以及金属材料工程专业等。学科研究平台配备了扫描电镜、X射线荧光光谱仪等先进仪器设备，为科研工作提供了强大支持。化学学科起源于染料及中间体专业，始建于1952年。在化学及相关学科前沿领域的科学研究、化学产品合成和配方设计、化学产品检验分析和性能测试、不对称催化等方面形成特色，尤其在纳米光谱电化学、生物物理化学、药物及其中间体的合成、分子热力学、绿色化学、先进功能材料等领域的研究上处于国际领先地位。培养了众多杰出学者和具有行业影响力的复合型人才，包括中科院院士和工程院院士，如胡英、朱道本、周其林、田禾、钱旭红、李永舫等。

华东理工大学设有包括化工学院、化学与分子工程学院、生物工程学院、药学院等17个学院。其中，材料科学与工程学院在20世纪50年代建校之初成立的硅酸盐工学和塑料工学专业基础上发展壮大。学院聚焦国家重大需求领域，如国防与安全、生命与健康、能源与环境，将基础理论与工程应用相结合，推动新材料创制与产业化。在先进聚合物材料、生物医用材料、纳米材料与工程、新能源材料与工程等特色方向上，学院具有国际影响力的研究水平和核心技术，并取得了一批重要的成果转化。学院还与美国麻省理工学院、英国牛津大学等30余所国际知名院校和德国巴斯夫、美国霍尼韦尔等跨国公司建立紧密的合作和联合培养机制。化工学院于1997年6月在原化学工程学科的基础上成立，由中国工程院院士袁渭康教授担任名誉院长，国家教学名师房鼎业教授担任首任院长。学院荣获全国教育系统先进集体称号，并入选科技部重点领域创新团队，成为高等教育质量工程的国家级教学团队。学院建立了完善的本科生、硕士研究生、博士研究生和博士后培养体系，在高效分离与反应工程、材料化工与产品工程、智能与分子化学工程等方面形成了明显的优势和特色的研究方向。

截至2023年，华东理工大学全日制在校学生总数为29845人，其中本科生16702人，硕士研究生10318人，博士研究生2280人，留学生人数为545人。本科生占在校生总数的56.96%，硕士研究生占34.57%，博士研究生占7.64%；研究生与本科生的比达到0.75∶1。2022年至2023年，在校的本科生中有来自75个国家的279名国际学生，其中多名学生来自共建"一带一路"国家。学校高度重视研究生的创新能力培养，通过设立创新基金、举办各类学术论坛和研讨会，鼓励研究生参与前沿科研项目，培养其独立思考和解决问题的能力。同时，学校还与国内外知名研究机构和企业建立了广泛的合作关系，为研究生提供了丰富的实践平台和研究机会。特别是在化工等特色学科中，通过实验室实践、工程实践和社会实践等多种形式，提升研究生的实际操作能力和工程实践能力。学校的化工实验教学中心就是一个典型的例子，它为学生提供了模拟真实工作环境的实验平台，使学生能够在实践中学习和掌握专业知识。

截至2023年8月，学校共有教职工2917人，其中专任教师1902人，占比65.20%。专任教师中，正高级教师占25.18%，副高级教师占38.28%；具有博士学位的教师比例为85.70%；35岁以下教师占比为22.98%，36~45岁占比为30.86%，46~55岁占比为33.02%，56岁以上占比为13.14%。华东理工大学拥有一支高水平的教学和科研队伍。其中中国科学院、中国工程院院士11人，欧洲科学院院士1人，俄罗斯工程院院士1人。机械与动力工程团队长期致力于高温高压化工设备安全技术的研发，在高温高压化工设备安全维修、安全评价和本质安全调控等方面进行了创新，并成功将这些技术应用于石化、能源等重化工业领域的安全保障工程，对于我国压力容器事故率的逐年下降做出了重要贡献。此外，他们还在大型反应器、换热器、汽轮机、高端阀门等产品的可靠性设计和制造方面取得了显著的经济效益，为企业创造了巨大的价值。化学与分子工程团队在光敏化学产品的稳定性强化、过程强化和高端化应用方面取得了一系列创新成果。他们基于内源手性光控技术，在高端防伪领域达到了国际前沿水平，并成功实现了薄膜传感、变色眼镜、变色玻璃等全产业链的应用。这些成果为光敏化学产品的研发和应用开辟了新的途径，为相关行业的发展做出了重要贡献。

华东理工大学现有徐汇和奉贤两个校区，学校占地总面积141.8万平方米，各类建筑总面积93万平方米。学校现有徐汇校区图书馆和奉贤校区图书馆，使用面积3.87万平方米，纸质藏书总量约352.86万册。学校已连续13次荣获上海市"文明单位"光荣称号。华东理工大学校园的核心风貌区以灰色调为主，建筑围合，中央草坪形成一个完整且宽敞的空间。周围的过渡区则以红色调为主，展现了边界的多样性。回纹是华东理工大学老建筑的重要特点，与过渡区的红色主色相融合，使两个区域有机地相互渗透。校园中还有一些标志性建筑，例如以诺贝尔化学奖获得者命名的"费林加大楼"，其古典主义外观非常雅致；通海湖畔的图文信息中心则具有方正的建筑形状和明显的棱角；此外还有以C_{60}足球烯为主题的标志性建筑，通过符号化语言展现了大学的独特品格和丰富的文化底蕴。此外，艺术教育和文化活动也是华东理工大学校园文化的重要组成部分。学校设有艺术教育中心，提供音乐、美术、舞蹈等艺术课程，同时，学校还举办艺术节、音乐会、戏剧演出等文化活动，为校园文化生活增添了丰富多彩的内容，提高了学生的艺术素养和审美能力。

半个多世纪来，华东理工大学围绕办怎样的大学、如何办大学等问题进行了系统深入的思考和不懈的实践探索，逐步形成了"勤奋求实，励志明德"的校训。"勤奋求实"的态度造就了"华理"人不尚虚夸、不事张扬、崇尚实干之精神品格。"励志"指学校育人之道重在培养锻炼和努力树立师生员工的科学理想、远大志向。"明德"是指学校育人之道在于努力引导师生员工的道德达致理想境界。站在新的历史起点，学校将坚持走内涵式发展道路，实施创新驱动、人才强校、质量兴校和国际化发展战略，培养和延揽国内外一流人才，瞄准国际学科前沿，对接经济社会需求，努力将学校建设成中国特色世界一流大学。

东华大学

东华大学（Donghua University），地处上海市，以纺织、材料、化工、机械等传统优势学科以及新兴学科和交叉学科领域的卓越表现而闻名，拥有"纺织之光，教育之珠"的美誉。自创立以来，东华大学始终秉持着"崇德博学，砺志尚实"的校训，致力于为社会培养出一批批优秀的人才。美国国家工程院院士程正迪，中国工程院院士机械制造及其自动化专家李培根，纺织化学与染整工程专家周翔，以及英国思克莱德大学终身教授、国际著名随机分析专家毛学荣均曾就读于东华大学。东华大学历史悠久、特色鲜明、实力雄厚，伴随着新时代发展浪潮，学校不断创新、追求卓越。

东华大学办学历史可追溯至1912年实业家张謇创办的纺织染传习所。1951年，时名华东纺织工学院。1954年，学校开始

招收外国留学生，是中国首批招收外国留学生的高校之一。1959年，开始招收研究生。同年9月5日，学校成立中国第一个化纤科研机构——化纤研究室（现化学纤维研究所）。1985年，更名为中国纺织大学。1999年，学校正式定名为东华大学。进入21世纪以来，东华大学不断开拓奋进，现已发展成为特色鲜明的多科性、高水平大学。

  东华大学是一所以工为主，理、工、文、管、法、经、教育、艺术等多学科协调发展的特色鲜明的高水平大学。具体涵盖工学、理学、管理学、经济学、艺术学、文学、法学、历史学、教育学、交叉学科10大学科门类，满足了学生多样化的学习需求。作为我国纺织行业人才培养的主要阵地，纺织工程是东华大学历史最悠久、实力最强的学科之一。该学科涉及纤维材料、纺纱织造、印染整理、服装设计、纺织贸易等领域，培养的人才具有扎实的纺织工程基础知识、专业知识和基本技能，能够在纺织工程领域从事产品设计开发、工程技术研发和生产组织管理等工作。东华大学材料科学与工程学科涉及高分子材料与工程、无机非金属材料与工程、复合材料与工程以及功能材料4大方向，秉承"坚持特色、拓宽基础、加强交叉、需求导向"的发展理念，率先实现黏胶基碳纤维、芳纶等战略物资国产化，形成了鲜明的学科特色。学校服装设计与工程基于传统纺织服装学科，承担服装科技与时尚设计新型研究方向，建设起以服装科技创新为龙头、时尚艺术设计为主体的完整时尚学科链，建设了对标时尚产业链全流程的工学与艺术类学科交叉协同的育人机制。

  学校现设有18个学院（部）。东华大学纺织学院由1951年建校即成立的纺织工程系、后经纺织一系和纺织二系合并，于1996年7月组建成院。几代纺织人历经70余年筚路蓝缕接续奋斗，纺织学院取得历史性发展成就。在俞建勇院士的带领下，为占世界纤维加工总量50%以上的我国纺织工业人才培养和科技创新发挥了重要的引领作用。从解决建国初期穿衣困难而发明的国家第一根化学纤维到我国载人航天宇航服、从灰黑蓝单调服装色彩到时尚纺织服饰、从生产效率低下的条件简陋车间到现代化大型纺织智能制造企业，东华大学纺织学院以高水平科学研究为我国纺织工业现代化转型升级发挥重要引领作用。东华大学材料科学与工程学院发源于1954年钱宝钧和方柏容两位教授创建的中国第一个化学纤维专业，历经化学纤维研究室、研究所及化学纤维系的建立和发展沿革，于1994年正式成立。长期以来，学院坚持"产学研用"结合解决国家重大需求：

率先实现黏胶基碳纤维、芳纶等战略物资国产化；参与研发的先进玻璃材料在神舟飞船上获得成功应用；功能聚酯纤维等通用纤维研究，为占世界产量70%的中国化纤产业转型升级做出贡献；牵头成立国家先进功能纤维创新中心与民航复材协同创新中心，服务大飞机C919及长三角一体化，建设有特色、开放性、高水平的研究型学院。

学校坚持"严谨、勤奋、求实、创新"的优良校风，培养基础宽厚、实践能力强、具有创新精神和社会责任感的高素质人才。截至2023年，学校全日制在校生共24633人。其中，本科生14917人，硕士研究生8165人，博士研究生1907人，留学生644人。东华大学研究生教育始于1959年，已有60多年的历史。进入21世纪后，东华大学对于研究生教育展开大刀阔斧式改革。2003年学校启动的研究生教育创新工程，内容包括设立研究生教育创新基金、开展研究生精品课程和高水平教材建设、启动研究生创新实践中心建设、评选优秀学位论文等，进一步提升了研究生的培养质量；为提升学校服务国家战略和区域发展需求的水平，优化学校学位点布局，推动学科方向聚焦前沿、汇聚主流，为潜在博士学位授权点做好师资队伍和培养经验积累。学校于2021年增列"人工智能"和"纺织产业与科学社会主义"两个自设交叉学科博士学位授权点，服务学校优势特色学科，讲好新时代中国纺织故事，传承东华大学奋进精神，培育德才兼备的高层次复合型人才。未来学校将以服务"互联网+"、大数据和人工智能等国家发展战略，满足特色发展。

东华大学拥有一支优秀的师资队伍。截至2023年10月，学校全校教职工2225人，其中专任教师1451人，专职院士3人，资深院士1人，兼职院士17人，万人计划、长江学者、国家杰青等高层次人才60余人次，其他高级职称教师近千人。学校视觉多媒体设计团队以东方传统文化元素大胆重构了元宇宙式的秀演场景，通过三维动画、AIGC、裸眼3D技术并采用人工智能生成的巨幅动画同步呼应60余套真人秀演模特，体现出数智时代服装设计的新风尚。生物与医学工程团队长期从事心血管和神经性疾病诊断与预防产品的研发工作。针对阿尔兹海默症早期筛查和预后监测的问题，该团队与企业合作研发了一系列针对神经丝蛋白、磷酸化Tau蛋白（p-Tau181）等阿尔茨海默病生物标志物的人体尿液胶体金免疫层析检测试剂盒，目前产品的检出下限可分别达到7～17ng/mL（AD7c-NTP）、0.107～0.163μg/mL（p-Tau181），准确度可达到95%以上。实现了预期的无创、操作快捷简便等优势,适用于老年人群实时高效的临床前筛查或预后监测。

东华大学现有松江校区、延安路校区和新华路校区共计3个校区,占地面积约133万平方米,校舍总建筑面积83万余平方米。学校是"上海市花园单位"和"上海市文明校园"。松江校区校园融合了江南园林特点与现代建筑风格,体现东华大学的校园风貌。校区中心有6万多平方米的湖泊——镜月湖,被水利部正式命名为"国家生态水利风景区",是松江区7个水利风景区之一,也是松江大学园区中唯一的国家生态水利风景区。延安路校区以其古朴优雅的气质吸引着人们的目光。环草坪广场是师生常去的休息、锻炼、温习功课的露天场所。正对着草坪广场的是18层教学大楼,这座高楼也是延安路校区的地标性建筑。学生们入校和毕业仪式通常都在这座大楼中的演讲厅举行。延安路校区内还藏有一座市级博物馆——上海纺织服饰博物馆。这座博物馆是国内唯一一个全面综合反映中国纺织服饰历史文化和科技知识的博物馆。展馆分为科普馆、古代馆、近代馆和少数民族馆4个分馆。博物馆不定期举办各类展览,已举办过"上海摩登——海派服饰时尚展""上海历史图像记忆展"等。延安路校区中心大楼建于20世纪50年代末,中心有一处花园,课余时间有教师和学生们驻足停留、休息谈天、开展课余活动,成了校园中一道独特的风景线。

日月其迈,时盛岁新。回望百年校史,学校师生奋楫笃行,凝聚起攻坚克难、守正创新、主动担当、团结奋进的强大合力,绘就"教育强国,东华有为"的奋进篇章!面向未来,胸怀"国之大者",努力把握时代赋予的战略机遇和光荣使命,继续乘风破浪、砥砺前行。东华大学将继续以"崇德博学 砺志尚实"校训为指导,加快"双一流"建设,全力服务国家和上海市的战略需求,为实现"以工为主,工、理、管、文、艺等协调发展,国内一流、国际有影响,有特色的高水平研究型大学"的目标而不懈奋斗!

上海中医药大学

上海中医药大学（Shanghai University of Traditional Chinese Medicine），坐落于上海市，是中华人民共和国成立后国家首批建立的中医药高等院校之一，是教育部与地方政府"部市共建"的中医药院校，也是上海市重点建设的高水平大学。学校始终坚守培养具备创新精神和实践能力的中医药人才的初心，坚持"不重其全重其优、不重其大重其特、不重其名重其实"的办学理念，不仅致力于传统中医药知识的传授，还积极推动现代科学技术与中医药学的融合，力求在古老的中医药文化中注入新的活力。历经近70年的不懈努力和持续发展，上海中医药大学的学科实力、师资力量、科研成果等方面均在全国中医药

高等院校中名列前茅，为中医药事业的繁荣与发展做出了积极的贡献。

上海中医药大学成立于1956年9月，是国家首批建立的中医药高等学校之一，时名上海中医学院，中医学家程门雪为首任院长。1983年，学校被指定为联合国世界卫生组织传统医学合作中心之一；同年，学校成立中国上海国际针灸培训中心，是中国最早的3所国际针灸培训中心之一；同年，学校经国家教委审核批准成为全国可接受外国留学生的66所高校之一。1984年11月26日，经国家科委批准，上海市中医药研究院正式成立，实行与上海中医学院"两块牌子、一套管理机构"的体制。1993年12月6日，国家教委批准上海中医学院更名为上海中医药大学。2000年，上海医学高等专科学校并入上海中医药大学。作为地处张江科学城核心板块的高校，以主动对接国家战略、对接服务具有全球影响力的科技创新中心建设为己任，利用已有的学科和综合优势，勇担深化中医药高等教育改革、推动中医药自主创新、引领中医药事业发展的重任。

作为教育部"人才培养模式创新实验区"和"特色专业点"建设高校，上海中医药大学的学科设置广泛而深入，彰显中医药学的独特魅力和实践价值。现有18个本科专业，除中医学、中药学、中西医临床医学专业外，还设有护理学、食品卫生与营养学、康复治疗学、药学、生物医学工程、预防医学等专业；另有7个继续教育的本科专业。同时，设有中医、中药、护理、翻译等6个专业学位类别（领域）硕士学位授权点，中医1个专业学位类别（领域）博士学位授权点，3个博士后流动站；博士学位授予专业覆盖全部中医药学科。作为上海中医药大学的王牌专业，中医药学专业汇聚了一批优秀的中医药专家和学者，他们不仅具备深厚的中医药理论知识，还积累了丰富的临床经验。其次，针灸推拿学也是上海中医药大学的特色学科之一，注重培养学生的实践能力和临床操作技能，通过系统的理论学习和实践操作，使学生能够熟练掌握针灸推拿技术，为患者提供有效的治疗方案。此外，中药学专业也是上海中医药大学的一大特色，涵盖了中药的种植、炮制、制剂、质量控制等多个方面，旨在培养具备中药学理论知识和实践技能的高素质人才。

上海中医药大学设有15个学院（部），涵盖了中医药学、中药学、中西医结合、公共卫生与预防医学、护理学等多个学科领域，其中亦不乏独具特色的学院（研究院）。2016年4月，学校整合中医文献研究所、中医药文化研究与传播中心、中医药国际化发展研究中心、中医方证信息研究中心、《中医药文化》杂志、医学史、医古文、各家学说等高水平学术资源，在全国率先组建成立科技人文研究院。研究院面向人文社科领域，着力传承中华文化基因，汲取中医智慧，弘扬中医精神；拓展对外交流，提升国际影响，不断增强文化自觉与自信，激发文化生机与活力，成为引领中医药科技人文传承发展的标杆。2023年5月，上海中医药大学成立中西医结合学院，与中西医结合研究院合署办公。学院坚持"国际化、现代化、传承、创新"的指导思想，以国家科技、卫生发展规划、社会重大需求为导向建立具有国际领先水平的研究平台，聚焦肿瘤和心脑血管等重大慢性病防治、脑健康和中西医结合疫病防治等领域开展创新性研究工作。

截至2024年，上海中医药大学有全日制在校学生近9200人，其中包括本科生、研究生等多个层次的学生。上海中医药大学持续推进人才培养模式改革，开设中药学"4+5"本博贯通创新班，围绕长学制人才"多学科、大视野"能力目标，加强培养方案的整体化、序贯式、系统化设计，探索"本科博士贯通培养、传统与现代汇聚交融、理论与实践相互结合、品德与才能全面塑造"的人才培养新模式。本科人才培养方面，上海中医药大学整合优化本博贯通培养课程体系，设置新兴交叉学科创新课程；组建包括两院院士、国家级杰出人才在内的优秀导师队伍，实施全员本科生导师和研究生导师贯通指导；借助国家重大科技项目、重点科研平台等优势，强化科技创新实践育人，夯实中药学人才可持续发展的坚实基础。研究生培养方面，上海中医药大学秉承成果导向，积极开展与国内外知名院校合作，支持学生交流访学，拓宽多学科交叉和个性化发展渠道，在导师指导下参与国家重大、重点项目研究，探索中药学重大关键科学问题，提升学生独立科学研究能力和中医药传承创新能力，培育中药学未来领军人才。此外，上海中医药大学现已与20个国家和地区的60余家海外院校、医疗科研机构和国际组织建立了科研、教学、医疗等合作关系，还积极响应国家"一带一路"倡议，已在捷克、荷兰、摩洛哥、毛里求斯、泰国、马耳他等国家设立海外中医中心，不断促进中医药国际化。

上海中医药大学拥有一支师德高尚、业务精湛、结构合理的优秀师资队伍，为培养高质量中医药人才提供了坚实保障。学校有教职员工1300余人，拥有5名两院院士，5名国医大师，3名全国名中医，97名上海市名中医，700多名高级专家和教授，为国家培养和输送了各级各类中医药专门人才。上海中医药大学作为中医药领域的知名学府，拥有多个著名研究团队，他们在中医药研究方面取得了显著的科研成果。中药研究所王峥涛、张继伟团队在非编码RNA与肿瘤免疫领域取得了重要进展，先后在知名期刊上发表研究论文，解析了长链非编码RNA在恶性肿瘤发生发展与治疗中的关键作用，为基于中药的抗肿瘤药物研发提供了新的靶点；创新中药研究院何世君研究团队与其他机构合作，在系统性红斑狼疮（SLE）及其肾脏并发症（LN）的疾病机制及青蒿素衍生物治疗方面取得了重要进展。

上海中医药大学于2003年整体搬迁至浦东新区张江高科技园区，校园占地33万多平方米，教学设施齐全、环境优美。学校现拥有9家附属医院，覆盖了上海市所有三级中医、中西医结合医院，附属医院的总建筑面积约71.7万平方米，核定总床位数7118张，每年服务来自世界各地患者约1895万人次。龙华、曙光和岳阳等3家直属附属医院均为国家中医临床研究基地、国家区域医疗中心输出单位；各附属医院共有21个国家临床重点专科，其中9个是华东区域医疗中心。上海中医药博物馆是该学校的一大特色，于2004年12月开馆，2015年9月至2016年9月又重新布展向社会开放，确立了"以科普教育为中心，教育、征集、研究协调发展"的办馆指导思想，精华和特色是"弘扬中医药文化，普及中医药科学知识"，展示、收藏、研究与中医药历史、文化相关的实物史料，是洋洋大观的中医药知识宝库的一个缩影。

近70年以来，上海中医药大学秉持"重优、重特、重实"的办学理念，形成了"勤奋、仁爱、求实、创新"的校训精神，走出了坚持教学为立校之本、科研为强校之路、医疗为固校之基，协同融合的发展路径，已成为教学与科研实力以及主要学科全国排名领先的中医药高等院校。展望未来，上海中医药大学以建设世界一流中医药大学为目标，到2025年，对标建设世界一流中医药大学的办学目标，基本形成"世界一流中医药大学"核心要素，中药学、中医学、中西医结合学科全国领先优势明显；到2035年，基本建成具有全球影响力的世界一流中医药大学，中药学、中医学、中西医结合学科全球领先优势明显；师资队伍具有显著国际影响力；引领世界传统医学发展潮流。

华东师范大学

华东师范大学（East China Normal University）位于上海市，承载着深厚的历史底蕴和学术传统。学校的历史可以追溯到大夏大学、光华大学等学府。这些学校的融合为华东师范大学的诞生奠定了坚实的基础。在长达70多年的创校历程和100年的办学历史中，华东师范大学扎根中国大地，深植于中华民族卓越文化的肥沃土壤中，逐渐成长为一所综合性研究型大学。学校汇聚了众多优秀的学者和科研团队，他们在各自的领域内不断探索、创新，取得了丰硕的科研成果。华东师范大学培养了大量的优秀人才，其中包括两院院士刘思职、郭大力、周扬、陈子元、胡和生、李瑞麟、刘伯里、张青莲、邓拓、林华等。这些优秀的学者在各自的领域内取得了卓越的成就。

华东师范大学始建于1951年，前身可追溯至大夏大学（成

立于1924年）和光华大学（成立于1925年）。在创建过程中，学校不仅整合了大夏大学的资源，还吸收了圣约翰大学、复旦大学、同济大学和浙江大学等高校的部分系科，最终在大夏大学原址创立了华东师范大学。历经数十年的发展变迁，学校于1972年与上海师范学院、上海体育学院等院校合并，并更名为上海师范大学。1978年，学校凭借卓越的教育质量和学术水平，被确认为全国重点大学。1980年，学校恢复了华东师范大学的校名，这一名称不仅承载着深厚的历史底蕴，也象征着学校在新时代的崭新起点。1986年，学校被国务院正式批准为设立研究生院的33所高等院校之一。为了进一步扩大学校的规模和影响力，1997年至1998年，上海幼儿师范高等专科学校、上海教育学院和上海第二教育学院等院校先后并入华东师范大学。华东师范大学于2002年启动了闵行校区的规划建设。经过数年的建设和发展，学校主体于2006年搬迁至闵行校区，形成了"一校两区、联动发展"的办学格局。在最新的国家"世界一流大学"建设高校名单中，华东师范大学成功入选A类行列。这标志着学校已经跻身世界一流大学之列，全面开启了扎根中国大地建设一流大学的新征程。

华东师范大学现有博士学位授权一级学科36个，硕士学位授权一级学科37个，硕士学位授权二级学科3个，硕士专业学位类别31个，博士专业学位类别4个，博士后科研流动站26个。本科专业总数85个，涵盖文学、历史学、哲学、教育学、经济学、理学、工学、管理学、法学、艺术学、医学11大学科门类。教育学、生态学、统计学是该校的优势学科。教育学研究方向多样，涵盖了教育学原理、课程与教学、教育史、比较教育学、高等教育学、教育技术学、职业技术教育学、成人教育学、学前教育学、特殊教育学等多个领域。学校注重发挥教育学科群的多学科综合优势，使教育学的整体实力和学科影响力得到了显著进步。生态学的主要研究方向有植物生态学、动物生态学、修复生态学、全球变化生态学、城市生态学，特别是在陆生脊椎动物种群生态领域有丰硕的研究成果，受到国内外同行的高度赞誉。统计学学科在数理统计、应用统计、精算学等领域处于国内领先地位，具有强大的国际竞争力。特别是应用统计学专业，积极推动统计学与数学、经济学、管理学、生物卫生、信息技术等相关专业的交叉融合，培养了一批复合型高级应用专业人才。

学校目前设有4个学部、33个学院（系），包括3个国家（全国）重点实验室在内的22个校管科研平台，另设有3个书院。各教研单位按照学科群进行了分类，涵盖人文学科群、教育学科群、法政学科群、经管学科群、理学学科群、地球学科群、信息学科群以及艺术学科群。作为学校设立的3个书院之一，孟宪承书院于2007年9月创立，以我国现代教育家、华东师范大学首任校长孟宪承的名字命名。该书院是华东师范大学首个书院，是国内较早建立的现代书院之一，也是全国首家专门为师范生设立的本科生书院。孟宪承书院始终秉持孟宪承老校长"智慧的创获，品性的陶熔、民族与社会的发展"的办学思想，传承中国古代书院文化元素，借鉴当今一流大学书院制管理模式，发挥社区制、导师制、学业指导和通识活动优势，致力于构建师生成长共同体。卓越工程师学院是学校直管的虚实结合的平台机构，既是跨院系、跨专业学位类别、跨领域、跨平台的资源开放共享的协调机构，同时直接负责联动主体专业院系、集聚产教融合高端资源、建设卓越工程师核心课程、突破专业院系范畴推动工程师人才培养模式改革等具体事务。卓越工程师学院将产教深度融合作为重要突破口，扎根工程实践和生产一线，积极探索研究生培养新模式。

华东师范大学现有在校全日制本科生15799人，博士研究生4242人，硕士研究生18031人，留学生1495人。学校秉持着"促进学生全面而自由、个性而卓越的发展"的办学理念，特别强调本科生的通识教育课程体系，其特点在于"少而精、博而通、超越单纯知识点传授，以思维训练为特色"，整个体系呈金字塔结构，以"人类思维与学科史论"课程群位于塔尖，"经典阅读"课程群位于第二层，而模块课程群则位于第三层，三者有机融合，使所有学生具备基本的科学技术和人文艺术素养。在研究生教育方面，学校采取了研究型和应用型研究生的分类培养模式。对于学术学位研究生，鼓励跨学科培养，除了专业课程外，鼓励研究生选修跨学科/跨专业课程。对于专业学位研究生，学校构建了"专业学位大类别群建设-中心制管理-项目制运行"的管理机制，将专业学位类别分为经济管理类、教育教学类、社会文化类、工程技术类等四大类别群，突破传统的"学院制"管理模式，整合资源，探索大类别人才需求和人才培养的共性特点，设立了相应的专业学位教育中心。

学校现有教职工4297人，其中专任教师2378人。教授及其他高级职称教师2143人，其中含中国科学院和中国工程院院士23人，国家级及上海市人才计划入选者700人次。自建校伊始，华东师范大学便大家云集，名师辈出。如中国近代史学家、国学大师吕思勉先生，曾在历史系任教，所撰写的《白话本国史》摆脱了旧史以帝王将相为中心、关注政治和军事的历史撰述格局，将历史研究的目光转向了普通民众的生活，是新史学思潮在中国通史撰述上的典型反映。教育家廖世承先生曾出任学校副校长，对中国师范教育发生和发展的历史作了系统的考察，认定"教育方面最重要的，当然是师范教育"，为发展中国的高等师范教育做出了重要贡献。曾任教育系主任的张耀翔教授，是中国最早传播西方心理学的学者之一、中国心理学会的奠基者，他把西方先进科学知识与中国古代文化相结合，既有科学理论的介绍、推广与探索，又有学科建设的实际操作，为科学心理学在中国的确立、发展与普及做出了卓越贡献。

华东师范大学有闵行、普陀2个校区，校园占地总面积约207万平方米。如今普陀校区已经正式对社会公众开放。校园内保存着许多具有纪念意义和独特特色的老建筑，其中思群堂是为纪念学校创始人兼校长王伯群而建，是举办重要会议和活动的主要场所，如今已被列为上海市优秀历史建筑之一，并与东西办公楼作为大夏大学旧址整体的一部分被列为普陀区登记不可移动文物。群贤堂又称"文史楼"，是大夏大学的旧址，是校园里最古典的建筑之一，象征着群贤汇聚之地。而"三馆"则包括物理馆、地理馆和生物馆，作为华东师范大学教学和科研的重要场所，见证了无数名师的风采和学子的成长。这些建筑既融合了民族特色，又受到了西方建筑风格的影响，展现了中西合璧的建筑风格。建校初期，学校确定利用中山北路校园内大小两条河流将东西深700米、南北宽800多米的校园设计成"九宫格"的总体布局方案，东西向以两条河为界形成三条土地。丽娃河以西成理科区域，赤水河（小河）以东为文科区域。另一条校河樱桃河与丽娃河遥相辉映，经过近20年励精图治，110多万平方米校园快速蜕变，华东师范大学在闵行发展的新篇章在此写就。两个校区、两座楼、两条河，与名师大家一起成为华东师范大学的"见证者"。

华东师范大学自创立起，恪守"求实创造，为人师表"的校训规范，发扬教师教育和教育研究等传统学科优势，已发展成为一所特色鲜明、优势突出的综合型、研究型大学。当前，学校明确提出了未来的规划方向：展望2035年，华东师范大学将奋力成为教育模式深刻转型的创新引领者，为培养担当民族复兴大任的时代新人做出卓越而独特的贡献；成为建立走向世界的中国知识体系的积极参与者，为中华文明的传承和人类文明的进步做出卓越而独特的贡献；成为改变世界新力量源泉的重要供给者，为推动实现人类命运共同体永续发展做出卓越而独特的贡献。

上海外国语大学

上海外国语大学（Shanghai International Studies University）位于上海市，是中国最早创办的外语高等教育机构之一。学校以"向中国介绍世界"和"向全球展示中国"为使命，在外国语言文学和政治学领域享有无与伦比的声誉，在国家的外交决策中也发挥着积极作用。近年来，上海外国语大学积极响应国家"一带一路"倡议和文化"走出去"重大战略，为上海打造世界级社会主义现代化国际大都市做出了重要贡献。建校70多年来，学校师生积极参与各类国际会议、体育赛事、艺术展演等活动，他们以多语种讲述中国故事，为增进国际友谊和文化交流贡献着力量。

上海外国语大学的办学历程与国家发展同频共振。学校创办于1949年12月，前身为华东人民革命大学附设上海俄文学校，首任校长是俄语翻译家、出版家、中国百科全书事业的奠基者姜椿芳。学校办学初期是专门培养俄语人才的。1951年4月，

学校建立东南亚语文系，增设缅甸语、越南语和印度尼西亚语专业。至1952年8月，学校已初具规模，设俄语、英语、缅甸语、越南语和印度尼西亚语5个语种。1956年，经国务院批准，学校更名为上海外国语学院，增设英语、法语、德语专业。此后，学校开设语种不断增多。1981年，学校招收第一批暑期汉语进修班学生，留学生教育也由此起步。1985年经教育部批准，学校英文校名确定为"Shanghai International Studies University"，并于1994年正式更名为"上海外国语大学"。1996年，学校通过教育部审核，成为进入"211工程"的全国重点大学。2000年，学校新建了位于上海松江大学城的新校区，本科生及研究生随之陆续迁入。2017年9月，上海外国语大学入选国家"双一流"建设名单。

上海外国语大学以语言文学类学科为主导，同时文学、教育学、经济学、管理学、法学、工学6大学科门类协调发展。目前，学校设有56个本科专业，8个一级学科硕士学位授权点，下设42个二级学科硕士学位授权点和8个硕士专业学位授权点，还有3个一级学科博士学位授权点，下设22个二级学科博士学位授权点及3个博士后科研流动站。学校充分发挥多语种、跨学科和跨文化的综合优势，持续传承和彰显外国语言文学的传统特色。学校现有授课语种数量已达54种，包括39种现代语言以及15种冷门绝学语言课程。此外，学校积极推动以外语学科为根基的文文交叉、文理交叉、文工交叉，建立了语料库研究院、脑机协同信息行为重点实验室、脑与认知科学应用实验室、上外-科大讯飞口笔译跨学科联合实验室等平台，推动数据驱动的语言智能研究。同时，学校跨文化研究聚焦于跨文化心理、跨文化交际、跨文化传播、跨文化教育等研究领域，开拓创新，稳步前进，取得了一系列标志性成果，成为在国内外具有重要影响力的跨文化研究高地和跨文化人才培养摇篮。上海外国语大学的英语语言文学、俄语语言文学、阿拉伯语语言文学均为国家级重点学科。英语语言文学专业历史悠久、实力雄厚、名师云集、学术影响力大，研究方向涵盖了语言学研究、翻译学研究、口译学研究等十个方向，培养能在教育、外贸、外事、文化、宣传、科研等领域胜任教学、管理、翻译、外交、研究等工作的英语专业高端人才。俄语语言文学是全国第一个获得俄语语言文学博士学位授予权（1983年）的学科点，校内的俄语系和国际关系与外交事务研究院以此为基础，整合校内俄罗斯研究资源，共同组建成新的俄罗斯研究中心，中心充分汲取国内外俄罗斯教学和研究的经验，发挥学科优势，构建了一个方法创新、学科交叉融合、专业优势互补的新型的、跨学科的对俄研究和人才培养的新格局。阿拉伯语专业是国内各高校阿拉伯语专业中唯一的国家重点学科，拥有本、硕、博、博士后的完整人才培养体系。学校以阿拉伯语学科为依托，成立了中阿改革发展研究中心，目前已举办10余期阿拉伯国家官员研修班，为中阿交流治国理政经验提供了平台。

学校设有23个教学院系（部）。国际关系与公共事务学院是上海外国语大学"双一流"建设的主要支撑性院系之一，学院贯彻本硕博联通与"跨、通、融"的新文科教学理念，着力培养外语精、理论强、国际化的新型全球治理人才。该学院依托政治学全新的学术增长点，汇聚中外高端研究团队，在国际关系和国别区域研究领域享有崇高的学术地位。新闻传播学院是以全球传播和国际舆情智能数据为研究重点的教学研究实体，学院积极推动跨学科跨部门协作，将人工智能技术与国际传播实践案例和国际传播学术案例有机结合，助力学术研究和理论创新。此外，学院还开创了全国新闻类院校"多语种+国际新闻传播"的融合创新教学育人模式之先河，开设"多语种国际新闻特色班"，培养掌握两门外语、具有国际媒介素养、通晓国际传播规则的国际化、复合型新闻传播人才。2015年，上海外国语大学成立卓越学院，对优秀本科生实施"特别培养"和"精英培养"。学院构建了"多语种+"卓越国际化人才培养体系，"+"不是简单相加，而是融合，通过开设多语种高级翻译、国别区域研究、国际组织、外交外事等实验班，为学生提供专门化的国际化教育。

截至2022年12月，学校共有中国学生9633人，其中本科生6009人，硕士研究生3134人，博士研究生490人；在校国际学生3076人，其中本科生891人，硕士研究生365人，博士研究生96人，长期语言进修生1325人，短期语言进修生399人。为培养新时代的语言学"全人"，学校构建了适合语言学本科分类培养的多元化人才培养模式，即"'一体三翼'223633"人才培养模式，注重理论语言学，涵盖心理/神经、社会、计算语言学。模式特点包括人文科学结合、两阶段培养、跨学科素养、6大课程模块、师资资源保障和三方评价。学校切实推进研究生分类培养分类发展：在学术学位硕士研究生培养方案中引进"区域国别类""科技前沿与未来发展""科学与学术研究方法类"系列讲座课程模块，通过引进国内外顶尖的名校、名师、名课，拓宽研究生的知识广度，并在专业方向课中，配以跨院系的"多元选修课"课程组模块，研究生能对模块中感兴趣的部分内容进行深度学习，通过广度与深度的结合，提升研究生的综合素质和创新精神；对于专业学位研究生，学校加强实践创新能力培养与产教融合，以适应社会需求和行业发展的要求。

上海外国语大学拥有专任教师819人，其中包括165名正高级职称教师和288名副高级职称教师。这些教师中，86%曾有过国外学习经历。学校还聘请了279名境外学者，其中包括184名短期讲学的学者和9名长期授课和合作科研的学者。近年来，上海外国语大学的研究团队在社会服务方面展现出卓越表现。比如，中国话语与世界文学研究团队紧密结合国家战略，通过撰写多篇咨政报告并提交给教育部，为国家决策提供智库支持。同时，区域国别研究团队依托中阿改革发展研究中心，举办多期研修班，培训了近百名阿拉伯国家官员和驻华外交官，并在"第四届中国—阿拉伯国家改革发展论坛"中发挥了重要作用，为推动中阿友好交流做出了积极贡献。这些研究团队在学术研究和社会服务领域取得了显著成绩，为学校的国际影响力和社会服务能力增添了新的活力。

上海外国语大学现有虹口、松江两个校区。虹口校区位于上海市中心城区，与鲁迅公园和多伦路近现代海派文化圈相接，占地17万平方米；松江校区坐落于上海松江大学城内，占地57.8万平方米。校内的教学楼依据不同语种国家的建筑样式特色设计建造，如伊斯兰风格的东方语学院、维多利亚风格的英语学院、东瀛风格的日本文化经济学院等，与学校多语特色恰为契合。上海外国语大学的图书馆是全国外语院校图书馆联盟中心馆之一，共有两处馆舍，还有费萨尔图书馆等十余个特色文献资料室。上海外国语大学世界语言博物馆是中国第一座世界语言博物馆，其以语言学及其交叉学科为学术理论基础开展公共科普教育，致力于传承和保护非物质文化遗产，构建全球语言知识体系，推动中外文明对话和人文交流。上海外国语大学拥有先进的办学设施，包括世界一流的同声传译系统、语言实验设备等，并建成具有相当规模的外语多媒体教育资源库。

上海外国语大学的校训为"格高志远，学贯中外"，"格高志远"出自《礼记》，"学贯中外"则源于"学贯中西"。校训立足于培育学校精神的理念升华，是上海外国语大学办学理念的抽象凝练。建校70多年来，上海外国语大学的师生始终服务于国家对外开放的最前沿，足迹遍布全球各地。未来，学校将继续推进"多语种+"的办学战略和以"跨、通、融"为核心的教育改革，培养"会语言、通国家、精领域"的卓越国际化人才，建成国别区域全球知识领域特色鲜明的世界一流外国语大学。

上海大学

上海大学（Shanghai University），坐落于上海市，是上海市属的综合性研究型大学，是教育部与上海市人民政府共建高校，是上海市高水平地方大学建设高校，享有"文有上大，武有黄埔""北有五四时期的北京大学，南有五卅时期的上海大学"之美誉。建校之初，上海大学植根红色血脉。中华人民共和国成立后，上海大学服务于社会主义建设。新时代，上海大学积极响应国家战略。上海大学人才济济，涌现了一大批国之栋梁，杨尚昆、王稼祥、秦邦宪、关向应、李硕勋、王步文、刘华、何秉彝、杨之华、张琴秋、钟复光、丁玲、戴望舒、谭其骧、王一知等都曾在这里求学问道，在工学、力学等研究领域也成果颇丰。上海大学孕育"自强不息"之精神，赓续"为党为国"之血脉，

践行"开拓创新"之理念，成为海内外青年学子的理想学府。

1922年10月23日，上海大学成立。孙中山、陈独秀、李大钊、毛泽东等高度关注学校的发展，上海大学是马克思主义的传播阵地，被誉为"东方革命最高学府"。1983年5月，上海市人民政府决定将复旦大学分校、上海外国语学院分校、华东师范大学仪表电子分校、上海科学技术大学分校、上海机械学院轻工分校、上海市美术学校6所学校合并，复办上海大学。1994年，中国科学院院士钱伟长担任校长，他的先进教育理念影响了当时乃至现在大学的变革。2010年6月，学校被教育部列入首批"卓越工程师教育培养计划"高校名单。2017年9月，学校入选国家首批"双一流"建设高校名单。2022年2月14日，学校入选第二轮国家"双一流"建设高校。今日的上海大学抓住时代机遇，锐意改革创新，依托上海的地域优势以及资源优势，致力于打造国内知名、世界一流的综合型研究大学。

上海大学学科门类齐全，涵盖哲学、经济学、法学、教育学、文学、历史学、理学、工学、医学、管理学、艺术学、交叉学科等学科门类。学校设有101个本科专业，26个一级学科博士学位授权点，7个交叉学科博士点，41个一级学科硕士学位授权点（含一级学科博士学位授权点），1个二级学科硕士学位授权点（一级学科未覆盖），2个博士专业学位类别，27个硕士专业学位类别（含博士专业学位类别），24个博士后科研流动站。

上海大学拥有机械电子工程、钢铁冶金、流体力学和社会学4个国家重点学科。机械电子工程学科涉及机械、电子、控制、传感检测、信息处理及人工智能等研究领域，旨在培养从事机电信一体化工作的国家化高素质复合型工程技术人才。钢铁冶金学科是华东地区唯一的冶金领域国家重点学科，立足钢铁材料的先进冶炼技术及资源综合利用技术研究、强磁场下金属材料制备基础研究、脉冲电流凝固细晶技术研究、冶金物质微结构研究、高性能特殊钢铁材料研究等方向，面向上海和长三角地区先进制造业发展对高品质特殊钢的需求。力学学科由中国近代力学奠基人钱伟长先生创立，他提出的"从工程中提炼问题，研究、形成和发展力学的基本理论和方法，再回到工程实际中去解决问题"学科建设思想一直被学校沿用。学校重视力学建设，拥有力学国家级实验教学示范中心、上海市能源工程力学重点实验室、工业与环境流体力学实验中心等研究平台，以高水平学科和研究平台助力拔尖人才培养。上海大学科研力量雄厚，拥有"特种光纤与光接入网重点实验室"这一省部共建国家重点实验室、"纳米复合功能材料示范型国际科技合作基地"这一国际科技合作基地，1个国家工程实验室（共建）、1个国家工程研究中心（共建）、5个教育部重点实验室、2个教育部工程研究中心、1个教育部国际合作联合实验室、1个科技成果转化和技术转移基地。学校依托特色学科建设、雄厚科研力量，为地方大学建设树立榜样。

上海大学设有32个学院，学院的育人模式极具特色。钱伟长学院沿袭钱伟长的教育理念，以"注重全面通识教育、注重学生个性发展、注重学生自主选择专业"为办学宗旨。学院依托优势学科建设、特色化育人模式，培养基础学科和前沿交叉学科的拔尖创新人才。学院采用"一轴两翼"的培养模式，"一轴"侧重于理论教学层面，学院开设有深度与广度的前沿课程。"两翼"侧重于课外交流层面，学院以钱伟长讲坛和钱伟长书院为平台，鼓励学者、师生参与交流。学院采用本科生导师制、书院制管理模式，注重学生的个性化培养。学院于2018年入选首批教育部"三全育人"综合改革试点院（系）。上海大学的书院制是通识教育的先行试点，是钱伟长教育思想的生动实践。上海大学共有12个本科生书院。其中，伟长书院致力于培养培养功底扎实、创新能力强的全面发展的基础学科拔尖人才；秋白书院培养具有家国情怀、崇实求知、博学睿智的卓越创新人才；自强书院致力于培养全面发展的新工科卓越人才。书院采用"双院"协同育人模式，将"育人"贯彻课内与课外全过程，专业学院为本科生培养提供优质课内资源，书院结合学生专业特点打造特色的课外活动。

上海大学是上海人才培养的主阵地之一。截至2023年11月，学校有研究生20026人，全日制本科生19931人（预科生63人），成人教育学生19180人。截至2023年11月，学校已与55个国家和地区的254所大学及机构签署校际合作协议，在校就读的国际学生2590人。在本科生教育方面，学校积极推动产教融合、科教融合、学科交叉融合，将"价值塑造、能力培养、知识传授"贯穿人才培养的全过程。学校注重本科生的通识教育，书院制覆盖本科生人才培养。在书院中组织学术沙龙、阅读活动等促进学生的个性发展。在研究生教育方面，学校优化招生方式，完善硕博连读招生管理制度，实行博士招生的申请考核制。学校改革培养模式，积极推进研究生的联合培养工作。学校与中科院、工研院等开展合作，共建"大飞机班""人工智能班"等特色培养项目，搭建集成电路、电科光电等研究平台。此外，上海大学积极推动国际交流。与全球55个国家和地区的

254所高校及科研机构建立了校际交流关系。与澳大利亚悉尼科技大学、美国罗格斯大学等16所大学实施全面战略合作，与包括美国宾夕法尼亚大学沃顿商学院、新加坡国立大学等多所国际知名高校开展学生交流或联合培养项目。

上海大学实行人才强校战略，已构建一支有活力、有潜力、有影响力的师资队伍。截至2023年，有专任教师3508人，其中正高级教师808人、副高级教师1113人。有全职中国科学院院士、中国工程院院士6人，双聘院士15人，海外院士11人；国家级中青年领军人才97人，国家级青年人才82人，艺术类人才10人，省部级中青年领军人才215人，省部级青年人才234人。中国工程院院士徐匡迪是我国乃至国际冶金界的知名科学家、上海重点学科学术带头人。他是我国喷射冶金技术的开拓者，深耕于喷射冶金、钢的二次精炼及"熔融还原"跨世纪新流程研究，对国内乃至国际企业产生重大影响。中国工程院院士孙晋良是中国复合原料的领军人物，其团队为我国航天工业用固体火箭发动机研制带来革命性发展，为航天强国做出重大贡献。

上海大学位于中国最国际化的城市上海市。截至2023年11月，学校有宝山、延长、嘉定3个校区，校园占地面积180万平方米，校舍建筑面积139万平方米。上海大学图书馆由宝山校区的校本部馆、钱伟长馆、延长校区的文荟馆和嘉定校区的联合馆四个分馆组成。其中，钱伟长图书馆是一座融图书馆、博物馆、校史展、纪念展和科学家书房于一体的综合性建筑，该图书馆于2022年入选全国首批"科学家精神教育基地"，于2023年获批"上海市爱国主义教育基地"。学校高度重视学生的德智体美劳全面发展。学校设有130个社团；设有国际大师讲坛、东方讲坛等高水平论坛和讲座以开阔学生视野；设有管乐团、合唱团、民乐团等以陶冶学生的情操；设有多个运动场和体育馆供学生锻炼身体。

上海大学秉承"自强不息，道济天下"的校训精神，由百年风雨走向改革新生，激励影响了一批又一批的学子坚强勇毅、勇往直前。展望未来，上海大学以国际知名、国内一流、特色鲜明的综合性研究型大学为建设目标，到2035年，学校的综合实力和社会贡献大幅跃升，学科总体布局合理，学科特色鲜明，高峰学科具有国际影响力，交叉学科优势特色显著。上海大学将继续为上海建设输送更多的优秀人才，为上海的发展谱写崭新的华章。

南京大学

　　南京大学（Nanjing University），是一所历史悠久、声誉卓著的高等学府，坐落于江苏省南京市。在一个多世纪的办学历程中，南京大学始终与时代同呼吸、与民族共命运，谋国家之强盛、求科教之进步，为国家培养和造就了众多中华英才，他们在各自的领域建功立业、成就卓著，如数学家熊庆来、教育家缪荃孙、地质学家李四光等。改革开放以来，南京大学在崭新的历史机遇中焕发出新的生机，首批入选国家"211工程"和"985工程"建设序列，首批入选国家"双一流"建设高校，首批入选国

家级双创示范基地，始终处于中国大学的第一方阵，获得了公认的社会影响和学术声誉。

南京大学前身是创建于1902年的三江师范学堂，此后历经两江师范学堂、南京高等师范学校、国立东南大学、国立第四中山大学、国立中央大学、国立南京大学等历史时期，于1950年更名为南京大学。1952年，在全国高校院系调整中，南京大学调整出工学、农学、师范等部分院系后与创办于1888年的金陵大学文、理学院等合并，奠定了今天的南京大学的基础。

南京大学在人文社科方面有着深厚的历史积淀和卓越的学术成就。其中，哲学、汉语言文学、历史学等学科在国内外享有很高的声誉。哲学系作为中国最早设立的哲学系之一，在马克思主义哲学、中国哲学、西方哲学、伦理学、逻辑学等领域都有较强的研究实力。汉语言文学专业则是南京大学的传统优势学科，拥有一流的师资队伍和研究条件。南京大学在自然科学领域也有着不俗的表现。物理学、化学、天文学、地质学等学科都是南京大学的特色优势学科，拥有国内领先的研究水平和学术成果。例如，天文学是南京大学的特色优势学科，其天文与空间科学院以其卓越的教育质量、先进的科研设备、广泛的国际合作和突出的研究成果而著称。英语语言文学是国家重点学科，在外国文学文化、外国语言学与应用语言学和翻译学三个重要研究领域都有很强的实力。"当代外国文学与文化研究中心"为江苏省高校哲学社会科学重点研究基地。外国文学研究所主办的《当代外国文学》是全国中文核心期刊、CSSCI来源期刊，入选中国社会科学院中国社会科学评价中心数据库。

南京大学目前拥有40个院系，每个院系都在其特定领域里取得了卓越的研究成果和学术声誉。马克思主义学院作为立足江苏、辐射全国的马克思主义理论研究和人才培养的重要基地，在马克思主义理论研究和教育方面处于国内领先地位。学院拥有马克思主义理论一级学科博士学位授权点和硕士学位授权点，师资力量雄厚，科研成果显著。外国语学院是南京大学另一个重点学院，秉承"以学科建设为龙头，队伍建设为核心，人才培养为根本"的理念，不断发展壮大。学院在外国语言文学领域具有深厚的历史底蕴和学术实力，多个语言专业如英语、法语、俄语、德语等在国内均处于领先地位。作为南京大学自然科学领域的重要学院之一，物理学院在物理学研究和教育方面享有很高的声誉。学院拥有一流的师资队伍和研究设施，致力于在凝聚态物理、光学、原子分子物理等领域开展前沿研究，近年来在量子信息、纳米科技等新兴领域也取得了重要突破。计算机科学与技术学院在计算机科学、软件工程、人工智能等领域拥有强大的研究实力和创新能力。学院与国内外众多知名企业和研究机构建立了紧密的合作关系，为培养高水平的计算机人才提供了良好的平台。

截至2023年，南京大学有在校本科生14714人、硕士研究生18103人、博士研究生9430人、留学生1396人。南京大学的研究生培养方式注重因材施教和个性化发展。学校根据研究生的专业背景和兴趣特长，为他们提供多样化的课程选择和研究方向。南京大学强调研究生的科研能力和实践能力的培养。学校为研究生提供了丰富的科研和实践机会，包括参与导师的科研项目、参加学术会议、进行实地考察等。学校还注重研究生的创新能力和批判性思维的培养。学校鼓励研究生开展创新性研究，提出新的观点和见解，并为他们提供必要的支持和指导。自20世纪初建校以来，南京大学就一直是开展国际交流与合作最活跃的中国大学之一，与世界上众多一流大学和高水平科研机构建立了紧密的协作关系。其中，始建于20世纪80年代的南京大学-约翰斯·霍普金斯大学中美文化研究中心迄今已成功举办30多年，它是中国改革开放以后最早实施的高等教育国际合作长期项目，为中美文化交流事业培养了众多骨干人才，在海内外产生了巨大的影响。在日益交融、命运与共的当代世界格局中，南京大学正深入实施《全球开放发展战略（2020—2030）》，不断加大对外开放力度，探索全球合作新机制，为促进多元文化的互通交融、人类的和平与发展而不懈努力。

南京大学现有一支高素质的师资队伍，其中包括中国科学院院士31人，中国工程院院士4人，国家级领军人才近400人次，国家级青年人才近400人次，国家科技重大专项、"973计划""863计划"、科技创新2030—重大项目、国家重点研发计划等重大项目首席科学家135人次，国务院学位委员会学科评议组成员22人，国家级教学名师11人，"百千万人才工程"国家级人选38人。南京大学一些学者教授因学术造诣颇高、贡献甚大而赢得了其他国家的尊重，先后在不同学科领域获得了崇高荣誉。如物理系闵乃本教授因修正了著名的"杰克逊理论"而荣获美国犹他大学和飞弹公司联合颁发的1983年度"大力神奖"。外文系张威廉教授由于在德国文学研究中取得的卓越成就而荣获前民主德国"歌德奖章"。信息物理系冯若教授在美国华盛顿召开的"世界生物医学超声会议"上荣获由世界生物医学超声联合会及美国医学超声学会共同授予的"先驱者奖"。

南京大学拥有仙林、鼓楼、浦口、苏州四个校区。仙林校区位于南京市栖霞区，以理、工、医、农、交叉学科为主。鼓楼校区位于南京市鼓楼区，是南京大学的本部，以文、史、哲、政、经、法、教育学科为主。浦口校区位于南京市浦口区，是一所注重科研和研究生教育的校区。苏州校区位于江苏省苏州市高新区，是南京大学在苏州的重要教学和科研基地。南京大学校园内绿树成荫，古色古香，宛如闹市中的人间仙境。古老的建筑和葱茏的树木交相辉映，展现着南京大学深厚的历史底蕴。校园的文化景观包括孙中山故居、拉贝故居、赛珍珠故居等，这些地方不仅是历史的见证，也是校园文化的重要组成部分。

南京大学的校训是"诚朴雄伟，励学敦行"。"诚朴雄伟"强调了南京大学的传统精神和追求卓越的学术理想，"励学敦行"体现了南京大学固有的精神特质，鼓励师生勤奋学习并在实践中展现自己的品格与抱负。在南京大学伴随着社会进步和科技发展而不断成长、不断前进的百余年间，一代又一代的学者在这块科学的沃土上耕耘，一届又一届的学生在这一人才摇篮里成长，也培养了南京大学师生热爱祖国、振兴中华的爱国精神，追求真理、实事求是的科学精神和博采众长、融汇百家的开放精神以及办学中尊重人才、广延名师的传统，培育了南京大学严谨、求实、勤奋、创新的学风。面向未来，南京大学力争在推动科技自立自强上再创佳绩，加快建设中国特色、"南大"特质、时代特点、世界一流的"第一个南大"，努力为全面实现中华民族伟大复兴和共同推进人类文明进步做出新的更大贡献。

苏州大学

苏州大学（Soochow University），坐落于江苏省苏州市。苏州大学是中国大学史上一颗璀璨明珠，历经时代发展而依旧熠熠生辉。苏州大学现有极具古典之美的天赐庄校区、宁静优美的独墅湖校区、波光粼粼的阳澄湖校区、极具现代化的未来校区4大校区。苏州大学是人才的摇篮，孕育出各行各业的优秀人才，为国家发展做出杰出贡献。苏州大学的材料科学与工程、纺织工程、放射医学等学科处于国内领先地位。苏州大学以深厚的底蕴、创新的办学、前瞻的视野、开放的胸襟，成为诸多学子的"梦中情校"。

苏州大学前身是创建于1900年的东吴大学。东吴大学是最早开展研究生教育并授予硕士学位、最先开展法学（英美法）专业教育的大学。1952年中国大学院系调整，由东吴大学之文理学院、苏南文化教育学院、江南大学之数理系合并组建苏南师范学院，同年更名为江苏师范学院。1981年，学校被国务院批准为首批博士、硕士学位授予单位。1982年，学校更名苏州大学。其后，苏州蚕桑专科学校（1995年）、苏州丝绸工学院（1997年）和苏州医学院（2000年）等相继并入苏州大学。今天的苏州大学，坚持开拓创新，瞄准科技前沿，致力于打造国内一流、世界知名大学。

苏州大学高度重视学科建设工作，苏州大学的学科专业包含哲学、经济学、文学、理学、工学等13大学科门类。学校现设132个本科专业，47个一级学科硕士点，35个专业学位硕士点；31个一级学科博士点，1个专业学位博士点，30个博士后流动点。学校现有材料科学与工程1个国家一流学科，放射医学、内科学（血液病）、外科学（骨外）和纺织工程4个国家重点学科，8个国家特色专业。材料科学与工程学科涵盖化学、材料化学、功能材料、高分子材料与工程等方向，致力于培养投身于化学化工和材料等领域的高水平人才。纺织工程学科以丝绸加工与应用为特色，致力于为全国及区域发展培养纺织及相关工程技术和管理的高级人才，毕业生近几年就业率保持在97%以上。学校的放射医学是该领域唯一一个国家重点学科，注重医学、物理、化学、生物医学工程、原子能科学技术、纳米材料和计算生物学等多学科的交叉融合。该学科面向国防、核工业等重大领域，为我国核工业、核医学、全国放射肿瘤等领域输送一批批高水平专业人才。学校大力支持"顶天立地"科技创新战略，学校现有新型功能高分子材料国家地方联合工程实验室、现代丝绸国家工程实验室、放射医学与辐射防护国家重点实验室等科研平台助力学科发展。学校的学科建设面向国家重大战略需求，注重学科交叉，坚持科研创新，为苏州以及为国家建设添砖加瓦。

苏州大学设有37个学院（部）。纳米科学技术学院位于独墅湖校区。学院以精英化教育为办学特色，是由苏州大学、苏州工业园区政府和加拿大滑铁卢大学协同共建、以苏州大学功能纳米与软物质研究院、材料与化学化工学院（部）为依托的新型学院。纳米科学技术学院将苏州大学与加拿大滑铁卢大学进行课程融合，采用助教制的管理模式。2011年，该学院被列为全国首批17所国家试点学院之一，成为高等教育体制机制改革特区。该学院采用"教科融合、学科融合、国际融合"的培养模式，其创新发展之路引起国内外广泛关注。2016年11月17日，Nature以《中国高等教育的创新先锋》为题报道了该学院的人才培养模式。苏州大学的"书院制"极具特色，致力于为中国高校教育改革提供范本。敬文书院以英国剑桥大学的三一学院的管理模式为模板，采用双院并存的管理模式，学生所在的学院负责专业课程，敬文书院负责专业课程以外的活动。"为国储材，自主助人"的敬文精神影响一批批敬文学院学子。唐文治书院立足中国传统，提倡文史哲融通，以培养复合型与学术性文科人才为目标。该书院高度重视中西交融，在课程设置方面强调经典研读的重要性，又关注学生的英语训练。紫卿书院以造就复合型、创新型工科人才为目标，注重跨学科交流。

截至2023年11月，苏州大学拥有在校生4万余人。其中，本科生人数为27876人，研究生人数为14183人，博士研究生人数1958人，留学生人数为1271人。在本科生的培养方面，苏州大学采用"基础+专业"的双重培养模式，开设通识课程、基础课程以及专业课程。在人才培养目标方面，苏州大学以培养具备责任感、创新性、应用性和国际性的卓越型人才为定位，积极推动协同育人模式，致力于培养具有创新能力、国际视野的新学术人才。研究生培养方面，苏州大学注重推进产学研一体化，与亨通集团、汇川技术、朗开医疗等企业共建校企研究机构，共同设置课题促进研究生培养。计算机学院与阿里巴巴集团建立长期且稳定的合作关系，积极参与阿里巴巴全球合作科研计划。材料与化学化工学部与中科院化学所、上海有机所等科研所开展研究生联合培养工作。此外，苏州大学积极响应"一带一路"的国家战略，目前与20多个国家和地区的150余所高校和研究机构建立了校际交流关系，与近60所国际知名高校开展学生交流或联合培养项目。

苏州大学拥有一批优秀的师资队伍。截至2023年11月，全校现有教职工6034人，专任教师3518人，其中包括1位诺贝尔奖获得者，10位两院院士，13位外籍院士，39位国家杰出青年基金获得者，46位国家优秀青年基金获得者，16位"万人计划"领军人才，9位"万人计划"青年拔尖人才等各类国家级人才超350人次。李述汤院士长期从事纳米功能材料及器件、有机光电子材料及显示器件以及金刚石和相关超硬薄膜领域的研究，并取得卓越成就。潘君骅院士深耕光学测试仪器和光学制造技术研究领域，他主持完成的我国和远东口径最大的2.16米光学天文望远镜获国家科技进步一等奖，国际小行星中心和国际小行星命名委员会于2019年确定"潘君骅星"命名，体现了国际社会对潘院士的高度肯定。

苏州大学占地面积约306万平方米，建筑面积166万余平方米。苏州大学的建筑是江南情调与欧洲浪漫的邂逅，既有园林建筑之精美，又有东吴大学之遗风。苏州大学图书馆、东吴大学旧址、博物馆历史文化悠久。学校图书馆的前身是东吴大学堂藏书楼，图书馆藏中有吴文化、吴门医派等地方特色古籍，有明版及清前期本、精刻本等朝代特色古籍，被国务院批准为首批"全国古籍重点保护单位"、首批"江苏省古籍重点保护单位"。东吴大学旧址是"第七批全国重点文物保护单位"，它也是我国保存最完整的近代教会大学之一。钟楼既是东吴大学旧址的重要组成部分，也是苏州大学的标志性建筑。钟楼以红砖与绿瓦混合堆砌，以罗马式古典石柱为支撑，同时运用玫瑰窗、钟塔等元素。苏州大学博物馆与东吴大学旧址相邻，是华东地区知名的历史艺术类高校博物馆。该展馆总面积约为6000平方米，有13个展厅，现有藏品5633件（含文物3297件），藏品种类极为丰富。

苏州大学历经百年历程而初心不改，始终秉持着"养天地正气，法古今完人"的校训，希冀学生坚毅不屈、德智双馨。100多年以来，学校始终是国家战略的响应者，是科技前沿的探索者，是国际交流的联结者。苏州大学深入实施人才强校、特色发展、协同发展、文化引领和国际化等五大战略，统筹推进育人体系、人才体系、创新体系、开放体系、治理体系、资源体系等方面重点建设和改革任务，扎实推进高等教育的内涵式发展，为到2035年全面建成国内一流、国际知名高水平研究型大学奠定更加坚实的基础。在教育强国战略中履行使命、展现担当、发挥价值。

东南大学

东南大学（Southeast University），坐落于江苏省南京市，是中国著名的八大建筑大学之一，也是四大工科院校之一。作为一所以工科为主的综合性研究型大学，东南大学在科学研究领域有着显著成就，在海内外享有广泛声誉。120多年的办学进程中，东南大学培育了36万名英才，包括被誉为"东方居里夫人"的世界女物理学家吴健雄、中国人造卫星开拓者之一的闵桂荣、中国工程院首批院士吴中伟等杰出人才；这里也诞生了中国首台机器人、首台数字积分机以及开创了首座自主设计和建造的公铁两用桥的杭州钱塘江大桥，中国首条、世界最长跨海公路沉管隧道等诸多不凡成就。经过历史的积淀，东南大学在中国工科教育领域具有卓越地位和广泛的影响力。

东南大学肇始于1902年创办的三江师范学堂，先后历经两江师范学堂、南京高等师范学校、国立东南大学、国立第四中山大学、江苏大学、国立中央大学、国立南京大学、南京大学、南京工学院、东南大学不同的发展时期。在20世纪20年代，"东南大学之父"郭秉文任职国立东南大学（1921—1927年）校长期间，在综合大学内首设商科，成立国内第一个算学系、生

物系，提倡"女禁"改革等系列举措，形成6个学科31个系的格局，转型为一所具有现代气息的综合性大学。国立中央大学时期（1928—1949年），下设文、理、工、农、法、医、师范共7院36系，院系、学科以及学生数量均居于全国首位，执民国高等教育之牛耳。随着1952年全国高校院系调整，学校的文理等科迁出，转以工学院为主体，金陵大学、复旦大学、交通大学、浙江大学等校的有关系、科并入，在国立中央大学校址建立南京工学院（1952—1988年），为全国著名的四大工学院之一。1988年，复更名为东南大学，从原先单一的工科强校向综合性研究型大学转型。2000年，原东南大学、南京铁道医学院、南京交通高等专科学校合并，南京地质学校并入，组建新的东南大学。2017年，入选世界一流大学建设A类高校名单。如今，东南大学已成为一所以工科为主要特色的综合性研究型大学，国家"985工程"和"211工程"重点建设大学之一。

东南大学工科实力雄厚，坚持"强势工科、优势理科、精品文科、特色医科"学科总体布局，涵盖哲学、经济学、法学、教育学、文学、理学、工学、医学、管理学、艺术学、历史学共11个学科。东南大学土木工程学科在国内外名列前茅，包括土木工程、工程管理、给排水科学与工程、工程力学、交通运输工程等特色王牌专业，在预应力结构、建筑工业化、结构防灾减灾、桥梁健康监测等领域取得重要理论与技术突破，目前拥有长大桥梁安全长寿与健康运维全国重点实验室、智慧建造与运维国家地方联合工程中心、国家预应力工程技术研究中心等多个国家级、省部级科研平台。东南大学在电子信息类及计算机科学学科领域实力强劲，其中电子科学与技术、仪器科学与技术、信息与通信工程、计算机科学与技术、网络空间安全等专业水平一流，"计算机系统综合课程设计""数据库原理"等获批国家级一流课程和江苏省一流课程。材料科学学科的综合水平在国内遥遥领先，尤其在高性能金属材料、土木工程材料、先进功能材料、材料成型及技术等领域取得了高水平的科研成果，参与了神舟飞船、三峡水利工程、京沪高铁、田湾核电及跨江海大桥等多项国家重大工程的建设。

东南大学现有34个院系，工科院系综合实力雄厚。其中，建筑学院起始于1927年创立的原国立中央大学建筑系，是中国现代建筑学学科的发源地，也是目前国内重要的建筑科学研究基地之一。90余年来，该学院形成了"技艺并重、格物求善"的学术特色和"严谨、博雅、求实、创新"的学院文化。建筑师如杨廷宝、童寯和刘敦桢等曾在此任教和主持工作，培养输出了众多建筑界精英，包括12位院士、15位全国工程勘察设计大师以及中国首位普利茨克奖获得者王澍等世界级建筑大师。土木工程学院肇始于1923年"中国现代桥梁之父"茅以升创建的国立东南大学土木工程系，经过多年的发展，现已成为一个集建筑工程、建设与房地产、工程力学、桥隧与地下工程、市政工程5个系和一个实验中心于一体的综合性土木工程学院。学院立足于服务"中国建造""新型城镇化""一带一路"等国家重大战略，参与了钱塘江大桥、北京西客站、2022年卡塔尔世界杯主场馆、港珠澳大桥等重大工程建设。电子科学与工程学院前身是成立于1961年的电子器件系，拥有雄厚的科研教学师资力量，培养出刘盛纲、韦钰及黄如等一批科学家。信息科学与工程学院可追溯至1923年的国立东南大学电机工程系，现有移动通信全国重点实验室和毫米波全国重点实验室两个全国重点实验室。另外，艺术学院办学历史悠久，是中国现代艺术教育的发源地，其艺术教育历史最早可追溯到1906年两江师范学堂阶段，督学李瑞清在此开设的"图画手工科"。此后，多位杰出的美术教育家、艺术大师和美学家先后在此执教，如吕凤子、李叔同、宗白华、徐悲鸿、张大千、傅抱石等。如今的艺术学院已成为中国具有重大影响力的艺术学术研究中心，为中国艺术教育事业做出了重要贡献。

截至2024年4月，现有专任教师3371人，其中具有博士学位的教师3132人，正、副高级职称教师2535人；博士研究生指导教师1739人，硕士研究生指导教师3322人；两院院士16人。东南大学坚持产学研相结合，众多杰出教授投身于国家建设、科技发展一线，参与了"探月计划""三峡工程""500米口径射电望远镜"、高铁技术、港珠澳大桥、北京副中心、南极科考、无线充电等多个国家重大工程，协助解决了诸多技术难题。例如，城市设计教学团队围绕数字化城市设计、绿色城市设计等领域，在城市设计、遗产保护和跨学科建设等方面取得了系列成果。遥操作机器人技术教师团队聚焦载人航天与探月工程、核电安全工程等关键领域，突破了遥操作机器人的力感知、力反馈、力控制三大关键技术，成功研制出高精度多维力传感器、力反馈执行器等核心部件。电子科学与技术教师团队面向电磁超材料和复杂目标及复杂环境电磁散射特性建模等领域，在国际上首次制造出可工作在微波频率下的人造电磁"黑洞"。

截至2024年4月，东南大学现有全日制在校生40220人，其中本科生16931人，本科生人数占全日制在校生总人数的比例为42.10%，研究生23289人，研究生人数较高于本科生人数；在校留学生2005人，其中学历留学生1750人。人才培养注重美育教育，致力于构建面向人人的美育公共艺术教育联动机制，整合校内外丰富资源，建立课堂教学和艺术实践活动相结合的公共艺术课程体系。在本科培养方面，东南大学是首批"强基计划"试点高校，还开设了10个拔尖人才试点班，形成了由点到面、立体交叉的培养格局，为国家重大战略领域输送后备人才。东南大学研究生教育起始于1952年，并于1996年创办研究生院，建成了行之有效的研究生培养质量保障体系。学校以"培养高素质拔尖创新人才"为目标，积极推进研究生教育教学改革，完善常态化导师培训机制，加强通识教育，拓宽知识领域，打造了一批获"小平科技创新团队"等表彰的学生创新创业俱乐部。还推进联合办学，与澳大利亚蒙纳士大学合作建立的东南大学—蒙纳士大学苏州联合研究生院是教育部批准的第一个中外联合研究生院，已正式招生1006人，已毕业458人；与法国雷恩第一大学的合作，开辟了研究生培养和科研合作的新渠道。另外，东南大学国际交流与合作活跃，至2023年年末，共与来自20个国家或地区的50余所世界一流大学和高水平研究机构建立了紧密的合作关系，包括麻省理工学院、剑桥大学、加州大学伯克利分校、宾夕法尼亚大学、多伦多大学、帝国理工大学等。

东南大学校园占地面积392.53万平方米，除南京市的四牌楼、九龙湖、丁家桥三校区外，还设有无锡校区和苏州校区。其中，老校区四牌楼校区位于南京市中心，是大学百年历史的见证，在2006年被列入全国文物保护单位，东枕钟山，西邻钟鼓楼，北临玄武湖，山湖相映，树木葱郁，建筑历史悠久，风格古朴。主校区九龙湖校区是大学新百年形象的标志，占地面积250.16万平方米。图书馆历史悠久，截至2023年年底，藏有各类纸本图书资料478万册，电子图书400万册，可访问数据库检索平台149个，其中二级数据库234个。此外，校园文化丰富多彩，如举办汽车文化节、梧桐文化节、校园法治文化节、草地音乐节等多姿多彩的文化活动，多途径进行文化实践美育教育。

120年悠悠历程中，东南大学以"严谨、求实、团结、奋进"为校风，坚持"以科学名世、以人才报国"的办学理念，铸就了"止于至善"的校训精神，为科技进步、民族复兴培育了众多杰出人才，贡献突出。面向未来，东南大学将持续推进多学科融合、理工文医综合、产学研结合、国际化联合，全面深化综合改革，努力实现人才培养、科学研究、师资队伍、国际合作等方面的重大突破，争取早日建成具有鲜明中国特色、东南大学气质、人民满意的世界一流大学，为实现中华民族伟大复兴、促进人类文明发展进步做出卓越贡献。

南京航空航天大学

南京航空航天大学（Nanjing University of Aeronautics and Astronautics）位于江苏省南京市，北靠玄武湖，西接秦淮河，东临月牙湖，含身于明故宫旧址。作为我国建立的第一批航空高等院校之一，南京航空航天大学凭借独特的航空航天特色、深厚的学科积淀以及不断提升的科研实力而享有国内外盛誉。作为一所具有高水平航空航天民航特色的研究型大学，南京航空航天大学培养了超过18万名优秀学子，其中包括北斗三号卫星系统总设计师陈忠贵等校友，他们扎根国防事业，亲身见证和参与了祖国航空事业从小到大、从弱到强的深刻变革。

南京航空航天大学创建于1952年，前身是南京航空工业专科学校，是中国自己创办的第一批航空高等院校之一。1955

年，首届900余名学生毕业，向国家初期的航空工业输送了大批高级专业人才；1956年，经国务院批准改建为南京航空学院；1962年招收首批研究生；1978年被国务院确定为全国重点大学；1981年经国务院批准成为全国首批具有博士学位授予权的高校；1993年3月，经国家教委批准，南京航空学院改名为"南京航空航天大学"，校长为朱剑英，著名科学家钱伟长担任名誉校长；1996年进入国家"211工程"建设；2000年经教育部批准设立研究生院；2011年，成为"985工程优势学科创新平台"重点建设高校；2017年，进入国家"双一流"建设序列。

南京航空航天大学以工为主，理工结合，工、理、经、管、文等多学科协调发展。其优势学科包括航空宇航科学与技术、力学、电力电子与电力传动、导航、指导与控制等。其中，航空宇航科学与技术学科是南京航空航天大学的老牌国家重点学科，与学校同年诞生于1952年。该学科汇集了众多航空领域的杰出人士作为奠基人和开拓者，包括中国飞机制造特等功臣张阿舟、中国第一架无人靶机研制主持者范绪箕、直升机学术泰斗王适存、航空发动机专家张世和彭成一、空气动力学专家杨岞生、戴昌晖以及航空制造专家程宝蕖等。经过近70年的发展，该学科形成了航空、航天、民航特色鲜明的发展格局。导航、制导与控制学科是我国最早设立的该学科的博士点之一，是国防特色学科。在教学方面，该学科拥有国家级教学团队"自动控制系列课程教学团队"，提供国家级精品课程和国家级精品资源共享课程。近年来，该学科承担了一系列国家重大项目的关键技术攻关任务，涉及大型运输机、大型客机、航母舰载机、嫦娥探月工程以及北斗导航系统等，相关技术已成功应用于枭龙、歼10B等战斗机。

南京航空航天大学现拥有包括航空学院、自动化学院、机电学院、民航学院等20个学院。其中，航空学院是南京航空航天大学的主要学院之一，以航空与航天领域的特色学科为主。学院拥有一支高水平的教师队伍，致力于先进航天器设计、深空探测、空间科学与技术等方面的研究。学院下设有航空航天结构力学及控制全国重点实验室、直升机动力学全国重点实验室、超声电机国家地方联合工程实验室、纳智能材料器件教育部重点实验室等。在研究方面，学院取得了重要成果，如自主研制并成功发射了"天巡一号"微小卫星，填补了国内低目标特性微小卫星领域的空白；与航天八院联合研制了"和德一号"导航增强卫星，其导航增强载荷在国内首次在低轨实现导航增强验证。同时，学院还参与了空间站、"嫦娥"探月工程、小行星和火星探测工程等国家重要航天项目。自动化学院成立于1952年建校初期，经过70多年的建设和发展，学院目前下设自动控制系、电气工程系、测试工程系、生物医学工程系及飞行控制研究所。拥有《自动控制系列课程教学团队》国家级教学团队和国防科工局国防科技创新团队。近三年，科研经费及生产经费到款总数达2.43亿元，并多次获得国家级、省部级科研成果奖。在国内航空航天界同行中享有很高的声望。

截至2023年，南京航空航天大学全日制在校学生总数为34134人，其中本科生19715人，硕士研究生10954人，博士研究生2796人，留学生669人。本科生占全日制在校生总数的57.76%，硕士研究生占32.09%，博士研究生占8.19%；研究生与本科生的比达到0.70∶1。2022—2023学年，共有来自85个国家的335名本科留学生就读于该校。学校确立了"培养具有中国灵魂的卓越英才"的研究生培养目标，初步形成了适应社会需求的多层次、多模式的研究生培养体系和高水平拔尖人才培养机制。学校积极与国外近百所知名高校和研究机构建立长期稳定的合作关系，开展学术交流、科研合作、联合培养研究生等工作。例如，学校与英国克兰菲尔德大学合作举办航空工程（航空制造）双学位研究生联合培养项目，与莫斯科航空学院合作开展南航—莫航航空航天类研究生双硕士学位项目，还与法国南特中央理工大学合作开设南航—南特中央理工大学联合学院。这些合作项目为学生提供了更广阔的国际学术交流平台，拓宽了他们的国际视野和研究能力，为学生的综合素质提升和未来职业发展打下坚实基础。

截至2023年，学校有教职工3708人，其中专任教师2321人。专任教师中，高级职称教师1603人，博士生导师650人，院士、外籍院士及"钱伟长讲座教授"院士35人，其他国家级高层次人才107人，国家级青年人才152人，入选省部级各类人才计划近千余人。南京航空航天大学拥有一支优秀的创新团队和领军人才。引力与空天物理研究团队在引力理论与宇宙学、黑洞物理、高自旋理论等科学前沿领域做出了有特色的研究工作，尤其在时空热力学和相变等领域取得了若干达到国际前沿水平的科研成果，引起了国内外同行的关注与引用。另外，纳米团队在航空航天结构的完整性和耐久性以及纳米力学方面做出了持续的贡献。建立了低维材料结构力-电-磁-热耦合的物理力学理论体系，并在宏观工程环境中发现了流-固界面边界运动生电、气流生电和蒸发生电效应，突破了经典双电层动电理论。此外，团队还建立了飞机结构三维疲劳断裂理论，并攻克了飞机结构三维损伤容限关键技术，为飞机型号研制提供了重要支持。

南京航空航天大学现有明故宫、将军路和天目湖三大校区，占地面积203.07万平方米，建筑面积189.3万平方米，图书馆总面积为4.56万平方米。其中，明故宫校区位于南京市，具有悠久的历史底蕴，坐落在明代皇城和宫城的区域内。校园和家属区的布局严格按照《周礼》中记载的"左宗庙，右社稷"的要求来设计建筑，反映了古代社稷、宗庙和国家三位一体的关系。将军路校区位于南京江宁国家级经济技术开发区，东临百家湖，西倚翠屏山。校园绿树成荫，绿草如茵，有着樱花广场、格桑花海、砚湖荷塘等景观。该校区综合设施齐全，成为一个集教学、科研和生活功能于一体的现代化校园。天目湖校区位于江苏省溧阳市，毗邻天目湖风景区。学校按照国内外一流校园的标准进行规划建设，体现了"人本化、园林化、信息化、特色化"的理念和可持续发展的要求，打造了一个集教学、科研和生活于一体的一体化空间。总体而言，南京航空航天大学形成了多重精神文化，包括以校风石、校训石为代表的"南航"精神文化，以太庙井、柱础为代表的明代历史文化，以南京航空航天馆、校史馆为主体的"三航"场馆文化，以飞行器实物、模型等为代表的航空航天文化，以陈达院士雕像、陶宝祺院士雕像为代表的科学大师雕像文化，以院士林、校友林为特色的名人园林文化。

在70余年的办学历程中，南京航空航天大学演绎了一部"航空报国"的奋斗史。自1951年成立以来，学校在航空专业技术人才的培养方面发挥了重要作用。学校自主研制了我国第一架无人驾驶大型靶机、第一架无人驾驶核试验取样机、第一架无人驾驶直升机、第一架微型飞行器等，为中国航空航天事业做出了重大贡献。面向未来，"南航"人将继续秉承"航空报国"的办学传统，遵循"团结、俭朴、唯实、创新"的优良校风，践行"智周万物，道济天下"的校训，栉风沐雨，砥砺奋进，不断推动学校跨越式发展。

南京理工大学

南京理工大学（Nanjing University of Science and Technology），坐落在江苏省南京市。历经70余年的办学，学校不断创造着各种第一，如中国第一台万能超高压水射流切割机床、第一台防爆型机器人、第一台显微CT、第一辆高速公路路面智能检测车、第一套印鉴真伪自动鉴别系统等，被誉为"兵器技术人才摇篮"美誉的南京理工大学为国家培养了大批国防建设人才、各界领军人物，包括两弹一星元勋任新民教授、第三代主战坦克总设计师祝榆生教授、内弹道专家鲍廷钰教授、外弹道专家浦发教授、自动武器专家于道文教授、火炸药专家张宇建教授等，他们填补了中国国防科技史上的一个又一个的空白。

学校由创建于1953年的中国军工科技最高学府——中国人民解放军军事工程学院（简称"哈军工"）分建而成，经历了炮兵工程学院、华东工程学院、华东工学院等发展阶段，1993年更名为南京理工大学。1995年，学校成为国家首批"211工

程"重点建设高校；2000年，获教育部批准成立研究生院；2011年，获批建设"985工程优势学科创新平台"。2017年，学校入选"双一流"建设高校，"兵器科学与技术"学科入选"双一流"建设学科；2018年，学校成为工信部、教育部、江苏省共建高校。今日，南京理工大学是一所拥有雄厚师资力量、先进教学平台、鲜明军工特色的"双一流"建设高校。

南京理工大学已发展为以工为主、多学科并进，尤其在国防军工学科方面优势明显的行业特色型大学。现有92个本科专业，10个第二学士学位专业，涉及哲学、经济学、法学、文学、历史学、理学、工学、医学、管理学等学科门类。兵器科学与技术学科具有知识面广、系统性强、学科交叉的军工特色。现有兵器科学与技术、力学、动力工程及工程热物理、控制科学与工程4个博士学位授权点，以及兵器科学与技术、力学、动力工程及工程热物理3个博士后流动站。其中，芮筱亭院士是该学科的杰出代表人物之一，他在多体系统动力学和发射动力学研究方面具有超过30年的经验，并创立了多体系统传递矩阵法，被国际上誉为"芮方法"，成为计算速度最快的多体系统动力学全新方法。此外，他还建立了多体系统发射动力学新理论与技术体系，大幅提升了我国武器动力学性能和设计与试验评估水平，解决了多个国家高新工程项目的需求。另外，控制科学与工程学科设有控制理论与控制工程、系统工程等5个博士学位授予权和博士后流动站。该学科还开设了自动化、电气工程及其自动化、轨道交通信号与控制、智能电网信息工程等本科专业。中国工程院院士付梦印是该学科的代表人物之一，他是导航、制导与控制方面的专家，长期致力于组合导航与智能导航技术研究，主要涉及陆用平台导航与控制的理论、方法研究和工程应用等领域。他在组合导航系统、高动态陀螺技术、陆用自主导航与关键技术等方面取得了显著成就。

截至2024年3月，南京理工大学设有机械工程学院、化学与化工学院、电子工程与光电技术学院、计算机科学与工程学院、经济管理学院、能源与动力工程学院等21个专业学院。机械工程学院是南京理工大学规模最大、整体实力最雄厚的学院之一。该学院拥有一支结构合理、学术思想活跃的教师队伍，其中包括中国工程院院士、国家及省部级高层次人才等。学院还拥有教育部"长江学者"创新团队、国防科技创新团队等省部级以上科研团队10个。在教学科研方面，该学院实力雄厚，研究领域广泛，形成了20多个稳定的研究方向和学术梯队。例如，张合教授领导的研究团队在传感器、精细探测、灵巧与智能控制等技术方面取得了稳定的研究成果,并获得了国家技术发明奖、国家科学技术进步奖等荣誉。电子工程与光电技术学院的历史可以追溯到1953年的中国人民解放军军事工程学院炮兵工程系的指挥仪器科和雷达科。该学院拥有先进的教学科研仪器设备和完善的实验设施,在光电信息感知技术、精密光学测试技术、近程雷达技术和电磁仿真技术等领域具有很强的科研实力和特色。每年承担国家自然科学基金、国家基础重大专项及省部委科研项目100余项,年科研经费近2.5亿元。此外,学院的国际科研合作也在快速发展,获得了建设国家级"111基地"2个和国家国际科技合作基地1个,并自建了6个国际联合实验室。

南京理工大学现有本科生14714人,硕士研究生18103人,博士研究生9430人。研究生与本科生的比达到1.87∶1。在研究生培养上,南京理工大学强化专业学位研究生实践基地建设工作。学校与中国航天科工集团、苏州国家实验室等单位签订战略合作协议,双方在创新人才培养、平台建设等方面进一步加强合作。同时深化产业教授参与人才培养机制,学校出台《南京理工大学产业教授(兼职)管理办法(试行)》,与产业教授签订聘任协议,协议内容涉及学科建设、人才培养、科研协同攻关等多个方面,尤其凸显产业教授在研究生培养方面的工作职责。明确要求产业教授开设研究生课程或讲座、全程参与学位论文指导、提供实践场所和就业机会等。

南京理工大学现有教职工3600余人,专任教师2400余人,其中具有高级职称1600余人。高层次人才700余人,包括:两院院士27人,外籍院士4人,国家级领军人才67人,国家级青年人才126人等。南京理工大学的科研团队在各个领域都取得了显著的成就,特别在国防科学技术方面表现突出。其中,先进金属材料技术团队在科学发现、基础理论、制备技术、使役性能、强韧化机理等方面取得了一系列原创性重大突破,解决了一些长期困扰国际科学界的难题,使得中国在该领域的研究从过去的跟跑变为领跑。先进制造和自动化团队将弧焊机器人技术、脉冲富氩双丝气体保护焊技术、自适应焊技术等应用于实践,显著提升了行业的焊接技术水平,丰富了兵器焊接制造学科的内涵。这些技术的成功应用对于一些高新兵器装备研制、生产和研制性能的提高起到了重要的作用。

南京理工大学办学环境宜人,基础设施一流。近年来,学校以南京市为依托,面向江苏省,不断扩展办学范围,形成了"一校三区"的发展布局。南京校区占地213.33万平方米,校舍建筑总面积118万平方米,图书馆收藏280余万件印刷型文献、1100余万册各类电子型及数字型文献信息资源。南京校区主要致力于提升核心办学功能，是南京理工大学传承办学文化、扩大办学影响和支撑人才培养、科学研究等事业的主要校区。江阴校区占地74.33万平方米，校舍建筑总面积32万平方米。该校区主要注重国家战略实施和国际化办学，在依托地方区域和产业优势的基础上，致力于建设服务"两个强国"先行区、新工科办学先试区和国际化办学示范区。南京校区紧邻紫金山，西临明城墙。校园内有曲塘，碧草如茵，与中山陵风景区相融合，营造出一个修身治学的理想园地。江阴校区北临长江，南接太湖，毗邻运河。通过自然布局和法式建筑元素，如校风碑、水杉林、二月兰、学子湖、钟楼等，创造了一个风景如画、中西合璧的现代大学校园。学校拥有完善的基础设施和后勤服务系统，为师生提供了良好的学习和生活条件。

"进德修业，志道鼎新"八字校训是南京理工大学文化的集中体现，也是学校强军兴国的根和魂。以"德"为首，体现了学校"立德树人""以德为先"的办学前提，而"修业"则体现了学校育人的追求与境界，即教师诲人不倦，勤业精业乐业；学生孜孜以求，创新创业创优。"志道鼎新"取意"探究道理，创造新知"，既是南理工人追求科学真理、矢志技术创新的真实写照，也是南理工人勇立潮头、披荆斩棘的责任担当和精神源泉。进入新时代、开启新征程，学校将继续坚持"以人为本，厚德博学"的办学理念，弘扬"团结、献身、求是、创新"的校风，以服务国家战略需求、推动社会进步为使命，致力于建设国内一流、国际知名的特色高水平研究型大学。

中国矿业大学

中国矿业大学（China University of Mining and Technology），在江苏省徐州市和北京市设有2个独立的办学实体。中国矿业大学（徐州）是教育部直属的全国重点高校，还是教育部、应急管理部与江苏省人民政府的共建高校，被誉为"矿业界的黄埔军校"。中国矿业大学（北京）同样是教育部直属的全国重点高校，并拥有学院路校区和沙河校区两个校区。自创立以来，中国矿业大学为国家培养了众多杰出人才，他们不仅在矿产能源领域取得了卓越成就，更在各行各业中担任科技精英、管理骨干和领军人物，为中国的发展做出了巨大贡献。

中国矿业大学的发展史是一部与国家同向共进、与行业休戚与共、与地方同频共振的壮丽奋斗史。中国矿业大学的前身可追溯到1909年创办的焦作路矿学堂，这是中国矿业高等教育的摇篮。1931年，学校更名为私立焦作工学院，继续培养矿业领域的专业人才。抗战爆发后，学校于1938年西迁陕西省城固，与东北大学工学院、北平大学工学院、北洋大学工学院合并，共同组建国立西北工学院，以应抗战之需。1978年，为响应国家教育发展的战略需求，学校迁址至江苏省徐州市，恢复中国矿业学院校名，同时在北京学院路原校舍设立了中国矿业学院北京研究生部，以扩大研究生教育的规模。1988年，学校正式更名为中国矿业大学。1997年，为进一步提升研究生教育的质量和水平，中国矿业大学北京研究生部被改设为中国矿业大学北京校区，形成了两地办学的格局。1998年，随着国家行政体制的改革，原煤炭工业部撤销，学校划归国家煤炭工业局管理。2003年，中国矿业大学北京校区从母体学校独立出来，正式命名为中国矿业大学（北京），标志着中国矿业大学（徐州）和中国矿业大学（北京）成为两个相互独立、各具特色的办学实体。

中国矿业大学（徐州），作为全国唯一以矿业命名的高水平特色大学，经过长期的建设与发展，已构建起一个以理工为主体，能源资源为特色，同时涵盖理工文管法经教艺等多学科的协调发展体系。学校的矿业工程学科，自1909年创办以来，已发展成为以矿业工程为核心，地质资源与地质工程、机械工程、土木工程等为支撑学科的学科群。在安全科学与工程学科方面，尤其在瓦斯治理、煤矿火灾与爆炸、煤岩动力灾害预测预报等研究领域，取得了国际领先的研究成果。中国矿业大学（北京）在煤炭能源的勘探、开发、利用以及相关领域，如矿建、安全、测绘、机械、信息技术、生态恢复、管理工程等，也形成了自己的优势品牌和鲜明特色。该校的矿业科学与工程学科群，以矿业工程为引领，带动土木工程、机械工程等学科的发展，形成了有机的学科群整体。在安全科学与工程领域，该校实现了从生产安全到职业安全再到生态安全的学科拓展与转型。

中国矿业大学（徐州）设有23个学院，其中力学与土木工程学院拥有百余年办学历史，积淀深厚。安全工程学院下设6个研究所，拥有一支以周世宁院士为学术带头人的高水平创新学术团队。中国矿业大学（北京）设有13个学院，在矿业工程及相关领域拥有雄厚的科研实力，包括3个省部级科研平台和2个煤炭行业工程研究中心。应急管理与安全工程学院的办学历史可追溯至1953年原北京矿业学院采煤系矿山通风与安全教研室。学院拥有一支由多位知名专家学者组成的兼职教授团队，其中包括中国工程院院士彭苏萍、武强、袁亮、张铁岗等，他们为学院的学科建设和教学工作注入了强大的活力。

截至2023年，中国矿业大学（徐州）有各类全日制在校学生34850人，其中全日制本科生23787人，硕士研究生8713人，博士研究生1640人，留学生670人，本科生占全日制在校学生总数的68.26%。在人才培养方面，中国矿业大学（徐州）选择面向艰苦行业培养创新人才的模式，通过强化使命、个性化培养、研学交融以及校企协同，为煤炭行业输送顺应时代之需的高质量人才。中国矿业大学（北京）共有全日制在校普通本科学生8774人，本科生占全日制在校生总数的52.62%。中国矿业大学（北京）推行创新型研究生教育和研究型本科教育，打造能源工业精英教育教学体系。学校积极构建开放式研究生教育培养格局，拓展与境外高校的交流渠道，先后与51所境外著名高校和科研院所达成合作协议。建立了"高校-科研单位-企业"三位一体的专业学位研究生工作站培养体系，实施研究生优秀生源工程，全面提升研究生培养管理水平。

中国矿业大学（徐州）现有专任教师2019人，外聘教师1167人。专任教师中，受聘正高级岗位的教师462人，受聘副高级岗位教师867人，受聘高级岗位教师占专任教师总数的65.82%；专任教师中，获得博士学位1708人，硕士学位271人，具有博士学位专任教师占比94.60%。中国矿业大学（徐州）的科研团队在多个领域取得了卓越的科研成果。在充填采煤领域，基础理论与应用研究团队成功建立了采动岩体力学与充填采煤新理论。中国矿业大学（北京）现有教职工1047人。专任教师中，有正高级职称235人，副高级职称309人；具有博士学位的教师比例达87%以上，98%具有硕士及以上学位；89%为"双一流"建设高校毕业，63%为45岁以下中青年教师。中国矿业大学（北京）拥有中国科学院院士1名，中国工程院院士3名，俄罗斯工程院外籍院士2名，阿根廷国家工程院院士1名，国际欧亚科学院院士1名。中国矿业大学（北京）煤炭开采的地质保障理论与技术团队设计开发了系列防爆矿井地质雷达，研究开发了矿井地质构造精细地震探测装备与技术以及矿井瞬变电磁探测装备与方法，研制开发了矿山开采动力灾害源预警装备系统。

中国矿业大学（徐州）坐落在风景秀丽的云龙湖畔，占地面积约为280万平方米。校园内建筑风格多样，既有古朴典雅的教学楼，也有现代气息浓厚的实验楼。学校的宿舍条件舒适，配置良好，提供安全的居住环境。南湖校区环绕着云龙湖国家5A级景区，自然环境优美。校园内不仅有美丽的湖泊和绿树成荫的小道，还有多个供学生休息和学习的场所，如图书馆、露天走廊等。中国矿业大学（北京）位于北京市海淀区，校园规划合理，绿树成荫。学校的建筑物风格多样，既有古朴典雅的教学楼和图书馆，也有现代化的实验楼和学生活动中心。学校的教学设施和设备齐全，包括宽敞的教室、先进的实验室、图书馆等。学校还注重景观设计，建造了多处具有文化特色的景点，如校园内的湖泊、亭台等。校园文化氛围浓厚，鼓励学生参加各种学术、科技活动和文化艺术活动。学校拥有完善的室内外运动设施，如篮球场、足球场、羽毛球场、网球场、健身房等，为师生提供了充足的运动空间。

中国矿业大学（徐州）以"崇德尚学"为校训，深刻体现了大学教育的核心使命。学校坚信立德树人是教育的根本任务，强调以德为先、以学为本，并倡导师生要自觉做到"尊德性而道问学"。展望未来，中国矿业大学（徐州）将秉持开拓创新的精神，"踔厉奋发、勇毅前行"，不断探索科学真理，勇于开创学术新境界。中国矿业大学（北京）坚守"明德至善、好学力行"的校训，彰显出对高尚品德修养的追求和对完美人生境界的向往。学校将秉持"育人为本，德育为先"的办学理念，扎根中国大地，引领能源科教事业的发展。学校不仅致力于开采光明、造福人类，更将努力培育能源工业的精英人才，努力将学校建设成为世界一流的能源科技大学，为推动能源领域的科技进步和社会发展做出更大的贡献。

河海大学

　　河海大学（Hohai University）位于江苏省南京市，拥有百余年办学历史，是教育部直属全国重点大学。从1915年起，河海大学承袭禹志、逐梦笃行，坚守"治水救国、治水报国、治水强国"理念，谱写着"大哉河海奔前程"的绚丽华章。一百多年来，学校在治水兴邦的奋斗历程中发展壮大，被誉为"水利高层次创新创业人才培养的摇篮和水利科技创新的重要基地"，培育了一批又一批建设性人才，如我国现代水利工程技术的开拓者汪胡桢、沈珠江、陆佑楣、吴中如等两院院士，以及长江三峡、黄河小浪底、南水北调这三个中国最大、世界瞩目的水利工程建设期间的主要负责人等。

　　河海大学历经"老河海、华水、新河海"三个历史发展阶

段。1915年，在教育救国、实业救国的大潮中，爱国实业家、教育家张謇创建了河海工程专门学校，开创了中国水利高等教育之先河，学校聘请了黄炎培、许肇南等学贯中西的英才俊杰，他们满怀壮志豪情，为实现民族独立和治水救国理想贡献了重要力量。1924年，河海工程专门学校与并入的国立东南大学工科成立河海工科大学，茅以升任首届校长。1927年并入第四中山大学土木工程系（后历经江苏大学工学院土木系、中央大学工学院水利组、中央大学水利系、南京大学水利系等多次更名）。1952年，为适应气壮山河的水利建设对专门人才的迫切需要，国家决定组建中国第一所水利学科门类齐全的高等院校——华东水利学院，1981年11月26日，经国务院批准，学校成为全国首批博士、硕士学位授予单位。1985年，学校恢复传统校名河海大学。

河海大学是国家首批授权授予学士、硕士和博士学位的高校之一，拥有42个一级学科，覆盖了哲学、经济学、法学、教育学、文学、理学、工学、农学、管理学9个学科门类。水利工程、环境科学与工程2个学科入围一流学科建设名单。水利工程学科下设水工结构工程、水力学及河流动力学、水利水电工程以及水利水电建设工程管理等学科，师资力量雄厚，拥有院士作为学科带头人或学术顾问。环境科学与工程学科重点在水资源保护理论与水环境修复技术、环境与生态水力学及应用、流域水污染控制和水环境质量改善。固体废弃物处置与资源化技术、污水处理及废水回用技术等方面开展基础理论与应用技术研究。目前已形成以水资源保护与水环境修复等为鲜明特色的学科发展方向，通过学科交叉，产出了一批具有国际重大影响力以及应用价值的高水平研究成果。学校依托优势学科，在水旱灾害防御、国家水网重大工程建设、河湖生态环境治理、智慧水利建设、新能源开发等重点领域，紧密结合三峡工程、南水北调工程、西南水电开发、流域综合治理等重大工程建设管理，承担了一大批国家层面重点、重大研究计划和科研项目，实现一系列引领性、原创性、标志性的成果产出。

河海大学设有水文水资源学院、水利水电学院、港口海岸与近海工程学院等31个院系。各学院依托自身学科及培养特色，潜心研究。水利水电学院先后承担了三峡、小浪底、南水北调等遍布国内外的重大工程科研项目，为国家培养了2万余名毕业生，这些毕业生如今已成为国民经济战场的主力军和水利水电建设的骨干力量，如吴中如院士、唐洪武院士等，为国家的繁荣与发展做出了巨大贡献。港口海岸与近海工程学院开创了我国淤泥质海岸研究工作的先河，为海岸防护国家规范的制定提供了科学依据，牵头开展了世界上首次大规模、系统综合的全国海岸带和海涂资源综合调查，完成了我国首座核电站大亚湾的涉海工程及温排放布置，突破了世界上在深水区以及2个港池内建港和布置取水口的传统模式。河海大学还创建了一批具有独特培养方式的学院。大禹学院是河海大学培养拔尖创新人才的荣誉学院，学院采取自主招生、滚动淘汰及二次选拔的方式，打造本、硕、博贯通的培养模式，并以小班化教学、国际交流和导师制为抓手，采用厚基础、宽口径的大类基础教育与自主性、个性化专业培养相结合的培养模式。里尔学院是河海大学与法国里尔大学强强联合，依托优势学科，开展高层次精英人才培养的学院。学院实行6年一贯制、分级分流机制，本科阶段4年+硕士研究生阶段2年；包含基础通识教育阶段（1~2年）以及工程师教育阶段（3~6年），注重国际化工程师的综合能力。

河海大学现有在校生57969名。其中，本科生21571名，研究生18536名，留学生1562名，成人本专科生16260名，预科生40名。学校大力推进教育对外开放，广泛开展国际合作与交流，是国家首批授权可授予外国留学生博士、硕士、学士学位的高校，已为100多个国家和地区培养了数千名各类人才。为创新研究生培养模式，提高研究生培养质量，河海大学于2004年起先后与相关部门单位共同建设了长江研究生培养基地、黄河研究生培养基地以及西部水电开发研究生培养基地，并在上述基地聘任了150余名学术造诣深厚、工程经验丰富的高级专家为研究生导师，每年选拔已完成基础课与专业课程学习的优秀研究生进入基地培养。进入基地培养的研究生实行双导师制，学生在基地期间主要由基地导师负责指导其有关科学研究与学位论文的选题、研究和写作，学校导师协助对论文进度、质量等进行监控与全面把关。经过几年实践，这种"理论训练+工程实践"的创新人才培养模式已经取得明显成效，已被列入国家研究生教育创新计划的重要内容和国家研究生创新中心的组成部分。

学校大力实施人才强校战略，构建高水平师资队伍。学校现有教职工3636名，具有高级职称的1654名，博士生导师604人。学校现有院士5人（其中外籍院士3人），入选国家级高层次人才103人次，生师比为17.98：1。教师团队坚持立德树人、有组织科研攻关，其中三支教师团队被评为"全国高校黄大年式教师团队"。疏浚教育和研究教师团队在国内高校中首开疏浚教育研究方向，建成国内高校唯一一个疏浚技术教育部工程研究中心，在国内率先搭建一批疏浚科研与教学实验平台，为我国疏浚装备与技术研究提供了系统的实验研究手段。土木工程防灾减灾教师团队破解山区河谷应力奇异的瓶颈难题，建立高山峡谷地震波动理论，研发高山峡谷地区桥梁和边坡抗震技术，攻克控制性桥梁抗震输入难题及高陡边坡稳定控制难题，保障重大基础设施工程安全。近5年，培养的学生中，约200名投身艰苦行业和国防建设，35人赴云南新疆等地。水环境模拟与生态修复教师团队以培养流域水环境保护急需人才为己任，面向长江大保护等国家重大战略开展科学研究，护航流域绿色低碳高质量发展。

河海大学在南京市、常州市分别设有西康路校区、江宁校区和常州校区，占地面积164.27万平方米。西康路校区工程馆与水利馆历史感厚重，整个建筑的结构设计和风格保持一致。奶黄色的外墙，灰色屋脊，墨绿的窗玻璃，简洁明朗。更引人注目的，还是爬满了常青藤的外墙，肃穆而又不失生机，使整个建筑物呈现出特有的文化气质，见证了一代又一代河海学子在此严谨治学，迎着希望，砥砺深耕。河海大学历史底蕴深厚、特色鲜明，"上善若水，笃学敦行"的河海文化、"我饮河海一滴水，我献祖国一生情"的河海精神、"献身、求实、负责"的水利精神以及"爱国 爱水 爱校"的三爱，构筑起河海人共同的精神家园，河海人肩负"治水兴邦"的使命担当，坚守"毋负邦人期"的价值追求，艰苦创业、砥砺奋进，始终把成果书写在祖国大地上。河海大学学习资源全面丰富，信息化建设完善。学校以纸质书刊资源为基础，力推以移动图书馆等新兴媒体为代表的优质教学文献资源服务，构建了线上线下、校内校外无疆界的信息资源服务体系。在文化素质教育方面，河海大学与南京航空航天大学、南京师范大学、南京医科大学四校联合共建国家大学生文化素质教育基地，进行校园文化互补、课程资源连通、智力资源共享、社团组织互动、实践活动联合等。学校开展博雅大讲堂、博雅剧场等品牌活动。博雅大讲堂遵循"以博笃学，以雅敦行"的理念，不断推动文、理、工、医等学科之间的渗透，广泛邀请校内外名师和社会知名人士，每学期为同学们举办多场高水准的讲座和报告会。极大扩展了学生的知识面，提高了学术热情。

河海大学将秉承"艰苦朴素、实事求是、严格要求、勇于探索"的校训精神，以科教融合、产教融合加强人才培养，聚力打造保障国家水安全、引领世界水科技、参与全球水治理的人才中心和创新高地，朝着世界一流特色研究型大学的奋斗目标昂首迈进。

江南大学

江南大学（Jiangnan University），坐落于江苏省无锡市，是一所具有轻工特色的综合性大学，是中国轻工、食品、工业生物技术高科技的摇篮，被誉为"太湖之滨的教育明珠""中国轻工高等教育的明珠"。被尊为"博通四部的国学大师"钱穆、知名雕塑家钱绍武曾在此任职，诸多国内轻工领域领军人物从这里走出，包括朱宝镛、檀耀辉等发酵工程学科泰斗级带头人，获得中国粮油学会终身成就奖的姚惠源等。从2008年北京奥运会奖牌设计到2022年北京奥运会吉祥物"冰墩墩"，江南大学的学子在轻工领域大放异彩。江南大学在食品科学工程、轻工技术与工程等领域具有卓越的学科实力和出色的就业前景，使之成为众多

学子梦寐以求的求学之地。

江南大学前身是从南京工学院（现东南大学）食品工业系演变而来的无锡轻工业大学，其办学最早可追溯至1902年在南京创办的三江师范学堂，具有厚重的历史文化积淀。百年沧桑，薪火传承，江南大学先后历经两江师范学堂、南京高等师范学校、国立东南大学、国立第四中山大学、国立中央大学、南京大学和南京工学院等时期。1952年，由原南京大学、复旦大学、武汉大学、浙江大学、私立江南大学的有关系科组建成南京工学院食品工业系。1958年，南京工学院食品工业系整建制东迁无锡市原华东艺专旧址独立建校，成立无锡轻工业学院，并于1995年更名为无锡轻工大学。1962年，无锡纺织工学院并入无锡轻工业学院，成立纺织工程系。1984年首建食品工程博士学位授权点，1988年首建工业发酵国家重点学科。1997年，成为"211工程"重点建设高校。2001年，无锡轻工大学、江南学院（1947年创办）、无锡教育学院（1955年创办）合并组建江南大学，随后2003年东华大学无锡校区并入。2017年入选一流学科建设高校，2022年启用东氿校区。历经122年的风雨沧桑和半个多世纪的独立办学，江南大学已建设成为在国内外具有一定知名度的综合性大学。

江南大学轻工类学科齐全，特色鲜明，涵盖理、工、医、文、法、经济、管理、教育、艺术、交叉学科共10个学科。其中，食品科学与工程学科创建最早，基础最好，覆盖面最广，不仅在国内拥有绝对领先的优势，而且在国际上也具备世界领先的实力，成为亚洲地区率先通过美国食品科学技术学会国际认证。该学科紧紧围绕国家与行业发展战略，立足人民对美好生活的需求，以化学、工程学和生物学为基础，研究食品及原材料特性、食品营养质量与安全、食品工程加工技术等，致力于培养未来食品科学家与工程师，研发生产更营养、更健康、更安全的食品。目前拥有食品科学与技术国家重点实验室（食品领域唯一）、粮食发酵工艺与技术国家工程实验室、国家功能食品工程技术研究中心、益生菌与肠道健康国际联合研究中心（食品领域唯一）等5个国家级平台。轻工技术与工程学科实力雄厚，尤其以发酵工程和制糖工程为特色，目前拥有粮食发酵与食品生物制造国家工程研究中心、食品科学与资源挖掘全国重点实验室、糖化学与生物技术教育部重点实验室等多个科学研究平台。

江南大学设有18个学院（部），包括食品学院、生物工程学院、设计学院、纺织科学与工程学院、化学与材料工程学院、生命科学与健康工程学院等。食品学院历史深厚，实力强劲，起源于1902年三江师范学堂设立的农业博物科，后经1950年南京大学农学院食品工业系、南京工学院食品工业系等发展而成。学院深入推进产学研合作，与全国知名企业建立的战略联盟，以及与中粮集团、鲁花集团、雨润集团、美国奥特奇（Alltech）等70余家食品加工领域领军企业建立联合研发中心及长期合作关系。生物工程学院、可追溯至20世纪30年代初时国立中央大学的农科农化系食品发酵学术方向，是中国发酵工程学科的发源地，现今中国轻工生物技术与发酵工程领域中极具品牌影响力和竞争力的高等教育基地。中国第一代发酵学科魏喦寿、陈騊声、金培松、秦含章、朱宝镛等大师级人才在此执教，培育了大批酿造微生物学方向的杰出人才。设计学院的"艺术设计专业教学团队"获批为国家级教学团队，曾经五次荣获国家级教学成果奖。

　　截至2023年11月，江南大学拥有教职员工3447人，其中专任教师2107人，专任教师高级职称人员比例72.7%，博士学位人员比例72.1%，具有一年以上海外研修经历人员比46.7%。拥有中国工程院院士4人，"国家级引进人才"入选者21人、"教育部国家级人才项目"入选者23人，"国家特殊人才支持计划"32人，"国家杰出青年科学基金"与"国家优秀青年基金"获得者29人，"973项目"首席科学家1人，"新世纪百千万人才工程"国家级人选8人；全国高校黄大年式教师团队2个，部省级创新团队51个。杰出教师带领团队攻坚克难，成就突出。如发明了耐胁迫植物乳杆菌定向选育及发酵关键技术，基于体外实验、细胞模型和活体动物模型的功能评价方法，淀粉加工关键酶制剂的创制及工业化应用技术，扭转了中国长期依赖进口酶导致的淀粉加工技术优势不足的局面，荣获国家技术发明奖二等奖。

　　江南大学坚持立德树人，致力于培养高素质创新型专门人才。截至2023年11月，现有在校本科生21065人、博硕士研究生12877人、留学生308人。其毕业生就业率稳定在95%以上，位列全国高校就业工作50强。本科人才培养方面，江南大学积极探索拔尖创新人才的培养路径，于2009成立至善学院。至善学院以跨学科培养为路径，以"荣誉吸引、资源倾斜、能力强化"为导向，采取双向选择、优胜劣汰的选培机制，旨在培养"宽基础、高视野、大格局、会思考、有情怀"的多学科拔尖创新人才。面向全校本科各个专业各个年级，选拔前3%具有突出培养潜质或特殊专长的优秀学生，聘请国内知名教授与数十位外教指导，至善生的专业学习在生源学院、素养提升在至善学院，并配以一对一至善导师加以引导。研究生培养层面，江南大学坚持分类培养、优化课程体系，深化落实科教融合、产教融合、教研相长的育人机制，与42个国家和地区的234所高校及科研机构签订合作交流协议，入选首批国家级创新创业教育实践基地；获评"全国创新创业典型经验高校""深化创新创业教育改革示范高校"；获批"全国高校实践育人创新创业基地""健康食品国家专业化众创空间"等。国际交流合作方面，江南大学约29%的学生拥有海外交流、交换经历，建有国际联合实验室36个，获批教育部中外人文交流中心。"高层次国际化人才培养创新实践基地"牵头成立"一带一路"高校食品教育科技联盟、江苏-韩国高校合作联盟。

江南大学位于鱼米之乡江苏省无锡市，这里气候温和湿润，四季分明，水乡文化绵绵流长，同时经济活力旺盛，是中国民族工业、乡镇企业的发祥地。江南大学拥有蠡湖校区、东氿校区，总占地面积252.4万平方米，总建筑面积119.8万平方米。江南大学以"曲水流觞，生态校园"为设计理念，校园空间与太湖景区以及长广溪绿化带有机融合，校园建筑呈线形跌宕错落展开，倾力打造曲水流觞的现代化、信息化、生态化、园林化生态校园，曾获教育部校园规划一等奖。校园内有爱晓亭、听雨轩、南阳亭、怀远亭等大大小小30多座桥，江南特有的青瓦白墙，颇具江南风情，沉稳的基调符合严谨的、以工科为主体的治学传统与特色。校园设施完善，文化生活丰富。除体育场、馆、文浩科学馆、国际学术交流中心等文体场馆外，还建有国家大学生文化素质教育基地、设计馆、民间服饰传习馆、酒科技馆、人体科学馆、食品学科史馆等文化展馆；还举办江南大学网络文化节、"江南之春"大学生文化艺术节等特色文化活动。另外，江南大学图书馆资源丰富，尤以食品科学与工程、轻工技术与工程等学科的文献最为系统完整，截至2023年9月，江南大学拥有纸质图书306.24万册，电子图书746.5万册。

江南大学在长期的办学实践中，形成了"笃学尚行，止于至善"的校训精神，"彰显轻工特色，服务国计民生；创新培养模式，造就行业中坚"的办学理念，在创新型国家建设、区域创新体系建设过程中发挥了巨大作用，已逐步建成一所规模结构合理、学科协调发展、教学质量优秀、办学效益显著、社会美誉度高，国内有影响力、国际有知名度的特色鲜明的高水平大学。面向未来，江南大学深入推进教育教学改革，持续提升办学水平，继续秉承"质量立校、人才强校、服务兴校、机制活校、文化铸校"的发展方略，以建设"世界知名、中国一流、江南风格的研究型大学"为战略目标，砥砺前行。

安徽大学

　　安徽大学（Anhui University），坐落于安徽省合肥市，由安徽省人民政府与教育部共同组建，是国家"双一流"和"211工程"建设首批入列高校，是安徽省属重点综合性大学。作为安徽省建校最早的高等学府之一，安徽大学始终秉承"文化丕成、民族是昌"理想，坚持高质量内涵式发展，为全面建设现代化美好安徽、服务国家重大战略贡献力量。学校着力构建文理交融、理工互通、寓教于研的人才培养机制，累计培养了38万余名优秀毕业生，是安徽省内毕业生人数最多、分布最广、影响最大的高校，被誉为省属高校的"排头兵、领头雁"。学校在科研发展上始终紧密贴合安徽省的发展脉搏，深度融入地方经济、社会与文化的实际需求中，推动科研成果的转化与应用，为地方发展贡献独特的智慧与力量。

　　1928年，安徽大学肇基于安徽省安庆市，开启安徽省现代高等教育之先河。国学大师刘文典担任首任校长。他秉承蔡元培的教育理念，坚决捍卫学术的独立性和思想的自由性。随着时代的变迁，1949年国立安徽大学迁至芜湖市，与安徽学院合并，

形成了学科门类齐备的综合性大学，成为安徽省内独树一帜的高等学府。1954年，学校迁址合肥市，进一步稳固了其作为区域教育中心的地位。值得一提的是，1958年9月16日，安徽大学校名获得毛泽东主席的亲笔题写，成为少数几所享有此殊荣的大学之一，自此，每年的9月16日便成为安徽大学的校庆日，象征着学校的荣耀与传承。在发展历程中，安徽大学不断获得政府和社会各界的支持与认可。1983年，安徽大学被中共安徽省委、安徽省人民政府确立为省属重点综合大学。随后，1993年中共安徽省委、安徽省人民政府积极响应国家"211工程"的战略部署，全力支持安徽大学争创国家"211工程"重点建设高校。经过不懈努力，1997年12月，安徽大学正式通过"211工程"立项审核，开启了学校发展的新篇章。进入21世纪，安徽大学持续在高等教育领域取得显著成就。2017年9月，学校成功入选国家"双一流"建设高校名单，彰显了其在学科建设和学术研究方面的卓越实力。2018年3月，安徽大学又荣获教育部首批"新工科"研究与实践项目，为培养新时代工程技术人才贡献了力量。如今的安徽大学，立足合肥，服务安徽，辐射全国，以其卓越的学术成就和人才培养质量，为区域乃至国家的振兴发展做出了积极贡献。

安徽大学形成以理工文科为主，多学科相互支撑、协调发展的专业结构。作为一所综合性大学，学校学科门类齐全，专业特色鲜明，涵盖理学、工学、文学、历史学、哲学、经济学、法学、管理学、教育学、艺术学、交叉学科11大门类。学校的优势学科有计算机科学与技术、数学、生态学、统计学、法学等。其中，材料科学与工程入选一流学科，研究方向涵盖了功能薄膜材料、电催化材料、光催化材料、新能源材料与器件、先进红外光电材料、先进磁性材料与器件、太阳能电池材料、纳米材料、新型氧化物材料和纳米结构薄膜与器件等多个领域，紧密结合国家重大需求和学科前沿。生态学科的研究方向涵盖了生物与环境之间的相互作用，包括工业生态、城市生态和普通生态等领域，致力于生态规划、研究、建设、改造和管理，以建造绿色生态的环境并减少城市污染。考古学是国家特色本科专业，也是安徽省一流本科专业，研究方向涵盖了多个子学科领域，包括中国考古、博物馆学、科技考古以及文化遗产保护等，不仅关注古代文化的发掘与研究，还注重现代科技在考古领域的应用，以及文化遗产的保护与传承。

安徽大学学院建设响应合肥发展与国家战略。材料科学与工程学院聚焦一流学科建设，瞄准国家战略，推动新兴材料产业升级与技术进步，建有磁性功能材料与器件安徽省重点实验室、磁性材料安徽省工程技术研究中心等省级以上平台，并且组建了"量子材料与器件""先进半导体材料与器件""拓扑磁结构与存储芯片"等多个科研攻关团队，推进材料学科加快建设、特色建设和高质量建设。集成电路学院应国家集成电路产业大发展战略和"新工科"建设要求而生，以存储芯片和人工智能芯片为特色研究方向，参与了合肥综合性国家科学中心集成电路先进材料与技术产教研融合研究院建设，形成了面向集成电路产业的基础研究、技术创新和行业应用一体化的基础性、研发性综合平台。文典学院承接"安徽大学基础学科拔尖型创新人才培养计划"和"安徽大学集成电路英才计划"，以"创新学院、全校办院、特色培养"为办院方针，以立德树人为人才培养根本宗旨，构建了"以学生发展为中心的研究型教学模式"，旨在培养服务国家重大战略需求的高素质创新人才。

安徽大学紧密依托合肥这座充满活力和发展力的城市，结合其地域特色与发展趋势，精心构建了特色鲜明、与时俱进的本科生与研究生育人模式。截至2023年11月，学校有本科生31321人、博硕士研究生14199人。在本科生培养方面，学校积极推进本科"英才班"拔尖创新人才培养，协同中科院合肥研究院建设"集成电路先进材料"等5个英才班，共选拔202名学生。同时，学校已经构建了基础学科专业拔尖人才、应用学科专业创新型研究人才、应用型卓越人才、复合型人才和创业型人才等多类型人才培养模式。在研究生培养方面，学校初步建立以职业需求为导向，以实践能力培养为重点，以产学结合为途径的专业学位研究生培养模式改革目标，持续推进与中国科学院合肥物质研究院等高水平科研院所联合培养研究生。同时，学校要求所有专业硕士研究生按培养方案要求必须到企业或政府参加实习、实践，形成了与实习、实践单位联合培养模式。安徽大学紧密结合合肥的发展特点和地域优势，不断创新和完善本科生与研究生育人模式，为培养具有创新精神和实践能力的高素质人才奠定了坚实基础。此外，安徽大学坚持开放办学，与美、英、德、日等国家和地区的152所高校和科研机构建立了交流合作关系，与俄罗斯、法国、波兰、日本、韩国、墨西哥合作高校共建有9个"中国中心"。

截至2023年11月，安徽大学现有教职工3360余人，其中专任教师2437人，副高以上专业技术职务者1142人；实质双聘院士4名；全职引育"国家杰青""万人领军"等国家级领军人才73人次；教育部新世纪优秀人才、安徽省"海外高层次人才""学术和技术带头人"等地方领军人才523人次。安徽大学的科研团队成果斐然,不仅在学术界崭露头角,更以多项创新成果为行业和社会发展做出了突出贡献。袁亮院士团队积极推广"煤与瓦斯共采"技术以求提升我国煤矿产业的安全状况,研究成果对我国和世界低透气性高瓦斯煤层煤与瓦斯共采技术的发展做出了重要贡献;朱满洲、陈爽团队主要从事金属纳米团簇等方面的研究,其团队在《科学》(Science)正刊上发表科研论文,实现安徽大学以第一完成单位在《科学》正刊上发表科研论文零的突破。

安徽大学现有磬苑、龙河、史河路和泗州路4个校区,其中龙河校区是安徽大学历史最悠久、最古朴的校区。教学主楼无疑是龙河校区最为醒目的标志性建筑,矗立于校园的中心位置,不仅代表着安徽大学的学术权威与教学质量,更是安徽省文化遗产的重要组成部分。文典阁矗立于磬苑校区,作为校园标志性建筑,不仅蕴含深厚文化内涵与独特风格,更是对首任主政刘文典先生学识与贡献的纪念,彰显对知识的尊重与传承。文典阁见证全体学子奋斗成长,守护梦想,无数学子在此孜孜以求,迈向美好未来。在文殿阁里还珍藏着一批珍贵的战国中早期的楚简,也被称为"安大简"。这批竹简涉及经学、史学、哲学、文学和语言文字学等多个学科领域,包括《诗经》、孔子语录和儒家著作、楚史、楚辞以及相术等方面的作品,是安徽大学乃至全国学术界的重要研究资源。

安徽大学的校训"至诚至坚,博学笃行"是对学校育人理念的精准概括,既要求学子们以诚信和坚毅为品质核心,塑造正直的人格;又鼓励学生积极追求广博的学识,强调理论与实践的结合,将所学知识应用于实际,不断提升自我。正是基于这样的育人理念,安徽大学不仅致力于培养德才兼备的优秀人才,还积极投身于国家和地方的发展建设之中。安徽大学正在努力成为长三角一体化高质量发展和现代化美好安徽建设不可或缺的重要力量,为全面建成社会主义现代化强国和实现中华民族伟大复兴的中国梦做出更大贡献,在此基础上提出自己的发展目标:到2025年,学校整体办学实力和水平大幅提升,朝着2028年建校百年时全面实现国际知名国内一流高水平大学的目标奋勇前进;展望2035年,学校要构建完成综合性研究型大学发展体系,朝着建设世界一流大学大步迈进。

中国科学技术大学

中国科学技术大学（University of Science and Technology of China）位于安徽省合肥市。中国科学技术大学是中国科学院所属的一所以前沿科学和高新技术为主，兼有医学、特色管理和人文学科的理工类大学。它的创办被称为"我国教育史和科学史上的一项重大事件"。建校后，中国科学院实施"全院办校、所系结合"的办学方针，高起点、宽口径培养新兴、边缘、交叉学科的尖端科技人才，汇集了严济慈、华罗庚、钱学森、赵忠尧、郭永怀、赵九章、贝时璋等一批著名科学家。中国科学技术大学的校友在"两弹一星""神舟飞船""嫦娥奔月"等重大科学计划和大科学工程中均发挥了关键作用，为国家科技进步做出了卓越贡献。

中国科学技术大学在中华人民共和国成立之初应国家对尖

端科技人才的急需而创办，自成立以来经历了4个阶段。中国科学技术大学创建于1958年，郭沫若任首任校长。1970年年初，学校迁至安徽省合肥市。1978年，中国科学技术大学逐渐回到正常的办学轨道，开始了"第二次创业"。在国家的支持下，中国科学技术大学于1978年3月开设了少年班。1984年，中国科学技术大学被国务院批准为七五期间国家重点建设的10所高校之一。1993年，国家制定了《中国教育改革与发展纲要》，提出要办好100所左右的重点大学，开始实施"211工程"；随后1998年，教育部决定重点支持部分高校创建世界一流大学和高水平大学，即"985工程"。作为国家首批211工程和985工程支持对象，中国科学技术大学大力推行教学科研改革和结构性调整，开始了第三次创业。

中国科学技术大学是国内在自然科学和工程技术领域享有盛誉的研究型大学。学校拥有47个本科专业，尤其在物理学、化学、材料科学、工程学和计算机科学等核心理工科学科领域，中国科学技术大学在国内外都建立了卓越的学术声誉。在理科领域，物理学、化学和天文学都是中国科学技术大学的传统强项。物理学科在基础研究和应用研究方面均取得了重要成果，涵盖了理论物理、实验物理等多个方向。化学学科则在有机化学、无机化学、物理化学等领域具有深厚的研究基础，并在材料化学、环境化学等新兴领域取得了显著进展。天文学学科在天文观测、天体物理和宇宙学等方面有深入的研究，拥有先进的天文观测设备和实验室条件。在工科领域，计算机科学和材料科学是中国科学技术大学的突出优势。计算机科学学科在人工智能、软件工程、计算机网络等领域拥有强大的研究团队和丰硕的研究成果，与国内外众多知名企业和研究机构建立了紧密的合作关系。材料科学学科则在新型材料的设计、制备和应用方面取得了重要突破，为国家的材料产业发展提供了有力支持。

中国科学技术大学现有32个学院，含8个科教融合学院。物理学院由物理系、近代物理系、光学与光学工程系、天文学系、工程与应用物理系和物理实验教学中心等单位组成。建校之初，著名物理学家严济慈、赵忠尧、施汝为、张文裕、钱三强、钱临照、彭桓武、马大猷、朱洪元等人曾在各系担任重要职务并执教多年。化学与材料科学学院由化学物理系、应用化学系、化学系、材料科学与工程系、高分子科学与工程系和化学实验教学中心六个单位组成。生命科学学院的前身是1958年创校之初13个系之一的生物物理系，由时任中国科学院生物物理所所长、中国生物物理学的奠基人贝时璋院士担任首任系主任。经过几代人辛勤耕耘，生命科学学院已成为中国生命科学领域最具特色和影响力的高层次人才培养和高水平科学研究基地之一。少年班学院成立于1978年，致力于培养具有国际视野和创新能力的顶尖科学家和科技领军人才。项目面向有志于服务国家重大战略需求、从事科学研究的中学生，特别是那些在数理基础方面表现出特长的学生。

中国科学技术大学自成立以来，不仅吸引了来自中国各地的优秀学生，还吸引了众多国际学生前来学习和研究。截至2023年，中国科学技术大学共有学生超过27500人，包括本科生7200余人、研究生20320余人，其中在学博士研究生8301人，全日制学术型硕士研究生6677人，全日制专业学位硕士研究生6527人，非全日制专业学位硕士1870人，中科院代培研究生843人。少年班学院招收新生304人，同时自少年班成立以来已培养青少年优秀人才4000余人。中国科学技术大学的研究生教育的主要特色是"科教融合"，其卓越的学术研究与培养模式为学校赢得了国内外的广泛声誉。在培养方式方面，学校整合大学与科研院所的资源，包括整合学科、科研平台、导师、教学等多方资源，为研究生的创新能力培养提供新的方法与途径。在融合过程中，既有资源的相加，也有投入增量资源来做改革，如中国科学技术大学对每个科教融合的研究所都给予了一定的研究生配套指标，从而顺利实现双方在研究生教育方面的融合。

随着国际化办学水平和教育质量的持续提升，越来越多的国际学生选择来此学习。学校有超过1000名国际学生，这些国际学生不仅为学校带来了多样性和全球视野，也为中国科学技术大学的学术研究和文化交流做出了重要贡献。学校现有数学、物理、化学、材料、生物科学、工科试验班、电子信息、计算机、地球物理、环境科学、经济管理试验班、核工程12个大类共35个专业方向面向国际学生招生；有115个硕士研究生项目和94个博士研究生项目招收国际学生；苏州项目现已面向国际学生开设全英文授课硕士项目，含工商管理硕士、公共管理硕士、计算机技术硕士、软件工程硕士等。中国科学技术大学对学生的申请条件有着严格的要求。除了学术成绩外，学校还重视学生的创新能力、领导力、社会服务和国际视野等。

截至2023年12月，学校共有教学与科研人员2995人。其中，教授1055人，副教授1092人；两院院士等高层次人才不重复统计共有708人，占固定教师总数的44.7%。中国科学技术大学的师资力量不仅体现在现有的教师队伍上，还体现在对青年人才的培养和吸引上。45岁及以下青年教师约占教师总数的74%，45岁及以下青年人才占高层次人才的66.7%，人才队伍朝气蓬勃。学校设有多个人才培养和引进项目，为青年学者提供了良好的发展环境和机会。这些项目不仅帮助学校吸引了大量的高层次人才，还为学术研究和人才培养注入了新的活力。

中国科学技术大学的校园面积为165万平方米。这里环境优美、气候宜人，为学术研究和生活提供了良好的条件。学校的建筑风格、校园景观以及各类地标建筑也体现了其独特的校园文化，如老北门、一鉴亭、"孺子牛"雕塑、郭沫若广场等，这些地标不仅具有历史和文化价值，也是师生们共同的记忆和情感的寄托。学校定期举办各种学术讲座、研讨会和论坛，为师生提供了广阔的学术交流平台。同时，各种文化节、艺术展演、体育比赛等活动也层出不穷，这些活动不仅丰富了师生的课余生活，也提升了校园的文化氛围。2023年5月，学校在校园西区也西湖畔建造了一座闲适别致的建筑"西区学术交流空间"，建筑总面积约为449平方米，含地上地下共两层，集校园文创展示、读书吧、精品咖啡等为一体，主要用于学校文化交流、展览阅读、师生休闲等功能。

中国科学技术大学的校训是"红专并进，理实交融"，强调品行操守与业务技能的相得益彰，以及理论与实践的紧密结合。这一校训不仅贯穿于学校的教育教学之中，也深深烙印在每一位师生的心中，成为他们追求学术卓越和人格完善的指南。建校60多年来，中国科学技术大学培养了大批德才兼备的优秀人才，取得了一系列举世瞩目的科研成果，为国家科学事业发展做出了重要贡献。未来，中国科学技术大学将围绕"潜心立德树人、执着攻关创新"两大核心任务，大力推进"双一流"建设，努力办出中国特色、科大风格的世界一流大学。

合肥工业大学

合肥工业大学（Hefei University Of Technology），坐落于安徽省合肥市，作为教育部直属全国重点大学，合肥工业大学被称为中国汽车界的黄埔军校，曾隶属于机械工业部，属于"机械四小龙"之一，为国家、行业、区域经济社会发展做出了重大贡献。合肥工业大学以其"工程基础雄厚、工作作风实、创业能力强"的人才培养特色而闻名。大学培养了大批成为国家重要行业和重点企业骨干力量的校友，其中，"千人一名领军人才"更成为学校人才培养的响亮品牌。

合肥工业大学创建于1945年，几易校名，1958年正式定名为合肥工业大学，1960年被定为全国重点大学，历经与安徽工

学院、安徽水利电力学院合并重组，先后隶属高教部、机械工业部、机械电子工业部、教育部管辖。1979年，邓小平同志亲笔为学校题写了"合肥工业大学"校名。1986年，学校开始招收博士研究生。1990年，学校培养的首位博士研究生通过博士学位论文答辩。1997年，安徽工学院与原合肥工业大学组建为新的合肥工业大学。2005年成为国家"211工程"重点建设高校，2009年成为国家"985工程"优势学科创新平台建设高校，2017年进入国家"双一流"建设高校行列。如今，合肥工业大学形成了鲜明的办学特色，成为国家人才培养、科学研究和服务社会的重要基地。

学校现有本科专业102个，拥有19个博士学位授权一级学科、3个博士专业学位授权点；20个硕士学位授权一级学科、21个硕士专业学位授予权，覆盖工学、理学、文学、管理学、经济学、艺术学、法学和医学8个学科门类。其优势学科包括管理科学与工程、机械设计及理论、电力电子与电力传动、机械工程等。机械工程学科是合肥工业大学的重点传统优势学科，该学科在全国机械工业领域，尤其是汽车工业方面具有较强的影响力。经过70余年的发展，机械工程学科建立了一批重要的科学研究基地，如汽车技术与装备国家地方联合工程研究中心、安徽省数字化设计与制造重点实验室、机械工业绿色设计与制造重点实验室等。机械工程学科为国家培养了2.5万余名高级专业技术人才，其中包括卢秉恒、苗圩、尹同耀等杰出的科学家、技术管理专家和实业家，他们为二汽、江淮、奇瑞等自主创新的企业崛起和中国汽车工业的发展做出了重要贡献。另外，学校还拥有电力电子与电力传动学科硕士学位和博士学位授予权。该学科与多所国际知名高校和科研机构开展了深入的学术交流和有成效的科研合作，紧密关注学科前沿，广泛涉足工业生产和民用电器等多个领域，并取得了大量高水平的教学和科研成果。此外，学科点还拥有先进的EMC和EMI电磁兼容测试实验室以及电力拖动与控制系统实验室等设施，为从事电力电子技术研究提供了必要的工艺设备和测试手段。

截至2023年7月，学校设有22个学院（部）。机械工程学院是合肥工业大学历史最悠久的学院之一，自1945年建校以来即设立了机械科。在全国机械工业领域，尤其是汽车工业中，该学院具有显著的影响力。学院在新能源汽车研发、绿色制造、碳纤维技术和生物质能源等领域取得了重要成果，特别是在齿轮强力珩齿和齿轮数控系统研发及产业化方面，填补了国内空白。同时，学院积极推动科技成果转化，孵化了一批国家级高新技术企业，如安徽巨一自动化、合肥波林新材料、华升泵阀公司等，充分展现了其优秀的社会服务能力。电气与自动化工程学院始建于1946年，是国内最早开展新能源光伏系统发电研究的单位，培养了一批包括中国科学院院士、公司董事长等杰出校友。近年来，在新能源发电与能源互联网、新能源并网、飞机雷电防护与高电压绝缘、电机系统集成设计与控制、智能系统与自动化生产线先进控制、新一代智能仪表与检测技术、信息物理系统识别与控制、新型薄膜太阳电池等研究领域承担了各类国家重大、重点项目，在国内外具有较大影响。

截至2023年8月，合肥工业大学全日制在校学生总数为39831人，本科在校生32939人，全日制硕士研究生6892人，非全日制硕士研究生2495人，博士研究生1791人，其中本科生人数占全日制在校生总数的比例为82.70%。合肥工业大学推进研究生教育内涵式发展，深化产教融合。面对国家重点行业产业的重大战略需求，合肥工业大学注重发挥学科综合优势，持续深化与国家高新技术企业及行业领军企业的合作，与奇瑞汽车、阳光电源等130多个单位建立了长期稳定的联合培养基地，推动卓越工程人才培养与企业创新研发生产过程相融合。以研究生联合培养基地为依托，以国家重点研发计划、揭榜挂帅项目、重大企业委托项目等为牵引，学校为学生打造真项目真课题"训练场"，实现工程类专业学位研究生"项目制培养"全覆盖。

学校现有专任教师2294人，拥有中国工程院院士、国家杰出青年科学基金资助者、新世纪优秀人才等各类高层次人才100余人。专任教师中，正高级职称515人，副高级职称1080人；具有博士学位的1807人；年龄结构中，35岁以下586人，36～45岁933人。SPS新材料新技术科研团队紧密结合我国新一代航天器对高性能单晶材料的需求，经过数十年的研究工作，成功开发了六硼化镧单晶材料，并在航天器上取得了应用。通过创新的成分调控和制备技术，SPS新材料新技术科研团队在国内外率先提出了CT机靶盘SPS制造新技术，并成功研发出性能达到国际先进水平的CT机靶盘。该技术具有完全的自主知识产权，可替代进口产品，如奥地利攀时和德国西门子。光电转换能源储存及先进粉末冶金材料团队在低维II-VI族半导体、钙钛矿半导体纳米结构和量子点材料方面进行了探索和发展，并应用于光电转换与探测、能量转换与储存器件。此外，光电转换能源储存及先进粉末冶金材料团队还致力于研发稀土发光LED照明器件、全光谱护眼光源技术产品、氧化物/氮化物结构精密陶瓷、微晶玻璃等先进材料。

合肥工业大学是位于安徽省省会合肥市的一所高等学府，现设有屯溪路校区、翡翠湖校区、六安路校区和合肥工业大学智能制造技术研究院。此外，学校也在安徽省宣城市设有宣城校区。截至2023年7月，学校的占地面积超过333万平方米。学校凭借其卓越的表现先后荣获第四届全国文明单位和首届"全国文明校园"等多个荣誉称号。在屯溪路校区、翡翠湖校区和宣城校区三个校区，学校均拥有独立的图书馆大楼。截至2023年9月，学校的图书馆总面积达到9.13万平方米，收藏了纸质图书377.4万册。合肥工业大学最有价值的历史文化遗产是南校区近两千年三国古迹的斛兵塘，是曹操当年屯田的水利工程遗址，再现了当年曹魏筚路蓝缕，开拓进取，艰苦创业的精神。校园中的主要道路都被命名为具有励志意义的名字，如中兴路、春华路、聚英路、秋实路等，这增添了校园文化的内涵。学校积极修撰校史，图书馆的建设以及各种文体活动的开展，都为学校营造了独特的文化氛围。总体而言，老校园采用纵横网格式的棋盘布局，泾渭分明，展现了那个时期众多校园规整的规划特征；而新校区自然环境优美，基本为"两高地一谷地"地势，起伏自然，坡度平缓，并且西侧紧邻翡翠湖公园，水面宽阔，景色优美。这样秀美的地理环境为大学的建设提供了良好的自然条件。

70年来，合肥工业大学深怀"工业报国"之志，秉承"厚德、笃学、崇实、尚新"的校训，以"培养德才兼备，能力卓越，自觉服务国家的骨干与领军人才"为人才培养总目标，形成了"工程基础厚、工作作风实、创业能力强"的人才培养特色。面向未来，学校将培育践行"爱国爱校、笃学问道、团结合作、尽己奉献、追求一流"的校园文化，扎根江淮，兴校图强，为建设国际知名的研究型高水平大学和一批世界一流学科而继续奋斗！

山东大学

山东大学（Shandong University）位于山东省济南市，是一所历史悠久的知名综合性研究型大学，也被誉为中国近代高等教育起源性大学。在120余年的办学进程中，山东大学一直是文史哲领域各种学术思潮的领导者和参与者，传承着"文史见长"的办学优势，这里大师云集，人才荟萃，闻一多、沈从文、梁实秋、老舍、丁山、王淦昌等曾在此执掌教鞭，涌现出开国元帅罗荣桓、《共产党宣言》翻译者华岗、"两弹一星"元勋王淦昌、"中国克隆之父"童第周、"世纪诗翁"臧克家、"红都名医"金茂岳、国学家季羡林、"数学大家"潘承洞、"材料旗手"蒋民华、"中国服务器之父"孙丕恕、密码学家王小云等。此外，在中国科学史上留下了浓墨重彩的一笔，从"哥德巴赫猜想"到"彭最大值原理"，从构建国际密码中国话语权到突破隧道与地下工程灾害防控世界难关、破解人类胚胎发育调控机制等一项项堪称中国之最、世界领先的成果。如今，作为一所历史悠久、学科齐全、实力雄厚、特色鲜明的综合性大学，山东大学仍然是莘莘学子梦寐以求的求学圣地。

山东大学肇始于1901年在济南泺源书院创办的山东大学

堂。随着社会的变革，几经更迭，多次易名，先后经历省立山东大学、私立青岛大学、国立山东大学、国立青岛大学、国立山东大学、临沂山东大学、山东大学以及多校区合并组建的新山东大学等多个历史时期。其中，1926年在济南合并建立的省立山东大学下设文、法、工、农、医5个学院。1932年国立山东大学时期，名流云集，群英荟萃。1951年，山东大学合并华东大学。华岗担任校长兼党委书记期间，培育形成了"文史见长、加强理科、发展生物、开拓海洋"的学科特色。1952年，山东大学在全国院系调整中，分出的政治系、艺术系戏剧组、工学院土木系、机械、电机等系科与其他院校组建了10所高等院校，留有中文、历史、外文、数学、物理、化学、生物、水产8个系，增设海洋学系，建立文学历史和海洋物理两个研究所，成为教育部直属的以文、理为主的综合大学。1961年，山东大学复归教育部领导，文科向社会科学领域开拓，理科突出数学、磁学、晶体、微生物的时代特色。1984年，在威海设立山东大学威海分校。1997年，进入国家"211工程"建设序列。2000年，原山东大学、山东医科大学、山东工业大学合并组建新山东大学。2001年，被确定为国家"985工程"重点建设的高水平研究型大学。2017年，入选国家"双一流"建设高校。

山东大学学科门类齐全，涵盖除军事学以外所有的学科门类，文理工医协调发展，在综合性大学中具有代表性地位。文史哲是传统优势学科，其中，以中国史、考古学、哲学、中国文化哲学等学科为代表的中国古典学术学科，主要涉及中国文化的文献载体研究、中国文化的社会基础研究、中国文化的思想精华研究、中国文化的审美范式研究等重点研究方向，致力于对中国传统学术进行整体性研究和创造性转化。数学与数据科学领域整体实力位居国内前列，以数学学科为核心，涉及控制科学与工程、计算机科学与技术等学科，研究方向主要有基础数学、运筹学与控制科学、概率论与统计学、金融数学、信息安全、大数据计算理论与应用、海洋碳汇等。化学与物质科学领域实力卓越，以化学学科为核心，涉及物理学、环境科学与工程等学科，研究方向主要包括合成化学、物理化学、环境化学、粒子科学等。材料及加工制造领域水平一流，以材料科学与工程学科为核心，研究方向主要包括晶体材料物性、制备与器件，特种高分子及复合材料，新能源材料与节能技术，材料高效精密加工及装备等。

山东大学拥有48个学院，体系庞大。以文史见长，文学院历史悠久，可追溯于1901年山东大学成立之初设立的文学科目。杨振声、闻一多、舒舍予、梁实秋、沈从文、游国恩等一批大师学者曾在此传道授业。目前，学校设有文艺美学研究所、中国古代文学研究所、中国现当代文学研究所、汉语言文字学研究所、比较文学与世界文学研究所、大学语文研究室6个实体研究所，以及网络文学研究中心、《史记》文献研究中心9个非实体性科研机构。历史学院是中国古代史研究的研究重镇，致力于建设国内顶尖、世界一流的历史学、考古学高水平人才培养基地，杨向奎、童书业、黄云眉、张维华、陈同燮、郑鹤声、王仲荦、华山、庞朴等杰出人物曾在此任教，截至2023年主持和参与的发掘成果已有8次被评为年度"全国十大考古新发现"。东北亚学院作为新兴交叉学科重点建设单位，在政治学、外国语言文学等学科已形成了本科、硕士、博士、博士后的完整人才培养体系，以区域国别学的建设为基础，培养"双优本科生"，即外语专业学生实现"外语+专业"和政经系学生实现"专业+外语"双优。学校还设立实验班、与国外大学合作举办"2+2"等方式培养双学位优秀生，致力于培养适应新时代发展的高水平、特色化、国际化优秀人才。另外，医学院实力雄厚，发端于中国近代西医教育源头之一的齐鲁大学医科，开启了近代中国高等医学教育之先河，历史上汇集了江清、侯宝璋、张汇泉、李瓒文等一批蜚声海内外的医学大家，为现代医学植根中国做出了卓越贡献，发展形成了享誉中外的齐鲁医学品牌。

截至2024年3月，山东大学拥有专任教师4800余人，外聘教师800余人。其中，中国科学院和工程院院士（含聘任制）21人，"长江学者"特聘教授52人、"长江青年"31人，"国家杰出青年科学基金"获得者70人、"优秀青年科学基金"获得者74人，"国家特支计划领军人才"52人、"青年拔尖人才"64人，"国家百千万人才工程"入选者39人。建有全国（国家）重点实验室7个，其他自然科学类国家级科研平台10个；教育部人文社会科学重点研究基地4个，其他人文社科类国家级科研平台5个。拥有山东大学齐鲁医院等4家直属附属医院，与32个国家和地区的200余所学校签署了校际合作协议。其中，由彭实戈院士创立的"彭最大值原理"理论引领国际。密码技术与信息安全研究团队先后破解了MD5和SHA-1两大密码算法，在国际密码学界引发强烈"地震"。粒子物理研究团队首次提出的夸克胶子等离子（QGP）"整体极化"理论被*Nature*杂志发表的国际实验成果证实。岩土工程研究团队率先突破了隧道重大突水灾害源定量预报和超前地质探测的世界性难题。

山东大学拥有规模庞大的在校生规模。2022—2023学年，山东大学全日制在校生总规模为70117人，本科在校生42132人，本科生数占全日制在校生总数的比例为59.96%。硕士研究生在校生总人数23421人，其中全日制硕士研究生18992人。博士研究生总人数7758人，其中全日制博士研究生7308人。留学生总人数1827人，其中本科生留学生数886人，硕士研究生留学生数596人，博士研究生数345人。人才培养方面，实施本科生导师制，全方位、全过程、多层次进行学业指导，还设立培养拔尖创新人才的"泰山学堂""尼山学堂"等一批品牌实验班。学校现有6个国家级人才培养基地、11个本科人才培养"菁英班"（与中科院12个院所联合设立）、10个"卓越计划"人才培养专业（项目）、5个"国家级工程实践教育中心"。山东大学研究生教育发端于1924年，研究生院成立于2000年，现有一级学科博士学位授权点47个，一级学科硕士学位授权点52个，专业学位博士授权类别9个，硕士授权类别32个。研究生人才培养方面，学校加强研究生课程国际化建设，构建"三层次、七模块"的通识教育课程体系，建成100门左右"国学经典讲堂""稷下创新讲堂""齐鲁创业讲堂"等系列品牌课程，打造了"稷下风""海右"以及博士生高端学术论坛等全国知名研究生学术交流平台。

山东大学总占地面积约530万平方米（8000余亩），形成了"一校三地，三城八校"办学格局，除济南外，还在威海、青岛设立校区。山东大学注重校园文化建设，实施大学文化引领战略，推进"一院一品"文化建设，举办"传统文化节""国际文化节""网络文化节"等丰富多彩的活动，建成了"山大文化网"全方位展示其"家国情怀、担当精神、崇实品格、创新素养"的大学形象，搭建有校史馆、博物馆、中华文化体验馆、天文馆、艺术馆、齐鲁医学史馆、文学生活馆、医学院院史馆等文化平台。山东大学图书馆前身是始建于1901年的山东大学堂藏书楼，是全国古籍重点保护单位，截至2022年12月，馆藏纸质文献802万册，电子图书235万册，覆盖文、理、工、医等领域。

120余年来，山东大学以"为天下储人才，为国家图富强"为办学宗旨，以"学无止境，气有浩然"为校训精神，弘扬"崇实求新"的校风，践行"为国育贤"的理念，为国家和区域经济发展培育了大批德才兼备的杰出人才，实现了"由大到强"历史性转变。展望未来，扎根中国沃土，厚植齐鲁大地，山东大学将积极探索"中国特色、山大风格"的世界一流大学建设发展道路，全面建成具有中国特色的"综合性、创新性、国际性、引领性"大学，努力为以中国式现代化全面推进中华民族伟大复兴不断做出新的贡献。

中国海洋大学

中国海洋大学（Ocean University of China）坐落于山东省青岛市。作为我国海洋科学领域的领军高校，建校近百年来，学校始终以全方位服务国家海洋事业发展为己任，为国家海洋事业做出了重要贡献。学校奉献了一批科技成果：文氏普遍风浪谱、超浅海风暴潮理论等一批理论成果实现业务化；研制出我国第一例现代海洋药物藻酸双酯钠；统一国家海平面高程基准等，服务着国家海洋事业的发展壮大。中国海洋大学的毕业生在科技领域和国家海洋事业中发挥着重要作用。他们中有16人当选为中国科学院或中国工程院院士。无论是在神舟飞天、嫦娥奔月的发射场，还是在"蛟龙"号探海、南北极科考的浩瀚海域和海洋预报、海水养殖的第一线，在世界各地、各行各业，到处都有中国海洋大学学子的身影。

中国海洋大学的前身私立青岛大学创建于1924年，是国人

在齐鲁大地上创办的第一所本科起点的现代大学。学校实行董事会制，胶澳商埠督办高恩洪兼任校长，聘任国内学界名流梁启超、蔡元培、张伯苓、黄炎培等为名誉董事。1929年，国立青岛大学成立，文学家、教育家杨振声任校长。1932年9月，学校更名为国立山东大学，戏剧家、教育家赵太侔任校长，铸就了学校历史上第一个黄金发展期。1951年国立山东大学与华东大学合并，定名为山东大学。1981年成为我国首批博士和硕士学位授予单位。1988年，学校更名为青岛海洋大学。2002年10月更名为中国海洋大学。2017年9月，学校入选国家"世界一流大学建设高校"。如今，中国海洋大学已发展成为一所学科门类齐全、海洋和水产学科优势显著的教育部直属重点综合性大学。

中国海洋大学现有本科专业77个，覆盖理学、工学、农学、经济学、管理学、文学、法学、教育学、艺术学9个学科门类，理工人文类专业均衡、涉海专业齐全；其优势特色学科包括海洋科学、水产科学等。海洋科学专业历史悠久，可追溯到20世纪30年代。科研研究力量雄厚，堪称该领域基础研究的"国家队"。第一代海洋科学工作者以赫崇本教授、文圣常院士为代表，开创了我国在海洋科学领域的基础研究工作。第二代海洋科技工作者以冯士筰院士为代表，拓展了海洋科学的研究边界，将研究领域从传统的流、浪、潮扩展到浅海环流与物质输运、大洋环流、潮汐海平面、卫星遥感、极地海洋学等多方面。水产养殖学科点创立于1946年，该学科拥有我国唯一的水产学博士后流动站。该学科的主要研究方向包括水产养殖繁育生物学、养殖生态学、营养与饲料学、水产养殖病害学等。对于促进我国水产养殖事业的发展和提高水产品的品质和安全具有重要意义。渔业资源学科的历史可以追溯到1946年，该学科配备了水产生物学、增殖资源与环境生态、鱼类行为生态、渔业海洋学、种群遗传学等多个功能实验室，并拥有先进的仪器设备；主要研究方向包括渔业生物学、鱼类种群动力学、渔业海洋学和资源增殖学等。在渔业资源生物学、渔业生态系统评估与生态修复、渔业资源增殖与保护、渔业资源可持续利用等研究领域，渔业资源学科在国内处于领先地位。

截至2023年12月，中国海洋大学设有1个学部、20个学院和1个基础教学中心。海洋与大气学院设海洋学系与海洋气象学系，承担海洋科学与大气科学的本科、硕士及博士等各层次的人才培养工作。学校已培养出包括中国科学院院士、国家级有突出贡献的中青年专家、杰出青年基金获得者、中国科学院创新工程带头人以及百人计划入选者等杰出人才，他们为我国的海洋强国战略和物理海洋与海洋气象事业的蓬勃发展贡献力量。学院在为国家物理海洋学和海洋气象学教材建设方面做出了杰出的贡献，已出版50多部自编讲义，不仅满足了本校本系的教学需求，还作为交流教材推广到校外以及国外。水产学院源自1946年创建的国立山东大学水产系，现已成为国内水产学科人才培养层次最高、最齐全的高等教学单位。学院设有水产养殖和海洋渔业两个系。作为国内首个硕士和博士学位授权点以及首个水产学博士后流动站，学院一直处于水产学科发展的前沿。学院的杰出代表麦康森院士长期致力于水产动物营养与饲料的教学和科研工作，他在构建我国水产动物代表种营养需求数据库、研究鱼粉替代技术、开发和示范环境友好型高效水产饲料等方面取得了突出成绩。

截至2023年8月31日，学校拥有本科在校生17211人，本科生数占全日制在校生总数的比例为53.97%。硕士研究生总数为14502人，其中全日制研究生为11271人，占比为77.7%；博士研究生总数为3416人，其中全日制博士研究生2993人，占比为87.62%；留学生人数为337人。中国海洋大学针对研究生培养制定了明确的要求，旨在优化课程体系和学分结构，强调培养研究生的创新能力、实践能力和创业精神，以满足国际化的需求。为此，研究生培养体系引入了模块化理念，包括核心模块、拓展模块和保障模块，以确保研究生获得扎实的理论基础和系统的专业知识，同时具备从事科研工作的能力。学校基于强有力的培养体系，为国家和社会培养了大量具备高素质的海洋科学及相关领域的专业人才。

截至2023年12月，学校有教职工4048人，其中专任教师2167人，博士生导师702人，正高级专业技术人员771人、副高级专业技术人员1034人，具有博士学位的专任教师占专任教师总数80%以上，重点学科专任教师具有博士学位的比例达到90%以上。学校拥有中国科学院院士6人、中国工程院院士9人。医药学院团队在海洋药用生物资源科技创新方面做出了杰出贡献，首次开发了我国第一个现代海洋药物——藻酸双酯钠（PSS），用于治疗缺血性心脑血管疾病，取得了巨大的社会和经济效益。团队还突破了制取海洋特征寡糖的关键技术问题，建立了海洋特征寡糖的规模化制备技术体系，并创建了国内外首个海洋糖库，推动了海洋制药业的发展。海洋生物多样性与进化研究所团队在中国沿海和南极地区进行了深入系统的纤毛虫分类与区系研究，填补了西太和东亚海洋环境中纤毛虫多样性研究的空白，为全球纤毛虫研究打下了基础。他们首次建立了凯毛虫等代表性种属的个体发育模式，还在纤毛虫分子系统发育领域开展了研究，建立了全球最大的DNA库，成为国际纤毛虫分类学、系统学和基因组学研究的重要档案库。

中国海洋大学现有崂山校区、鱼山校区、浮山校区和西海岸校区4个校区。学校设有3个图书馆，分别位于崂山校区、鱼山校区和西海岸校区，总建筑面积达到10.7万平方米，提供超过6700个阅览座位。3个校区的图书馆与10余个学院的资料室共同为教学科研提供了充足的文献信息资源。崂山校区是中国海洋大学的主校区。该校区位于青岛市崂山区青岛高新技术开发区，地形起伏，自然环境特色明显。校园总体规划注重保持对老校区的历史传承，强调建筑与自然的融合、资源共享以及学生活动的多样性。崂山校区的设计理念注重生态校园的打造，尊重基地的环境条件，与山水环境完美结合，营造出与自然和谐共生的大学校园空间。校园绿化体系以山地为依托，形成了两个主要轴线和一个核心的绿化网络系统，加强了绿化带与校园空间的融合，使大学城为绿化所环绕。崂山校区的建筑采用了北欧波罗的海沿岸国家的建筑风格，与青岛城市的红瓦黄墙特色相得益彰。此外，学校通过举办各种文化活动和赛事，如"科学·人文·未来"论坛、海大人文讲坛、海大文化小客厅、"飞翔的海鸥"话剧周、高雅艺术进校园等，加强了校园文化的建设。

中国海洋大学在近百年的办学历程中，始终秉承"海纳百川，取则行远"的校训，承载着培养海洋科学人才、推动海洋科学研究的使命。"海纳百川"体现了中国海洋大学包容开放的胸怀；"取则行远"则强调了学校追求卓越的精神，鼓励师生勇攀科学高峰，不断探索未知。展望未来，中国海洋大学将继续坚持立德树人的教育理念，深化教育教学改革，加强学科建设，推动科研创新，努力成为国际知名的海洋科学研究中心和人才培养高地。学校将持续扩大国际交流与合作，积极参与全球海洋治理，为人类海洋事业的发展贡献中国智慧和中国方案。

中国石油大学

中国石油大学（China University of Petroleum），是中国第一所石油高等学府，为我国石油高等教育奠定了探索发展之基。中国石油大学形成了华东与北京两地相对独立办学的格局。中国石油大学（华东）地处青岛市，中国石油大学（北京）坐落在北京市昌平区。中国石油大学因油而生、因油而兴、因油而强、与油共进，始终坚守"我为祖国献石油"的初心和服务国家重大战略需求的使命，与国家能源工业的发展相依同行。学校始终坚持扎根中国大地办大学，为我国石油石化行业发展和能源强国建设做出了重要贡献。建校以来，学校为国家培养了优秀专门人才，这里走出了何国钟、沙国河、汪燮卿等30位两院院士以及一大批石油石化行业领军人物和工程技术骨干，被誉为"石油人才的摇篮""石油科技、管理人才的摇篮"。

中国石油大学的前身是北京石油学院，创办于1953年。该校以清华大学化工系、石油工程系为基础，同时汇聚了天津大学、北京大学等部分优质师资组建而成，自成立之初就承载着国家石油工业发展的重任。1969年，为响应国家经济建设的需要，学校迁至山东省东营胜利油田，并更名为华东石油学院，继续为石油工业输送了大批优秀人才。1981年，为进一步提升

学校的科研和教学水平，在北京石油学院原校址内成立了研究生部，标志着学校开始培养更高层次的人才。1988年，学校再次更名为石油大学，并由石油大学（北京）和石油大学（华东）两部分组成，形成了"一校两地"的办学格局。2000年2月，学校的管理体制发生变化，由中国石油天然气集团总公司划归教育部直属管理，石油大学（北京）与石油大学（华东）开始各自相对独立办学。2005年1月，学校正式更名为中国石油大学，继续秉承"厚德博学，求实创新"的办学理念，扎根中国大地办大学，致力于服务国家能源战略需求，攻克行业"卡脖子"关键核心技术，为我国石油工业的发展做出了突出贡献。

中国石油大学的学科特色鲜明、实力雄厚，构建了以能源为核心的特色学科体系，其学科专业全面覆盖了石油石化工业的各个领域。学校以石油工程为主导，形成了多学科协调发展的学科专业布局，尤其在油气科学与工程等学科领域形成了显著优势。石油与天然气工程作为学校自1953年成立以来就设立的石油主干学科之一，经过多年的发展与积累，已发展成为国家在石油与天然气工程领域进行重大科技研究、高层次创新人才培养及国际学术交流与合作的主要基地之一。中国石油大学（北京）在该领域的研究方向涵盖了油气藏渗流理论与开发技术、油气田钻采力学与控制工程、油气输送与储存理论与技术、海洋油气工程理论与技术等。中国石油大学（华东）在石油工程领域的研究同样成果丰硕，尤其在复杂油藏开发和提高采收率、高温高压钻完井液、井下信息与控制、非常规油气高效开发、海洋油气钻完井工程、管道运输系统安全技术与装备等方向具有深厚的研究积累和鲜明的领域特色。地质资源与地质工程学科作为学校办学历史最为悠久、实力最强的学科之一，其历史可以追溯到1953年建立的石油地质与勘探和地球物理勘探两个学科。中国石油大学（北京）和中国石油大学（华东）均在该学科下设有多个培养方向，包括含油气盆地分析与资源评价、油气藏形成机理与分布规律、油气田开发地质、地球物理勘探、地球物理测井、地球信息技术等。

中国石油大学（北京）和中国石油大学（华东）两校均以其鲜明的石油特色在国内外享有盛誉。中国石油大学（北京）设有18个院系，地球科学学院在油气资源勘探开发相关学科领域具有深厚底蕴，形成了以院士和知名教授为学术带头人的专业化教师队伍。自1953年成立以来，该学院已为国家输送了万余名高层次油气资源勘探与开发、管理人才，并在含油气盆地构造和沉积储层地质、油气成藏机理与分布规律、剩余油分布与预测等方面取得了重要研究进展。化学工程与环境学院则构建了油气加工重大关键技术基础研究平台，该平台已成为石化领域高层次人才培养、基础理论创新、高新技术开发和学术交流的重要基地。多年来，该学院为国内外相关领域输送了18000余名毕业生，其中包括党和国家领导人吴仪、李毅中等，以及沙国河、汪燮卿、何国钟、时铭显等院士为代表的学术精英。中国石油大学（华东）设有16个院系，石油工程学院作为学校最早设立的主干院系之一，始建于1953年。该学院已为石油工程行业、区域经济和"一带一路"经济发展培养了3.92万名紧缺应用型人才，为石油行业提供了坚实的人力资源支撑。地球科学与技术学院的前身是1954年成立的北京石油学院石油地质系。学院专注于油气勘探开发领域的人才培养和科学研究，始终致力于满足国家油气需求和保障能源战略安全。

截至2023年12月，中国石油大学（北京）全日制在校生总数达到19131人。其中，普通本科生共计9195人，占比48.06%；硕士研究生共有7646人，其中全日制研究生7002人；博士研究生2553人，全日制博士研究生达到2219人。此外，学校还吸引了来自世界各地的留学生655人。在人才培养方面，中国石油大学（北京）充分发挥产学研合作办学优势，构建了独具特色的本博一体化拔尖创新型人才和全序列产教融合高层次专业型人才培养模式。中国石油大学（华东）全日制在校生总规模达到29452人，其中本科生占据主体，占全日制在校生总数的比例为64.99%。硕士研究生总数为8962人，其中全日制硕士研究生7804人；博士研究生1977人，为学校培养高层次人才提供了坚实基础。学校还吸引了来自世界各地的留学生494人，其中本科生261人，硕士研究生136人，博士研究生97人。在研究生人才培养方面，中国石油大学（华东）旨在通过实施研究生"二四三"分类培养体系，培养出学术创新型、行业复合型、高端应用型3种类型的高层次人才。

中国石油大学（北京）现拥有专任教师1061人，外聘教师808人，形成了一支结构合理、充满活力的教学科研团队。其中，外聘教师与专任教师的人数比例为0.76∶1。从职称结构来看，具有高级职称的专任教师占比高达70.41%；从学历结构来看，拥有研究生学位（硕士和博士）的专任教师占比97.64%；从年龄结构来看，45岁以下的青年教师占比55.42%。中国石油大学（北京）名师荟萃，科研成果丰硕。周福建教授团队成功发明了深层油气藏靶向暂堵高导流多缝改造增产技术，这一技术的应用为企业带来了55.92亿元的新增利润，并在最大井深7780米的深井中创造了多缝改造的新纪录。以中国科学院院士徐春明为学术带头人的"重油高效清洁转化"研究团队，在重油梯级分离高效转化新工艺、新催化材料与催化剂的研制、催化裂化系列技术和关键装备的开发等方面取得了显著成果，打破了国外技术的垄断，推动了我国清洁油品升级。

中国石油大学（华东）拥有一支师德高尚、业务精湛、结构合理、充满活力的高素质教师队伍。学校现有专任教师1789人、外聘教师584人。专任教师中，"双师型"教师219人，占专任教师的比例为12.24%；具有高级职称的专任教师1223人，占专任教师的比例为68.36%；具有研究生学位（硕士、博士）的专任教师1687人，占专任教师的比例为94.30%。孙宝江教授团队的研究成果"溢漏预判技术"在超深层复杂油气藏工程中得到成功应用，该技术实时对控压钻井过程中出现的井口压力异常升高进行了提前预报，成功验证了溢漏预判分析技术对控压钻井工况异常信息的捕捉能力。印兴耀教授课题组负责完成的"多类型复杂油气藏叠前地震直接反演技术及基础软件工业化"项目，攻克了制约多类型复杂油气藏叠前地震描述和油气识别的技术瓶颈，为油气识别提供了"中国芯"，并成功应用于10个国家69个油气区块，使我国地震油气识别处于国际先列。

学校秉承石油文化传统，形成了石油特色鲜明的校园文化氛围。在中国石油大学（北京）的校园中，雕塑《石大魂》矗立于图书馆正北侧，成为北校园中轴线上的标志性建筑。该校校园内不仅有着丰富的石油文化氛围，还有着先进的石油科研设施和实验室。这些设施和实验室的存在，为师生提供了良好的科研和学习条件的同时，还为校园增添了一份独特的魅力。中国石油大学（华东）校园内的荟萃湖，始建于1969年，学校所建的校史馆更是集中展现了学校68年来与共和国发展同呼吸、共命运，与祖国石油工业齐头并进，与石油高等教育共同奋进的光辉历程。校史馆采用实体馆与"VR"技术相结合的方式，让参观者能够身临其境地感受学校的历史变迁和辉煌成就。

中国石油大学（北京）秉承"厚积薄发，开物成务"的校训，发扬"实事求是，艰苦奋斗"的精神，不断积蓄前进力量、积累智慧学识，涵育崇高的理想信念和道德情操，以实学为务，开发能源，造福于民，成就功业，向着能源领域特色鲜明的世界一流研究型大学的宏伟目标阔步迈进。中国石油大学（华东）将坚持"惟真惟实"的校训，尊重客观规律、真理至上，坚持一切从实际出发，坚持务实、扎实、踏实的作风，为国家能源战略提供更加有力的人才和科技支撑，全力打造高等教育强国建设的"石大样板"，加快建设中国特色能源领域世界一流大学！

厦门大学

厦门大学（Xiamen University），坐落于福建省厦门市。作为中国近代教育史上第一所华侨创办的综合性研究型大学，厦门大学享有"南方之强""中国最美大学"之美誉。百年进程中，厦门大学英才辈出，群星璀璨，汇聚了语言学家林语堂、文坛巨匠鲁迅、历史大师顾颉刚、人类学家林惠祥等显赫学者，培养了数学家陈景润、教育学家王亚南和潘懋元、中国高能化学激光奠基人张存浩、结构化学学科的开拓者卢嘉锡、作家余光中等杰出人才。从设立第一个高等教育学专门研究机构、第一个海洋学系、第一个广告学专业，到培养中国第一位会计学、审计学、高等教育学博士，厦门大学在中国高等教育发展进程中起到了重要作用。作为百年高等学府，厦门大学凭借悠久的办学历史、强大

的学科实力、卓越的师资力量、深厚的文化底蕴、优美的校园环境，成为众多学子追求学术和实现人生理想的文化圣地。

厦门大学是一所具有光荣传统的大学，由爱国华侨领袖陈嘉庚于1921年创办。建校初期，设有师范（包括文、理科）、商学两部，后陆续增设工学、新闻、法学、医药等科系，初步建成多学科的综合性大学。至1930年，扩充为文、理、法、商、教育5个学院、21个系。1937年，由私立改为国立。同年，日军侵犯厦门、炸毁校舍，厦门大学举步维艰，迁长汀办学。1946年，校本部开始迁回厦门，长汀各界在体育场举行欢送大会，赠送刻有"南方之强"的大匾。1946年，学校创办中国第一个海洋学系。1950年，经济学家王亚南教授担任校长。1963年，改为直属教育部的全国重点综合性大学。1981年，被国务院批准为全国首批博士、硕士学位授予单位。1982年，学校在全国率先成立了经济学院。1995年，进入国家"211工程"建设行列。2001年，被列入国家"985工程"一期重点建设高校之一。2013年，厦门大学马来西亚分校获批建设，成为第一所由中国"双一流"建设高校全资设立的、具有独立校园、开展多学科多层次办学的海外分校。

厦门大学是一所以文见长的综合性大学，形成了覆盖哲学、经济学、法学、教育学、文学、历史学、理学、工学、医学、管理学、艺术学、交叉学科12个学科门类的学科体系。其中，经济学科是厦门大学重要的优势学科和支柱学科之一，包含经济学院、王亚南经济研究院、邹至庄经济研究院3个教学科研单位。学科底蕴深厚、综合实力强劲，覆盖了经济学门类的所有学科，尤其是在计量经济学、统计学与数据科学、金融学、劳动经济学、宏观经济学、政策经济学、政治经济学以及资源环境与气候变化经济学等领域的研究处于国内领先水平，学校致力于面向国家经济建设与社会治理重大需求，立足于科学前沿，培养具有扎实经济学理论基础，深刻了解中国经济制度的高端人才。统计学科在经济统计领域水平一流，与数据科学等相关学科交叉融合，形成了经济统计、计量经济和数理统计相互支撑、共同发展的鲜明特色。管理学科历史悠久，其工商管理专业位列全国前茅，扎根于经济活跃的闽南金三角地区，围绕现代企业管理理论、组织管理理论等领域进行前沿研究，致力于为中国企业改革和发展提供新的思路和理论指导。学校的《人力资源管理》《市场营销》《国际企业管理》《管理信息系统》等多门课程被评为国家级或省部级精品课程。海洋学科可追溯于20世纪20年代，走过百年峥嵘岁月，已成为中国海洋科学研究与人才培养的"蓝色摇篮"，国际上也享有盛誉。

厦门大学设有6个学部、34个学院（直属系、直属中心）和17个研究院。6个学部分别是人文与艺术学部、社会科学学部、自然科学学部、工程技术学部、医学与生命科学学部、地球科学与技术学部。经济学院可追溯于1921年建校伊始的商学部，作为厦门大学规模最大的学院，拥有经济学系、统计学与数据科学系、财政系、金融系、国际经济与贸易系共8个教学科研单位，历史上，经济学家王亚南曾在此任教，并开创了以马克思主义经济学为基础、以中国人立场研究中国经济问题的"中国经济学"学派，在全国经济学领域独树一帜，在国际上也有一定影响。管理学院是一所历史悠久、享有良好声誉的商学院。作为首批开办MBA和EMBA项目的院校之一，学院在培养高层次管理人才方面积累了丰富经验。学院先后通过了AMBA、EQUIS和AACSB三大国际认证，跻身国际一流商学院的行列。海洋与地球学院创办于1946年，是中国高校中最早设立海洋学系的院校之一。学院依托"嘉庚"号科考船，开展了"海丝学堂"人才培养计划，构建了跨洋越海的教学实习与培训平台，形成了具有国际化特色的海洋科学研究型教学和创新型人才培养体系。化学化工学院的建校历史可追溯到1921年设立的化学门，是高层次人才培养的重要基地，以及化学化工领域的重要学术中心。截至2023年，该学院共培养了24位中外院士，现有9位中国科学院院士。

厦门大学拥有一支实力雄厚的高水平师资队伍。截至2023年10月，厦门大学现有专任教师2844人，其中教授、副教2116人，占专任教师总数的74.40%，拥有博士学位的2540人，占专任教师总数的89.31%。共有两院院士35人（含双聘18人），发展中国家科学院院士4人，中国医学科学院学部委员4人，国家重点研发计划项目负责人56人，国家级领军人才179人，国家级青年人才223人；厦门大学涌现出全国高校黄大年式教师团队、全国教育系统先进集体等一批师德典范。其中，团簇化学教师团队聚焦"团簇化学"和"表界面化学"两大特色方向，在团簇的精准制备、团簇多级结构的构筑与协同效应，以及纳米表界面性能精准调控等方面取得丰硕的科研成果；生命科学院教师团队历时7载，首次从分子角度勾画出了二甲双胍行使功能的路线图，为糖尿病的治疗，抗肿瘤、抗衰老药物的研发和应用提供了新的思路。

厦门大学坚持立德树人，建校以来先后为国家输送了50多万名优秀人才。

截至2023年10月，现有在校学生46000余人，其中本科生21000余人、硕士研究生19000余人、博士研究生5700余人。本科人才培养方面，厦门大学积极推进拔尖创新人才培养，完善大类招生培养、促进专业交叉融合，优化双学位和国际交流等制度；研究生培养方面，厦门大学自2014年起启动了国内"研究生田野调查基金项目"，涉及历史、社会、人类、教育、政治、建筑、海洋、经济、法律等多个学科领域。此外，学校还推出"俱乐部制"等研究生体育开课模式，增加"生物学野外实习+攀树课"定制体育课程。另外，厦门大学坚持开放办学，与境外270所高校签署了校际合作协议，牵头成立"21世纪海上丝绸之路"大学联盟。学校还积极推进两岸高等教育融合发展，打造台湾师生登陆"第一家园"，已成为台湾研究的重镇和两岸学术、文化交流的前沿。

厦门大学地处台湾海峡西岸、坐落在经济特区厦门市。厦门市地处东南沿海，气候宜人，年均气温21℃。厦门大学建有思明校区、漳州校区、翔安校区3个临海校区，总占地面积585.73万平方米。学校还建有马来西亚分校，宛如镶嵌在"一带一路"上的一颗明珠。鹭岛明珠，山海学府，碧海蓝天、青山绿水、红砖红瓦，被称为"中国最美的大学"。"一主四从"的嘉庚建筑风格特色鲜明，早期建筑入选全国重点文物保护单位和"首批中国20世纪建筑遗产"名录。厦门大学图书馆始建于1921年，是全国古籍重点保护单位。纸本馆藏涵盖各个领域，哲学、语言学、历史学、政治学、法学、经济学、管理学等方面的文献尤其丰富，在东南亚和台湾研究的资料建设方面颇具优势。校园文化丰富多彩，群贤讲堂、博雅茶座、精品剧目等一应俱全。

厦门大学以养成专门人才、研究高深学术、阐扬世界文化、促进人类进步为办学宗旨，秉承"自强不息、止于至善"校训，弘扬"爱国、革命、自强、科学"精神，致力于培养德智体美劳全面发展的社会主义建设者和接班人，建设中国特色世界一流大学，全面提升服务区域发展和国家战略能力，为增强中华民族凝聚力和向心力，为国家富强、民族复兴、中华文化海外传播和人类文明进步做出了卓越贡献。面向新征程，厦门大学明确到2035年跻身世界一流大学行列、到21世纪中叶进入世界一流大学前列的"两步走"战略安排，提出"建成中国高等教育东南中心、建设世界一流大学"的发展目标，奋力谱写中国特色、世界一流大学建设的厦大篇章，为以中国式现代化全面推进强国建设、民族复兴伟业做出新的更大贡献。

福州大学

　　福州大学（Fuzhou University）位于福建省福州市，是国家"双一流"建设高校、国家"211工程"重点建设大学、教育部和福建省人民政府共建高校。建校以来，一代代"福大"人践行以张孤梅为代表的艰苦奋斗创业精神、以卢嘉锡为代表的严谨求实治学精神、以魏可镁院士为代表的勇于拼搏奉献精神等"三种精神"，营造"守正创新、彰显特色、开放包容、追求卓越"的新时代福州大学校园文化，积累了丰富的办学经验，形成了鲜明的办学特色。学校牢牢把握一流学科建设历史机遇，以服务国家重大发展战略和区域经济社会发展为导向，积极构建"顶天立地"的科研创新体系，不断完善全方位育人体系，持续增强

产学研用协同创新能力，推进一流学科建设，促进内涵发展。

福州大学的创立具有深厚的历史背景。为了适应福建经济建设对人才的需求，1958年福建省委决定在风景秀丽的福州西郊创办福州大学，按照以工为主，理工结合的定位，开放建校。20世纪90年代，福州大学以校内管理体制改革为突破口，在全省率先进行教育综合改革，推动了学校的快速发展。到了20世纪90年代中期，学校以"加强素质教育，全面提高教育质量"为主题的教育思想大讨论为契机，以"九五""211工程"建设为标志，获得第二次重大发展机遇，在办学规模、办学条件、办学水平、办学效益等方面得到迅速提升，综合实力明显增强。跨入21世纪，福州大学紧紧围绕区域经济社会的发展需求，抓住21世纪头二十年的重要战略机遇期，以"十五""十一五"与"211工程"建设为契机，按照跨越式发展新思路，从教学型大学向教学研究型大学转变，全面增强学校综合实力，并确立把福州大学建设成为具有较强学科相对优势，体现教学研究型办学特色和开放式办学格局的区域特色创业型东南强校的中长期发展战略和建设目标。

福州大学是一所以工为主、理工结合，理、工、经、管、文、法、艺等多学科协调发展的大学。截至2023年年底，学校现设91个本科专业；39个硕士一级学科学位授权点，24个硕士专业学位授权类别。学校的重点学科涵盖了多个领域，在化学、物理化学、结构工程、土木工程、电气工程、机械工程、数学、管理科学与工程、材料科学与工程、应用经济学等领域，福州大学都拥有较为突出的学科优势。其中，化学工程与工艺学科在国内享有很高的声誉，具有深厚的学科积淀和强大的师资力量，研究方向包括化学反应工程、化工分离工程、化工系统工程等，研究团队在这些方向上取得了显著的研究成果，推动了化学工程领域的技术进步和产业发展。车辆工程学科是特色学科之一，研究方向涵盖了汽车理论、汽车设计、汽车计算机控制与机电一体化技术等多个领域，在新能源汽车、智能驾驶等方面取得了重要的突破和进展。土木工程学科是学校的优势学科之一，具有雄厚的研究实力和丰富的教学经验，研究方向涵盖了结构工程、岩土工程、道路工程等多个领域，在桥梁工程、地下工程、防灾减灾等方面取得了重要的研究成果。

福州大学设有27个学院（含1个独立学院和1个中外合作办学学院），每个学院都有其独特的特色和优势。其中，化学学院作为学校的重点学科之一，在化领域具有深厚的研究实力和丰富的教学经验。学院拥有一批优秀的教师和科研团队，致力于化学基础研究和应用研究。在化学合成、材料化学、分析化学等领域取得了许多重要的科研成果，为国家的化学工业发展做出了积极贡献。土木工程学院也是学校的一大亮点，在土木工程领域享有很高的声誉，拥有一批资深的教授和专家。学院注重培养学生的实践能力和创新精神，为学生提供了丰富的实践机会和实验条件。在桥梁工程、道路工程、岩土工程等方面取得了显著的成果，为国家的基础设施建设提供了有力的技术支持。法学院是学校的优势学院之一，在法学领域具有深厚的研究基础和广泛的社会影响力。学院拥有一批优秀的法学专家和学者，致力于法学研究和法律教育。学院注重培养学生的法律素养和实践能力，为国家培养了大量的优秀法律人才。在法学理论、法律实务等方面取得了丰富的成果，为国家的法治建设做出了积极贡献。

福州大学以其卓越的教育质量和丰富的教育资源，吸引了众多学子前来求学。截至2024年3月，福州大学现有在校普通本科学生39218人，其中，至诚学院学生13399人；各类博、硕士研究生17154人。在研究生培养方面，学校围绕产教融合，设立了"定制化"专班，以订单式培养产业高层次应用型人才；学校建立了新型联合培养机构，包括校地企联合办学模式——泉港模式、晋江模式，将学院/实验室办到产业集群区；学校还成立了省内首家高校人工智能学院和人工智能研究院，积极探索人工智能学科研究生培养新模式，构建"多学科交叉融合"的人工智能人才培养体系，扩大人工智能领域研究生招生规模，在产教融合与学术创新方面呈现新亮点。此外，福州大学深入开展对外合作交流。与境外50个国家和地区的140多所高校、科研机构和知名企业建立了合作关系。学校还建立国际科教合作交流平台，培育建设国际暨港澳台合作联合实验室；学校还聘请50余名海外专家学者长期在校任教。

福州大学现有教职工3281人，其中专任教师2290人。其中国家级人才125人次（81人）、省级人才730人次（542人）。在高层次人才（团队）中，拥有院士15人（含特聘讲席教授14人），"长江学者奖励计划"人选12人（含青年项目4人），国家级高层次引进人才22人（含青年项目18人），国家"万人计划"入选者20人（含青年项目6人），国家杰出青年科学基金获得者9人。这些学者在各自的领域里有着深厚的学术造诣和丰富的教学经验，其中，数统学院程航教授等最近发布了多项重要学术研究成果：针对深度神经网络模型所有权保护问题，研究出黑盒场景下抗合谋攻击的模型安全分发框架；针对外包脑电（脑电）信号的特征提取可能会导致的隐私信息泄露问题，研发了轻量级隐私保护外包脑电信号特征提取框架；针对无损图像隐写问题，提出了一种基于可逆神经网络的图像超分辨率隐写方法。

福州大学位于福建省福州市，这座城市是福建省的省会，也是中国东南沿海的重要城市之一。福州大学地处城市的核心地带，交通便利，周围环境优美，学术氛围浓厚。学校校园环境优美、教学和科研设备先进、公共服务体系完善，不断推进文化校园、智慧校园和生态校园建设。办学主体位于旗山校区，在福州、厦门以及泉州等地拥有多个校区，校舍建筑面积168万平方米。学校固定资产总值超55亿元，其中教学科研仪器设备值21亿元；运动场地总面积20万平方米；图书馆藏图书381.8万册，电子图书783.7万册。2023年，福州大学完成了学习中心建设。历时近一年打造，以教育教学、人才培养、导学互动、一流建设为目标，6000平方米的学习中心可满足约1500个位置的学习需求。学习中心秉承福州大学的开放包容与多元特色，以五彩斑斓的色彩营造轻松安静的学习氛围，是全国高校中首个以学习中心命名的规模最大的集学生自习、团队沟通交流为主的全智能化预约系统多功能一体化空间，是个人进步与师生发展的共生地。

福州大学的校训"明德至诚，博学远志"寓意深远。其中，"明德至诚"体现了大学人应该具备的基本素质，即广泛涉猎知识、厚德载物的品德；而"博学远志"则强调了大学人应该具备的精神追求，即不断追求真理、勇于创新的品质。这个校训既是福州大学办学的指导思想，也是对师生们的期望与要求。福州大学为规划未来五年及更长远的发展，特制定了《福州大学"十四五"发展规划与2035远景目标纲要（草案）》。该草案明确了学校的发展蓝图，旨在通过不懈努力，到2025年，显著提升具有国际知名度的若干世界一流学科建设成效；展望2035年，将福州大学建设成拥有若干世界一流学科的国际知名高水平大学，并跻身世界一流的东南强校之列。

浙江大学

浙江大学（Zhejiang University）是一所历史悠久、声誉卓著的高等学府，坐落于浙江省杭州市。在长期的办学历程中，学校涌现出大批著名科学家、文化大师以及各行各业的精英翘楚，包括1位诺贝尔奖获得者、5位国家最高科技奖得主、4位"两弹一星功勋奖章"获得者、1位"八一勋章"获得者、1位全军挂像英模、5位国家荣誉称号获得者、6位"最美奋斗者"和230余位两院院士等杰出典型，为实现中华民族伟大复兴、推进人类文明交流互鉴做出了积极贡献。浙江大学的哲学社会科学发展势头强劲，《中国历代绘画大系》《中华礼藏》、敦煌学等文化传承创新成果在海内外产生了广泛影响。

浙江大学的前身求是书院创立于1897年，为中国人自己最

早创办的新式高等学校之一。1928年，定名国立浙江大学。抗战期间，浙江大学举校西迁，在贵州省遵义、湄潭等地办学7年，1946年秋回迁杭州。1952年全国高等学校院系调整时，浙江大学部分系科转入兄弟高校和中国科学院，留在杭州的主体部分被分为多所单科性院校，后分别发展为原浙江大学、杭州大学、浙江农业大学和浙江医科大学。1998年，同根同源的四校实现合并，组建了新的浙江大学，迈上了创建世界一流大学的新征程。今日的浙江大学秉承以"求是创新"为校训的优良传统，逐步成长为一所特色鲜明、在海内外有较大影响的综合型、研究型、创新型大学。

浙江大学的学科生态展现出多元化特点，学科涵盖哲学、经济学、法学、教育学、文学、历史学、理学、工学、农学、医学、管理学、艺术学、交叉学科13个门类。计算机科学与技术学科致力于培养学生在系统软件、计算机网络、计算机系统结构及计算机应用等领域的科学研究和技术开发能力，该学科的主干课程包括离散数学、数据结构与算法、面向对象程序设计、逻辑与计算机设计基础、计算机组成、数据库系统、操作系统、软件工程、计算理论、计算机网络、汇编与接口、编译技术、计算机体系结构等，涵盖了计算机科学的各个方面。材料科学与工程学科旨在培养具有材料科学与工程综合基础知识、高新材料研究开发能力和创新能力的高层次人才，该学科的研究方向包括热电材料、氢能材料、生物医学材料、纳米材料与技术、材料表征与分析以及材料计算与模拟等。机械工程学科致力于培养高素质工程技术人才，要求学生掌握机械工程领域的基础理论和专业知识、具备解决复杂工程问题的能力、具有创新意识和科学研究的基本素养。该学科的课程涵盖了机械设计、机械制造、机电一体化、自动化控制、材料科学、计算机应用等多个方面。

浙江大学设有7个学部、40个专业学院（系）、1个工程师学院、2个中外合作办学学院、7家直属附属医院。计算机科学与技术学院成立于1978年，先后培养出了以中国科学院院士吴朝晖和中国工程院院士潘云鹤、陈左宁、陈纯为代表的一大批优秀人才。学院下设5个系、4个研究所、3个中心，拥有全国重点实验室3个、国家工程技术研究中心1个。机械工程学院始建于1911年，是浙江大学历史最悠久实力最雄厚的院系之一、中国最早从事机械科学研究和人才培养的单位之一。机械工程学院在百又十载的办学历程中，建成了一支以路甬祥院士为学科学术领导人，谭建荣院士、杨华勇院士为学科带头人的高水平师资队伍，为中国社会经济发展、机械工程高等教育和科学研究做出了重要贡献。光电科学与工程学院肇始于1952年在浙江大学建立的中国高校第一个光学仪器专业，是中国高校中最早从事光学工程人才培养的单位。在70余年办学历程中，光电科学与工程学院培养了薛鸣球院士、林祥棣院士等为代表的万余名优秀人才，被誉为"中国光学工程人才培养的摇篮"。

浙江大学的学生总体规模庞大。截至2023年年底，学校拥有全日制学生67656人，其中本科生29014人，硕士研究生21204人，博士研究生17438人。浙江大学作为全国重要的研究生培养基地，为研究生的培养创造了良好的学科环境和师资条件。学校实行导师个别指导与团队合作相结合的指导方式。每位研究生都有一位或多位导师进行个别指导，帮助他们制订学习计划、选择研究方向和解决学术问题。学校为研究生提供了丰富的实践机会，如参与企业实习、科研项目、学术竞赛等，让研究生在实践中学习、成长。学校积极推动研究生教育国际化进程，目前与42所全球顶尖高校、44所共建"一带一路"国家高校新签或续签合作协议。如浙江大学与英国帝国理工学院签署了"浙江大学—帝国理工联合学院合作谅解备忘录"，成为中国首个在世界名校建立海外校区的高校；与哈佛大学信息技术中心共同提出了基于虚拟现实的远程教学，为学生提供了广阔的国际视野和国际学术交流机会。此外，浙江大学注重"全人教育"理念，旨在培养既具备扎实学术基础又具备优秀人格和实践能力的研究生。

浙江大学一直秉持着教授为重的办学理念，打造出一支力量强大、规模庞大的教师队伍。学校现有教职工9557人，教师中有全职中国科学院院士27人、全职中国工程院院士21人、文科资深教授14人、教育部"长江学者奖励计划"特聘教授131人、国家杰出青年科学基金获得者210人。浙江大学积极推进创新团队建设，吸引了一批国内外顶级的科研团队。这些团队在高水平科研项目和重大科学问题上发挥着关键作用，为学校的科研工作注入了强大动力。如浙江大学百人计划研究员焦鹏程，提出了力学超材料在"超"力学领域的实现策略，探讨了实现"超"力学性能的技术挑战。化学系唐睿康教授与刘昭明研究员团队对构成材料的"基元"分子进行设计，制备的新材料兼具陶瓷般的硬度、橡胶般的弹性和塑料般的可塑性。物理学教授朱诗尧为首带领的团队，设计研发出来了"莫干一号"和"天目一号"两种超导量子芯片，其计算速度甚至是传统芯片的1000倍，拥有巨大的计算优势。

浙江大学积极打造"留学浙大"品牌，大力推进来华留学的优秀国际人才培养。2023年，共有超过150个国家的5514名国际学生在此求学，其中攻读学位的国际学生有4710人。浙江大学国际教育学院承担着国际学生的全面管理和服务任务，下设综合事务办公室、招生事务办公室、教学事务办公室、学生事务办公室、国际中文教育办公室、教学中心和外国专家留学生服务中心，为国际学生提供包括汉语和中国文化教学、留学生生活指导和服务等方面的工作。

浙江大学现有紫金港、玉泉、西溪、华家池、之江、舟山、海宁7个校区，占地面积约739万平方米。这些校区均以水为主题，体现了浙江大学的文化底蕴。不同校区的风景各具特色，与杭州的自然、文化和经济相互交融，为学生提供了丰富多彩的学习和生活体验。浙江大学图书馆是中国历史最悠久的大学图书馆之一，其前身是始建于1897年的求是书院藏书楼，全馆实体馆藏总量已达684.3万册。浙江大学艺术与考古博物馆，由浙江大学与著名中国艺术史学家方闻教授共同倡议设立，其使命是支持、提升浙江大学的教学与研究；并通过艺术品原作的收藏、教学、研究与展览，通过与校内外不同学科师生、学者的合作，致力于提高浙江大学师生的美学素养、视觉能力与批判性思维。浙江大学高度重视体育美育工作，建有男子篮球、女子排球、田径、网球、女子足球等高水平体育代表队，还建有文琴交响乐团、民乐团、合唱团、舞蹈团和黑白剧社等艺术社团。

浙江大学的校训是"求是创新"，"求是"指科学精神、牺牲精神、革命精神、奋斗精神和开拓创新精神；"创新"是时代的要求，也是科技和教育发展的规律。在127年的办学历程中，浙江大学紧紧围绕"德才兼备、全面发展"的核心要求，加快构建以学生成长为中心的卓越教育体系，着力培养具有全球竞争力的高素质创新人才和领导者。未来，浙江大学坚持"更高质量、更加卓越、更受尊敬、更有梦想"的战略导向，心怀"国之大者"、奋力"走在前列"，高质量建设中国特色世界一流大学和优秀学科，力争成为卓越人才培养和汇聚的战略基地、文化传承和交流的重要平台、国家战略科技力量和全球创新高地。

南昌大学

南昌大学（Nanchang University），坐落在江西省南昌市，是一所"文理工医渗透、学研产用结合"的综合型大学，是江西省人民政府和教育部共建的国家"211工程"重点建设学校。南昌大学是一所充满活力与生机的大学。中国科学院院士、焊接工程专家潘际銮，中国工程院院士、化工冶金专家邱定藩，中国科学院院士、固体力学家黄克智等都与南昌大学联系紧密。南昌大学的食品科学、材料物理与化学等学科的综合实力名列前茅。南昌大学以追求卓越之理念、力求创新之精神、服务社会之责任，培育了一批批优秀学子。

南昌大学的办学历史可追溯到1921年成立的江西公立医学专门学校和1940年创立的国立中正大学。历经数十载的发展与积淀，1993年，江西大学与江西工业大学强强联手，合并成为南昌大学。2005年，南昌大学进一步与江西医学院合并，形成了新的南昌大学，学术实力与教育资源得到了极大的充实和提升。2017年，学校入选国家首批"双一流"建设高校。2022年，学校入选第二轮国家"双一流"建设高校。今天的南昌大

学，已经成为助推区域和国家经济社会发展的重要力量。

南昌大学学科门类齐全，涵盖哲学、历史学、管理学、经济学、理学、工学、医学、交叉学科等13个学科门类。截至2024年3月，学校拥有本科生招生专业91个，国家一流专业建设点59个，位于部署合建高校第二位。学校有22个博士学位授权一级学科，3个博士专业学位授权类别，18个博士后科研流动站；49个硕士学位授权一级学科，35个硕士专业学位授权类别；共有9个国家临床重点专科。学校的材料科学与工程学科入选国家"双一流"建设学科（江西省唯一），材料物理与化学、食品科学是国家重点学科。材料科学与工程学科致力于培养具有创新意识、学科交叉特色的复合型人才，涉及金属材料、高分子材料、无机非金属材料等研究方向，依托国家硅基LED工程技术研究中心、物理国家实验教学示范中心、大学物理实验课程国家级虚拟教研室等科研平台开展基础研究和应用研究。学校的食品科学学科涵盖生物工程、食品质量与安全、食品营养与安全等研究方向，旨在于培养从事食品相关的技术开发、工程设计、品质控制等方面工作的高级工程技术人才。学校的工程学学科致力于为国家建设培养骨干力量、卓越工程师，涉及工程结构、道路工程、建筑节能、水资源与水信息等研究领域。学校科研能力不断增强。学校在LED领域取得创新成果，突破LED产业的"卡脖子"问题，在益生菌发酵果蔬等领域处于国际一流水平。

南昌大学设有34个学院。先进制造学院以"弘扬工匠精神，培育创新人才"为己任，是最早在江西省建立起"本—硕—博"人才培养体系的学院。学院的师资力量雄厚，中国科学院院士温诗铸教授为学院名誉院长、机械工程兼职博导，并聘任杨叔子院士等一批国内外知名学者为学院兼职或客座教授。生命科学学院是我国中部地区生命科学研究的重要基地和生物学人才培养中心。学院拥有生物灾害与安全、流域生态学研究所、生物多样性与基因组学、生物多样性与恢复生态研究、环境微生物资源应用与研究五大团队开展科学研究，拥有生物博物馆、生物标本馆等开展科学普及教育。食品学院的人才培养模式和科研创新成果得到社会的广泛认可，被《光明日报》、《中国教育报》、中央电视台等进行专题报道。学院采用"理工农医渗透、产学研用融合"的人才培养模式，积极与伊利、雀巢等企业开展合作。学院以重点学科建设为契机，搭建食品科学与资源挖掘全国重点实验室、农产品生物高效转化技术国家地方联合工程研究中心6个国家级平台。

截至2024年3月，学校有全日制本科生35900多人，其中国（境）外学生1300多人。学校现有研究生18400多人，其中国（境）外研究生120多人。南昌大学本科教学硕果累累。2018年以来，国家级、省级本科教学成果共51项，获奖总数位居江西省第一。学校实行产学合作育人，校内于2022年新增第一批产学合作协同育人项目33个，学校设有校内外实习实训基地500多个，依托平台建设助力人才培养，大力提高学生的实践能力。通识教育是本科生培养的一大特色，全体学生必须选修国学经典与中华文化、数据科学与人工智能模块课程，人文社科类学生必须选修科学探索与技术创新模块课程，理工医学类学生必须选修审美鉴赏与博雅技艺模块课程；这有助于提高学生的非专业能力，提高知识学习的广度。在研究生教育方面，学校的研究生管理体制逐步健全，招生方式不断完善，科学研究能力逐渐增强。2021年，学校获批7个一级学科博士学位授权点，2个博士专业学位授权类别，新增博士学位授权点数量位列全国第一。2023年，学校荣获高等教育（研究生）国家级教育成果奖二等奖2项，是中西部部省合建高校唯一获得2项高等教育（研究生）国家级教育成果奖的高校。2023年，学校成立卓越工程师学院以推动研究生培养模式变革，突破美国和日本在半导体领域对中国的技术封锁，并在LED芯片领域取得国际领先水平。学院作为工程研究生改革的试点特区，积极探索"三全三双三融合"的培养体系，即"全链条设计、全要素配置、全过程培养""双主体管理、双导师指导、双身份学习""课程学习与工作实际相融合、课程体系与工作过程相融合、理论研究与工程实践相融合"的培养体系，为工程硕士、博士培养提供范式。

南昌大学聚集了一大批德高望重、科研能力强劲的师资力量。截至2024年3月，学校本部现有在编教职工4235人（其中专任教师2687人，高级职称1589人），有中国科学院院士3人、中国工程院院士2人，发展中国家科学院院士1人，国际食品科学院院士1人，国家杰出青年科学基金获得者9人，国家优秀青年科学基金获得者10人等国家级人才126人次。中国工程院院士、国际食品科学院院士谢明勇扎根南昌大学20余载，致力于食品营养科学与技术领域，破除多个技术瓶颈，率先掌握适合工业化生产的果蔬发酵菌种及其菌剂制备等核心技术。中国科学院院士、国家硅基LED工程技术研究中心主任江风益投身于半导体发光方向，在硅基氮化镓半导体发光方向取得了创新性突破。其研究团队硅衬底高光效GaN基蓝色发光二极管获得国家技术发明奖一等奖（这是该奖设置以来，地方高校首次获得一等奖）。

南昌大学重视推动国际化进程,与40多个国家(地区)的230多所高校与科研所建立合作关系。自1997年开始,南昌大学开始招收外国留学生,是教育部来华留学示范基地、全国汉语水平HSK网考先进考点,是江西省内最早招收和培养来华留学生的高校,也是江西省首批有资格接收中国政府奖学金学生和国际中文教师奖学金学生的院校。南昌大学至今接收120多个国家的5000余名学生,为其提供学历教育、非学历教育、短期汉语培训与长期汉语培训。南昌大学承办了4所海外孔子学院和2个孔子课堂,分别是法国普瓦提埃大学孔子学院、印尼哈山努丁大学孔子学院、西班牙卡斯蒂利亚拉曼查大学孔子学院和印尼乌达雅纳大学旅游孔子学院。其中,法国普瓦提埃大学孔子学院下设了凯兰高中孔子课堂,印尼哈山努丁大学孔子学院下设阿迪拉伊斯兰学校孔子课堂。南昌大学为推动中国与世界的交流与合作贡献着自己的力量。

南昌大学有前湖、青山湖、东湖3大校区,其中前湖是主校区,占地面积约284万平方米(4264.54亩),校区建筑面积约150万平方米(2250亩),是本科生、硕士研究生、博士研究生的培育基地。南昌大学的校徽采用青花瓷中的蓝色和白色,以蓝色为边,以白色为中心,而江西景德镇生产青花瓷,极具有区域特色。将江西省省树——樟树置于校徽中间,寓意着南昌大学和大学学子旺盛的生命力,也是对南昌大学桃李满天下的祝愿。南昌大学重点打造"青春的担当"校园文化品牌,以"青春开讲、青春开创、青春开跑、青春开动、青春开唱"等系列文体类活动为载体,微光音乐节、博雅灯会、民族风情晚会以及厨艺大赛、越野寻宝大赛数十项文化活动持续推出,500余场各具特色的学生社团活动接连举办,丰富了校园文化。

南昌大学"格物致新,厚德泽人"校训中的"格物"与"厚德"选自中国典籍。"格物"选自《礼记·大学》:致知在格物,格物而后知至,知至而后意诚,意诚而后心正,心正而后身修。"厚德"出自《易经》:地势坤,君子以厚德载物。南昌大学立足于"人才强校、特色创新、产教融合"3大战略,秉承"学术立校、人才强校、依法治校"的办学理念,践行"以人为本、德学为先、学术为上"的治学理念,凝练出"爱国、自强、创新、唯实"的大学精神。面向未来,南昌大学砥砺前行,艰苦奋斗,朝着具有"江西特色、中国特色"的世界一流大学而努力,为南昌建设和国家发展贡献力量。

台湾大学

　　台湾大学（National Taiwan University），坐落于台湾省台北市，是一所享有盛誉的综合性研究型公立大学，被誉为"台湾第一学府"。该校以卓越的学术研究和教育质量在国际学术界享有崇高声誉。台湾大学的教授、学生与校友皆对当代台湾地区的发展有着重要影响，包括诺贝尔化学奖得主李远哲、图灵奖得主姚期智、沃尔夫化学奖得主翁启惠、沃尔夫农业奖得主杨祥发、美国加利福尼亚大学伯克利分校首位亚裔校长田长霖、前台湾地区领导人马英九、诗人余光中、作家李敖等。台湾大学的社会影响力主要源自其教育的卓越性、对社会的服务贡献、广泛的国际交流合作以及对可持续发展的坚定承诺。学校始终致力于提供优质的教育资源，培养具有创新精神和实践能力的人才。台湾大学以卓越的教育质量、对社会的服务贡献、广泛的国际交流合作以及对可持续发展的坚定承诺，在世界范围内塑造了显著的地位，发挥着举足轻重的作用。

台湾大学的前身是台北帝国大学，创立于日本殖民统治时期，是当时日本建立的九所帝国大学之一，这一时期的大学为台湾的教育和学术发展奠定了基础。随着历史的变迁，1945年台湾光复后，这所大学更名为台湾大学，象征着台湾重回祖国的怀抱，并开始了新的历史篇章。1949年，国民党政府迁往台湾，台湾大学取代了当时尚未在台复校的中央大学，成为中国台湾地区教育主管部门资助经费第一的高校。这一时期的台湾大学不仅继承了原有的学术传统，更在新的历史背景下，积极发展，为台湾地区的高等教育树立了新的标杆。台湾大学的历史是一部充满变革与发展的史诗，它见证了台湾从殖民统治到光复，再到现代化建设的全过程。

台湾大学拥有完整的学科领域，电机工程、生物科学、法学、心理学、医学、历史学、管理学、物理学、天文学、大气科学、政治学等领域均有着卓越的学术声誉和研究成果。医学专业不仅在台湾地区，而且在整个亚洲及全球都享有极高的声誉。台湾大学的医学教育分为临床前和临床两个阶段。在临床前阶段，学生们主要学习理论知识，而在临床阶段，学生们有机会接触患者，进行实际的临床实践。生物科学专业旨在培养具备生物科学基本理论、基本知识和较强实验技能的高级专业人才。该专业的核心课程涵盖了动物生物学、植物生物学、微生物学、生物化学、遗传学、细胞生物学、分子生物学、普通生态学等多个领域，为学生提供全面而深入的知识体系。文学专业注重经典阅读与文学批评的训练，同时也关注当代文学与文化现象。学生们将学习包括中国现代文学史、古典小说选读、两岸当代文学专题等在内的丰富课程，以深入了解中国文学的传统与变革。

台湾大学现有16个学院，58个学系、146个研究所、34个硕博士学位学程，横跨自然科学与人文社会艺术领域。文学院是台湾大学的一个重要组成部分，具有悠久的历史和深厚的学术底蕴。它前身为创立于1928年的台北帝国大学文政学部，经过多次变革与发展，如今已成为台湾乃至国际学术界享有盛誉的文学院。文学院目前设有中国文学系、外国语文学系、历史学系、哲学系、人类学系、图书资讯学系、日本语文学系、戏剧学系8大学系，以及艺术史研究所、语言学研究所、音乐学研究所、台湾文学研究所4大研究所。这些学系和研究所为学生提供了全面而深入的学术研究和教育。理学院的前身可以追溯到20世纪初，随着台湾大学的发展，理学院逐渐成为台湾地区科学研究和人才培养的重要基地。理学院的教师阵容强大，研究成果在国际上得到广泛认可，多次获得台湾地区重要学术奖项，如李远哲杰出人才讲座、台湾"国科会"特约研究员与杰出研究奖等。理学院不仅注重学术研究，也致力于教学工作，将国际前沿的科学研究成果融入课程中，培养了众多国际水准的科学家，包括诺贝尔奖得主李远哲博士等知名校友。医学院是台湾最早成立的医学院校之一，其历史可以追溯到1897年，当时台北医院设立了医学讲习所，这也是台湾大学医学院的前身。经过百余年的发展，台湾大学医学院已经成为台湾乃至亚洲地区医学教育和医学研究的重要基地。

台湾大学的学生总人数已近34000人，其中本科生18000余人，研究生16000余人。在这些学生中，国际学生人数为6000余人，占比大约为18%，他们来自全球各地，尤其是亚洲的东南亚地区。台湾大学高度重视研究生的学术研究和创新能力培养，鼓励学生积极参与各类研究项目。学校设有多个实验室和研究中心，配备先进的仪器设备，为研究生提供了一流的科研环境。同时，学校还积极与国内外企业和机构合作，推动产学研结合，为研究生提供更多的实践机会和合作研究项目。在课程设置方面，台湾大学的研究生课程旨在提供深入的专业知识和研究技能训练。学生可以根据自己的研究方向和兴趣选择相应的课程，同时还需要完成一定的学分要求。此外，学校还注重培养学生的跨学科素养，鼓励研究生参加跨学科课程和研讨会，拓宽学术视野。国际化是台湾大学研究生教育的另一个重要特色。学校积极推动研究生教育的国际化进程，与全球多所顶尖大学建立了合作关系，为学生提供了丰富的海外交流和双学位项目机会。这些合作项目不仅有助于研究生拓宽国际视野，还为他们未来的学术和职业发展打下了坚实的基础。

台湾大学的教职工人数约为5700人，师资实现了全球化招聘，外籍教师大约占到教师总量的8%～9%。教师聘用权在系、所，学校只负责形式上的审查。台湾大学注重科研团队的建设，面向世界科技前沿获得重大突破，聚焦"双碳"目标、新能源材料、生物医药等领域。台湾大学积极组建跨学科的研究团队，致力于研究和开发减少温室气体排放的技术和策略。例如，学校的研究团队可能专注于碳捕集、利用和封存（CCUS）技术，以及生态系统固碳的研究，这些技术对于实现碳中和具有重要意义。在新能源材料领域，台湾大学的科研团队可能专注于开发新型太阳能电池材料、高效能电池材料，以及用于能源存储的先进材料。这些材料的研发有助于提高能源转换效率和降低成本，推动可再生能源的广泛应用。

台湾大学的地理位置优越，位于台北市的核心地带，周边交通便利，与城市生活紧密相连。校园内规划分明，具有东西轴向的设计，两侧种植有大王椰子树，旁有杜鹃花，而樟树和龙柏分布在道路两旁与校舍之间，形成了一个充满绿意的学术环境。台湾大学为师生们提供了丰富的学术资源和研究设施。校园内不仅有现代化的图书馆、实验室和研究中心，还有各种学术讲座和文化活动，使学生获得了广泛的学习和研究机会。此外，台湾大学的校园文化也体现在其对传统文化的重视上，校园内处处可见古迹和历史建筑，这些都是台湾大学深厚历史底蕴和文化传承的见证。台湾大学的学生活动丰富多彩，涵盖了学术交流、文化体验、体育健身、社会服务等多个方面。台湾大学定期举办如校庆、迎新晚会、毕业典礼等校园节日和庆典，这些活动增强了校园的凝聚力和学生的归属感。学校支持学生成立各种兴趣社团，如文学社、音乐社、科技社等，学生通过社团活动发展兴趣爱好，提升个人能力。

台湾大学的校训是"敦品、励学、爱国、爱人"。这一校训由傅斯年校长在1949年第四次校庆纪念会演说中提出，用以劝勉学生。台湾大学之美，既美在自然与人文交织的景观，也美在学术探求与社会关怀的精神。自创校以来，台湾大学一直作为高等教育的领头羊，引领着学术研究和教育创新的方向。然而，随着时代的变迁和全球竞争的加剧，台湾大学也面临着诸多挑战和机遇。面对人才竞逐的激烈环境，台湾大学致力于吸引和培养国际一流的学术人才，为学校的长远发展注入新的活力。为了确保台湾大学的国际竞争力，并摆脱被边缘化的可能，学校积极推动全面提升国际化进程。在建校百年之际，台湾大学将继续努力擦亮自己的招牌。通过全面提升国际化、提升研发能量、扩大希望、争取精英及教学创新等举措，台湾大学将进一步巩固其在全球高等教育领域的领先地位，为培养更多优秀人才、推动社会进步和发展做出更大的贡献。

华中地区大学

武汉大学

　　武汉大学（Wuhan University），坐落于湖北省武汉市，是中国著名的综合性高等学府之一。回眸过往130多年的风雨历程，武汉大学汇集了中华民族近现代史上众多的精彩华章，培养了70余万名各类人才，包括100余名两院院士。从研制"两弹一星"到探秘世界三极，从投身南水北调、西电东输、三峡工程到助力端牢"中国饭碗"，武汉大学为国家建设和社会进步做出了重要贡献。无论是"勇于担当，自强不息，求是崇真，开拓创新"的大学精神，还是"创造、创新、创业"教育的新理念，均彰显了武汉大学坚毅刚强的品格和科学严谨的治学态度。武汉大学凭借悠久的历史、优秀的学术传统、优良的革命传统、厚重的人文底蕴以及令人瞩目的高水平办学成就，赢得了广泛的国际声

誉，在全球范围内备受尊敬。

武汉大学溯源于清末湖广总督张之洞于1893年创办的自强学堂。历经传承演变，1928年定名为国立武汉大学，位列近代中国第一批国立大学。抗战期间，校址迁至四川省乐山市。1946年，校址迁回武昌珞珈山，形成文、法、理、工、农、医6大学院并驾齐驱的办学格局，在国内外享有较高声望。1949年，学校更名为武汉大学。自1950年起，湖南大学、河南大学等校的水利系划归武汉大学，武汉大学医学院、农学院、哲学院从武汉大学分出，分别与上海同济大学医学院、湖北农学院、北京大学合并。随着1952年全国高校院系调整，武汉大学成为直属教育部领导的重点文理综合大学。1978年以来，计算机科学系、空间物理系、病毒学及分子生物学系、建筑学系、政治与行政学院等院系相继分出或成立。1999年，由16个学院、3个直属系重组改组为9大学院。2000年，武汉大学与武汉水利电力大学、武汉测绘科技大学、湖北医科大学合并组建新的武汉大学。

武汉大学学科门类齐全、综合性强，涵盖了哲学、经济学、法学、教育学、文学、历史学、理学、工学、农学、医学、管理学、艺术学、交叉学科13个学科门类。测绘科学与技术学科在全国同类学科中位列第一，在世界范围内遥遥领先。依托地球空间环境与大地测量教育部重点实验室等3个部级重点实验室，学科重点研究"智能测绘、智能导航、智能监测"新机理、新理论和新技术，探索测绘科学与技术的创新方法，在自然资源、工程建设、城市管理、数字经济、军事国防等领域与行业培养了大量测绘高层次人才，对中国全球卫星导航、全球遥感对地观测以及国家重大基础设施建设与运维管理等方面做出了卓越贡献。地球物理学在全国同类学科中排名第一，具有与测绘科学与技术、电子信息、计算机科学、海洋科学等多学科交叉融合特色，探索地球物理场、地球内部结构及演化、地球多圈层耦合和全球变化等重大科学问题，致力于破解当今地球科学难题。信息管理类学科开国内图书馆学、出版学等专业教育先河，位居世界一流学科前列，主要分为图书馆学、编辑出版学（数字出版方向）、档案学和电子商务4大方向，其《信息检索》《信息组织原理与利用》《信息管理学基础》等多门课程入选国家级课程。

武汉大学设有人文科学、社会科学、理学、工学、信息科学和医学6大学部，下分35个学院以及3所三级甲等附属医院。测绘学院可追溯至1956年武汉测量制图学院的天文大地测量系和工程测量系，是教育部高等学校测绘类专业教学指导委员会主任单位，下设有测绘工程系、导航工程系、地球物理系3个系、5个研究所，累计承担国家973计划、863计划等科技项目1000余项，年科研经费超过1亿元，其规模以及综合影响力在世界范围内遥遥领先，被誉为"世界测绘教育之都"。口腔医学院前身是1960年建立的湖北医科大学口腔医院，发展成为集专业教学、科研和医疗于一体的高等口腔医学院系，拥有双向互动仿真头模实验室、虚拟仿真牙科教学实验室等先进教学科研设施，以及国家级优秀教学团队——口腔内科教学团队，建立了完善的国际化口腔医疗人才培养体系。信息管理学院前身为创建于1920年的文华大学文华图书科，其办学历史与规模，综合实力高居全国首位，拥有国内本领域唯一的国家级实验教学示范中心——信息资源管理实验教学中心，以及国内专业藏书最丰富的中外文图书资料室，还出版发行《图书情报知识》《出版科学》《信息资源管理学报》3种学术期刊。

武汉大学师资队伍一流。截至2023年12月，现有专任教师3700余人，其中正、副教授2700余人，博士生导师1200余人，硕士研究生导师2400余人。中国科学院院士12人、中国工程院院士5人、欧亚科学院院士3人、人文社会科学资深教授8人、国家级教学名师15人。测绘遥感信息工程国家重点实验室的教师团队主持完成的"天空地遥感数据高精度智能处理关键技术及应用"项目获国家科技进步一等奖，首创卫星遥感全球无地面控制高精度处理和数据挖掘的理论与方法体系，研制了首次参加国庆阅兵的地形勘测车，首次实现境外1∶50000无地面控制点测图，为中国遥感信息技术进步做出了巨大贡献。梁子湖湖泊生态系统国家野外科学研究观测站教师团队成功开创了"梁子湖模式"的湖泊治理新方法，以草本植物为主进行湖泊修复，树立了可持续发展湖泊生态的新范例。中国南极测绘研究中心的师生团队参与了中国每一个南极考察站的组建工作，取得了多个开创性成果，如绘制了中国第一张南极地形图，命名了第一个中国南极地名，出版了中国第一部南北极地图集等。

截至2023年1月，武汉大学共有在校本科生29450人、硕士研究生20780人、博士研究生9305人。目前，来自110多个国家和地区的在校外国留学生达2800余人，覆盖30多个院系200多个专业。本科培养层面，武汉大学以培养"厚基础、宽口径、高素质、强能力"的创新型复合人才为目标，实施"中学生英才计划""强基计划"等，优化招生选拔和培养，形成高校少年班贯通式培养、大师领衔的拔尖人才培养、强化通识教育的书院制培养等培养新模式。武汉大学研究生教育肇始于1935年，已建立一套学科门类齐全、学位类型多样、导师队伍雄厚、管理体制健全的学位与研究生教育体系。研究生培养层面，武汉大学突出"创新"与"质量"两大主题，持续创新培养模式。推行复合导师制，开办"导师学校"并且不断完善导师管理机制；在学术型研究生中实施以直博生、"1+4""2+3""3+3"硕博连读制度为主体的多元化贯通式培养方式，多维度搭建跨学科人才培养平台。此外，武汉大学与53个国家和地区的310所大学和科研机构建立了合作关系。

武汉大学环绕东湖水，坐拥珞珈山，校园环境优美，风景如画。学校占地面积346.3万平方米，建筑面积295万平方米。校园建筑因山就势、形式各异、布局精巧，中西合璧的宫殿式建筑群古朴典雅，巍峨壮观，武汉大学早期建筑是全国最大、最美的一组近代高校建筑群，堪称中国近代大学校园建筑的佳作和典范，其中26栋早期建筑更是被列为"全国重点文物保护单位"。武汉大学图书馆历史悠久、藏书丰富、建筑宏伟、环境幽雅，在全国享有盛誉。全馆设有文科分馆、理科分馆、工学分馆、信息科学分馆和医学分馆5个分馆，均为湖北省"研究级文献收藏单位"，在重点学科文献收藏方面尤为完备。此外，武汉大学致力于打造校园文化品牌。学校连续70余年开展梅操电影放映，连续30余年举办全国大学生樱花诗歌邀请赛，连续30余年举办樱花笔会，连续30余年举办"珞珈金秋艺术节"等。此外，学校还致力于打造活力四射的校园体育文化，以"打造山水体育文化，塑造学生健康体质与人格"为目标，创建了5支高水平的运动队和18支阳光运动队。

百余年的风雨洗礼，百余年的砥砺前行，武汉大学书写了一页页光辉灿烂的历史篇章。学校于1993年确立了"自强　弘毅　求是　拓新"的新校训，寓意着武汉大学继承和发扬中华民族自强不息的伟大精神，树立为国家的繁荣昌盛刻苦学习、积极奉献的伟大志向，以坚毅刚强的品格和科学严谨的治学态度，努力探求事物发展的客观规律，开创新局面，取得新成绩，不断为国家做出新贡献。展望未来，武汉大学将不忘初心、牢记使命，以立德树人为根本，以办人民满意的大学为宗旨，以谋求人类福祉、推动社会进步、实现国家富强为己任，凝心聚力，求真务实，开拓进取，追求卓越，全面开启创建中国特色世界一流大学的新征程！

华中科技大学

华中科技大学（Huazhong University of Science and Technology）位于湖北省武汉市，毗邻著名的东湖风景区，为武汉·中国光谷之标杆。华中科技大学在中华人民共和国的朝阳中诞生、在共和国的旗帜下成长、在改革开放中腾飞、在新时代迈向世界一流，培养了"中国肝胆外科之父"吴孟超、"中国外科之父"裘法祖、生物物理学奠基人贝时璋等杰出校友，已为党和国家事业发展培养了70余万名高层次人才，被誉为中国高等教育发展的缩影。

1952年11月，为适应国家经济建设急需专业人才的现实需要，华中工学院在武汉成立，开启高起点建设多科性工业大学之路。1988年1月，华中工学院更名为华中理工大学。1907年，中德双方创办上海德文医学堂，考虑中部地区人口众多，医疗救治条件落后，1951年9月，同济大学医学院内迁武汉，并与武汉大学医学院合并，组建中南同济医学院。1985年7月，更名为同济医科大学。中华人民共和国成立伊始，急需一大批城市建设专业人才。1952年8月，以中南地区6所工程学校的土木市政专业为基础，合并组建中南建筑工程学校，1960年1月，学校更名为武汉城市建设学院，这是中国第一所城市建设高等学校。1981年，组建武汉城市建设学院。2000年5月，原华中理工大学、同济医科大学、武汉城市建设学院合并组建华中科技大学。

华中科技大学学科齐全、结构合理，拥有哲学、经济学、法学、教育学、文学、理学、工学、医学、管理学、艺术学、交叉学科11个学科门类。光学工程学科持续名列前茅，在瞄准国家需求，承担重大项目方面有较强实力，在新型激光技术及应用、光通信器件及系统、太阳能电池、光电测控、微纳光子学等研究方向上多有建树。机械工程学科承担着制造强国、质量强国、科技强国的使命，其研究方向包括机械制造及其自动化、机械电子工程、机械设计及理论、车辆工程以及测试技术及仪器等。生物医学工程专业结合生物医学、计算机与工程学原理，在各层次上研究生物体特别是人体系统的状态变化，开发创新的生物学制品、材料、加工方法、医疗器械和信息学方法，保障人类健康，为疾病的预防、诊断、治疗和康复服务。华中科技大学发扬"大团结"文化，通过整合光学、电子、计算机、生物医学工程等优势学科，集中各领域核心资源，汇聚力量打造了国际领先的光电子学科群。同时按照"应用领先、基础突破、协调发展"的科技发展方略，构建起了覆盖基础研究层、高新技术研究层、技术开发层3个层次的科技创新体系。其中，四颗熠熠生辉的"明珠"，令无数人神往，它们是：建立了世界上最精细鼠脑图谱基础数据库的武汉光电国家研究中心、创造了脉冲平顶磁场强度世界纪录的国家脉冲强磁场科学中心、测得国际最高精度万有引力常数G值的精密重力测量国家重大科技基础设施以及攻关了众多"卡脖子"技术难题的国家数字化设计与制造创新中心。

华中科技大学设有51个院系，体量庞大、质量卓越。其中，机械科学与工程学院创建于1952年，师资力量雄厚，拥有各类国家级教学研究平台，同时衍生出一批面向区域经济发展服务的技术转化平台，先后孵化出3个高新技术上市公司和30多家成果转化高技术公司，为华中科技大学规模最大、实力最雄厚的学院之一。光学与电子信息学院于2011年被确定为国家试点学院，依托武汉光电国家研究中心，拥有多个省部级重要平台，培养的人才中涌现了大批创新创业生力军，学院培养的毕业生对"武汉·中国光谷"，乃至全国的光电子信息产业起到较大支撑和辐射作用。华中科技大学的附属协和医院、同济医院是集医疗、教学、科研、培训为一体的大型现代化综合性医院，是湖北省乃至中南地区的医疗诊治中心。附属梨园医院突出老年病学的特色，是湖北省老年病防治研究中心。

截至2023年9月，学校全日制在校生总规模为60545人，在校普通本科生29625人，本科生数占全日制在校生总数的比例为48.93%。硕士研究生22766人，其中全日制硕士研究生为18903人；博士研究生10710人，全日制博士研究生为10289人。留学生共2695人，其中本科生675人，硕士研究生523人，博士研究生530人，培训生967人。在研究生培养方面，华中科技大学研究生院深化研究生教育改革，持续推动研究生教育内涵式发展，特别是提高培养研究生的创造能力，如为培养优秀拔尖创新人才，推进学科交叉融合，华中科技大学于2007年12月启动创新研究院建设，作为学校培养多学科交叉优秀博士研究生的"特区"。通过开展以学科交叉项目研究为驱动的研究生教育，将优秀的导师、优秀的研究资源配置到优秀博士研究生的培养中，营造多学科交叉的创新环境、教育环境，探索优秀拔尖创新人才培养的新模式。同时，学校探索实施机械工程等8个优势工科专业本硕博贯通培养计划。2023年4月，学校成立"国家卓越工程师"学院，标志着学校全方位深层次推进卓越工程师培养改革，学校逐步构建起了"上接学科前沿，下接产业需求"的特色卓越工程师人才培养体系。

学校实施"人才兴校"战略，师资力量雄厚，现拥有专任教师3743人，外聘教师1152人。在专任教师中，"双师型"教师有1128人，占专任教师的比例为30.14%；具有高级职称的有2991人，占79.91%；具有研究生学位（硕士和博士）的有3659人，占97.76%；45岁及以下的青年教师有1932人，占51.38%。学校目前有中国科学院和中国工程院院士18人。学校建有国家自然科学基金创新研究群体11个，教育部创新团队19个。科研团队数量众多，成果显著，如国家纳米药物工程技术研究中心先后参与孵化组建了一批生命大健康领域相关企业，构建了从源头创新到工程化转化直到产业化应用的完整创新链体系；碳材料研究中心在金属掺杂碳分子及其组装体的结构性能调控、能源存储转化等方面取得了系列有影响的结果；武汉光电国家研究中心韩宏伟团队创新性地提出了载流子3D注入机制，突破了第三代光伏技术瓶颈成果。各研究团队长期专注研究，取得重要进展，应用于各个领域。

华中科技大学校园树木葱茏，碧草如茵，环境优雅，景色秀丽，绿化覆盖率72%，被誉为"森林式大学"。学校最早的一批校园建筑大都建成于20世纪50年代，早期建筑群简洁、端庄、朴实的风格，彰显的不仅仅是一所工科大学应有的品位，也记录下那个年代中国建筑师在西风影响与中国传统建筑风格中的传承与探索。在最初的规划方案中，每片功能区都有自己的林带。由此，才有了今天这片被森林和绿色包围的校园格局。伴随时代发展，学校兼具现代化，能同时容纳20000人的"东九楼"，是华中科技大学学子学术的象征。梧桐语问学中心原是华中科技大学最早的一批建筑，经过改造，这一片区域变成了文艺范十足的苏式多功能建筑群，设有会议室、有咖啡厅、餐厅、书店等场所，是日常交流谈心的佳处。多元化的学习平台和优质丰富的学习资源，为师生营造了良好的学习和科研氛围。学校拥有图书馆7个，图书馆拥有纸质图书563.7万册，生均纸质图书62.92册。70多年来，学校铸就了"学在华科大""文化素质教育""创新创业教育"三大育人品牌，重视学生的全面发展，面向所有专业学子推出工程实训课程，已举办近2500期的人文讲座，建立并实施最长可休学4年创业的学籍管理制度，满足学生跨学科研究及创新创业等需求。

华中科技大学以创建世界一流大学为目标，秉持"明德、厚学、求是、创新"的校训，敢于竞争、善于转化、科学发展，始终胸怀"国之大者"，主动超前布局、有力应对变局、奋力开拓新局，聚焦立德树人根本任务，为实现高水平科技自立自强贡献力量，顶天立地、追求卓越，谱写建设中国特色世界一流大学新篇章，创造新时代华科大的新辉煌！

中国地质大学

中国地质大学（China University of Geosciences），在武汉与北京分别设有独立校区。中国地质大学（武汉）坐落于湖北省武汉市东湖国家自主创新示范区的核心地带，与光谷科创大走廊紧密相连；中国地质大学（北京）位于北京海淀区学院路，周边名校云集。长期以来，中国地质大学为国家输送了大量经济建设急需的地质专业人才，为中国工业的崛起和地质事业的蓬勃发展做出了卓越的贡献。众多优秀的学子们不仅在各自的领域里取得了显著成就，更是以科技精英、治国英才、商界领袖、体育健儿的身份，为国家和社会做出了巨大贡献。其中，中国月球探测工程的首席科学家欧阳自远、世界杰出女科学家张弥曼等40余位中国科学院和中国工程院院士，正是这些杰出校友的代表。他们的事迹和精神，激励着中国地质大学的学子们不断追求卓越，为祖国的繁荣和人民的幸福继续努力奋斗。

中国地质大学的历史可追溯至1952年，当时由北京大学、清华大学、天津大学、唐山铁道学院等著名学府的地质系（科）

合并组建成为北京地质学院。1970年，出于国家战略需要，学校整体迁至湖北省，更名为湖北地质学院，继续为国家培养地质人才。1974年，学校最终定址于武汉，更名为武汉地质学院。1978年，为适应地质学科的发展和高层次人才培养的需要，武汉地质学院在北京原校址设立了武汉地质学院北京研究生部，开始了两地办学的新模式。1987年，经原国家教育委员会批准，正式组建中国地质大学，实现了武汉、北京两地办学的格局，总部设在武汉。2005年3月，中国地质大学武汉和北京两地正式独立办学，各自承担起了为国家培养地质人才的重任。同年，教育部与原国土资源部签署共建中国地质大学的协议，为学校的未来发展提供了强有力的支持。同时，来自国内外的名师、才俊在这里汇聚一堂，相互切磋、共同进步，共同推动着中国地质大学在地质学科领域的不断发展和创新。

中国地质大学（武汉）与中国地质大学（北京）作为两所享有盛誉的高等学府，各自在地质科学领域拥有独特的优势。中国地质大学（武汉）以地球科学为核心特色，其学科布局广泛，涵盖了理学、工学、文学、管理学、经济学、法学、教育学、艺术学等多个领域。该校的地质学学科尤为突出，涵盖了矿物岩石矿床学、地球化学、古生物学与地层学、构造地质学、第四纪地质学以及行星地质与比较行星学等多个学科方向。此外，地质资源与地质工程学科也是该校的强项，主要研究地质体的勘查评价与开发利用，涉及资源与环境等多个领域。中国地质大学（北京）同样以地质、资源、环境为主要特色，学科涵盖理、工、文、管、经、法等多个方面。该校的地质学学科同样设有矿物学、岩石学、矿床学、地球化学、古生物学与地层学、构造地质学、第四纪地质学、地球生物学以及行星地质与比较行星学等研究方向。两所大学在学科建设上均突出现代地学特色，不断拓宽地学研究和服务的领域，致力于培养精品人才。

中国地质大学（武汉）目前设有23个学院，地球科学学院的历史可追溯到1952年11月北京地质学院成立的矿产地质及勘探系。经过数十年的发展，该学院已跃升为国内地学人才培养和科学研究的杰出高地。学院拥有3个国家创新研究群体和2个高等学校创新引智基地，主要支撑建设了2个国家重点实验室和1个湖北省重点实验室，并积极参与共建教育部长江三峡地质灾害研究中心和三峡库区地质灾害国家野外科学观测研究站。学院秉承"强基务本，追求卓越"的人才培养理念，至今已培养了超过1万名毕业生，其中不乏25位两院院士。资源学院作为中国地质大学（武汉）成立最早的学院之一，也以其强大的师资力量和办学实力而著称。中国地质大学（北京）设有16个学院，地球科学与资源学院作为学校办学历史最为悠久的"王牌学院"，一直以来都是地学教育和科研的领军者。学院现下设8个教研室和2个国家实验教学示范中心，拥有2个国家重点实验室和2个北京市教学示范中心，这些平台为学院的教学和科研提供了强有力的支撑。在过去的70年里，地球科学与资源学院培养了大批杰出地学人才。其中，包括32位两院院士，近200位全国和省部级劳模。水资源与环境学院则是中国地质大学（北京）在环境保护和可持续发展领域的重要力量。学院以地下水资源开发利用与生态环境保护为导向，致力于发展地下水科学理论、研发生态环境保护与修复技术。

截至2023年12月，中国地质大学（武汉）共有全日制在校生32594人。其中，本科生18969人，本科生占全日制在校生总数比例为58.2%。博士研究生2340人，硕士研究生10460人，留学生780人。中国地质大学（武汉）努力构建本研融合、科教融合、产教融合，跨学科、跨平台、跨文化培养的研究生"三融三跨"人才培养模式。重点打造学术交流平台、研究实验平台以及协同创新平台。中国地质大学（北京）全日制本科在校生8438人，其中普通本科8369人，全日制硕士研究生5768人，全日制博士研究生2341人，留学生数192人，留学生中有本科生31人，硕士研究生76人，博士研究生85人。中国地质大学（北京）实施招生录取的"强基行动"、导师队伍的"提质行动"、培养管理的"优化行动"以及教育质量"监控行动"。通过建立中期研究生分流淘汰制度，让分流淘汰成为常态，让"严"字刻在每个研究生心中。

中国地质大学（武汉）现有专任教师2045人，具有高级职称的专任教师1354人，占专任教师的比例为66.21%；具有研究生学位（硕士和博士）的专任教师2002人，占专任教师的比例为97.9%；拥有中国科学院院士12人。中国地质大学（武汉）国家地理信息系统工程技术研究中心陈能成教授团队系统阐述了时空预测的基本理论和当前进展，包括方法、不确定性及可预测性，并展望了新一代智能时空预测系统的发展方向。中国地质大学（北京）现有专任教师1080人，其中具有高级职称的专任教师724人，占专任教师的比例为67.04%；具有研究生学位（硕士和博士）的专任教师1055人，占专任教师的比例为97.69%。学校在职人员中有中国科学院院士2人，中国工程院院士1人。中国地质大学（北京）李曙光院士领导的"金属同位素与壳幔物质循环"团队首次利用Ni同位素研究大氧化事件生物圈演化和"气候—环境"演变，开展了岩石圈储库调查，并开启人类宜居地球研究。朱弟成教授领衔的"碰撞带地壳演化"创新研究群体取得了一系列创新性成果，在国内外产生了重要的学术影响。

中国地质大学（武汉）深植于"谋求人与自然和谐发展"的价值观之中，积极营造"独立思考、严谨治学、勇于探索、追求卓越"的文化氛围。学校的逸夫博物馆，作为国家二级博物馆，更是中国首家荣获国家AAAA级旅游景区殊荣的高校博物馆。在校园内，院士长廊如同一道亮丽的风景线，展示了从中国地质大学（武汉）走出的杰出院士们的风采。科普广场则是一处互动学习的宝地，陈列着大型岩矿化石标本，为观众提供了直观的学习机会。此外，西区体育馆内的亚洲最大室内攀岩壁，更是为学生和游客们提供了挑战自我的绝佳场所。中国地质大学（北京）作为地质学界的璀璨明珠，始终秉承地质报国的优良传统，担当着社会主义建设的开路先锋，锻造出坚韧不拔、刚健勇毅的品格。学校致力于构建以地球科学为根基，自然文化为特色的一流大学文化，通过编纂文化著作、开设系列讲座、优化校园环境、更新升级校史馆、拍摄专题纪录片等多种形式，深入引导师生感悟和传承学校的核心精神。校园中的两组雕像引人注目，他们分别是为创建中国地质大学前身北京地质学院立下汗马功劳的4位元勋——高元贵、李四光、何长工、刘型的纪念雕像。这些雕像不仅是对4位元勋卓越贡献的崇高敬意，更是对中国地质大学师生的一种激励，提醒他们不忘初心，砥砺前行，为地质事业和社会主义建设贡献自己的力量。

中国地质大学始终坚守"艰苦朴素，求真务实"的校训精神，秉持"朴实无华、艰苦奋斗"的优良作风，致力于培养具备高度责任感和使命感的高素质人才。这些人才不仅品德高尚、基础厚实、专业精深，而且能够知行合一，勇于担当民族复兴大任。学校积极回应区域、行业乃至人类所面临的资源环境挑战，提供高水平的人才和科技支撑，为可持续发展贡献智慧和力量。在地球科学领域，中国地质大学力求成为国际知名的研究型大学，并矢志不渝地追求成为该领域世界一流大学的办学目标。

武汉理工大学

武汉理工大学（Wuhan University of Technology）位于湖北省武汉市，是教育部直属高校和中国建材建工、交通、汽车三大行业高层次人才培养和科技创新的重要基地。学校构筑了"建设让人民满意、让世人仰慕的优秀大学"的理想，铸就了"厚德博学、追求卓越"的大学精神，确立了"育人为本、学术至上"的办学理念，树立了"实施卓越教育、培养卓越人才、创造卓越人生"的卓越教育观。武汉理工大学致力于为社会培养一代又一代以智慧引领人生、具有卓越追求和卓越能力的卓越人才，办学120多年来，共培养了近70万名高级专门人才，包括数位院士以及行业先锋等，在世界500强企业中担任董事长总经理的

校友人数位列国内高校前列。

武汉理工大学起源于1898年湖广总督张之洞奏请清廷创办的湖北工艺学堂。2000年5月27日由原武汉工业大学、武汉交通科技大学、武汉汽车工业大学合并组建。武汉工业大学源于1948年的中国人民解放军东北军区军工部工业专门学校，1978年被确定为全国重点院校之一，1985年更名为武汉工业大学，1998年由原国家建材局所属划转为教育部主管。武汉交通科技大学源于1946年的国立海事职业学校，历经传承与发展，1993年更名为武汉交通科技大学，隶属原交通部。武汉汽车工业大学源于1958年的武汉工学院，并分别于1981年和1990年获得硕士学位和博士学位授予权。1995年更名为武汉汽车工业大学，隶属原中国汽车工业总公司。2017年9月，武汉理工大学入选国家首批"双一流"建设高校。

武汉理工大学已形成以工学为主，理、工、经、管、艺术、文、法多学科相互融合、协调发展的学科专业体系。材料科学与工程学科是学校特色鲜明的学科，学科面向世界科技前沿及国家重大需求，近5年投入资金12.5亿元，重点建设了包含建筑材料绿色制造与战略性新型建筑材料6个重点领域，为国家和区域经济发展提供了关键新材料技术支撑。船舶与海洋工程学科下设船舶水动力研究与船型开发、船舶与海洋工程结构安全与可靠性、船舶先进制造技术与装备研发5个学科方向，拥有高性能舰船技术教育部重点实验室。70余年来学校坚守内河船舶领域，聚焦国家重大战略和内河航运发展需求，形成覆盖内河船舶基础理论研究与关键技术攻关的人才队伍和装备，为我国内河航运做出了重要贡献。培养了院士、船舶设计大师、企事业单位总裁以及一批坚守行业一线的骨干力量。矿物加工工程学科立足于学校特色行业，面向国家重大战略需求和区域经济社会发展需要，培养具备从事矿物加工与材料工程方面的科学研究、工艺过程设计、产品开发、性能检测、生产过程管理以及应用技术开发等工作，成为富有进取精神和人文精神的创新型卓越工程技术与管理人才。拥有"矿物资源加工与环境湖北省重点实验室"等省部级平台，培养了卓越的行业人才。

武汉理工大学设有25个学院，建有5个独立建制的科研院所，特色鲜明。其中资源与环境工程学院在全校率先引进了第一位中国工程院院士，建院60余年来为国家培养了万余名专业技术人才，为我国建工建材、资源环境、地理信息、城乡规划等行业及国家社会经济发展做出了积极贡献。材料科学与工程学院拥有

3个国家级科研基地，60多年间为国家建材工业培养了4万多名人才，提供了近100项重大科技成果。中国科学院院士张清杰、南策文、张跃，中国工程院院士姜德生、张联盟、彭寿，澳大利亚工程院院士程一兵等材料行业内领军人才皆从此走出。汽车工程学院是学校的特色学院，办学历史悠久，学科体系齐全，是国内最早并连续开办汽车专业60余年的3所院校之一。学院建有5个省部级科研基地，与各地政府以及企业积极组建各类人才培养及科研基地达6个。近5年，80%以上毕业生就业于世界500强和战略性新兴产业，为汽车产业特别是中国汽车产业的转型升级和快速发展做出了重要贡献。

截至2023年10月，学校在校普通本科生37417人，硕士研究生19884人，博士研究生3562人，外国留学生827人。学校具有特色鲜明，卓越的人才培养模式，积极探索团队式研究生培养新模式。学校建立了团队联合指导研究生制度，创新与国外高水平大学、科研机构联合开展研究生培养的人才培养模式。"高效能源转换与高效储能新材料"协同创新团队实施"三二四"研究生培养机制改革，围绕研究生培养机制的运行机制、动力机制、约束机制3项具体内容，充分调动教师、研究生两类主体积极性，把握研究生教育招生、培养、学位授予、教育管理4个环节。

学校教师队伍建设坚持以人为本、引进和培养相结合的工作原则，努力建设结构优化、规模适当、素质良好、富有活力、勇于创新、适应学校发展需要的高水平师资队伍。截至2023年11月，学校有教职工5360人，其中专任教师3095人，专任教师中教授870人，副教授1448人，两院院士6人，发达国家院士8人，获中组部、科技部、国家自然科学基金委、教育部和湖北省政府等人才计划支持的高端人才400余人。具有高级职称教师871人，占专任教师总数的28.11%；拥有博士学位教师2309人，占74.60%；45岁以下教师1426人，占46.07%。武汉理工大学高水平创新团队与高层次人才队伍建设亮点突出：如硅酸盐建筑材料国家重点实验室围绕国家重大需求与研究方向，近5年组织承担了各级各类科研项目679项，技术成果在全国千余条水泥、玻璃、陶瓷、墙体材料等生产线，以及港珠澳大桥、武汉天兴洲大桥、南海岛礁等一大批"一带一路"控制性重难点工程应用，取得显著的社会环保与经济效益。纳米重点实验室主要从事尖端纳米能源材料与器件领域的研究，团队长期致力于新能源材料与器件科学技术及应用研究，构筑了国际上第一个单根纳米线器件电子/离子输运原位表征的普适新模型，建立了调控电化学反应动力学的"麦-晏"场效应储能等电子/离子双连续输运理论，突破了储能材料与器件的批量化制备技术，并实现成果转化与应用。

武汉理工大学拥有马房山校区、余家头校区和南湖校区，总建筑面积195.3万平方米。各校区绿荫环绕，四季有景、鲜花点缀、层次分明，创造了景色宜人，愉悦舒适的环境，为师生提供交流思想、休闲娱乐的空间。"畅想"大型铜雕、陶瓷雕塑景观已成为学校标志性文化载体。4座现代化图书馆藏书407.73万余册，其中南湖校区图书馆将校园历史文化通过抽象篆书文字镂刻之上，并将楚文化进行抽象和演绎，使历史底蕴在新建筑上得以延续和传承。武汉理工大学构建了以"筑梦·铸魂·立本·树人"办学思想体系为内核的卓越文化体系，2006年获批首个国家大学生文化素质教育基地，依托"全国普通高校中华优秀传统文化传承基地（汉剧）"等国家及省级平台，深入推进学校汉剧、太极拳、古琴、京剧、非遗传承项目等特色传统文化建设，大力开展"高雅艺术进校园""戏曲进校园"和"《中华传统文化百部经典》校园行"等校园文化活动，持续打造"理工大舞台""理工大讲堂"等品牌活动，培育创作一批优秀原创文化作品，形成网上网下相结合的优秀传统文化传播格局，引导学生在"学"与"做"中亲身体验优秀传统文化的独特魅力。学校的校史馆、艺术馆、航海博物馆、数字天象馆、科技成果展厅、未来学习中心等文化场馆，已成为在校学生提升文化素养的重要平台。

百廿余年，风雨兼程，武汉理工大学始终以立德树人为根本，秉承"厚德博学，追求卓越"的校训，坚持"党建引领、数据驱动、协同共享、提质增效"总思路和以特色创优势发展道路，围绕"建设让人民满意、让世人仰慕的优秀大学"的崇高大学理想，努力建设成为特色鲜明的世界一流大学。

华中师范大学

华中师范大学（Central China Normal University），坐落于湖北省武汉市。学校办学历史悠久，既继承了中国传统文化的精华，又汲取了外来文化的养分，融合传统与现代元素，形成了具有华师特色的育人理念。120多年的办学史上，华中师范大学在专业体系、课程建设、培养口径、师范特色等方面不断探索，为中国教育、政治、经济与社会建设做出了卓越贡献。长城内外、大江南北，到处都有华师学子的身影。他们当中，有无产阶级革命家恽代英、陈潭秋等；有科技研究领域的佼佼者，如中国科学院资深院士，物理学家、超声学家应崇福；有社会科学研究领域的著名专家，如国学大师熊十力；有培根铸魂、教书育人的大先生，如中国当代著名哲学家、教育家冯友兰。他们的学术成就和社会贡献为华中师范大学的发展增添了无限光彩。

华中师范大学的历史可追溯到1903年创办的文华书院大学部。该部源于1871年成立的文华书院，后于1924年更名为华

中大学。学校的历史还涵盖了1912年创办的中华大学以及1949年创建的中原大学教育学院。1951年，中原大学教育学院与华中大学合并，共同组建公立华中大学。1952年，随着中华大学等其他学校的并入，学校更名为华中高等师范学校。1953年，学校正式定名为华中师范学院。直至1985年，学校更名为华中师范大学，校名由邓小平同志亲笔题写。2005年，学校成功进入国家"211工程"重点建设高校名单，标志着学校在教育领域的重要地位得到了国家的认可。2017年9月，学校更是入选了国家"双一流"高校名单，进一步彰显了学校在国内乃至国际上的影响力。

华中师范大学拥有博士、硕士学位授权学科33个，其中博士一级授权学科21个，覆盖哲学、经济学、法学、教育学、文学、历史学、理学、工学、农学、管理学、艺术学、交叉学科12个学科门类。其中，政治学、教育学、中国语言文学为国家"双一流"建设学科。政治学学科包含政治学理论、中外政治制度、科学社会主义与国际共产主义运动、国际政治、国际关系、外交学、政治社会学、地方政府学、政府经济学、国家治理与考选制度、宪政与法治11个研究方向。教育学学科涵盖了学前教育、特殊教育、小学教育、教育史、高等教育学等广泛领域，尤其在教育学原理领域有显著优势。教育学原理是教育学科中的基础性学科，辐射面广，带动性强，经过长期的建设和发展，该学科点在教育学的基础研究、主体教育理论与实践研究、义务教育政策研究等方面已形成了鲜明的特色。中国语言文学包括文艺学、语言学与应用语言学、汉语言文字学、中国古典文献学、中国古代文学、中国现当代文学、比较文学与世界文学、中国民间文学等研究方向，其中汉语言文字学和文艺学是国家级重点学科。

华中师范大学下设28个教学科研单位。文学院是学校的传统强院，自成立之初就高度重视中文教育，为学生开设了多门中文课程，至今已有逾百年办学历史。汉语言文学国家拔尖学生培养基地班采取导师制、小班化、个性化、国际化的培养方式，培养中国语言文学基础学科的拔尖创新人才。文学院还实施了面向汉语言文学师范专业的卓越教师培养计划、面向汉语言专业的语言学复合创新型人才培养计划。新成立的人工智能教育学部则是学校新兴交叉学科创新的重要支撑，学部以全面支撑学校教师教育改革创新为建设定位，以"服务需求、凸显高峰、融合创新、协同发展"为建设思路，以建设"人工智能+教育"集成攻关大平台、构建"人工智能+教育"复合型高水平人才培养模式、打造"未来教师"

职前职后一体化人才培养体系、建设人工智能与教师教育创新服务改革示范基地为重点任务，致力于建设"人工智能+教育"领域国家技术创新中心。

学校现有普通本科生18700余人、硕士研究生12000余人、博士研究生2800余人，另有国际学生700余人。华中师范大学长期以来坚持"本科教育为本"的教育理念，坚持本科教学的基础和中心地位。现有81个本科专业，包括各种类型的本科办学项目，拔尖创新人才培养体系完善，设有国家基地班（文科：历史学；理科：物理学）、拔尖计划2.0基地（历史学、物理学、中国语言文学）、交叉班、英才班、战略性新兴产业计划等拔尖创新人才培养试验班。在研究生培养方面，华中师范大学一直秉持着高质量、创新性的教育理念，大力实行以科学研究、知识创新和技术创新为主导的导师负责制。该校强调"研究生教育质量"的可操作性和可持续性，致力于培养具备深厚学术素养和创新能力的高层次人才。为实现这一目标，华中师范大学实施了一系列富有成效的培养模式。其中，"拔尖创新人才"培养计划旨在选拔和培养具有突出学术潜力和创新精神的优秀研究生，通过提供个性化的培养方案和优质的教育资源，帮助他们迅速成长为学术界的领军人物。学校还推行了本硕博贯通培养的"华博计划"，该计划允许优秀本科生提前进入研究生阶段学习，实现本科、硕士、博士教育的无缝对接。这种培养模式不仅提高了教育效率，也为研究生提供了更为广阔的学术视野和更加深厚的学术积淀。为优化研究生培养模式，学校设立了研究生教育创新项目，通过"硕博连读""卓越教师计划"等方式，鼓励研究生在导师的指导下深入参与科研项目和实践活动，培养他们的科研能力和实践技能。

华中师范大学现有教职工3500余人，专任教师2000余人，其中教授、副教授1300余人，博士生导师600余人；现有专兼职院士、人文社会科学资深教授、"长江学者奖励计划"入选者、"国家杰出青年科学基金"获得者、"国家高层次人才特殊支持计划"入选者等国家级人才90多人次。近年来，学校的科研团队取得了一系列重要的科研成果，涉及多个学科领域。如分子微生物学研究团队运用生理生化手段和高通量组学技术，揭示了枯草芽孢杆菌资源配置策略的重要原理，为未来研究不同细菌生长能力差异的内在机制奠定了基础。物理科学与技术学院团队研制的X射线偏振探测立方星（CXPD）载荷于2023年成功搭载在中国最大的固体火箭上发射，CXPD立方星旨在利用其搭载的X射线偏振探测器，探测宇宙中的高能X射线簇，为揭示和理解宇宙中致密天体（黑洞与中子星)、高能爆发现象等的磁场结构和辐射机制提供重要观测数据,为开展相关天体物理理论研究创造契机。教育史学专家团队编写的《中国教育活动通史》荣获第八届高等学校科学研究优秀成果奖一等奖,该通史以"全球视野、中国立场、问题意识、实践导向"为立足点,探寻了教育历史的具体场景,展现了教育历史的生动面貌,是教育史研究领域的重大成果,填补了教育史学研究的空白。

华中师范大学占地面积160余万平方米,分为本部校区和南湖校区。校园内自然环境优美,山峦起伏,树木葱茏。在学校的东区,有一片茂密的原始森林,为校园增添了一抹神秘的色彩;北区则有一片樟树林和桃李源,横跨两条马路,形成了一道独特的风景线。学校南门附近的水杉林,更是让人仿佛置身于一片绿色的海洋中。而在校园的中部,分布着牡丹园、梅园、玉兰园等风景点,四季花香不断,为校园增添了无尽的生机和活力。南湖校区则面临南湖,波光荡漾。华中师范大学的校园尤其以满山的桂花树而闻名遐迩,每年9月,桂树飘香,香飘满园,形成了其独有的特色。华中师范大学在博雅广场特别开辟了"樱花园",在原有樱花丛的基础上,补种了400多棵各类品种的樱花树,将形成"春天樱花海"的又一景致。此外,中华民国已故大总统黎元洪的墓位于校园内的一角。2011年,为迎接辛亥革命100周年,武汉市政府在这里增加了黎公亭、休闲长廊,增建了单独的停车场等,扩大为民国大总统陵园,这里已经成为华中师范大学重要的校园旅游景点,为这个百年老校增加了一丝沧桑感。校园内无线网络及学生宿舍空调实现全覆盖;图书馆馆藏面积近5万平方米,藏书300余万册,具有先进的"校园文献网络化管理与服务系统",为学生学习生活提供了有力保障。

校训"求实创新、立德树人"是学校精神的灵魂,体现了华中师范大学的办学传统和文化的积淀,代表着人才培养的教育理念,也是面向社会的精神标志。这一精神蕴含着科学求实、人文雅致、勤奋进取、重德育人、开放包容等多重内涵,是华师人的精神力量和理想追求。在新时代的征程中,学校将继续践行立德树人的根本任务,深化教育教学改革,不断构建和完善高质量的人才培养体系,为打造世界一流的师范大学而不懈努力。

郑州大学

郑州大学（Zhengzhou University），坐落于河南省郑州市，是国家"211工程"重点建设高校、世界一流大学建设高校和"部省合建"高校。历经数十载的沧桑岁月，已然发展成为一所具有高水平发展和社会影响力的综合性大学。在其办学历史中，嵇文甫、霍秉权、钟香崇、孙国梁、董民声、沈琼、苏寿汦等一大批知名专家学者，都曾在此弘文励教。近年来，郑州大学积极对接国家和河南创新驱动发展战略，重大创新成果不断涌现，多项共性关键技术实现突破和应用，不断推进科技创新工作

高质量发展，科技创新活力和能力显著提升，为建设高水平研究型大学和区域性国家战略贡献科技力量。

作为河南省的一所综合性大学，郑州大学承载着丰富的历史底蕴和深厚的学术积淀，其前身可以追溯到几所各具特色的高校。郑州大学由原河南医科大学、原郑州大学、原郑州工业大学合并而来。原河南医科大学起源于国立第五中山大学。1928年9月位于开封的国立第五中山大学（国立开封中山大学）增设医科；1930年，国立第五中山大学改为省立河南大学；1942年，成为国立河南大学；1952年全国院系调整，河南大学医学院独立办学，改名为河南医学院；1953年起在郑州市开始建校，1958年，河南医学院迁址郑州市；1984年，更名为河南医科大学。第二支学脉原郑州大学始建于1956年，是中华人民共和国成立后国家创办的第一所综合性大学。1996年成为国家"211工程"重点建设高校，也是河南省唯一一所重点高校，被誉为"河南的小北大"。第三支学脉原郑州工业大学成立于1963年，是原化工部直属的重点院校，原名郑州工学院（化工部六大学院之一）；1996年更名为郑州工业大学，这所学校曾创造了河南省的第一台计算机，被誉为"河南小清华"。千禧之际，三强熔铸，2000年7月10日，合并组建新的郑州大学。2017年，国家公布了"双一流"建设高校名单，郑州大学入选"世界一流大学"建设高校，成为985高校外，仅有的三所入选高校之一（另外两所是云南大学、新疆大学）。

郑州大学学科门类齐全，覆盖理、工、医、文、法、经、管、教育、农、艺12大学科领域，拥有一批国内外知名的一流学科和特色优势学科，形成了交叉融合、协调发展的学科体系。郑州大学围绕河南资源优势与发展需求，打造"大材料、大工程、大医学、中原历史与文化"学科集群，构建一流学科、优势特色学科、基础与新兴交叉学科（方向）三级学科体系。"大材料"学科集群，以材料科学与工程为核心，涵盖了冶金工程、化学工程与工艺等相关学科。"大工程"学科集群，以机械工程、电气工程、土木工程等传统工科为主体，同时融入计算机科学、大数据等新兴领域。"大医学"学科集群，以基础医学、临床医学、药学等学科为主导，同时涵盖公共卫生、护理学等医学相关领域。"中原历史与文化"学科集群，以历史学、文学、艺术学、哲学等学科为基础，深入挖掘和传承中原地区的优秀文化传统。在构建一流学科、优势特色学科、基础与新兴交叉学科（方向）三级学科体系的过程中，郑州大学始终坚持内涵式发展，注重学科交叉融合，加强产学研合作，不断提升学科的综合实力和影响力。

郑州大学现有51个院系。其中，物理与信息工程学院融合了物理学和信息科学两大领域，致力于培养具备扎实理论基础和创新实践能力的高级人才，拥有一流的实验设施和优秀的师资队伍，为学生提供了良好的学习和研究环境，研究方向涵盖了量子信息、光电子技术、通信与信息系统等多个前沿领域。经济与管理学院是郑州大学的重要学院之一，以培养具有创新精神和国际视野的经济管理人才为目标，研究方向包括产业经济、金融管理、国际商务等多个领域，研究团队在产业转型升级、金融风险管理等方面取得了重要研究成果。土木工程学院是郑州大学的传统优势学院，在结构工程、岩土工程、道路工程等方面具有显著的研究优势，研究方向包括绿色建筑、智能交通系统、防灾减灾工程等，通过创新研究和技术开发，为土木工程领域的可持续发展提供了有力支持。

郑州大学现有全日制普通本科生4.4万余人、研究生2.6万余人，以及来自96个国家的留学生2700余人。化学学院在本科生培养机制方面不断创新，从最早设立的国家理科化学基地班，到之后的创新人才实验班（即拔尖班）和"卢嘉锡化学菁英班"，建立"导师制、小班化、个性化、国际化"的本科人才培养模式，构建具有自身特色的"三全育人"体系。在研究生培养方面，郑州大学出台了《郑州大学研究生课程建设实施方案》，承担教育部研究生课程建设改革试点，通过基于信息化的研究生课程与教学改革，推动由讲授式课程向混合式课程的转变；积极拓展博士研究生优秀生源选拔途径，实施"本—硕—博"贯通培养计划，探索推进交叉学科博士研究生培养。此外，郑州大学国际合作广泛深入，与美国、英国51个国家和地区的271所高校或科研机构建立友好合作关系，先后加入北京谱仪（BESIII）国际合作组、高海拔宇宙线观测站（LHAASO）合作组、高能物理（Belle II）国际合作组等大科学装置和国际合作组织。

郑州大学师资队伍雄厚，拥有一批高水平、有影响力的专家学者。截至2023年7月，学校有专任教师（含专职科研）4500余人，形成了一支以院士和学术大师为引领，以"杰青""长江"等为学术带头人的高水平师资队伍。郑州大学科研成果丰硕，涵盖多个学科领域，不断产出具有创新性和实用性的重大突破，为国家和地方的经济社会发展提供了有力支撑。在纳米材料领域，学校科研团队成功制备出一种具有优异光催化性能的纳米复合材料，这种材料在可见光照射下能够高效降解有机污染物，为环境治理提供了一种新的有效手段。在计算机科学领域，学校科研人员开发了一种新型人工智能算法，该算法在图像识别和自然语言处理等方面具有显著优势，在智能机器人、智能家居等领域具有广阔的应用前景。在生命科学领域，学校科研团队在基因编辑技术方面取得了重要进展，成功利用CRISPR-Cas9系统对特定基因进行精准编辑，为遗传性疾病的治疗提供了新的可能性。

郑州大学位于中原地区，拥有着丰富的历史文化遗产和独特的地域风情。校园占地总面积达到406余万平方米，拥有主校区、南校园、北校园、东校园、西校园，以及河南省洛阳市分校——洛阳产业技术研究院。其中，主校区位于郑州市高新区科学大道100号，其余南、北、东、西4个校园分布于郑州市的二七区、金水区。郑州大学校园建筑各具特色，其中主校区建筑以砖红色为底色，标志性建筑的钟楼高耸挺拔，理科园内的材料馆、化学馆和生物馆等建筑也颇具特色，融入了中原建筑的文化特色，同时体现了西方建筑的风格。主校区校园风景优美，被誉为"西郊国立公园"。宛如眉毛的眉湖流淌在学校中央，厚山之上伫立着望瀑亭和回廊阁，潭水悠悠，杏坛、樱花林、五星广场从北到南错落有致地分布在校园之内。此外，郑州大学一直是中国文化传承和推广的重要中心之一，学校还常常举办艺术展览、音乐会等文化活动，这些活动不仅丰富了学生的课余生活，也塑造了郑州大学的艺术形象。

郑州大学的校训是"求是、担当"，寓意深远。"求是"强调对真理的不懈探求，激励师生严谨治学，勇攀学术高峰；"担当"则体现学校及师生对社会责任的积极承担，鼓励大家勇于面对挑战，为国家和社会进步贡献力量。这一校训不仅是对学校办学理念的精准概括，更是对"郑大"人精神风貌的生动写照。它激励着每一位"郑大"人不断追求卓越，勇担时代重任，为实现中华民族的伟大复兴而努力奋斗。郑州大学确立了自己的发展目标：必须主动担当，积极进取，躬身入局，倾力打造一流创新生态，在建设国家创新高地上引领新发展、彰显新担当、展现新作为，从而"确保高质量建设世界一流大学、高水平实现世界一流大学"。

河南大学

河南大学（Henan University），坐落于河南省开封市和郑州市，是河南省人民政府与教育部共同建设的省属重点综合性大学，是一所办学历史悠久、学科门类齐全的综合性大学。河南大学汇聚一大批优秀师资，培育了一大批国之栋梁。著名哲学家冯友兰、"中国杂交玉米之父"吴绍骙、中国近代著名的教育家余家菊等在此任教，中国考古学泰斗石璋如、著名水利专家王既民等在此求学。河南大学以深厚之文化底蕴、创新之进取精神、特色之培养模式，成为中原乃至全国和国际学子攀登的"知识高峰"。

河南大学办学历史悠久。其前身是1912年创办的河南留学欧美预备学校，林伯襄先生担任首任校长，校园选建于河南贡院旧址之上。1942年，学校升格为国立河南大学。1952年院系调

整，更名为河南师范学院。1981年，学校获批成为首批硕士学位授予单位之一。1984年，学校复名为河南大学。1998年，学校开启博士研究生教育。2008年10月，学校进入省部共建高校行列。2017年，学校入选首批国家"双一流"建设高校。2022年，学校再次入选国家"双一流"建设高校。今日的河南大学坚持"中国特色、世界一流、中原风格"的发展定位，为建设研究型、综合性、国际化一流大学的目标而奋斗。

河南大学作为综合性大学，学科门类齐全、专业特色鲜明。学校拥有文学、历史学、哲学、经济学、管理学、法学、理学、工学、医学、农学、教育学、艺术学、交叉学13个学科门类，构建以文、理、医、工为主，多学科协调发展的综合性大学学科专业体系。截至2023年2月，学校有92个本科招生专业（82个本科专业进入一流本科专业建设"双万计划"）、45个硕士学位授权一级学科、35种硕士专业学位授权类别、21个博士学位授权一级学科、20个博士后科研流动站。其中，生物学历史底蕴深厚，可追溯到1923年的生命科学学科。生物学是世界"双一流"建设学科，其中生物科学是国家级特色专业，生物科学专业和植物科学与技术专业入选国家"一流专业"建设。生物学致力于培养无私奉献、敬业诚信、务实创新的复合型人才，服务新兴产业与未来产业的发展。地理学学科注重与环境科学、生态学、测绘科学与技术、区域经济学等学科的交叉融合，旨在培养具有地理学基本理论、基础知识和基础技能的高素质、复合型人才。历史学学科涵盖中国古代史、中国近现代史、世界史等领域，旨在培养具有"中西融合、古今贯通"能力、创新思维的历史学专门人才。学校积极推动产教融合，依托学校的资源与黄河科技集团、紫光集团、华为等知名企业开展合作，搭建"产、学、研、转、创"多主体参与、多功能集成的产教融合平台，为促进新工科建设贡献力量。

河南大学设有40个学院（教研部）。能源科学与技术学院面向国家"双碳"目标、"新工科建设"，致力于为国家培养能源化工领域具有前瞻视野、创新思维的高素质科学研究人才及创新创业人才。由于国家和中西部地区快速发展的新能源产业对高效能材料与器件的迫切需求，学院建立特种功能材料教育部重点实验室、高效显示与照明技术国家地方联合工程研究中心来培养高端专业人才，助力产业发展。河南大学生命科学学院科研能力强。学院汇聚高水平人才，搭建完备科研平台，建立起特色鲜明、结构完备的人才培养队伍。学院设有棉花生物学国家重点实验室，省部共建作物逆境适应与改良国家重点实验室两个国家重点实验室，学院弘扬"敬业、诚信、务实、创新"的院风，秉持"无私奉献、艰苦奋斗"的学科精神，不断优化专业结构、提升学科能力。

河南大学现有全日制在校生5万余人。截至2023年9月，学校全日制在校生总规模为49886人，全日制在校本科生34643人，本科生数占全日制在校生总数的比例为69.44%。全日制在校研究生14800人，占在校学生总数的29.67%，留学生209人，预科生15人。本科生培养方面，河南大学注重拔尖人才、交叉复合型人才的培养。采用"主辅修+双学位"培养模式，学生完成主修专业的同时，可申请辅修专业。河南大学还实施拔尖创新人才培养（明德）计划，依托学校优势基础学科资源，以设立实验班方式培养拔尖创新人才。其卓越人才培养计划致力于卓越法律人才、医学人才、教师人才的培养。河南大学的研究生教育历史悠久，可追溯到民国时期。教育培养模式在传承传统理念的同时，不断被赋予新的时代内涵。今天的研究生教育坚持"需求导向、质量优先、特色发展、交叉融合"的办学原则，坚持规模和质量相统一。在生态学研究生培养方面，学校采用贯通式培养模式。学校与中国科学院上海分子卓越研究中心等科研院所进行合作，实施优秀生源计划、英才培养计划、优博优硕培育计划。学校注重生态学研究生的实践能力培养，将社会实践列为研究生的必修课。学生可以参与玉米、棉花、油菜等重要农作物的种质资源创新、兰考现代农业立体示范园建设等项目，组建河南大学研究生科技服务团助力乡村振兴。此外，河南大学坚持开放格局，留学生来自日本、韩国、德国、俄罗斯80多个国家，与39个国家和地区的196所高校建立了友好合作关系，建设有国际商学院、欧亚国际学院、迈阿密学院、丝绸之路学院。

河南大学拥有一批科研水平高、治学严谨的师资队伍。截至2023年12月，学校有教职工4700多人，教师中有院士、学部委员6人，"长江学者""国家杰出青年""万人计划"领军人才等国家级领军人才26人，国家级青年人才15人。中国工程院院士王家耀一生深耕地图学理论、数字地图制图等方面研究，科研团队完成了战略、战役（战区）和战术3个层次的军事地理信息系统研制任务，科研团队被评为总参、河南省科技创新团队。中国科学院院士张锁江主要从事绿色能源等方面研究，是世界离子液体与绿色过程领域的领军人物，其团队实现多项绿色成套技术的工业应用。

河南大学形成"一校、两地、三区"的办学格局。两地指的是郑州市和开封市。郑州市人文景观丰富，有"天下第一名刹"禅宗祖庭少林寺、中国四大书院之一的嵩阳书院等众多旅游胜地，拥有全国重点文物保护单位83处。开封市享有国家历史文化名城、国家森林公园、八朝古都等美誉，有包公祠、相国寺等重点文物古迹。三区指的是郑州校区、开封明伦校区、金明校区。其中明伦校区是河南大学的发源地，北邻千年铁塔，东依明清古城墙。河南大学的建筑将古典与现代要素融合，既体现中国书院式的布局，又体现西式建筑风格。河南大学南大门采用牌楼式设计，门楼以灰瓦覆于屋顶，上立"脊兽"寓意保护建筑。河南大学七号楼曾引得梁思成林徽因夫妇大为赞赏，称其为"美女楼"。七号楼以塔斯干式壁柱为基，以透雕挂落为饰，以木刻雀替为缀，是河南大学的标志性建筑之一。河南大学图书馆的馆藏资源特色鲜明，河南地方史志较为丰富，大型古籍丛书基本齐全，珍本孤本稿本钞本颇具特色。

河南大学上承百年历史之沉淀，下启朝朝未来之可期。学校坚持"明德新民，止于至善"的校训，取自《大学》："大学之道，在明明德，在亲民，在止于至善"。面向未来，河南大学扎根中原大地，为建设研究型、综合性、国际化一流大学的目标而砥砺前行，到21世纪中叶，建成一批世界一流学科，办学水平和学术声誉得到世界公认，建成具有重大国际影响力的世界一流大学。

湖南大学

湖南大学（Hunan University），坐落于湖南省长沙市，是中国同一校址办学时间最长的高等学府，亦是一所拥有卓越学术实力的综合性世界高水平大学，素有"千年学府、百年名校"之美誉。纵然千年变迁，弦歌不绝，人才济济。从"坐集千古之智"的王夫之、"睁眼看世界"的先行者魏源、中兴将相曾国藩、左宗棠、维新志士谭嗣同、梁启超等，到敢为人先、彪炳史册的革命先驱杨昌济、毛泽东、何叔衡、蔡和森、邓中夏、李达等，再到如今培养和孕育了以杨树达、李薰、慈云桂为代表的42位学部委员和两院院士，创造了"中兴将相，什九湖湘"的佳话，是"惟楚有材，于斯为盛"的绝佳印证。作为一所历史悠久、文

化底蕴深厚、学术实力卓越、教学质量优秀、校园环境优美、校园文化丰富的高等学府，湖南大学展现了中国高等教育发展的生动缩影和世界高等教育的罕见奇迹，吸引着莘莘学子的到来。

湖南大学可追溯于公元976年创办的岳麓书院。1903年，书院改制为湖南高等学堂。1926年，经由湖南公立工业专门学校、湖南公立商业专门学校、湖南公立法政专门学校的3校合并，正式定名为湖南大学，下设理、工、法、商4科。1937年，湖南大学由省立改为国立。1938年至1945年年底，受抗日战争影响，湖南大学从长沙搬迁至湘西辰溪县。1946年，国立商学院并入湖南大学。1949年，中国共产党主要创始人和早期领导人之一的李达担任第一任校长，提出"改造旧湖大，建设人民的新湖大"的口号，使湖南大学面貌焕然一新。1950年，毛泽东主席亲自题写"湖南大学"校名。2000年，湖南大学与湖南财经学院合并组建新的湖南大学，开拓了学科领域。改革开放以来，湖南大学紧跟时代潮流，从"211工程""985工程"重点建设高校到国家"世界一流大学"建设高校，始终是中国学术高地和人才培养重镇。

湖南大学学科布局合理，涵盖哲学、经济学、理学、工学、交叉学科12大门类。以土木工程、机械工程以及电气工程为代表的传统工科实力强劲，办学历史悠久。其中土木工程学科处于国内同专业的第一梯队，凝练了建筑工程、桥梁工程、地下工程、道路工程、建筑材料5个特色方向，建有建筑安全与环境国际联合研究中心、建筑安全与节能教育部重点实验室，拥有《基础工程》为代表的国家级精品课程。机械工程学科建有汽车车身先进设计制造国家重点实验室和国家高效磨削工程技术研究中心2个国家级基地，在先进制造、智能网联汽车、航空航天装备、数字化工厂等领域取得了显著成效。化学类专业拥有百余年学科积淀，围绕化学化工、医药行业以及国防重大需求，面向分析化学、纳米生物学、生物化学、化学计量学以及高分子化学与物理等多个领域开展创新性基础研究，以化学学科建设为依托，拥有化学生物传感与计量学国家重点实验室，建设有"分析化学""有机化学""基础化学实验"3门国家精品课程。材料科学与工程专业在光电信息材料与集成器件、先进原子成像技术、先进炭材料、计算材料学等领域优势突出，在航空航天材料、先进轨道交通材料以及新能源材料、电子信息材料等领域贡献卓越，攻克了新一代光电信息材料、先进炭材料等领域多个核心技术。

湖南大学设有研究生院和27个学院。古老文化名片的岳麓书院是中国古代"四大书院"之一，现今演变为湖南大学的二级学院，设有历史学系、哲学系（宗教学系）、考古学系3个教学机构，是中华文明绵延不断的一个缩影。工商管理学院前身为1911年成立的湖南商业教员养成所，首倡商科分立，1946年全国唯一的国立商学院并入，目前下设管理科学系、市场营销系、信息管理与电子商务系、会计系、财务管理共6个教学系。化学化工学院可追溯至1908年湖南高等实业学堂所开设的分析化学课程，迄今办学历史已逾百年，林兆倧、胡安恺、杨开劲、康辛元等化学学科奠基人曾在此主持工作，逐步建成具有理工融合一流水平的化学化工学院。机械与运载工程学院前身为1908年兴办的机械科，形成了"面向工业界、面向未来、面向世界"的工程教育理念，具有国际一流的交通运载学科集群优势，致力于培养交通运载行业精英化拔尖创新创业人才。设计艺术学院前身为创建于1977年的机械造型及制造工艺美术研究室，办学历史在国内首屈一指，是教育部工业设计专业教学指导分委员会主任单位，也是美国《商业周刊》全球最佳设计学院。

截至2023年9月，湖南大学有全日制在校学生37000余人，其中本科生22000余人，研究生15000余人。本科推进英才教育，开设本科拔尖人才试验班，通过高考直接招收人文科学试验班与理科试验班各30人，并在第2学期末进行分流。学校还开设未来能源与动力创新实验班、低碳建筑实验班、智能土木实验班、力学实验班、语言智能实验班8个特色培养实验班等。研究生培养方面，打造"经世致用讲坛"高端学术交流品牌，举办机器人与人工智能交叉前沿技术等多个研究生创新论坛；还落实产教融通培养，与怀柔国家实验室、中国科学院深圳先进技术研究院、中国军事研究院等建立合作关系；还推进网络空间安全、航空宇航科学与技术、生物与医药新兴交叉学科建设。此外，湖南大学重视国际交流与合作，与加州大学伯克利分校、新加坡国立大学、帝国理工学院等海外130余所高校建立合作关系，招收来自80余个国家和地区的留学生。

截至2023年9月，湖南大学拥有教职工4300余人。专任教师2300余人，其中教授和副教授1800余人，高级职务占比约77%；具有博士学位的1971人，占比约85%；45岁及以下的中青年教师1370人，占比约59%。国家级高层次人才达297人次，其中两院院士21人（含双聘）、国家杰出青年科学基金获得者29人次、国家优秀青年科学基金获得者45人次，国家级教学名师5人，国家级教学团队13个。其中，电能变换与控制创新教师团队依托电能高效高质转化全国重点实验室，围绕国家重大科研仪器开发，取得了世界领先的高密度磁场电磁冶金系统、中国首套高精度大电流铜箔电解系统、首套海岛特种电源等核心成果。风工程与桥梁工程教师团队瞄准桥梁工程领域"卡脖子"技术问题，在大型土木结构抗风及振动控制、高性能桥梁新结构以及既有桥梁加固与改造设计基本理论等方面取得了系列成果，为交通强国建设做出了贡献。

湖南大学坐落于潇湘历史文化名城长沙市，麓山轻环，湘水柔依。校园环境优美，人文气息浓郁。校园总体规划布局上，除以岳麓书院为中心的原湖南大学老校区外，还有位于岳麓山前山和后山的南北两主教学区，校园占地面积241万平方米，校舍建筑面积135万平方米。这里有中国现存规模最大的书院建筑群，更有颇具设计感和艺术性的现代教学楼，典雅厚重的古建筑群与时尚新锐的新建筑体交相辉映，自然风光与人文景观深度融合，国风古韵与现代气息同歌，充满盎然生机与诗情画意。湖南大学图书馆历史可远溯至创建于北宋年间（公元976年）的岳麓书院御书楼，现有总馆、财院校区分馆、特藏分馆和德智园区分馆4座馆舍。截至2022年年底，湖南大学图书馆馆藏文献总量为805万册，其中纸本文献380万册。另外，湖南大学注重美育工作，开设湘剧、花鼓戏、湘绣等地方民族民间艺术课程，打造交响乐团、管乐团、民乐团、键盘乐团、戏剧团8个高水平艺术团体。

在长期的办学历程中，湖南大学形成了"传道济民、爱国务实、经世致用、兼容并蓄"的教育传统，积淀了以校训"实事求是、敢为人先"、校风"博学、睿思、勤勉、致知"为核心的湖南大学精神，始终处在中国高等教育的第一方阵。在新的历史起点上，湖南大学扎根中国大地，矢志一流目标，为把湖南大学早日建成富有历史文化传承的中国特色世界一流大学、培养更多堪当民族复兴大任的建设者和接班人而努力奋进。

中南大学

中南大学（Central South University），坐落在湖南省长沙市，是一所综合实力强劲、声誉卓著的全国重点大学。自建校以来，中南大学培育了众多杰出校友，其中包括地质学家、冶金学家、材料学家、医学家、铁道工程学家等杰出科学家；还有铝业、有色金属、汽车制造等领域的大型企业家。总的来说，中南大学拥有完善的学科门类、雄厚的科研实力和优良的学风，致力于培养具有创新精神和实践能力的高素质人才，为中国的科技进步和社会发展做出了重要贡献。

中南大学由原湖南医科大学、长沙铁道学院与中南工业大

学于2000年4月合并组建而成。原中南工业大学的前身为创建于1952年的中南矿冶学院，1960年被确定为全国重点高校，1996年通过立项审核进入国家"211工程"重点建设行列，1998年由中国有色金属工业总公司划转至教育部直属。原长沙铁道学院的前身是1953年全国院系调整时组建的中南土木建筑学院，1960年以成建制的3个系和部分教研室为基础，另辟校址成立，隶属于铁道部。原湖南医科大学的前身为1914年创建的湘雅医学专门学校，是中国创办最早的西医高等学校之一，享有"南湘雅、北协和"的盛誉。1996年通过"211工程"部门预审并以部省共建形式进行建设，隶属于卫生部。三校合并后，新的中南大学组建成立并快速发展，先后跻身"985工程"重点建设高校、中管高校、"2011计划"首批牵头高校，"世界一流大学"A类建设高校，正朝着特色鲜明的世界一流大学奋勇迈进。

中南大学学科特色鲜明，在冶金地矿、交通运输、医学的学科领域建立了完备且卓越的学科体系，涵盖哲学、经济学、法学、教育学、文学、理学、工学、医学、管理学、艺术学、交叉学科11大学科门类，辐射军事学。中南大学拥有完备的"地质、采矿、选矿、冶金、材料、加工、制造"有色金属学科体系链。其中，材料科学工程专业实力强劲，在有色金属和稀有金属材料领域独具特色，被列为国家一级重点学科。材料科学工程专业下设3个二级学科：材料学、材料物理与化学以及材料加工工程。材料科学工程专业以数学、力学、物理学、化学等基础科学为支撑，融合了装备、人工智能和数据科学的发展，致力于培养既有材料科学研究能力又具备工程技术实践能力的卓越人才。中南大学还在轨道运输领域领跑全国，建有完整的轨道交通学科体系群。交通运输工程专业面向综合大交通，轨道交通特色突出，依托"重载快捷大功率电力机车"全国重点实验室、"轨道交通列车安全保障技术"国地联合工程研究中心等高水平学科平台，建立了包括轨道交通规范、设计、运营管理、机车、车辆、信号与控制一体化教学体系，致力于服务"交通强国"战略，解决交通与物流行业发展需求，为国家轨道交通和物流行业发展培育了杰出交通人才。此外，中南大学医学学科承袭"百年湘雅"传统，凭借深厚的医学教育积淀，在重大慢性病诊治、精准医疗、异种器官移植、国产手术机器人以及医疗大数据等领域取得了显著成就。

中南大学下设31个学院，拥有湘雅医院、湘雅二医院、湘雅三医院3所大型三级甲等综合性医院及湘雅口腔医院。材料科学与工程学院的历史可以追溯到

1962年成立的特种冶金系，经过60多年的发展，已经成为以有色金属和稀有金属材料为主，并涵盖无机非金属材料、高分子材料等领域的研究中心和重要基地。目前，学院下设材料学系、材料物理系、材料加工工程系和材料化学系，拥有10余个科学研究所，并与粉末冶金研究院共建了"粉末冶金国家重点实验室"和"轻质高强国家级重点实验室"。交通运输工程学院的成立可追溯至2002年，起源于原长沙铁道学院的交通领域优势学科和高速列车研究中心，如今已成为国家铁路、城市轨道交通、公路等交通行业与物流领域的重要人才培养和科学研究基地。学院参与了"雪域天桥"青藏铁路6次大提速、青藏铁路、京广、兰新铁路、京沪高速铁路等重大工程，为高速列车车头优化、列车行车安全等方面做出了重要贡献。中南大学在医学领域享有盛誉，名声远扬。其中，湘雅医学院创建于1914年，曾享有"南湘雅、北协和"之盛誉，铸就了汤飞凡、张孝骞、谢少文、李振翩为代表的医学专家，孕育了数以万计的杰出人才，其中包括两院院士12人。

　　中南大学坚持人才强校战略，师资力量雄厚。截至2023年4月，在职教职工数6189人，其中教授及相应正高职称人员2041人。两院院士16人，国家杰出青年科府特殊津贴专家388人，全国高校黄大年式教师团队2个，全国教书育人楷模1人。中南大学获国家教学成果奖24项。中南大学教师团队坚持瞄准国家和社会重大需求，深入推进协同创新，积极服务国民经济建设和国防现代化建设主战场。其中，有色金属资源开发利用教师团队面向浮选界面化学、浮选组装、浮选药剂、废水处理、固废及二次资源综合利用等领域开展研究，数字矿山技术等相关科技成果已应用于500余家企业。环境冶金工程方向的教师代表长期致力于有色冶金环境工程领域的研究，发明了含砷多金属物料清洁冶金、冶炼废酸资源化治理、重金属废水净化回用等有色冶炼污染控制与资源化技术。临床医学教师团队取得了首创主动脉夹层"双烟囱"治疗技术，率先建立国人高血压、血脂标准等先进成果，并且首倡方舱医院多学科诊疗湘雅模式，为抗击疫情做出了巨大贡献，获得了全国先进抗疫集体和个人光荣称号。

　　截至2023年4月，中南大学全日制在校学生61781人。其中本科生34906人，硕士研究生16181人，博士研究生8192人。预科生140人，国际学生2362人。中南大学在国内率先创办创新型高级工程人才试验班，为教育部卓越工程师、卓越医师、卓越法律人才教育培养计划首批试点高校。入选教育部"强基计划"首批试点高校，八年制医学教育（医学博士学位）试点高校；中南大学研究生教育始于1954年，1981年成为首批博士、硕士学位授予单位，2004年正式成立研究生院，是首家培养"指技合一"现役军官硕士研究生的普通高校。实施本-博拔尖创新人才培养计划、强化校-院两级导师培训制度、修订研究生培养环节工作管理办法、资助学生走向国际研究前沿。另外，中南大学坚持开放办学，是全国首批通过来华留学质量认证高校，先后与美、英、澳、加、日、法、德、俄55个国家和地区的265所大学和科研机构建立了长期合作关系，与众多跨国企业集团广泛开展产学研合作，发起成立及参与大学国际联盟13个。中南大学获批国家学科创新引智基地12个，中外合作办学机构1个、项目3个，孔子学院2所。

中南大学跨湘江两岸，依巍巍岳麓，临滔滔湘水，环境幽雅，景色宜人，是求知治学的理想园地。拥有3000年悠久历史的长沙市，马王堆汉墓、四羊方尊等历史遗迹数不胜数，"经世致用、兼收并蓄"的湖湘文化独具特色。中南大学拥有6座新老校园，占地面积317万平方米，校舍建筑面积229.52万平方米。图书馆图书藏量（纸质）550.32万册，电子图书385.75万册。老校区底蕴深厚，坐落于麓山南路的校本部大门庄重典雅，红墙黄瓦、中西合璧的中南大学湘雅医院的红楼闻名远扬，抗日战争烽火中建立的民主楼与和平楼饱经风霜；以钢架结构的中南大学体育场为代表的新校区朝气蓬勃。新旧校区相互交织辉映，彰显出百年学府的华美风采。校园文化丰富多彩，包括国际文化节、中华民族文化节、网络文化节等文化活动，同时还有体育竞赛、龙狮、龙舟、综合运动会、马拉松等多种赛事活动。

中南大学是一所年轻但历史积淀深厚的学府。百年办学积淀使其弘扬以"知行合一、经世致用"为核心的大学精神，践行"向善、求真、唯美、有容"的校风。立足国家和社会重大需求，积极推进协同创新，综合实力和整体水平大幅提升，为国民经济建设和国防现代化建设主战场提供积极服务。展望未来，中南大学以湖湘为根基，立足中国，面向世界，肩负国家高水平大学建设的历史责任。以科技创新为驱动力，大力推进学校高质量内涵式发展，努力打造特色鲜明的世界一流大学，为全面建设社会主义现代化强国、推进中华民族伟大复兴做出更大贡献！

华南地区大学

中山大学

中山大学校本部（Sun Yat-sen University）位于广东省广州市，是一所中国历史悠久的综合性大学，也是一所世界一流的研究型大学，享有"华南第一学府"的美誉。中山大学百年办学历史中，汇聚了众多杰出学者。在人文社科领域，鲁迅、郭沫若、冯友兰等知名学者曾在此任教；在医学领域，柯麟、梁伯强等著名医学专家也曾在此执教；在自然科学领域，姜立夫、高由禧等科学家成就斐然。如今，中山大学拥有丰富的科研资源，包括"中山大学"号海洋综合科考实习船、"中山大学极地"号破冰科考船、国家超级计算广州中心等重大平台和基础设施。学校致力于为国家发展和社会进步做出贡献，仍是广受学子青睐的理想学府。

中山大学是中国民主革命的伟大先驱孙中山先生亲手创办的。1924年，孙中山下令将国立高等师范学校、广东法科大

学、广东农业专门学校合并，改为国立广东大学，并亲笔题写"博学 审问 慎思 明辨 笃行"的校训。邹鲁担任国立广东大学校长，提出废止寒暑假制并缩短修业年限、注重实科教育、编译各科书籍等方案；1926年，改名为国立中山大学。1935年，国立中山大学已发展有文、法、理、工、医、农6个学院，并成立研究院，下辖文科研究所、教育研究所、农科研究所，是中国第一批获准成立研究院的3所高校之一，开始招收研究生。1938年，学校新设师范学院，是当时首批设立师范学院的5所国立综合性大学之一。1952年，随着全国高等院校调整，其工农医、师范院系调出。1981年，学校成为中国首批有权授予博士、硕士学位的单位之一。1999年，珠海市人民政府与中山大学正式签署合作建设中山大学珠海校区协议书。2000年，教育部批复同意建设中山大学珠海校区。2001年，学校进入国家"985工程"序列。同年10月，原中山大学和中山医科大学合并组建新的中山大学。2015年，获教育部批复同意建设深圳校区。至此，中山大学成为一所国内一流、国际知名的现代综合性大学，形成了综合性、研究型、开放式的办学特质。

中山大学学科门类齐全，已形成文理医工农艺综合发展的学科格局。其中，医学学科历史悠久，实力雄厚，是中国西医教育的诞生地，创造了医学史上的众多"首例"和"第一"。医学学科水平处于国内第一方阵，是中山大学的一大亮点。该校围绕国家重大战略需求和人民健康需求，在基础医学与临床医学领域深耕科研，在病原生物学与热带病防治、干细胞生物学与组织再生、神经疾病基础与神经生物学、心血管病理生理学基础、代谢性疾病病理生理学基础、免疫学基础与免疫治疗以及肿瘤免疫等诸多前沿研究领域取得了丰硕成果。经济学科扎根中国大地，围绕中国特色社会主义政治经济学、金融与风险管理、开放型经济理论、数字经济与数据科学等主要方向，为中国经济学"出理论、出思想、出学派"培养了杰出人才。工商管理专业依托粤港澳大湾区优势资源，聚焦国家战略和行业企业实际需求，围绕数智旅游与健康管理、市场营销、数智商务、人力资源管理、战略与创新创业5个培养方向，培养学生的创新创业能力和实践能力。

中山大学推进学部制改革，促进跨学院（系）的协同合作。组建人文学部、社会科学学部、经济与管理学部、理学部、工学部、信息学部、医学部7个学部，下设70个院系。其中，中山医学院于2001年原中山大学与原中山医科大学合并组建时成立，可追溯至1835年建立的博济医院，1866年建成中国近代内地第一所西医学府——博济医学堂。学校经历了150余载的薪火相传，汇集了柯麟、梁伯强、谢志光、林树模、叶鹿鸣、许天禄、白施恩等蜚声海内外的医学科学家和教育家，铸就了中山医学院"医病医身医心，救国救民救世"的大医济世精神，形成了"三基三严"的优良教学传统。岭南学院成立于1987年，是声名远扬的经济学院，历史上经济学家陈启修、何思敬、王亚南、梅龚彬曾先后担任系主任，先后推出了双学位班、实验班、逸仙班等培养创新人才的举措，目前建设有以打造未来顶尖经济学家为目标的经济学科"拔尖班"，为粤港澳大湾区乃至全国的社会经济建设培养了大批杰出经济人才。管理学院于1985年创办，以"融汇中西管理智慧、培养创业创新精神、践行服务社会责任、作育商界管理精英"为使命，是国内最早成立的专门从事工商管理教育和研究的学院之一，是华南首家、中国第二家获得AMBA、EQUIS、AACSB全部三大国际认证的商学院，跻身于国际一流商学院行列。

中山大学拥有一流的师资队伍。现有专任教师4970人（其中校本部3733人）、专业技术人员984人、博士后、专职科研人员2142人。正高级1683人，副高级2216人。现有院士（含讲座教授）22人，国家级高层次人才400余人，国家级教学名师13人。中山大学教学成果显著。在2022年高等教育国家级教学成果奖评选中，斩获高等教育（本科）二等奖10项，高等教育（研究生）2项，共获项目12项，其中以第一完成单位获国家级教学成果奖二等奖8项。附属第一医院临床医学教师团队坚持育人与临床相结合，形成完整的临床医学精英人才培养体系，其研究在甲状腺癌精准诊断、多器官功能修复系统、肾癌等多发肿瘤转移耐药机制、精准诊疗以及微创手术治疗等的基础与临床转化方面，取得了重大突破。中山大学基础数学教师团队编写《实变函数简明教程》《数学分析》《实变函数》《几何与代数》等经典教材，建设《数学分析》国家精品课程、在Ricci流的基本理论，以及几何分析、辛几何、调和分析等基础数学领域做出了重要贡献。

中山大学现有在校学生65965人，国际留学生608人。普通本科生33093人，本科生留学生387人；全日制硕士17867人，非全日制硕士（含在职攻读硕士）4750人，硕士研究生留学生155人；全日制博士9647人，博士研究生留学生66人。人才培养层面，中山大学以立德树人为根本任务，坚持通识教育和专业教育相结合，设有人文与社会、科技与未来、生命与健康、艺术与审美4个类别的通识课程，着力培养学生的学习力、思想力、行动力。研究生培养遵循"提高质量、守住底线、面向未来"工作主线，践行"用最优秀的人培养更优秀的人"和"育人育己"的教育理念。学校通过与鹏城国家实验室、广州实验室联合培养博士研究生计划，形成了在国家重点实验室重大科研项目中开展科教融合的新型人才培养模式。深化产教融合，推进专业学位研究生培养模式改革，建立了计算机、通信、能源、法务、翻译、社工等领域多个专业学位研究生实践基地。2024年，中山大学首届"国优计划"启动，助力研究生层次人才培养的学术性与师范性融合。

中山大学在广州、珠海、深圳扎根办学，拥有"三校区五校园"的办学格局。3个校区占地总面积915.1万平方米，分别是广州校区（含南、北、东3个校园）、珠海校区、深圳校区。其中，广州校区南校园（海珠区）历史悠久，校内红砖绿瓦，校外珠江夜景拥繁华；广州校区东校园（番禺区）临近多所高校，校园宽阔明亮；广州校区北校园（越秀区）古朴庄重；珠海校区校园背靠凤凰山，面朝伶仃洋；深圳校区校园风华正茂，殿堂宏伟，设施齐全。中山大学图书馆由广州校区南校园图书馆、东校园图书馆、北校园图书馆，珠海校区图书馆，深圳校区图书馆5个图书馆组成，已构建文、理、医、工、农、艺学科门类齐全、内容丰富、结构合理的文献信息资源保障体系。截至2022年12月，实体资源总量已超过1000万册（件），其中古籍36万余册，民国时期文献14万余册，各类特色文献40余万件。学校还开展"荔枝文化节""海洋科技文化节""校园歌手大赛"等多样的校园文化活动。

站在新征程的起点上，中山大学秉承"博学　审问　慎思　明辨　笃行"的校训精神，确立了事业发展"两步走"的战略安排。即"从2021年到2035年，在稳居国内一流大学群体前列的基础上，高质量内涵式发展水平显著提升，把学校建设成为具有领先水平的中国特色、世界一流大学；从2035年到21世纪中叶，建设成为具有鲜明中国特色、显著中山大学风格、引领未来发展的世界强校，推动办学水平进入世界一流大学前列"，努力建设中国特色世界一流大学，全球学术重镇，立志为国家发展、民族复兴、人类文明进步做出新的贡献！

暨南大学

　　暨南大学（Jinan University）深耕经济发展水平全国领先，产业体系完备，集群优势明显的粤港澳大湾区，是中国第一所由政府创办的华侨学府。"暨南"二字出自《尚书·禹贡》，意即面向南洋，将中华文化远播到五洲四海。作为"华侨最高学府"，暨南大学是全国首批试行学分制的高校，最早在综合性大学里开办医学院、设立华侨华人问题研究机构以及创设商科的大学。百余年来，学校以"忠信笃敬、知行合一、自强不息、和而不同"的精神为指引，学风浓郁，人才辈出，校友遍布世界各地。"有海水的地方就有暨南人"，尤以香港、澳门等地较为集中。学校培养出吴学谦、李岚清等治国英才，谭其骧、邓锡铭、侯芙生、曾毅院士等治学大师，另有校友苏炳添、陈艾森等在奥运会等重大国际赛事上为国争光。建校至今，共培养了来自世界

五大洲170多个国家和港澳台地区的各类人才40余万人，堪称桃李满天下。

暨南大学是中国历史悠久的大学之一。学校前身是1906年创立于南京的暨南学堂，后迁至上海，1927年更名为国立暨南大学。1949年8月合并于复旦大学、上海交通大学、南京大学、浙江大学等高校。学校于1958年在广州重建，1978年复办。改革开放后，学校快速发展。1996年6月，暨南大学成为全国面向21世纪重点建设的大学。面向新时代，暨南大学坚持办学特色，努力为海外侨胞回祖国学习、传承中华文化创造更优渥的条件。

暨南大学以"中国特色、世界一流"为目标，文科优势更加巩固，理工医学科进步明显，学科竞争力全面提升。目前，学校学科齐全，涵盖文、史、哲、经、管、法、理、工、医、教育、艺术等12个学科门类，文理工医兼备，综合性特色显著，交叉融合潜力大。其中，药学一级学科下设药学、中药学、生物制药学、临床药学4个方向，学科重视"产学研相结合"，多个新药品种处于临床试验阶段，奥雷巴替尼等药品成功转化为原创性新药品种。学校金融学学科研究涵盖金融、国际商务、应用统计、税务和资产评估多个方向，以培养"国际一流、服务湾区"的高端复合型金融人才为理念，学科注重学生系统地掌握金融领域的专业知识，着力提升学生将现代金融管理理念融通于实际业务操作的能力。暨南大学电子科学与技术学科包含"通信与信息系统"和"信号与信息处理"以及"电路与系统""微电子学与固体电子学"等特色学科方向，以"高水平、高层次"为培养目标，注重教育教学与科学研究的活力化，现已成为广东省特色学科。

暨南大学作为全国高校中第一批具有学位授予权的单位学校，设有37个学院，59个系，18个直属研究院（所）。学校持续深化科研体制改革，优化科研创新体系，加强团队建设，创新平台大幅增长，高水平科研成果不断涌现，科技成果转化成效显著。其中，暨南大学药学院成立于2001年，学院始终坚持以一流平台支撑科技创新。近年来，学院在江正瑾教授、高昊教授等一系列优秀教师的带领下，科学研究取得重大进展。学院设计合成的Bcr-Abl T315I激酶抑制剂奥雷巴替尼获批上市，入选中国2021年度重要医学进展。学校新闻与传播学院源起于上海市，奋发于广东省，相关历史可追溯至1928年。在近百年发展历史过程中，以周冷、马戎、马彦珣、吴文虎、黄匡宇、马秋枫、蔡铭泽为代表的教师领衔铸造了"中国传媒教育华南重镇"这个光亮品牌。本科教育以各类专业训练营、大型暑期社会实践为特色，研究生教育以联合培养和开放共享为主要特色，在粤港澳大湾区跨境治理、对外话语体系建设、海外华文媒体传播、边疆治理话语创新等方面取得一系列成果，成为华南学术重镇、传媒人才摇篮。

暨南大学办学影响日益扩大，已经成为海外华裔及港澳台地区学生报考深造首选的热门高校，也是国内规模最大的港澳台侨高素质人才培养基地。截至2023年12月，学校有全日制学生47660人，其中本科生31409人、研究生16251人、在校港澳台侨及外国留学生16433人。暨南大学是中国改革开放以来最早开展学位与研究生教育的高校之一，自1979年开始招收和培养研究生，是全国高校中第一批具有学位授予权的单位。学校历来实施"侨校+名校"发展战略，是国内较早开展对外汉语教学研究生培养的高校之一。早在1986年就在现代汉语专业招收"对外汉语教学"方向硕士研究生，积极贯彻"面向海外、面向港澳台"办学方针。此外，暨南大学也是全国率先面向境外招收兼读制研究生的高校，同时也率先在海外建立研究生培养基地（面授点）。为提升学校专业学位研究生培养质量，2024年4月，暨南大学与微芯生物专业学位研究生协同培养育人基地成功揭牌，发挥学校药学学科的优势，以药物警戒领域研究生培养为起点开展合作，探索高质量教育体系的创新模式，进而拓展至科学研究、药物创新、研究成果转化等方面，深化双方在产学研领域的资源互动，大力促进创新链、产业链、人才链紧密结合。

学校师资力量雄厚，结构优化。2015年以来，学校大力实施"人才强校"战略，高层次人才大幅增长。现有专任教师3213人，其中两院院士（含双聘）8人，外籍境外院士9人，省部级以上各类人才共112人，国家级教学名师2人，正高级职称902人，副高级职称1064人，博士生导师904人，硕士研究生导师2218人。近年来，学校在科研领域取得了一系列重大成就。其中，中医方证团队以中药复方调控肠道微环境为切入点，系统阐述了中药复方逍遥散通过调控"肠-脑"轴改善抑郁样行为的作用机制，为中药复方机制研究提供新的思路。生命与健康工程团队近年来一直致力于新的功能蛋白质的发现及功能机理研究，在暗蛋白质的发现、肿瘤靶标鉴定及抗肿瘤药物的作用机理等方面开展了系统性创新研究。学校公共管理实践研究团队，从时间维度视角出发，建立分析框架指导危机生命周期模型的量化与操作化，探讨政府政策响应的时机、顺序和节奏如何影响政策效能。以上科研成果为学校的学术研究、人才培养，乃至国家发展提供强大的支持。

暨南大学在广州市、深圳市、珠海市3地设有5个校区，校本部在广州市天河区石牌。校园占地总面积226.81万平方米，校舍建筑面积178.76万平方米，学生宿舍面积45.54万平方米。图书馆藏书425.49万册，有中外文数据库184个。设有10所附属医院，其中三甲医院4所。学校在"侨校+名校"发展战略指导下，注重多元文化的兼容并包。走进暨大本部的"彩虹"大门，抬头即可见到气势恢宏的十五层楼高的教学楼。教学楼后面是暨大的标志性建筑——金黄色的"万国墙"，上面镌刻着自1978年在广州重新办学以来暨大学生来源的100多个国家的名称。行走在暨大校内，随处可见不同国籍、种族、皮肤的人在这里进行文化的碰撞，形成了暨大独特的风景线。近年来，学校通过民族文化节的形式，促进多元文化交流共享。2023年民族文化节以"五洲四海中华情"为主题，以聚集各民族文化资源、创新表演形式，来自全校多个学院的藏族、蒙古族、维吾尔族、畲族等26个民族的学生和港澳台侨学生150多名师生参加了演出，打造了纵延古今、横联函夏的视听盛宴。

学校恪守"忠信笃敬"之校训，在数千年历史文化的积淀影响下，注重以中华优秀传统文化培养造就人才。在实现中华民族伟大复兴的新征程上，学校为海外华侨华人和港澳台地区培养人才的使命更加光荣、责任更为重大。新时代全体暨南人继续坚持"面向海外、面向港澳台"的办学方针，大力实施"侨校+名校"的发展战略，弘扬"忠信笃敬、知行合一、自强不息、和而不同"的暨南精神，坚持"质量是生命、创新是灵魂"的办学理念，发愤图强，改革创新，为建设国内一流、世界知名的高水平大学而奋斗不懈。

华南理工大学

华南理工大学（South China University of Technology）位于广东省广州市。华南理工大学充分发挥地处粤港澳大湾区核心城市的地缘优势，深度参与粤港澳大湾区国际科技创新中心建设，打造区域创新驱动发展引擎和拔尖创新人才培养高地，勇当粤港澳大湾区高等教育发展的排头兵，是南方工科大学的一面旗帜。华南理工大学是四大工学院、建筑老八校之一，具有深厚的历史和学术积淀。建校以来，学校为国家培养了高等教育各类学生61万人，被誉为"工程师的摇篮""企业家的摇篮""新能源汽车界的黄埔军校"。

华南理工大学办学源远流长，最早可溯源至1918年成立的

广东省立第一甲种工业学校（史称"红色甲工"）。后几经易名、调整，于1938年并入孙中山先生创办的国立中山大学工学院，后与1944年复办的广东省立工业专科学校一并调整至华南工学院。1952年全国高校院系调整之际，学校正式组建，是当时"四大工学院"之一；1960年成为全国重点大学；1981年经国务院批准为首批博士和硕士学位授予单位；1988年1月，更名为华南理工大学；1993年在全国高校开部省共建之先河；2017年进入"双一流"建设A类高校行列。同年，广州国际校区由教育部、广东省、广州市和华南理工大学4方签约共建，这是学校"双一流"建设的新引擎，也是中国高等教育在地国际化办学模式又一次新的探索。自建校以来，学校师生传承红色基因，继承团结、勤奋、求实、创新的优良传统，致力于建设中国特色、世界一流大学。

华南理工大学已经发展为一所以工见长，理工医结合，管、经、文、法等多学科协调发展的综合性研究型大学。轻工技术与工程、建筑学、城乡规划学、食品科学与工程、化学工程与技术、环境科学与工程、材料科学与工程、机械工程、管理科学与工程、马克思主义理论等学科整体水平位居全国高校前列。食品科学与工程学科是国内最早建立的食品科学专业之一，其通过了IFT国际专业认证和工程教育专业认证，依托国家热带特色健康食品国际科技合作基地、教育部食品营养与健康学科创新引智基地、小麦和玉米深加工国家工程研究中心等教学和科研基地，承担了一大批国家、省市、企业的重大科研项目。轻工技术与工程学科由制浆造纸工程、制糖工程、发酵工程和淀粉资源科学与工程等二级学科组成。学校开创了学科研究的先河，培养了数千名轻工科技领域的优秀人才，包括国内制浆造纸学科第一位博士研究生赵汝和院士、曾任华南理工大学校长的刘焕彬院士。制糖工程学科拥有全国唯一的"制浆造纸工程国家重点实验室""造纸与污染控制国家工程研究中心"，在全球造纸领域遥遥领先。轻工技术与工程学科拥有一支以中国工程院院士陈克复教授等为代表的知识结构和年龄层次合理、创新与竞争意识强的高水平教学和科研队伍。华南理工大学建有29个国家级科研平台、231个部省级科研平台，数量位居全国高校前列、广东高校首位。学校始终坚持分层分类发展，突出特色和优势，着力提升学科整体水平，重点启动实施了"工科登峰、理科跃升、文科繁荣、医科跨越"4大学科行动计划，着力打造学科高峰。

华南理工大学设置了39个院系，在各自领域积极探索，成果频现，输送了大批人才。化学与化工学院源自1932年成立的中山大学化工系。学院顶尖人才汇聚，科研平台资源丰富，拥有10余个省部级及以上研究机构，为国家化学工程与技术、精细化学品技术、应用化学、基础化学、能源高效利用、系统集成及装备等领域输送大批本科生和研究生。材料科学与工程学院是在原华南工学院相关传统优势专业基础上发展起来的，其历史可以追溯到20世纪50年代，培养了董绍明、傅正义、唐本忠等院士以及一批杰出的政界、学界以及商界人才。2014年，华南理工大学和广东省人民医院（广东省医学科学院）强强联合，组建了医学院，挂牌成立了4所高水平三甲医院，在生命科学领域"智落一子"，迈出医学人才培养和新医科发展的"华工"之路，形成了独特的"医工结合"模式。

截至2022年12月底，学校拥有在校研究生总人数为22834人，其中学术学位博士研究生3806人，专业学位博士研究生890人，学术学位硕士研究生6991人，专业学位硕士研究生11147人，专业学位硕士研究生数占硕士研究生总量的61%。截至2022年9月底，学校拥有在校普通本科生16675人，留学生488人。2019年，学校发布实施"新工科F计划"，深化工科专业人才培养模式改革，加快培养面向未来的工科领军人才，引领国家和区域未来技术创新和产业发展方向。学校对卓越工程师产教融合培养模式进行创新。在工程硕博士招生的选拔制度上，坚持以需求与项目为导向牵引。针对产学研三个环节，重视学院、高端研究院、研发中心以及行业联盟4大平台的融合；对校外导师采取"一生一聘"制度；在课程建设上，重视学生认知、校企模块课程以及企业学习的全链条课程群，全方面培养卓越工程师。

学校专任教师队伍整体结构合理，高级专业技术职务教师占专任教师总人数的比例达73.73%，具有博士学位的教师占专任教师总人数的比例达83.34%，45岁以下中青年教师占专任教师总人数的比例为52.99%，中青年教师成为主体，教师队伍更趋年轻化。学校现建设有教育部创新团队12个、国家自然科学基金委创新研究群体4个、科技部重点领域创新团队2个、省级高层次研究团队23个。各团队在科研与人才培养等方面成果突出：以何镜堂为首的华南理工大学"两观三性"建筑创新实践与研究团队，创造性地提出并构建了从理论、方法到技术的"两观三性"理论体系与建筑实践创新体系，以"心有大我，至诚报国"的爱国情怀，走出了兼具文化自信和国际视野的中国特色建筑理论与创作实践和教育发展之路，荣获党中央、国务院颁发的"国家卓越工程师团队"称号。材料科学与工程学院褚衍辉团队通过多尺度结构设计，成功制备了兼具超强力学强度和高隔热的高熵多孔硼化物陶瓷材料，该材料展现出了2000℃高温稳定性。生物科学与工程学院"角肽团队"在3年内攻关4项关键技术，将废羽毛转化为羽毛粉，用作鱼饲料原料，摆脱了传统技术能耗高、产率低、周期长的桎梏，迈出助力产业升级第一步。

走进华南理工大学的校园，高大的孙中山塑像伫立在中轴线上，为华南理工大学校园的标志性景点，辛亥革命精神与中山文化始终激励着"华工"人踔厉奋发。在这历史悠久的校园中，遍布岭南传统建筑，绿瓦朱墙，红楼映翠，一座座中国古典宫殿式建筑掩映在湖光山色之中，这些20世纪30年代的建筑，技术上是西化的钢筋、水泥和红砖，形式上尚在努力维系传统文化的自尊，曾被称为"中国固有式"建筑。有着近90年历史的建筑红楼，见证了华南理工大学从历史中一步步走来，老图书馆历经新旧两个时代的建筑活泼、明快、经济、适用，切合岭南气候特点，曾作为"我国基本建设方面的一个伟大成就的缩影"。逸夫人文馆作为现代化的新岭南建筑，以院落为中心，绿树成荫，为师生提供了良好的交流及休闲场所。同时正如校歌与校徽皆有的元素广州市花"木棉花"所代表的，华南理工大学大气美观，蒸蒸日上、欣欣向荣，是学生治学的净土。

在新的历史发展起点上，学校将秉承"博学慎思　明辨笃行"的校训，弘扬"厚德尚学　自强不息　务实创新　追求卓越"的精神，以"双一流"建设和广州国际校区建设为"双引擎"，大力推进"学术华工""开放华工""善治华工""幸福华工""大美华工"建设，向着中国特色、世界一流大学的目标奋勇前进，勇当粤港澳大湾区高等教育发展排头兵，努力为实现中华民族伟大复兴的中国梦贡献华南理工大学的智慧和力量。

南方科技大学

南方科技大学（Southern University of Science and Technology）是深圳市在中国高等教育改革发展的时代背景下创建的一所高起点、高定位的公办新型研究型大学。自诞生之日起，学校便立志在高等教育领域开创新局面，引领学术潮流。在学科设置和办学模式上，学校积极借鉴世界一流理工科大学的成功经验，坚持以理、工、医为主导，同时也不忘商科和特色人文社科的协同发展，构建了一个多元化、互补性的学科体系。南方科技大学深深扎根于中国大地，紧抓粤港澳大湾区、深圳先行示范区"双区"驱动，深圳经济特区、深圳先行示范区"双区"叠加的历史机遇，汇聚国内外优质资源，以创新驱动为核心，推动产学研深度融合，为区域经济社会发展注入了强劲动力。

作为新时代高等教育创新的深圳样本，南方科技大学肩负着为我国高等教育改革发挥先导和示范作用的使命。2007年年初，南方科技大学这个名字首次在深圳政府工作报告中出现。当

时，深圳的高等教育已经有了一定规模，但高水平大学的建设步伐仍难以比肩特区的发展速度，日益增长的城市科技创新需求仍然缺乏有力的源头创新作为支撑。这一年，深圳坚定决心创办南方科技大学，通过打造这所新型研究型大学，贡献高等教育改革的深圳方案。2008年3月，深圳市机构编制委员会下发《关于成立南方科技大学筹备办的通知》，筹备办负责学校批准设立和招生办学前的各项筹备工作。2011年2月，南方科技大学正式开学，首届45名教改实验班的学生入校就读；同年9月，致仁书院举行揭牌仪式。2012年4月16日，教育部同意建立南方科技大学。2018年5月，学校获批成为博士学位授予单位，快速完成本硕博人才培养体系的构建，是内地新办高校获得博士学位授予权时间最短的学校，创造了中国高校史上的奇迹。在短短的几年时间里，南方科技大学凭借其独特的办学理念、卓越的师资力量和前瞻性的科研方向，迅速崛起为中国乃至世界高等教育领域的一颗璀璨新星。

作为一所新创大学，南方科技大学根据国际化高水平研究型大学的办学定位和目标，面向国家和粤港澳大湾区战略新兴产业发展的重大需求，形成以理、工、医为主，兼具商科和特色人文社科的学科体系。目前，学校共开设37个本科专业，学校系科和学科专业设置紧跟学科发展前沿，面向国家战略性新兴产业发展。材料科学重点发展电子信息材料、能源与环境材料、生物与医疗材料以及基于材料基因组的先进制造、表征和计算方法，在分子电催化、离子型热电转化、光学超材料、柔性电子等领域取得国际领先成果。环境生态学旨在水资源与水环境、土壤污染与修复、大气污染及其防治、工业生态、全球环境变化等领域开展前沿学术研究，致力于研发水处理、海水淡化、节能减排和环境遥感等与社会需求密切相关的先进技术。生物医学工程是南方科技大学融合生物学、医学和工程学等多个学科的交叉学科，旨在培养具备生物医学工程研发能力的高层次人才，研究方向主要包括生物信号处理、生物医学成像、生物力学、生物材料，致力于探索生命科学的奥秘并应用于医学诊断和治疗。

南方科技大学实行书院制管理，现设有致仁、树仁、致诚、树德、致新、树礼6个书院。设置有理学院、工学院、生命科学院、医学院8个二级学院，下设33个院系以及中心。还设有2个独立的教学单位。其中，理学院无疑是南方科技大学的一颗璀璨明珠。作为学校最早成立的学院之一，理学院始终站在科学研究的前沿，致力于培养具有扎实数学、物理、化学等基础学科知识和创新能力的研究人才。学院拥有一批优秀的教师团队和先进的教学设施，为学生提供了良好的学术氛围和实践平台。工学院将国家发展和产业需求与人才培养相结合，知识传授与能力培养一体化，不断探索新工科人才培养模式，注重培养具有国际视野、厚基础、强实践能力的复合型创新领军人才，助力粤港澳大湾区经济可持续发展。创新创业学院致力于创新创业通识教育、创新创业基地建设、工程硕士和工程博士培养、企业领袖培养、以校企联合实验室为基础的工业研究平台建设，成为链接学校与高科技企业之间的"桥梁"。

截至2023年，南方科技大学在校生人数达到11000余人，其中本科生5000余人、研究生6000余人。学校非常重视学生培养工作，创新人才选拔方式和培养制度。在本科招生方面，南方科技大学着力建立有利于教育公平、创新人才选拔的多元录取机制和先进的全面教育体系。作为全国高等教育综合改革试验校，学校自2012年率先实施"631"招生录取模式，即根据高考成绩占60%、学校组织的能力测试成绩占30%、高中学业成绩占10%的综合成绩录取优秀学生。本科生培养重视与国际接轨，教学语言以英文为主，教材多采用英文原版，鼓励学生参加国际学术交流，学生在校四年期间普遍有国外学习交流机会。在研究生培养方面，学校和深圳各区建立了紧密联系，牵头筹建深圳海洋大学、深圳创新创意设计学院，协同共建深港微电子学院、南方工业技术研究院（深圳）、光明高等研究院、坪山生物医药研究院等一批产学研合作与人才培养平台；学校努力培养拔尖创新人才，已经形成了以学分制、导师制、书院制（"三制"）为基础，以个性化、精英化、国际化（"三化"）为特色的人才培养体系。此外，南方科技大学依托学校一系列国际合作平台和专业学院，形成了有重点、有聚焦的国际合作格局，与瑞典隆德大学、瑞士洛桑联邦理工学院、瑞士苏黎世联邦理工学院、英国伦敦国王学院开展深度合作，中外医学教育合作取得重大突破，与瑞士、瑞典、法国驻华使领馆深化友好往来，新增8所海外伙伴关系高校。

南方科技大学高度重视人才队伍建设，建立与现代大学制度相适应的人力资源管理制度，已初步建立了一支国际化高水平的教师队伍。截至2023年，学校已签约引进教师1400余人，包括院士64人（签约引进与自主培养全职院士48人）、教育部特聘教授（含青年）47人、"国家特支计划"专家26人、"国家自然科学基金杰出青年基金"获得者57人、"国家自然科学基金优秀青年基金"获得者33人。教学科研系列教师90%以上具有海外工作经验，60%以上具有在世界排名前100名大学工作或学习的经历，高层次人才占教研系列50%以上。如前沿生物技术研究院的朱健康教授，带领团队聚焦生物育种、分子检测、基因治疗与衰老干预等生命科学领域的关键科学和技术问题，以卓越的前沿生命科学研究和高效成果转化服务于粮食安全和人民生命健康等国家重大战略需求。

南方科技大学位于深圳塘朗山下、大沙河畔，校园占地面积198万平方米。校园环境优美、交通便利，校园内九山一水，风景如画。建筑以新岭南特色为标志，形成"九山一水""两轴三廊"的自然布局，彰显"厚重、节能、实用、环保"的绿色生态理念，形成理学、工学、生命健康、医学、商学、人文7大学院及动态生活区的功能组团。南方科技大学图书馆共建成琳恩馆、一丹馆、涵泳馆3处馆舍，馆藏资源理工科特色鲜明，兼顾学生人文素养培养，涵盖了学校教学科研和通识教育所需要的各方面文献信息资源。此外，南方科技大学从建校之初就高度重视校园文化建设。学校设立了人文社会科学学院、创新创意设计学院、文博中心、艺术中心等单位，丰富通识教育资源、提升校园文化底蕴；南科大讲堂及其子品牌"博观讲堂"等系列学术讲座，上演一场场学术盛宴；南方科技大学连续举办地区文化节、数学文化节、春季运动会等系列文化活动；学生社团共计120个，涵盖体育、艺术、文化、科技等领域。

南方科技大学精神发轫于自身10年来的发展实践，形成了"敢闯敢试、求真务实、改革创新、追求卓越"的创校精神，"创知、创新、创业"的办学特色。2021年9月，南方科技大学在2021年开学典礼上公布校训：明德求是，日新自强。明德树人、求是治学、日新立校、自强报国，共同构成了南方科技大学作为新型研究型大学的核心精神内涵。高远的办学目标需要逐步达成，鲜明的办学特色需要逐步打造。根据发展规划，学校将分三个阶段实现建设扎根中国大地世界一流研究型大学的办学目标：到2025年，优势学科达到世界先进水平，跻身中国高校第一方阵，成为具有全球重要影响力的新型研究型大学；到2035年，若干学科进入世界一流前列，成为具有广泛影响力的世界一流大学；到2049年，主要学科位居世界一流前列，成为贡献力、创新力和影响力卓著的世界一流大学。

香港大学

香港大学（The University of Hong Kong）是香港特别行政区的一所综合性国际化公立研究型大学，有"亚洲常春藤"之称。它不仅是香港特别行政区历史最悠久的高等教育机构，也是世界著名高等学府之一。香港大学自创校以来始终采用英语教学，其学术研究与欧美良性互动。在很长一段时间里，以医学、商科、人文、政法等领域见长的香港大学都是中国高等教育界一面独特的旗帜，享誉亚洲乃至世界。香港大学培养了众多杰出校友，包括中华民国国父孙中山、香港特别行政区前行政长官林郑月娥、作家张爱玲等。学校校友在政治、学术、文化、商业等多个领域取得了显著成就。

1910年3月16日，香港大学奠基，次年3月30日正式注册成立。建校初期，规模很小，仅设有医学院、工程学院和文学院3个学院，并模仿利物浦大学的制度，重理工而轻人文。1912年3月11日，香港大学正式开学，到1916年12月举行首次毕业典礼时，仅有23名毕业生。在第二次世界大战前的起步时期，香港大学经历了初步的发展和扩张，中文学院和理学院相继成立。然而，由于港英政府担心民主思想的传播危及其统治，香港大学在学科设置上受到了一定的限制。第二次世界大战后，随着香港社会经济的恢复和发展，香港大学进入了快速发展时期。20世纪60年代以来，随着香港逐步成为国际贸易、金融和航运中心，香港高等教育也进入了蓬勃发展期。香港大学作为其中的佼佼者，其学术研究水平和国际影响力不断提升，吸引了越来越多的国际学生和学者。进入21世纪后，香港大学继续保持其卓越的教育和研究水平，同时积极与国内外高校和机构开展合作与交流。2021年9月，香港大学与深圳市合作共建香港大学（深圳），进一步扩大了影响力。

香港大学现设有10个学院，包括文学院、经济与工商管理学院、教育学院、工程学院、法学院、李嘉诚医学院、牙医学院、理学院和社会科学学院以及建筑学院，另有研究学院、专业进修学院、数码港学院数十个独立机构。文学院是香港大学历史最悠久、规模最庞大的学院之一，成立于1912年。长期以来，文学院秉持其一贯传统，在教育理念与学术思想上不断创新，成为香港大学学术生命的命脉。文学院提供了一系列丰富多样的课程，涵盖了中国语言文学、中国历史文化、翻译、比较文学、艺术史、哲学、音乐学等多个领域。牙医学院是香港唯一一所牙科学院，亦被认为是全球首屈一指的牙科研究生教育和培训中心。牙医学院提供了一系列的本科和研究生课程：在本科阶段，香港大学牙医学专业的学习时间通常为5年，学生将学习口腔疾病的生物医学、行为科学和临床科学理论，包括口腔解剖学、牙科生物学、牙科材料学、牙齿牙周病学、口腔病理学、口腔医学和口腔公共卫生等多个领域的知识；在研究生阶段，牙医学院提供多种专业硕士课程，如植牙牙科方面的课程，这些课程专为想要在特定牙科领域达到专业水平的牙医而设计。教育学院成立于1984年，前身为文学院系，后为教育学院。时至今日，该学院仍然是香港教师教育的主要提供者。教育学院为学生提供了多样化的本科、硕士研究生和博士研究生教育，涵盖了教育学、语言学、心理学、哲学等多个学术领域。工程学院是香港大学于1912年成立时的创始学院之一，是香港最大的综合性工程学院之一。工程学院提供了广泛的本科和研究生课程，涵盖了计算机工程、电气工程、机械工程、土木工程等多个领域。这些课程不仅注重理论知识的传授，还强调实践技能的培养，为学生提供了丰富的实验和实习机会。法学院是香港领先的法学院，被列为世界上最好的法学院之一，并因提供优质的法律教育和终身学习机会而备受推崇。医学院是香港高等教育界历史最悠久的学院，也是香港大学中规模最大的学院。它的起源可以追溯到1887年。除了培训医生和护士外，学院一直处于医学研究和开发新临床服务的前沿，以造福人类。

香港大学2022—2023年度就读学生共计36387人，其中本科生为18028人，占全校就读学生的49.5%；授课型研究生为14542人，占全校就读学生的40.0%；研究型研究生较少，为3817人，仅占全校就读人数的10.5%。中国内地学生有13405人，占非本地学生的81.1%，其中本科生较少，有2887人，授课型研究生最多，有7769人，研究型研究生有2749人。香港大学的研究生申请主要分为两种：一种是授课型硕士（MSc/MA），以培养就业型人才为主，学制一般为一年，以上课为主，学分修满即可毕业；另一种为研究型硕士（MPhil），以培养学术型人才为主，学制为两年，每年每个学院招收的人数较少，成绩优秀者可以申请转为博士（PhD）。在博士研究生培养模式方面，香港大学最初移植了传统英式的博士研究生教育管理制度与培养模式，即实行大学、学院、学系三级管理，不设置研究生院，至今仍与英式制度一脉相承。

香港大学聚集了一批全球一流的科研人员，他们具有融合东西方的文化背景、名校的科研训练背景、重要学术期刊的兼职工作背景、与重要国际（地区）机构的合作背景。截至2023年，香港大学有教学人员8871人，非教学人员4233人。中国内地教授人员比例最高，占非本地教授人员的48.7%。有150位香港大学教研人员入选"全球前1%最具影响力科学家"。在第48届日内瓦国际发明展上，香港大学参展的多个项目赢得了多个特别大奖、金奖、银奖和铜奖。如陈佩教授团队开发的可编程的细胞微工程平台赢得了"评判特别嘉许金奖"，这一平台能模仿细胞在体内的生物环境，进而确保细胞的正确功能，以及推动可预测的临床研究。电机电子工程系霍伟栋博士团队研发的人工智能异常状况侦测技术也获得了两个大奖和一个金奖，该技术利用人工智能实时分析影像中人体的姿势及动作，准确有效地侦测虐待、溺水和犯罪行为等多种异常情况。

香港大学校园环境优美，位于香港著名的旅游胜地薄扶林，周围环绕着青山绿水和壮观的海景，是香港面积第三大的大学，总面积53.1万平方米。校园内现有总馆和冯平山图书馆、牙科图书馆、医学图书馆、法律图书馆、教育图书馆和音乐图书馆7个图书馆，以及徐朗星文娱中心、庄月明文娱中心、薄扶林文娱中心及方树泉文娱中心4个文娱中心供学生使用。香港大学美术博物馆（UMAG）前身为1932年成立的冯平山图书馆，是香港现存历史最悠久的博物馆。其馆藏以从新石器时代彩绘陶罐到清代装饰瓷器和商代与西周的青铜礼器最受瞩目。香港大学的学生活动丰富多样，学生会、兴趣小组、文化社团和社区服务团体等不同类型的社团为学生提供了广泛的发展空间；学校经常举办各种艺术表演和音乐会，包括话剧、音乐剧、舞蹈、音乐等。这些活动可以帮助学生表达创造力，同时享受美妙的艺术；学校还鼓励学生参与各种社区服务项目，如义工活动、慈善筹款、环保活动等，培养学生的社会责任感和公民意识。

香港大学的校训是"明德格物"，源自《礼记·大学》，旨在敦促学生注重品德修养，尊重道德规范，并在学术和实践中寻求真理。香港作为国际金融中心，受到了欧美文化的影响，但香港大学的校训却彰显着其浓厚的中国传统文化特色。这一特色赋予了学校独特的教育理念和发展方向。未来，香港大学将进一步扩大课程宣传力度，吸引全球优秀学生，发挥语言和地理位置优势，传播中国声音，促进中西文化、科学技术等各个领域的交流与发展。在保持课程特色的基础上，香港大学将不断增强核心竞争力，以确保继续在亚洲保持领先地位，并不断拓展和壮大发展。

香港中文大学

香港中文大学（Chinese University of Hong Kong），是香港特别行政区乃至亚洲首屈一指的高等学府，位于中国香港特别行政区新界沙田区一个风景如画的山谷之中，面朝大海，背倚山丘，校园环境优美，静谧宜人。自建校起，香港中文大学以"结合传统与现代，融会中国与西方"为使命，立足中国，面向世界。建校先贤中不乏目光远大的中国研究学者，他们继承中国的学术传统，又以现代观点重新诠释国学，主张重新认识中国历史文化的价值，重建中国人文精神和伦理道德传统；同时，培

育诸多国学人才，深刻影响着华人学术圈。作为一所具有世界影响力的学府，香港中文大学以其卓越的学术水平、丰富多样的学科设置、独特的学院制度、国际化的师资力量、优美的校园环境与浓厚的校园文化等特点得到了广泛的认可和赞誉。

香港中文大学的历史可以追溯到1963年，由崇基学院、新亚书院和联合书院3所书（学）院合并而成。其中，新亚书院由钱穆、唐君毅、张丕介等学者于1949年创办，以保存和发扬中国传统的人文精神及沟通东西文化为教育宗旨；崇基学院成立于1951年，是香港最早的基督教中文学校之一，代表基督教在华发展高等教育传统的延续；联合书院则成立于1956年，由平正、华侨、广侨、文化及光夏5所书院组成。1964年，香港中文大学首次颁授学士学位，标志着学校正式成为一所具有授予学位资格的大学。1965年，开办首项学生交流计划，成立教育学院、校外进修部。1966年，成立香港首所研究院，并于次年成立中国文化研究所，颁授第一届硕士学位。20世纪80年代以来，大学逐步扩展提升学术水平和研究能力，包括首办哲学博士学位课程、成立医学院和公共卫生学院等。同时，大学也开始加强与国内外其他高校和研究机构的合作与交流。2014年，香港中文大学（深圳）成立，传承了香港中文大学的办学理念和学术体系。如今，香港中文大学已成为香港乃至全球范围内的一所具有广泛学科门类和国际化视野的知名学府，为全球范围内的学生提供了丰富的学习和研究机会。

香港中文大学的学科类别丰富，涵盖了人文、社会科学、自然科学、工程技术等多个领域，为学生提供了广泛的选择和发展空间。其中，传播与媒体研究、护理学、地理学、医学、现代语言学等学科在世界范围内具有较大声誉。卓越学科领域主要包括植物与环境互作基因组研究中心的可持续农业与粮食安全研究、利用高能粒子撞击研究物质的基本构造项目、老龄性骨骼系统退化及再生策略研究等。另外，香港中文大学矢志强化跨学科研究，以挖掘与提升应用知识为谋，改善生活、造福社会为任。例如，在2021—2025年的策略计划中，确定了四大主要研究范畴，作为策略性研究领域，分别是中国文化的传统与现代、创新生物医学、信息与自动化技术、环境与持续性发展。

香港中文大学设有8所学院，分别是文学院、工商管理学院、教育学院、工程学院、法律学院、医学院、理学院和社会科学院。文学院于香港中文大学同时设立，是香港最具规模的人文研究和高等教育中心。文学院自成立以来，在融合中西传统，推动双语教学，开拓前沿学术的努力中，一直发挥着举足轻重的作用。理学院一直以来是中文大学最强的学院之一，教研队伍包括诺贝尔奖得主、菲尔兹奖得主以及中国科学院和工程院院士，他们均在各个科学领域从事顶尖的研究及教学工作。理学院设有生命科学、化学、数学、物理、统计学、地球系统科学6个教学部门。毕业生备受香港本地及国际社会认同，其中很多在香港及海外学府继续深造。工商管理学院是香港商科教育的翘楚，设有2所学院和4个学系，分别是会计学院，酒店及旅游管理学院，决策、营运与科技学系，金融学系，管理学系，市场学系。工商管理硕士课程和行政人员工商管理硕士课程是工商管理学院的"王牌"课程，一向在区内和世界位列前茅，致力于培养杰出的未来全球商业领袖。学院拥有雄厚的顾问导师和校友网络，其中不乏著名商业领袖和企业家，以及政府、金融以至不同行业的高级行政人员，对学生发展具有极大裨益。

截至2023年，香港中文大学的学生数为21110人。全日制本科生17170人，其中来自香港本地的学生为14871人，来自香港以外地区的学生为2299人。研究生3394人，其中硕士研究生545人，博士研究生2685人，深造文凭710人。香港中文大学是香港唯一一所实行书院制的大学，设有崇基书院、新亚书院、晨兴书院9所书院，本科生均分别属于其中一所书院。每所书院都独树一帜，文化别具一格，共同塑造了香港中文大学的精神面貌。香港中文大学研究生院成立于1966年，提供多项课程式及研究式硕士及博士课程，学科选择甚多，修读期限和模式灵活，以应社会和学生的不同要求，更与海峡两岸著名学府合办研究生课程。香港中文大学注重国际交流和学生国际视野的培养，目前已与世界30个国家和地区的130多所顶级大学开展交流与合作。每年超过900名学生前往外地交流，同时亦接待约1400名海外学生，营造了文化多元的校园环境。

香港中文大学大师云集，名师荟萃，是香港唯一有诺贝尔奖得主、菲尔兹奖得主、图灵奖得主任教的大学。截至2023年，教职工总人数8091人，其中教学人员1661人，研究人员1695人，教授369人，副教授286人，助理教授377人等。其中不少学者和研究人员屡获殊荣，而获著名奖项者更不计其数。如医学院卢煜明教授成为首届科学大奖"腾冲科学大奖"的膺者，同时亦是香港地区唯一获选中国科学院院士的学者。他被世界范围内公认为液体活检领域全球奠基者、开拓者及领导者，尤其是无创产前检测领域的先驱。2023年，以陈家亮、陈力元教授为代表的13位学者荣获"全球最广获征引研究人员"嘉誉等。另外，香港中文大学致力于培养一批具有国际视野、富有创新精神和教书育人热忱的优秀教师，积极从全球范围内选聘教授、行业知名专家学者、中青年学术人才。

香港中文大学坐落于香港新界沙田区，俯瞰吐露港，校园占地138.4万平方米。校园依山而建，从山顶到山脚，由高至低可分成三层，经过几十年的经营，处处花木扶疏，中西风格的建筑掩映于其间。学校设施完备、资源充足，为学生提供一个探索知识、追求学问的理想环境。学校拥有7所图书馆，另有文物馆、音乐厅、游泳池、运动场、网球场、壁球场、水上活动中心和健身室等。文物馆定期举办展览，展出中国古代珍贵文物；赛马会气候变化博物馆是全球第一所以气候变化为主题的展览馆，广受公众喜爱；利希慎音乐厅设有269个座位，附有舞台及管风琴，适合乐队演奏、个人独奏及合唱等音乐活动，可供校内外人士租用。

香港中文大学的校训是"博文约礼"，源自孔子的教育规训，强调在博学多识的同时，也要注重个人品德的修养和礼仪的规范。过去的六十载，香港中文大学一直秉持进取奋发的精神，以承传中国文化为己任，推陈出新，兼重传统和现代文化价值，积数十年中国人文研究的传统，可谓卓然有成。香港中文大学的使命和愿景是在各个学科领域，全面综合地进行教学与研究，努力建成香港、全国以及国际公认的一流研究型综合大学，以满足香港、全中国，以至世界各地人民的需要，并为人类的福祉做出贡献。

香港科技大学

香港科技大学（The Hong Kong University of Science and Technology）坐落于香港特别行政区西贡区清水湾道，是一所以科技为主导的研究型大学。年轻的香港科技大学在较短时间内取得了举世瞩目的成就。香港科技大学以卓越的教育质量和学术声誉，吸引了来自全球各地的杰出人才，培养出了许多在各个领域中取得重要成就的著名人士，如诺贝尔物理学奖获得者石频等。香港科技大学是一所融合了最前沿科研、卓越教学、跨文化交流和世界眼光的大学。无论是作为一名学生、教职员工，还是学术合作伙伴，在与香港科技大学的交集中都将收获无尽的机会和成长。

香港科技大学初创于1991年，其顺利创校的背景既有香港回归前港英政府筹办一所科技大学的历史机遇，亦有以创校校长

吴家玮为首的一大批心怀"科技报国、教育救国"理想主义创校者的积极呼应与作为。香港科技大学在不到30年间就跻身于世界一流大学之列得益于其兴办时的定位。香港科技大学一经成立就确立以国际化和美国研究型大学为模型的发展定位,在全球搜罗校长人选,要求校长必须具有策略性愿景及领先思维,以及既能以国际视野推动高等教育、创新及知识转移,亦能了解相关领域于本地及区域性方面的发展。香港科技大学创校时期就确立了"小而精"的办学理念,目的在于推动香港本地的科技发展。目前,香港科技大学仍是一所多科性的研究型大学而非综合性大学。

香港科技大学的优势专业包括人工智能、计算机科学、市场营销、土木工程、电子电气工程、材料科学、机械航空及制造工程等。人工智能专业是一个多学科交叉的领域,涵盖了计算机科学、数学、统计学、心理学、认知科学等多个学科。学生将学习如何使用机器学习、自然语言处理、计算机视觉等技术来解决实际问题,并构建智能系统。香港科技大学在人工智能领域的研究也取得了突破性成果,如利用人工智能为阿尔茨海默病做早期风险预测等。计算机科学专业是该校的强势专业之一,主要涵盖计算机系统、软件工程、人工智能等多个领域。市场营销专业注重培养学生的实践能力和创新思维,核心课程涵盖了市场营销的基本原理、消费者行为、市场调研与数据分析等,为学生打下坚实的理论基础。除了传统的课堂教学,学生还有机会参与各种实践项目,如市场调研、品牌策划、营销咨询等。这些实践项目不仅使学生能够将理论知识应用于实际情境中,还能够帮助他们提升问题解决能力和团队合作精神。土木工程专业致力于培养学生在结构工程、地质工程、交通工程等领域的专业技能。电子电气工程专业旨在培养学生在电子和电气工程领域的专业知识和实践能力。材料科学专业专注于材料的设计、合成、特性分析以及应用。机械航空及制造工程专业提供广泛的机械工程知识和技能,包括机械设计、制造技术、自动化等。

香港科技大学在建校初期,仅设4个专业学院:理学院、工学院、工商管理学院和人文社会科学学院,包括19个系。截至2018年,也只是增加了霍英东研究院,形成了五大专业学院。香港科技大学在发展过程中,根据自身的状况和外部环境的条件,充分利用有限资源,确立了"重点研究"领域的发展策略,立志在每一个精选的领域走在国际前沿,从而带动学校整体的发展。重点研究领域包括纳米科技、生物科学及生物技术、电子学、无线通信及资讯科技、能源及环境的可持续发展、工商管理教育及研究。经过多年的努力，香港科大在这几个领域取得了不少卓越成果：研制出可广泛应用在电子、信息技术和生物学领域的世界上最小的单壁纳米管；破译了全球第五个与精神分裂症有关的基因；等等。这些学术成果在为科大赢得广泛学术赞誉的同时，也大幅提升了香港科技大学在国际上的学术地位。

截至2022年9月，学校现有各类学生17581人，其中本科生10478人，研究生7103人，含博士研究生2245人。研究生人数占在校学生总数的40.4%，博士研究生占研究生总数的31.6%。从在校生的学科构成比例来看，理工科学生数最多（9563人），占学生总数的54.4%；工商管理学科次之（5197人），占学生总数的29.6%。这与香港科大自创校来一直坚持以理工科及工商管理学科为主的办学定位高度吻合。另外，香港科技大学的国际化程度非常高，来自不同的国家和地区。非本地学生有6844人，超过各类学生总数的38.9%。大陆学生占据了相当大的比例，总数高达5182人，其中本科生930人，研究生4252人。

香港科技大学的研究生教育享有很高的国际声誉，教育质量和学术水平在全球范围内均得到了广泛认可。学校致力于培养具有创新思维、实践能力和全球视野的高级专业人才，为学生提供了丰富的学习资源和优质的教育环境。香港科技大学的研究生教育非常注重实践和应用。学校为学生提供了丰富的实践机会，如实验室研究、企业实习、项目合作等，使学生能够将所学知识应用于实际情境中，提升解决实际问题的能力。这种实践导向的教育模式有助于培养学生的创新思维和创业精神。香港科技大学的研究生教育还非常注重国际化。学校积极引进国际优秀师资和教学资源，推动与国际知名大学和研究机构的合作与交流。同时，学校还鼓励学生参与国际交流项目、合作研究等活动，拓宽国际视野，提升跨文化沟通能力。

香港科技大学在师资力量上拥有一支优秀的教授和研究员队伍。截至2023年，共有745名教师，他们不仅均为博士学位获得者，而且绝大多数教师来自海外名校。香港科技大学的教授和研究人员在各个领域取得了显著的成就和影响力，如香港科技大学校长叶玉如教授是一位在阿尔茨海默病研究领域取得重大突破的科学家，其团队研发出可以在阿尔茨海默病病征出现前的5至10年通过血液检测侦察到疾病的新型血液检测方法，且准确率超过96%。吴景深教授研究领域主要集中在半导体芯片及微电子系统的封装技术、高分子复合材料及纳米复合材料的设计与制备技术等，其研究成果不仅推动了相关技术的发展，也为实际应用提供了重要的理论支持。

  香港科技大学位于中国香港特别行政区新界清水湾，坐落在风景优美的清水湾，是香港最现代化和美丽的校园之一。清水湾自然风光优美，青山绿水环绕，为学校提供了宜人的学习与生活环境。校园内拥有先进的教学及研究设施，还拥有各种体育和娱乐设施，如游泳池、健身中心、运动场等，以满足学生的课余生活需求。香港科技大学为学生提供了理想的学习和生活条件，营造了一个适合学术探索和个人发展的氛围。校园内现代化的设施、丰富多样的社交和文化活动，以及与香港国际都市的紧密联系，为学生提供了全面发展和实践的机会。

  香港科技大学的校训是"求新、求进、创未来"。这一校训体现了香港科技大学不断奋进、追求卓越，领导科技创新，为亚洲和世界培育新一代领袖的精神。香港科技大学的发展愿景是通过教育和专业研究，为社会培养高层次、全球化和香港科技大学创新思维的人才。香港科技大学仅用20年时间，就实现了其创校之初"建设成为一所具有重大国际影响力且对地方社会发展进步具有强大推动力的顶尖大学"的办学目标，以及履行"通过教学和研究促进学习和知识，特别是在促进科学、科技、工程、管理及商科的知识创新，提升研究生培养质量和推动香港经济及社会发展等方面有所作为"的使命，从而在较短的时间内发展成为一所可以与办学历史悠久世界一流大学媲美的大学典范。

香港理工大学

香港理工大学（The Hong Kong Polytechnic University）位于中国香港特别行政区九龙半岛红磡地区，被誉为"香港的工科王者"，持续位于世界百强名校行列。香港理工大学崇尚创新，开拓新天，以世界一流的学术与研究优势，造就众多创新发明，满足瞬息万变的环境及社会需求；追求卓越，高瞻远瞩，致力推动全球科研进步，为建设可持续发展的人类明天做出贡献；启迪思维，成就未来，秉承"开物成务励学利民"精神，打造全人教育，精心培育"慎思明辨、勇于探索、富于创见、独当一面"具有全球视野和创新能力的高层次人才。

香港理工大学是香港历史最悠久的大学，可追溯至1937年成立的香港官立高级工业学院。1947年，改名为香港工业专门学院，开始提供全日制及兼读制工科课程。1957年，红磡校

舍落成，并逐渐成为科研创新的重要基地，开启了香港工业教育史的新一页。1972年，香港理工学院正式成立，使命是开办专业课程，以满足社会对专业人才的需求。1994年，《香港理工大学条例》正式生效，香港理工学院正式取得大学地位，并更名为香港理工大学。2022年，香港理工大学建校85周年之际，体现现代化和可持续发展理念的主校门揭幕，不仅展示了香港理工大学的历史和传统，也展示了学校未来的发展方向和愿景，标志着香港理工大学将秉承享誉国际的教育和科研成就，继往开来，翻开大学发展的新篇章。

香港理工大学提供多样化的学科选择，优势学科包括化学、生物科学、语言学等，在各自的领域内都有着较高的声誉和影响力，为学生发展提供了广阔的空间。化学专业旨在培养学生在化学及相关学科领域从事科学研究、技术开发、教育教学等岗位工作的能力。学生需要系统、扎实地掌握化学基础知识、基本理论和基本技能，并掌握化学研究的基本方法和手段。化学专业的主要核心课程包括"四大化学"，即无机化学、分析化学、有机化学和物理化学，以及结构化学、高分子化学、仪器分析等课程。生物科学专业致力于提供高质量的教育和研究环境，培养具有扎实生物学知识和实验技能的专业人才。生物科学专业课程设置注重理论与实践的结合。核心课程包括生物化学、细胞生物学、分子生物学、遗传学、生态学、生物统计学等。该学科还开设了香港首个生物科技创业硕士课程——"生物医药研发及产业化"，这是一个一年全日制或两年兼读制的授课式课程，课程亮点在于提供内地或香港生物科技公司实习机会、融合理论与实践，推动知识转移与创业创新，以及化学生物学及药物研发国家重点实验室项目实践经验。

香港理工大学现有9个学院，包括工商管理学院、建设及环境学院、人文学院、工程学院、医疗及社会科学院、理学院、设计学院、时装及纺织学院、酒店及旅游业管理学院，都呈现了各自的优势和特色。其中，酒店及旅游业管理学院被认为是世界顶尖的酒店与旅游教育学府之一。工程学院在土木工程方面一直与波音公司合作，成立了航空服务研究中心，为欧洲航天局及俄罗斯联邦航天局制作过太空仪器。香港理工大学是一所以"卓越科研"著称的公立研究型大学。在科研方面，学校一直保持着卓越的成就和国际声誉。围绕"为社会创造福祉"的宗旨，学校强调跨学科研究，不仅拓展前沿知识范围，更为现实社会提供解难良方。学校建设了多个研究中心和实验室，包括：2个国家重点实验室、2个国家工程技术研究中心香港分中心、3个中国科学院与香港理工大学联合实验室、香港理工大学高等研究院下辖的17个研究中心、InnoHK创新香港研发平台的3个研究中心以及30个校级和24个院级的研究中心。学校科研范围涉及了航天、航空、大数据与人工智能、食品安全、医疗科学、基建监测、智能建设、智慧城市及可持续发展等多个领域。作为香港唯一拥有国际太空任务实战经验的高等院校,香港理工大学自2010年起不遗余力为国家的太空探究项目做出贡献。2020年7月,香港理工大学成功研制一台搭载于火星探测系统上的关键仪器"落火状态监视相机"("火星相机"),并积极参与国家首个火星探测任务"天问一号"。

香港理工大学是香港八大院校中学生人数最多、最受欢迎的院校。截至2023年,学生总人数28088人,其中全日制学生23049人、兼读制5039人。2022—2023年度就读学生共计36387人,其中本科生为18028人,占全校就读学生的49.5%;授课型研究生14542人,占全校就读学生的40.0%;研究型研究生较少,为3817人,仅占全校就读人数的10.5%。中国内地学生有13405人,占非本地学生的81.1%,其中本科生较少(有2887人),授课型研究生最多(有7769人),研究型研究生有2749人。香港理工大学致力于提供高水平的研究生教育,为学生提供了丰富多彩的研究生项目和研究机会。其研究生项目包括文学硕士、理学硕士、工商管理硕士、工程学硕士等各个方向,学生可以根据自己的兴趣和职业规划来选择适合自己的课程。香港理工大学的研究生教育重视实践和实验的培养,为学生提供了全面的实验设备和研究资助。学校重视体验式学习和全人教育,让学生在课程学习中能够真正体验到教育的价值,并学到终身受用的知识和技能。

香港理工大学的教职工拥有广泛的学科背景和专业知识,是一支高素质、专业化、经验丰富的队伍,为学生提供了优质的教育和培训服务。学校现有全职职员5366名,其中学术和教学职员1318名,研究职员1683名,行政职员2365名,兼职职工1360名。理大人才济济,汇聚来自世界各地的著名专家学者,引领多个前沿科学学科发展,如中科院院士滕锦光,曹建农、陈长汶、翁齐浩、黄维扬等欧洲科学院院士。2022年,有10位教授入选"全球最广获引研究人员",13位教授入选"全球前2%顶尖科学家"。这些教授在各自的领域具有很高的声誉和影响力,代表着香港理工大学在相关领域的顶尖实力,也反映了香港理工大学在人才培养和科研创新方面的卓越表现,为学校的发展注入了强大的动力。

香港理工大学位于香港特别行政区九龙红磡育才道，毗邻红磡海底隧道及港铁红磡站，交通便利，地理位置优越。香港理工大学因其独特的橘色外墙而闻名，在红磡地区非常显眼。学校外墙有个很大的、很像中国结的字体和标识，是学校品牌的象征之一，体现了香港理工大学作为一所创新、开放和国际化大学的精神和理念。香港理工大学大楼造型别致，将诸多建筑串联在一起形成建筑群，非常富有艺术气息。最引人注目的是创新楼，这是一座由著名建筑师扎哈·哈迪德（Zaha Hadid）设计的15层建筑，形状呈现"船"形，设施包括展览廊、多用途课室与演讲室、设计工作室与工场，以及共用空间等，提供了多种教学及创新用途。

香港理工大学在顺应时代潮流与发展的过程中，提出"全人教育"理念，把"人的全面发展、潜能的充分发挥、人格的完善"作为教育目标，在课程设置、学生活动、校园文化、社区活动等方面实施体现身心并重的教育模式。学校鼓励学生在多元化的环境中发挥潜能，如提供适当和适量的课外活动、强调学生在学习中的协作，采用"工作坊"的灵活学习模式，鼓励学生参与课外实习、筹办学生团体、提供康体拓展训练、组织志愿社会服务等各具特色的活动，培养学生的创新思维和综合素质。此外，学校每年举办文体推广活动近百项，包括舞台剧、电影、音乐及讲座等，并且将这些丰富多彩的活动与学生的学习有机结合、彼此渗透、互相汲取营养，拓展学生的国际视野，提高学生的分析能力和创新能力，促使学生发挥自身潜能，得到全方位发展。

香港理工大学的校训是"开物成务，励学利民"，内涵为通过开放和拓展知识领域，鼓励学生勤奋学习，以期培养出能够服务社会、贡献于民的人才。香港理工大学矢志成为一所创新型世界级大学，以肩负社会重任为宗旨，秉持全人教育理念，发展以专业为基础的卓越学术水平为自己的使命，尝试把大学的理想追求与社会功效统一起来，在充分发展、提升大学本质的目标追求中，为学生提供优质的全面教育，致力培育具有良好国民意识、全球视野与社会责任感的"明日领袖"；同时推动具有影响力的创新与跨学科研究，着重研以致用，将所研发的科技转化为实际应用，与各界策略伙伴合作，实现以高品质知识、科技和专业技能服务社会、满足社会需求，造福香港、国家和全世界。

广西大学

广西大学（Guangxi University）位于广西壮族自治区南宁市。广西大学是广西壮族自治区办学历史最悠久、规模最大的综合性大学，是广西壮族自治区唯一的国家"211工程"建设学校，"双一流"建设高校，教育部和广西壮族自治区人民政府"部区合建"高校。学校的首任校长是有着"北蔡南马"和"一代宗师"之称的教育家、民主革命家马君武，李四光、陈望道、李达、陈寅恪、梁漱溟等一大批名家大师曾在校任教。广西大学牢记"为国育才"之使命，培育"勤恳朴诚"之精神，践行"开拓创新"之理念，成为八桂学子渴望步入的知识殿堂。

1928年，首任校长马君武提出"复兴中华、发达广西"之主张，开广西壮族自治区高等教育之先河。1952年，毛泽东亲自为广西大学题名。1953年，中央人民政府高等教育部将院系调整到华中和华南地区的19所学校。1978年，学校开始招收硕士研究生，是我国恢复研究生教育后全国首批开展研究生教育的大学之一。1997年，广西大学与广西农业大学合并组建新的广西大学，并被教育部列入国家"211工程"重点建设大学。1998年获批博士学位授权单位。2017年，入选国家"双一流"建设高校行列。2018年，成为教育部与广西壮族自治区合建高校。2022年，入选第二轮国家"双一流"建设高校。

广西大学学科门类齐全，涵盖哲学、经济学、法学、教育学、文学、理学、工学、农学、医学、管理学、艺术学11大门类。截至2023年9月，广西大学有本科专业107个，本科招生专业67个，其中国家级一流本科专业建设点46个。学校现有19个一级学科博士学位授权点，1个博士专业学位授权点，38个一级学科硕士学位授权点，25个硕士专业学位授权点和14个博士后科研流动站。学校的土木工程是广西壮族自治区唯一一个"世界一流"建设学科，涵盖建筑工程、道路桥梁工程、岩土与地下工程等专业，致力于土木工程领域的专家、学者、技术人才。动物遗传育种与繁殖是国家重点学科，聚焦动物繁殖技术、生物遗传育种、动物疾病防控等研究方向，旨在培养具有社会责任感、投身畜牧业发展的专门技术人才。微生物学是国家重点（培育）学科，致力于培养具有扎实的生物知识与现代实践技能的高级人才，涵盖生物技术、生物科学、微生物与健康、植物学和动物学等研究方向。广西大学依托国家战略支持和资源优势，立足"双一流"建设战略目标，不断完善学科体系，学校注重科技创新和服务社会，大力推动学科交叉融合，推进产学研结合和成果转化，以服务于国家及广西经济社会发展。

广西大学设有27个学院，学院设置立足国家战略以及区域发展。机械工程学院是广西大学最大的学院之一，服务广西机械业的发展。学院坚持立足广西、面向全国、辐射东盟，积极推动产教融合。学院依托国家级实验教学示范中心、国家级虚拟仿真实验教学中心、国家级工程教育实践中心等科研平台，为玉柴、柳工、柳汽等知名企业提供蔗糖机械装备、发动机设计等关键技术，成功实现科技成果的转化。电气工程学院致力于培养献身电气化事业的国之栋梁与技术骨干。学院为学生提供良好的学习环境和科研设施。学校建有电气楼、电气科研实验楼、本科生教学综合实验楼，实验仪器设备的投资达6300多万元。学院拥有国家级电气工程实验教学示范中心、教育部首批虚拟教研室平台、"广西电力装备智能控制与运维"自治区重点实验室等科研平台，为国家、广西和东盟国家的电气工力的发展提供技术支撑和人才支持。土木建筑工程学院办学历史悠久，培养一批批土木工程、水利工程等领域的高水平人才。学院积极承担世界最大跨度拱桥平南三桥、世纪工程平陆运河、川藏铁路重点工程藏木特大桥在内的国家战略工程和地方重大、重点工程科研项目，为广西以及自治区的交通以及水利的发展贡献力量。

截至2023年11月，广西大学拥有在校全日制本科生24167人、全日制研究生15149人，非全日制研究生2452人，来华留学生及港澳台生883人，各类在读继续教育学生12869人。学校坚持五育并举的办学方针，注重学生的全面发展。在本科教育方面，学校立足一流学科，对人才培养模式、管理模式、课程建设、师资队伍等方面进行综合改革。学校构建出"多元融通，研创并举"的智育课程体系，开展"健康知识+基本运动技能+专项运动技能"教学模式。在研究生培养方面，学校注重产教融合基地建设和研究生创新思维、应用能力的培养。2022年，学校拥有自治区联合培养基地23个，签订研究生联合培养项目44项，成立19个科技小院。此外，依托南宁市作为中国与东盟的重要联结点的优越地理位置与资源，广西大学服务于中国-东盟命运共同体建设，开设"中外高水平大学学生交流计划"，采用"2+2"双学位培养的模式，积极推动与东盟十国97所高校及学术机构的合作交流，与全球48个国家和地区的282所高校及学术机构签署了学术合作交流协议。

截至2023年12月，广西大学拥有在职在编教职工3360人，具有正高级专业技术职务556人、副高级专业技术职务927人，全职中国工程院院士2人，国家重大人才工程项目人选56人，享受国务院特殊津贴者22人。郑皆连院士对拱桥科研和工程技术创新倾入毕生心血，他组织广西第一条高速公路建设。其团队的拱桥原创性技术，对广西壮族自治区乃至全国的公路建设都具有深远意义。王双飞院士团队致力于造纸清洁生产与末端治理的应用基础研究、关键技术开发及产业化应用，为造纸业的可持续发展与产业结构的转型升级做出突出贡献。

广西大学所在的广西壮族自治区首府南宁市，以壮族为主的多民族聚居为特色，融合了不同民族的文化元素，历史文化底蕴深厚，旅游资源丰富，自然风光秀丽、美食文化独特。学校占地面积约142万平方米。学校的综合楼、大礼堂、图书馆是广西大学的标志性建筑。综合楼采用三级分层式建筑，由下往上分别象征学士、硕士、博士，寓意广西大学学子追求卓越、徜徉学海。学校大礼堂是广西大学历史最悠久的现代建筑，其采用法式建筑风格，由柯林斯式古典柱廊和高大的三角山花构成，是学校文娱晚会、学术会议、毕业典礼的首选之地。学校图书馆以"博雅笃行，务本求真"为馆训，为学生提供多样化、多层次的学习资源。截至2023年12月，图书馆馆藏总量535万册，电子图书375万册，学位论文1034万篇，音视频29万小时，全文电子期刊5.77万种，大型数据库206个。广西大学图书馆是全广西最大、设备最先进的图书馆，图书馆的布局中融入广西壮族壮锦和苗族高脚楼等民族特色元素，获得了中国最高的建筑奖项——鲁班奖。广西大学的建筑将民族特色与西式风格进行融合，将传统要素与现代要素融合，展现广西大学的开放包容、兼收并蓄的文化。

广西大学坚持"勤恳朴诚，厚学致新"的校训，"勤恳朴诚"指的是勤勤恳恳做事，实实在在做人，艰苦创业，俭朴生活。"厚学致新"指的是寻求真理、博采众长、兼收并蓄；开拓创新、与时俱进。学校立足广西、面向世界。学校强化顶层设计、探索多元化的投入机制、引进优秀师资队伍、强化体制机制创新，积极推动新工科大学建设。广西大学积极建设牢牢扎根八桂大地的中国特色"双一流"大学，服务于国家和地方经济发展、产业化升级，为以中国式现代化推进强国建设、民族复兴伟业做出新的更大贡献。

海南大学

　　海南大学（Hainan University）是教育部和海南省人民政府"部省合建"高校，国家"双一流"建设高校。学校坐落于海南省海口市，宛如一颗璀璨的明珠镶嵌在中国南海的璀璨海岸线上，以独特的地理位置和得天独厚的热带资源优势，自建校以来便逐渐崭露头角，成了中国南端一颗耀眼的学术明珠，在热带农业、海洋科学等领域取得显著成就，对地区经济和社会发展产生了深远影响。学校着眼于服务国家重大战略、海南自由贸易试验区和中国特色自由贸易港建设，坚持"突出特色、重点建设、全面发展"的原则，突出"热带、海洋、旅游、特区"四大特色，坚持"支撑引领、特色取胜，高位嫁接、开放创新"的学科建设总体思路，构建了学科建设目标和国家战略、区域经济社会发展需求相适应的学科专业体系。

　　海南大学是2007年8月由原华南热带农业大学与原海南大学合并组建而成的综合性重点大学。原华南热带农业大学创建于1958年，与创建于1954年的中国热带农业科学院紧密结合，并称"热作两院"，被誉为我国热带农业科教领域的"双子星"。

在周恩来总理"儋州立业，宝岛生根"光辉题词的激励下，"两院人"经过艰苦卓绝的奋斗，使我国成为世界上唯一在北纬18°~24°范围内大面积成功种植天然橡胶的国家，使我国从原来的植胶空白国，奇迹般地崛起为世界第五大产胶国。原海南大学于1983年在一片荒滩地上艰苦起家，建成了全省规模最大、社会辐射力和影响力广泛的学科专业体系，成为省属综合性重点大学。1993年，江泽民同志视察学校并题词"建设社会主义特区大学，培养德智体全面发展的合格人才"。2007年8月，两校合并组建了如今的海南大学。

海南大学在学科建设领域坚持"海南有需求，海大有作为"。截至2023年，海南大学拥有72个本科专业，13个一级学科博士点和1个专业学位博士点，33个一级学科硕士点、24个硕士专业学位类别，以及10个博士后流动站。海洋科学专业是国家一流本科专业，以海洋生物学与海洋化学为拳头方向，物理海洋学与海洋地质学为支撑，聚焦珊瑚礁、海草床、红树林等热带海洋特色生态系统。水产养殖学专业依托海南丰富的海洋资源，在海水养殖、渔业生态、水产品质量安全等领域取得了显著的研究成果，研究方向主要包括海洋生物的繁殖与育种、养殖技术与模式、渔业资源评估与管理等，除了基础的生物学、水化学等课程外，还开设了海洋生态学、养殖工程学、水产品加工与贮藏等特色课程。旅游管理学作为海南大学的特色学科之一，紧密结合了海南地区的旅游资源和市场需求，在旅游规划与开发、酒店管理、旅游市场营销等方面具有显著优势。

作为一所综合性大学，海南大学在学院和书院设置上均体现了独特的教育理念和特色，设有31个二级学院和16个书院。海洋科学与工程学院正式成立于2023年6月，致力于深海与极地关键技术与装备的研发以及海洋资源的开发利用与保护，在海洋生态保护、海洋资源开发、海洋灾害防治等方面都取得了显著的进展。海洋生物与水产学院的历史可追溯至1988年创办的水产系，以热带海洋生物资源的保护、利用和深度开发为目标，在波纹唇鱼等热带海洋珍稀物种的人工繁育研究、驼背鲈等热带名贵海水鱼类的健康高效养殖以及现代化海洋牧场建设等领域取得了一批达到国际领先或国际先进水平的科研成果。物理与光电工程学院的办学历史可以追溯到建校初期建立的物理教研室，目前已经形成了量子信息、冷原子物理、原子与分子物理、光场调控、微纳光学、凝聚态物理和天体物理等多个研究方向，涵盖了理论物理、光学、凝聚态物理、精密测量物理等方向。

据海南大学官网2021年10月发布的数据，学校有学生4.5万人，其中本科生32447人，硕士研究生10629人，博士研究生1493人，国际学生382人，港澳台学生49人。在本科生招生方面，学校本着"一流生源、公平择优"的招生理念，逐步建立和完善了以高考招生为主体，涵盖中外合作办学、校企合作、艺术类、体育类、高水平运动队、国家专项计划、民委贫困专项计划、地方农村专项计划、南疆单列、少数民族预科班以及港澳台侨总计11种类型的本科招生录取体系。在研究生培养方面，以学校南海海洋资源利用省部共建国家重点实验室等78个省部级以上自然科学类重点实验、南海区域研究中心18个省部级人文社科基地，以及校级实验室和研究中心、联合培养单位实验室等作为研究生学术训练的主要平台，构建多形式研究生联合培养新模式。此外，学校还与英国华威大学、爱尔兰国立科克大学等7所世界一流高校开展硕、博研究生联合培养。此外，围绕海南自贸港建设人才需要，海南大学已和41个国家和地区的223所（个）境外院校、国际科研机构和高校联盟建立了合作伙伴关系，自2020年5月开始推行"一院一校"国际化办学行动计划，形成了以服务国家战略和学科建设为核心的海南大学全球伙伴关系网络。

海南大学拥有雄厚的师资力量。截至2023年，学校拥有专任教师2800多人，院士、杰青等国家级人才62人，其中，中国科学院院士1人，加拿大国家工程院院士、加拿大工程研究院院士1人，日本工程院外籍院士1人，俄罗斯工程院外籍院士1人，欧洲科学院院士3人，国家级教学名师2人。学校教师团队具备卓越的科研实力和深厚的学术底蕴，能够不断在学科前沿取得突破性成果。例如，海洋清洁能源创新团队的田新龙教授带领众多研究员围绕我国和海南省"清洁能源"和"海洋科技"领域重大战略需求，聚焦研发多项具有原创性和颠覆性新质生产力技术，在海洋清洁能源转化与存储方面取得了一系列原创成果，开发了多种高性能电催化剂，降低了能耗和使用成本。近期，生物医学工程学院教授周非凡团队发现采用近红外光技术可以提升脑膜淋巴系统功能，进而缓解衰老和阿尔茨海默病小鼠的病理情况，并促进认知改善，这为神经退行性疾病提供了一种潜在的改善策略。

海南大学所在地的海口市地处海南岛北部，热带气候，是一座富有海滨自然旖旎风光的南方滨海城市。现有校园面积404.33万平方米，校园内拥有众多特色建筑和迷人风景，每一处都体现了学校的独特魅力和文化底蕴。海南大学新南门，作为海南大学的第一标志性建筑，它富有历史厚重感，坚若磐石，充分体现了海南大学的人文精神和热带、海洋、旅游、特区4大办学特色。在校园东部核心区域，海甸校区内的海南大学南洋文化馆（海外乡亲联谊馆）坐北朝南，以钟楼为中心严格对称，造型典雅、纵向高耸庄严、横向舒展大方；外墙色彩以红色为主调，局部采用石材，显得既庄重又富有现代感。钟楼高度为37米，矗立于东湖之畔，成为校园内的一道亮丽风景线。除了特色建筑，海南大学的校园风景也堪称一绝。东坡湖是校园内的一大亮点，湖面碧波荡漾，周围绿树成荫，白鹭等鸟类常年在此飞舞栖息，为校园增添了一抹生机与活力。此外，校园内还种植了亭亭玉立的椰子树、三月的红棉、五月的荷花等植物，使得四季都有不同的美景可赏。在海南大学，无论是漫步于林荫小道，还是坐在湖边静静欣赏风景，都能感受到这所大学的独特魅力，这些特色建筑和美丽风景不仅为师生们提供了良好的学习和生活环境，也成为海南大学校园文化的重要组成部分。

海南大学的校训"海纳百川，大道致远"寓意深远，倡导一种包容并蓄、追求真理的精神。其中，"海纳百川"强调学校胸怀宽广，兼容并包，积极吸纳各种学术思想和贤才；"大道致远"则意味着学校坚守正道，引导师生追求高远目标。这一校训既体现了海南大学深厚的文化底蕴，也展现了其开放包容、追求卓越的办学理念，激励着全校师生不断进取，为国家的繁荣富强和人类的文明进步贡献智慧和力量。海南大学计划到2025年，学校教育现代化水平将显著提升，与海南自由贸易港建设融合更加紧密，初步形成综合性研究型国际化"双一流"大学的基本框架；到2035年，学校形成多学科协调发展的新格局，优势特色学科将达到国际领先，整体办学水平和影响力显著提升，全面建成综合性研究型国际化"双一流"大学。

澳门大学

澳门大学（University of Macau）是一所位于中国澳门特别行政区的公立国际化综合性研究型大学，具有多元文化共存、协同学院与书院的全人教育体系以及国际化的办学模式等特色和优势，致力培养具有创新思维和全球竞争力的人才。澳门大学自成立以来，吸引了许多杰出的学者和专家，如宋永华、王迪、林发钦等。这些历史名人在各自的领域内做出了显著的学术成就和社会贡献，对澳门大学乃至澳门特别行政区的教育、科技和文化发展产生了深远的影响。澳门大学构建了独具特色的人才培养体系，培育了大批爱国爱澳人才，为澳门特别行政区和国家的社会发展做出了贡献。

澳门大学的前身是私立东亚大学，创立于1981年，标志着澳门特别行政区现代高等教育的兴起。澳门东亚大学成立之初，采用英式学院制，学士学位课程为三年制，以迎合主要生源市场——香港学生的求学需要。1988年，澳葡政府通过澳门基金会收购东亚大学并进行了重组。1990年，大学将三年制课程改为四年制。1991年，东亚大学更名为澳门大学，并转为公立大学。澳门大学旧校园位于澳门特别行政区氹仔岛观音岩，面积有限。2002年开始，澳门大学寻求新校园的建设空间，以适应长远发展的需求。2006年，澳门特别行政区立法会通过了《澳门大学法律制度》，奠定了澳门大学的法律地位。2009年，中央政府同意澳门大学在珠海横琴岛建设新校区，并授权澳门特别行政区对新校区实施管辖。新校区于2009年12月20日奠基，2013年11月5日举行正式启用仪式，2014年8月澳门大学正式迁入横琴校区。澳门大学在新校区的建设与发展中，迈入了新的发展阶段，成为一所具有国际竞争力的高等学府和研究机构。

澳门大学拥有多个优势专业，这些专业在学术实力、教学质量以及就业前景等方面均表现出色。工程学一直注重学术研究以及科技创新，教研团队在电机及电脑工程、机电工程、土木及环境工程等学科具有扎实的研究力量，创造了一系列的卓越成果。如机电工程机械研究涵盖4个主要研究方向，包括热流体与能源工程、机器人和智能系统、先进材料与智能制造和智慧屋宇装备工程。智能机器人在智能制造、智慧城市安全监控等领域具有广泛应用。机电工程系的机器人和智能系统团队最新研发的"力传感自动化微操作系统"，获"2018澳门科学技术奖技术发明奖（二等奖）"。澳门大学在化学、物理和材料科学领域汇聚了一支具有跨学科背景、拥有强烈创新意识的精英团队，研究领域横跨量子力学、物理化学、无机及分析化学到技术（例如储能电池，纳米光电器件、高分子功能材料）等各实用领域，并非常注重与绿色能源相关的技术研究，旨在为世界面临的能源和环境挑战性问题提供解决方案。中药研究是澳门大学极具特色的研究领域，致力中医药品质及国际标准研究，成果获国家科技进步奖二等奖、创新中药产品获国际发明金奖及40余项澳门科技特别奖。

澳门大学设有8个学院，包括人文学院、工商管理学院、教育学院、健康科学学院、法学院、社会科学学院、科技学院、荣誉学院等。法学院是澳门历史最悠久的法学院，开设有多种教学语言的法学学士课程，以及中、葡、英文教学的法学硕士和博士后证书课程。法学院与中国国家法官学院合作，招收并培养中国高级法官法学博士研究生，旨在提高法官队伍的学历层次，培养具有全球化视野的高素质法官和法律人才。工商管理学院获AACSB（国家精英商学院协会）、AMBA（工商管理硕士协会）和EQUIS（欧洲质量发展认证体系）认证（并列全球商学院三大商科认证），同时亦为EFMD（欧洲管理发展协会）正式会员及全球精英商学院网络（GBSN）成员，逐步跻身世界一流商学院行列。工商管理学院提供从本科到博士各个层次的课程，包括会计、金融、商业经济、信息系统、管理和综合度假村管理等专业。教育学院设有领先的师范教育课程和多个教育研究中心，教学人员拥有多样化的教育背景和经验。学院中近半数的教学人员在澳洲、欧洲或北美等地区的高校获得博士学位，其余则在中国内地、香港、澳门、台湾地区和新加坡完成学业。他们多样化的教育经验在学院汇聚，完美地成就了东西方教育理念的契合和互补。

截至2023—2024学年，澳门大学共有学生13417人，其中本科生7382人、硕士研究生3821人、博士研究生2214人，超过50%的学生来自中国内地。澳门大学的研究生教育以其国际化的教育模式和高质量的教学而受到认可。研究生院作为全校研究生教育管理的主要部门，与校内各学术单位紧密合作，为研究生提供了丰富的学术资源和研究机会。目前，研究生院提供超过80个研究生课程，涵盖了工商管理、教育、法律、社会科学、人文学、自然科学、科技、健康科学及中医药等多个领域。澳门大学的研究生教育注重小班教学，确保教学质量，并为学生提供多样的学术交流和实习机会。学校积极推动研究生的国际化培养，鼓励学生参与国际交流与合作项目，拓宽国际视野。同时，学校还拥有一流的师资力量，许多教授和学者在各自的研究领域享有国际声誉，他们的教学经验和研究成果为研究生提供了宝贵的学术资源。澳门大学注重培养学生的创新思维和实践能力，鼓励研究生参与科研项目和实践活动，通过实际操作和深入研究，提升学生的专业素养和综合能力。

澳门大学现有教学人员646人，其中讲座教授24人、特聘教授18人、教授89人、副教授225人、助理教授198人、讲师3人、高级讲师77人、导师12人。澳门大学的智慧城市物联网国家重点实验室在须成忠教授的领导下，成为国家在智慧城市领域唯一的科研高地。该实验室深耕智能传感与网络通信、城市大数据与智能技术、智能能源、智能交通以及城市公共安全与灾害防治等前沿领域，旨在通过科技创新推动智慧城市的可持续发展。须成忠教授所带领的团队，在云计算和大数据等关键技术领域取得了令人瞩目的成果，不仅推动了相关理论的深化和应用，更将先进技术成功转移至华为、中兴、阿里巴巴等领军企业，为产业的升级转型注入了强大的动力。精准肿瘤学前沿科学中心则是国家在港澳地区布局的首个前沿科学中心，标志着澳门大学在肿瘤学研究领域迈出了坚实的步伐。该中心围绕癌症的发生与发展、肿瘤微环境与免疫调控等核心议题，开展了一系列前沿性的科学研究，以期在肿瘤预防、诊断和治疗等方面取得突破性进展。澳门大学还与中国科学院生物物理研究所合作成立了脑与认知科学联合实验室，这一合作旨在汇聚双方的研究优势，共同推动脑与认知科学领域的研究进展，引领澳门乃至整个粤港澳大湾区在该领域的发展。

澳门大学的新校区坐落在珠海市横琴岛上，于2013年正式启用。该校区背倚葱绿秀美的横琴山，与澳门特别行政区之间仅一河之隔，地理位置十分优越。校园面积达到109万平方米，环境优雅，景色迷人，校园采用现代化的设计理念，整个校园被整合为一个大的生态水乡，综合利用周围环境资源，形成了3个大公园，为师生提供了宜人的学习和生活环境。校园周边环境优美，临近多个文化和历史地标，如大三巴牌坊、郑家大屋等，学生可以轻松体验澳门这一中西文化交融、自然与人文景观丰富的历史文化名城。澳门大学图书馆是该地区规模最大、馆藏量最丰富的图书馆之一，拥有先进的设备和丰富的学术资源，为学生提供了良好的学习空间。图书馆还利用360°全景虚拟技术，通过线上虚拟形式让海内外人士参观，以更多元和简便的方式认识澳门大学图书馆，展示了该校在科技应用方面的先进性。

澳门大学的校训是"仁、义、礼、知、信"。这五个词汇代表了儒家思想的核心，也体现了澳门大学致力于培养学生全面发展的教育理念。澳门大学充分发挥其以中华文化为主流、多元文化共存的校园环境，协同学院与书院的全人教育体系以及国际化的办学模式等特色和优势，致力于培养具有家国情怀、国际视野、全球竞争力和有社会责任感的公民和创新型人才，服务澳门、国家及世界发展所需。澳门大学以立足澳门，共建湾区，融入国家，走向世界为发展定位，通过以学生为本的优质教育、具国际影响力的重点研究，以及高水平的社会服务，矢志成为一所国际公认的卓越大学。

西南地区大学

四川大学

　　四川大学（Sichuan University）地处四川省成都市，是国家布局在中国西部重点建设的高水平研究型综合大学。学校承文翁之教，聚群贤英才。百余年来，先后汇聚了历史学家顾颉刚、文学家李劼人、美学家朱光潜、物理学家吴大猷、植物学家方文培、卫生学家陈志潜、数学家柯召等。历史上，吴玉章、张澜曾执掌校务，著名军事家朱德元帅、文坛巨匠郭沫若、人民作家巴金等曾在四川大学求学。中国科学院和中国工程院院士中，有70余位是四川大学校友。

　　四川大学对我国高校的改革做出了历史性的贡献，是高校体制改革的先锋。学校由原四川大学、原成都科技大学、原华西医科大学3所全国重点大学经过2次合并而成。原四川大学起始于1896年创办的四川中西学堂，是西南地区最早的近代高等学校；

原成都科技大学是1952年院系调整时组建的第一批多科型工科院校之一；原华西医科大学源于1910年在成都创办的华西协合大学，是西南地区最早的西式大学和国内最早培养研究生的大学之一。1994年，原四川大学和原成都科技大学合并为四川联合大学，1998年更名为四川大学。2000年，四川大学与原华西医科大学合并，组建了新的四川大学。进入21世纪以来，四川大学进入高速高质发展期，为全国"双创"带头，争创世界一流学科。

在长达100多年的历史长河中，四川大学已成为我国学科门类较齐全、学科结构较合理，具有较大规模的研究生培养基地。学校覆盖了文、理、工、医、经、管、法、史、哲、农、教、艺12个门类。学校是国家知识创新和科技创新的重要基地。在文学、史学、宗教学、数学、材料、能源、化工、轻纺、生物学、口腔医学、临床医学、基础医学等学科方面都有雄厚的科研实力，并取得了丰硕的研究成果。其中，四川大学化学学科聚焦科学前沿和国家需求，把解决重大科学问题、重大技术和工程问题作为使命和追求。现形成了包括手性分子科学、环境友好高分子材料、绿色有机合成化学、生物质转化化学等特色研究方向，特别是在手性分子科学、无卤阻燃高分子材料等领域产生重要国际国内影响。基础医学学科根据立足"四个面向"特别是"面向人民生命健康、面向世界科技前沿"，发展肿瘤等慢性重大疾病发病机制研究，重大传染疾病的检测、发病机制与防治研究，辐射损伤机制与诊疗新技术研究，心脑血管重大疾病的发病机制研究4个方向。基础医学专业是国家首批理科科学研究与人才培养基地，首批入选基础学科拔尖学生培养计划2.0基地、强基计划。

四川大学现有37个学科型学院及海外教育学院等。四川大学口腔医学院始建于1907年的成都仁济牙科诊所，是中国第一所高等口腔医学院校，被誉为中国现代口腔医学的发源地和摇篮。在邹海帆、肖卓然等一批先贤大家的带领下，近年来在"仿生修复牙体硬组织的基础研究与临床关键技术构建""软组织功能性再生机制解析"等研究领域取得重大突破；与此同时，在医教研三位一体的现代管理模式指导下，学院师生将科学研究投入医学实践之中，华西口腔医院连续多年被评为全国最受欢迎口腔医院。学校数学学院历经柯召、李国平、吴大任、蒲保明、张鼎铭、胡坤陞、魏时珍等大家奠基，于2007年成为首批一级学科国家重点学科，近十多年来，深耕"量子场论中的几何、代数、分析结构"等前沿领域，成为我国西部实力最强的数学研究与人才培养基地。学校文学与新闻学院是四川大学文科教学和科学研究实力最雄厚的学院之一，名家璀璨、人才辈出。文学院历任院长有向楚、朱光潜等学术巨匠，中文系历任主任有刘大杰、潘重规、杨明照等著名学者。学院将数字化平台建设与传统文学发展积极结合，与计算机学院进行跨学科合作，建设了《汉语大字典》修订数字化平台，以古文字及古籍的采集加工为逻辑起点，加强数字化《汉语大字典》在线修订系统与数字化出版工作，积极承担国家文科基础学科人才培养和科学研究基地责任。

学校围绕建设具有中国特色、四川大学风格的世界一流大学的奋斗目标，确立了"以人为本，崇尚学术，追求卓越"的现代大学办学理念。截至2023年9月，全校全日制在校生总数为66325人。其中本科生37814人，占全日制在校生的57.01%。研究生教育方面，四川大学努力进行高水平的研究生培养，构建了"433"研究生拔尖创新人才培养体系和本硕博贯通的课程体系，不断完善研究生导师"七导"机制，实行课题申报和结题、科研奖项评审等环节学术诚信一票否决、对失范行为"零容忍"的惩戒机制等导师动态管理办法，打造一支全面引领学生成长、德才兼备的导师队伍，为高水平的研究生教育提供有力保障。学校稳步推进研究生教育教学改革，在以"433"为基础的拔尖创新人才培养体系基础上，深入推进本硕博优秀学生贯通式培养工程，修订并实施全新的贯通式培养方案；鼓励跨学科、跨机构协同培养，积极推进与世界一流大学和科研机构的"1+1"国际双导师联合培养。学校坚持开放办学，不断推进国际交流与合作，国际影响力和竞争力显著提升。2018—2023年，学校累计招收来华留学生7434人，2019年在校留学生人数突破4000人，总数位列西部高校首位，结构持续优化。目前，学校与45个国家和地区的268所知名大学、科研机构建立了交流合作关系。

四川大学大师云集，名师荟萃。学校教学科研岗共6789人，中国科学院和中国工程院院士21人，四川大学杰出教授9人，国家自然科学杰出青年基金获得者81人，国家优秀青年科学基金入选者82人，国家级教学名师17人。四川大学化学学科团队经过长期的艰苦奋斗，先后在自己的平台上成长出2位院士，形成一支活跃在国际学术前沿、在国际上学术辐射力强、老中青相结合的卓越教师队伍，打造出一支"合成化学"领域的国家战略科技力量。团队始终继承弘扬科学家精神，涌现出一大批新时代爱国科学家典范。环境友好高分子材料团队取得了重要的基础和应用研究成果，被国际同行评价为"所研究领域的引领者"，积极推动科研成果转化,绿色阻燃新材料技术打破了发达国家阻燃产品的"绿色壁垒",占全球市场超过80%的份额;水-有机两相烯烃氢甲酰化清洁技术打破了国外在该领域的技术垄断,填补了我国高碳醇技术和产品空白。

四川大学有望江、华西和江安3个校区,占地面积470万平方米,校舍建筑面积281.66万平方米。学校正与眉山市合作共建四川大学眉山校区。校园环境幽雅、花木繁茂、碧草如茵、景色宜人,是读书治学的理想园地。四川大学历史悠久,有9栋老建筑于2013年被国务院核定为"全国重点文物保护单位"。从四川大学望江校区北大门看进去,映入眼帘的是一栋宏大的中式红楼,明德楼。其采用中国传统重檐歇山顶建筑风格,还大量使用了中国传统建筑的元素来彰显传统建筑的风貌。校史展览馆、化学馆、数理馆、钟楼等老建筑承载着这所学校和城市的文化基因。学校文化资源丰富,建有四川大学人文博物馆、自然博物馆、档案馆、校史展览馆、江姐纪念馆等。四川大学博物馆是中国西南地区建立最早的博物馆,也是中国历史最悠久的博物馆之一,至今已有100余年的历史。现有文物85000余件,包含石刻、书画、陶瓷、青铜器、古钱币、古印、刺绣、漆器、拓片几十个门类,其中尤以书画、陶瓷、美术雕刻以及民族文物、民俗文物等方面的收藏最有特色,享誉国内文博界。

四川大学在长期的办学历程中,形成了深厚的人文底蕴、扎实的办学基础和以校训"海纳百川,有容乃大"、校风"严谨、勤奋、求是、创新"为核心的"川大"精神。锦江黉门,弦歌铿锵。面向新时代,学校将更加聚焦和强化"强基础、厚通识、宽视野、多交叉",让"开放、包容、厚重、大气"的文化特质成为每一个"川大"学子的人生底色,让"志存高远、追求卓越"的精神品质成为每一个"川大"学子的人生境界。当前,四川大学已经确立了建设中国特色世界一流大学的宏伟目标。展望未来,学校将始终肩负集思想之大成、育国家之栋梁、开学术之先河、促科技之进步、引社会之方向的历史使命与社会责任,再谱中国现代大学继承与创造并进、光荣与梦想交织的辉煌篇章!

西南交通大学

　　西南交通大学（Southwest Jiaotong University）是中国第一所工程教育高等学府，中国土木工程、矿冶工程、交通工程高等教育的发祥地，也是1921年中国首次建立"交通大学"的最早源头之一。学校坐落于四川省成都市。在120余年的办学历程中，学校始终与中华民族同呼吸、共命运，见证和参与了中华民族百折不挠、不断奋进的光辉历史，形成了"竢实扬华、自强不息"的西南交大精神，"严谨治学、严格要求"的办学传统和"精勤求学、敦笃励志、果毅力行、忠恕任事"的校训精神，培养和造就了以茅以升、竺可桢、林同炎、黄万里等为代表的30余万名栋梁英才，师生中产生了3位"两弹一星"元勋、65位海

内外院士和38位国家工程勘察设计大师，改革开放以来培养了我国轨道交通领域的10余位两院院士。

西南交通大学1896年创建于河北省山海关，始称北洋铁路官学堂。建校以来，学校屡迁校址，数度更名，先后为唐山路矿学堂、唐山工业专门学校、交通大学唐山学校、交通部唐山大学、唐山交通大学、国立唐山工学院、中国交通大学唐山工学院、北方交通大学唐山工学院等。学校以"唐山交大""唐院"之名享誉中外。1952年，学校更名为唐山铁道学院，一大批在全国卓有声誉的系、组调至清华大学、天津大学、北京科技大学等院校。1964年铁道部决定学校迁至四川省峨眉山地区，1972年更名西南交通大学，1989年学校办学主体迁至成都市九里校区，2002年在成都市犀浦扩建新校区，2020年与成都市合作共建成都东部（国际）校区。

西南交通大学办学特色鲜明，轨道交通学科群实力位居全国前列，已建立起世界轨道交通领域最完备的学科专业体系、人才培养体系和科研创新体系。作为学校优势学科的交通运输工程，包含了道路与铁道工程、载运工具运用工程、交通信息工程及控制4大研究方向，在长期发展之中构建了以世界公认的"沈氏理论"和"翟孙模型"为标志的铁路大系统动力学基础研究体系。学校土木工程学科下设道路与铁道工程、桥梁工程、地下工程、岩土工程、建筑工程5大研究方向，是中国土木工程高等教育的发祥地。学科具有完备的本硕博培养体系，培养了众多土木工程学科人才和业界精英。学校药学学科研究方向覆盖天然产物提取、分离、合成及活性研究，中药药理，中药制剂与分析、民族药研究等，并与材料科学、临床医学等有交叉融合，形成了具有工科特色背景、医工深度结合的交融、创新学科体系。

西南交通大学现设有27个学院（中心）等二级办学单位。智慧城市与交通学院/城市轨道交通学院是学校在成渝地区双城经济圈国家战略启动实施的新时代背景下，以"产教、科教'双融合'"和学科交叉融合为特色理念，以面向智能化、城市化、国际化为发展方向，建立起的高起点、高规格建立的新型办学载体，是西南交通大学未来发展新的增长极和动力源。2021年以来，依托优势工科，学院开办智能建造、智能制造工程、新能源科学与工程、城市设计、智慧交通等新工科专业。当下，学校正以智慧城市与交通学院为新载体努力培养和造就追求卓越、引领未来的一流人才。学校土木工程学院源于1896年在山海关铁路官学堂成立的铁路工程科,是学校创办时最早设立的专业,培养了包括著名桥梁专家茅以升,气象学家、地理学家竺可桢等,为国家输送了数以十万计的土木工程学科人才。学院主持和重点参与了我国第一座自主设计建造的现代化大桥钱塘江大桥、世界上地质最坚硬地形最复杂并被誉为"抗战输血管"的公路滇缅公路、世界海拔最高的铁路青藏铁路,以及被誉为"新世界七大奇迹之一"的超级工程港珠澳大桥等等这些跨时代工程。近年来,打破了多项国际技术封锁,实现了关键技术的国产化与智能化的转型。

学校以培养"德才兼备、面向未来的创新型人才"为目标。现有全日制本科生28914人、硕士研究生15053人、博士研究生2630人、留学生536人。长期以来,西南交通大学研究生院始终致力于研究生培养质量的提高,建立了一整套科学完善的人才培养质量保障体系,积极营造独立思考、自由探索、勇于创新的良好环境,着力培育拔尖创新人才。2023年,学校入选首个国家级产教融合共同体——国家轨道交通装备行业产教融合共同体成员单位,围绕"京津冀""长三角""粤港澳大湾区"的发展建设,与中国中车、中国中铁等行业骨干企业开展深度合作,成立西南交大-中车时代微电子学院,发展功率半导体器件及应用等"新工科",承担起通过政行企校协同,破解制约产教深度融合过程中的机制性障碍,为其他行业共同体建设提供成熟的经验和示范的责任。学校卓越工程师教育成效显著。根据行业对研究型拔尖创新人才的要求,设置了"4+2+3"和"4+4"本硕博贯通的人才培养模式。根据行业对工程型拔尖创新人才的需求,学校设置了"4+2"本硕贯通的人才培养模式。根据用人单位对复合型人才的需求,学校设置了"3+2"双学位人才培养模式。根据行业对大量应用型人才的需求,学校设置了"3+1"人才培养模式。前三年进行大类培养,第4年自主选择专业方向。通过以上培养模式,毕业生中产生了38位国家工程勘察设计大师。

西南交通大学高度重视一流师资队伍建设,大力实施人才强校主战略。现有专任教师2700余人,其中,中国科学院院士2人、中国工程院院士3人、美国工程院外籍院士1人、国家高层次人才计划入选者150余人。此外,学校还聘请了近50位中国科学院、工程院院士及诺贝尔奖获得者担任名誉教授、兼职教授。西南交通大学力学与航空航天团队长年深耕于材料的服役安全问题,将力学基础学科与国家重大需求深入融合,面向新一代复合材料转向架构架的全服役周期性能演化和可靠性评估这一关键科学问题,形成复合材料转向架构架的疲劳可靠性评估理论。该团队致力于有效指导新一代高速列车的设计研发和服役安全评估，助力新一代高速列车的发展。生命科学与工程团队致力于通过干湿结合的方法对肿瘤调控机制进行研究，围绕基因组、表观遗传组学、转录组等多组学数据，通过生物信息学与分子生物学手段对肿瘤中的关键调控因子进行机制与功能研究，为绘制人类癌症以及疾病组织中ecDNA的景观提供了机会。

西南交通大学现有成都市九里、犀浦、东部（国际）和峨眉4个校区，共占地333.35余万平方米，并设有国家级大学科技园、未来轨道交通未来技术产业园、国家级科技企业孵化器、国家技术转移中心以及技术转移研究院等。在犀浦校区，"竢实扬华"校史浮雕墙静卧在南广场中，上面写满了西南交通大学的峥嵘岁月，凝结着"竢实扬华，自强不息"的交大精神。在南北人文轴的顶端，有着我国第一个高校机车博物园，珍藏着4座列车头，是中国机车铁路发展史的一个缩影。博物园还建设了一座咖啡厅，厅内收藏了中外轨道交通领域的各种读物。西南交通大学建侯课堂的组织者和参与者时常在此进行思想碰撞。另外，学校注重培养学生的综合素质，通过各种形式的校园文化活动，丰富学生的课余生活。学校1983届校友周力军、1984届校友甄虎领衔西南交通大学学子协作制作的6集校史文献纪录片《一所大学的抗战》荣获2023年中美电视节"最佳电视纪录片"。《一所大学的抗战》以纪录片的形式，记录了以茅以升、李温平、龚继成等校友为代表的西南交通大学人交通报国的故事。该纪录片反映了西南交通大学人昂扬向上的精神面貌，全校师生、海内外校友校亲、社会各界反响热烈。

竢实扬华，交通天下。西南交通大学遵循"精勤求学，敦笃励志，果毅力行，忠恕任事"的校训，以"三步走"发展目标为指导，积极践行"努力打造轨道交通领域领先的全球学术重镇，致力于成为轨道交通人才培养和科技创新高地，奋力建设交通特色鲜明、理工优势突出、多学科协调发展的高水平研究型大学"的阶段目标，以"工科卓越、理科强基、文科优新、生医拓展、交叉融合"的举措，推动学科转型升级，优化调整学科布局，完善学科可持续发展生态，全力打造一流学科梯队。通过突出特色发展、高质量发展，不断谱写强国建设、民族复兴的西南交大新篇章。

电子科技大学

电子科技大学（University of Electronic Science and Technology of China）坐落于四川省成都市，是中国第一所无线电大学。学校秉持"价值塑造、启迪思想、唤起好奇、激发潜能、探究未知、个性发展"之六位一体培养理念，矢志造就具备家国情怀、全球素养、扎实基础、知识综合与创新能力的杰出人才，成长为国内电子信息领域高新技术的源头，创新人才的基地。学校英才辈出，校友犹如繁星点点，照亮了科技、文化、商业等多个领域。其中，不乏刘盛纲、周炳琨、蒋华北等中国科学院与中国工程院院士，以卓越之学术成就，为我国科研事业添砖加瓦。面向新时代，电子科技大学以"在成电，创未来"为基，谱写着时代的华章，为国家的繁荣昌盛做出了不可磨灭的贡献。

电子科技大学原名成都电讯工程学院，1956年由交通大学

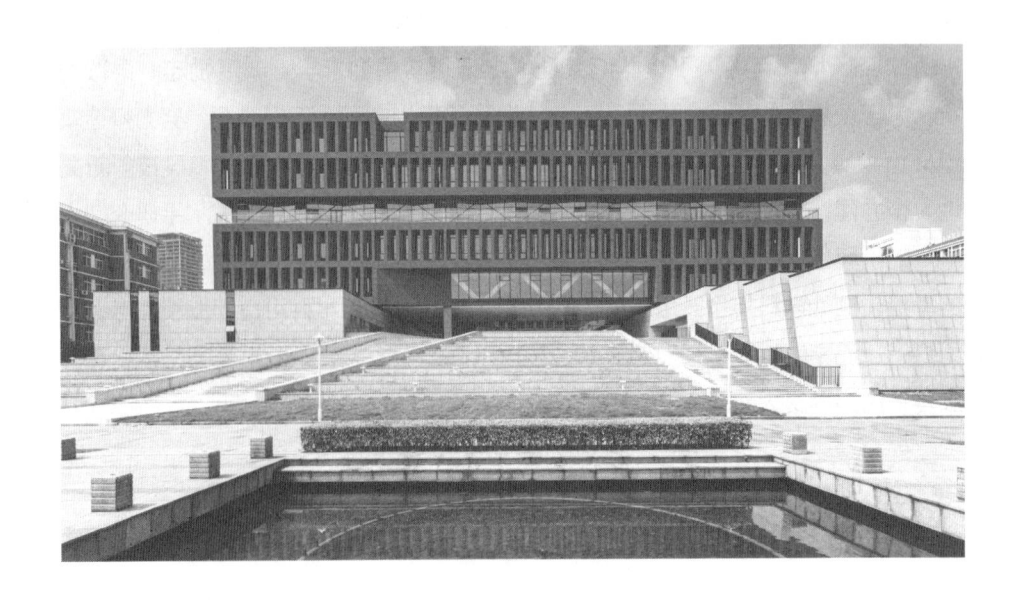

（现上海交通大学、西安交通大学）、南京工学院（现东南大学）、华南工学院（现华南理工大学）的电讯工程有关专业合并创建而成。同年9月，郭沫若手书的"成都电讯工程学院"的校名作为学校创建的象征被载入史册。1988年学校更名为电子科技大学。进入21世纪以来，学校成立微电子与固体电子学院、物理电子学院等学院，并入选首批国家级新工科研究与实践项目，大力凸显了电子科技大学的发展特色。2019年2月，学校成立国内首个AI卫星科研机构，在前沿科学领域探索中不断向前迈进。

电子科技大学实施学科提升战略，扎实推进理工深度融合，学科影响力持续提升，成为一所以电子信息科学技术为核心、完整覆盖整个电子信息类学科，以工为主，理、工、管、文、医协调发展的多科性研究型大学。学校电子科学与技术一级学科覆盖了该学科的主流方向，形成从电子信息材料、器件、电路到系统的完善科研体系，并建构了以"军事电子""基础研究"和"产学研合作"三足鼎立的科研格局。信息与通信工程学科包含电子信息工程、通信工程、网络工程、物联网工程、信息对抗技术5大方向，依托"可视媒体信号与信息处理"，"光纤传感与通信"两个学科创新引智基地，打造科技创新平台、加强基础研究，促进成果转化，形成了开放型、高层次、紧密型的科技创新和产学研合作新格局。学校集成电路设计与集成系统学科包含电路分析与电子线路、信号与系统等多元方向，以一条龙IC综合实验、一年工程实践、一次芯片流片为核心的"三个一"学科特色为支点，注重学生专业基础知识的培养和工程实践技能的训练，提升学生适应集成电路产业需求的卓越工程能力。

电子科技大学坚持培养引领科技前沿、经济社会发展，堪当民族复兴大任的创新引领性人才，设有40余个教学科研单位、研究机构。作为学校规模最大、办学实力最强学院之一的电子科学与工程学院成立于2018年1月，由原电子工程学院、原微电子与固体电子学院和原物理电子学院所属电子科学与技术学科相关方向"强强联合"，合并组建而成。学院现形成了从电子信息材料、器件、电路到系统的完善科研体系。在张怀武、王建勋、邓龙江等一批教授的带领下，学校开展焦磁电信息薄膜及集成微芯片技术研究、大功率毫米波回旋行波管器件研制、吸收剂和多频谱多功能集成材料与结构研究工作，相关材料及技术实现了在国家重大装备上的批量应用。基础与前沿研究院成立于2014年6月，是电子科技大学为增强原始创新能力、提升整体基础研究水平和学术影响力而特别筹建的"学术特区"。研究院在郭光灿、徐红星院士的带领下，紧密围绕电子科学与技术、信息与通信工程、光学工程、计算机科学与技术等一级学科的共性基础理论和前沿交叉领域开展研究。深耕于量子物理与光量子信息领域，整合相关学院量子科学研究力量，在量子物理、量子信息、光子集成等领域扎实工作、稳步发展。学校实施"无边界学院"发展战略，研究院纳米结构光电器件与界面调控国际联合研究中心组建了一支包含16名全职国家级人才组成的高水平科研队伍，引进以Abolfazl Bayat教授为代表的一大批外籍专家，并在实验室配备了超高真空分子束外延薄膜沉积系统，兼具国际一流的软硬件环境。学校网络空间安全研究团队提出了缓存内先压缩后重复数据删除的数据缩减方法。该方法通过在数据压缩之前检测数据块类型，并基于数据块类型采用不同压缩策略，一定程度上实现了缓存数据块的先压缩后重复数据删除，提高了缓存效率。光场调控团队致力于利用脑机接口技术，在国际上率先成功研制出了利用脑电波控制的光镊系统，该工作是学校脑机接口领域的又一项重要进展，将脑机接口与光镊这两个前沿技术相结合，成功实现了在微观领域利用脑电波直接操控微纳粒子，为脑机接口技术进入微观世界打开了一扇大门。学校计算机科学与工程团队围绕多智能体强化学习问题提出了个体意图推理的想法，提供了一种独立学习的解决方案，能够有效提高可扩展性和灵活性，在未来的实际部署中具有前景。

电子科技大学坚守学生为本的理念，融合通识与专业教育，精心培育学生之德智体美劳全面发展。学校形成了从本科到硕士研究生、博士研究生等多层次、多类型的人才培养格局。学校现有在读本、硕、博学生42000余人。全日制在校研究生规模达到17000余人，其中博士研究生3200余人，硕士研究生14000余人，来华留学研究生700余人（含博士研究生500余人）。数十余年来，学校探索出围绕专业发展，构建起"核心+方向"的课程体系。自2022年度起，学校进一步深入推进研究生教学改革，落实"课程教材双百计划"。目前，建成146门研究生精品课程，其中设博士研究生前沿综合课、产教融合示范课、医工交叉课程、项目制教学研究、在线课程及示范性教学独具特色，结合学校优势学科发展，推出了5本电子科学与技术学科核心课程配套教材，匠心打造高品质研究生课程配套设施。同时，学校还高度重视学生创新实践能力培养，校内模块立足学校"电子信息+"学科优势，建立"校院—师—生—企"协同参与的竞赛体系，聚焦研究生实践创新能力和职业胜任能力。学校积极整合校外资源，截至2022

年年底，建成校级高水平研究生联合培养基地37个，启用专业实践信息化管理模块，尤其聚焦学校学科特色及国内电子信息行业最发达的地区，支持和鼓励学生积极参与科技创新、社会实践活动。此外，学校大力实施国际化发展战略，已与世界70多个国家和地区的200余所大学、科研机构、企业建立友好合作关系，同一批国外知名高校签署了学生交流及联合培养协议。电子科技大学40%的本科学生在校期间有海外学习经历，学生长短期留学目的地覆盖近50个国家和地区。

电子科技大学以人才优先发展战略为基础，不断优化教师队伍建设水平。截至2023年，学校现有中国科学院院士、中国工程院院士等高层次人才300余人。现有教职工3800余人，其中教师2500余人，教授近700人。

电子科技大学设有清水河、沙河、九里堤3个校区，校舍总建筑面积149万余平方米，拥有馆藏丰富的现代化数字图书馆和一批设施齐备的现代化体育场馆。校园四季树木葱茏、湖水碧波荡漾，古典与现代交融的建筑，典雅厚重，无声地诉说着岁月的沉淀与文化的积淀。学校图书馆始建于1956年，现已形成了以电子信息科学技术为核心，以工为主，理工渗透，理、工、管、文、医协调发展的特色文献资源保障与基于用户需求的文献资源服务体系，成为一所馆藏丰富的现代化数字图书馆。在文化育人方面，学校以"学在成电"为主题的学风建设宣传月已连续举办22届，基于学生个体发展兴趣，鼓励有特长的同学踊跃参加朗诵、艺术节、舞蹈等比赛，开展剪纸、银杏叶作画等课外活动，丰富同学们的课余生活。另外，学校还积极开展以"四季书香"为主题的校园阅读文化活动，主办"我的祖国，我的成电""珍贵古籍及民国文献展"等多项大型主题文化活动，体现了学校多元的校园文化特色。

电子科技大学秉持"求实求真、大气大为"之校训，矢志不渝地以人才培养为核心使命，矢志肩负起服务国防建设与国家、地方经济建设的重任。学校致力于加强基础前沿与交叉学科的研究，不断探索、锐意进取，以创新精神为引领，奋力追求早日建成具有中国特色的世界一流大学，为我国的高等教育事业和现代化建设贡献自己的力量！

重庆大学

重庆大学（Chongqing University）位于重庆市，是我国西南地区一所以工为主、多学科协调发展的一流大学。建校近百载，重庆大学一直秉承"耐劳苦、尚俭朴、勤学业、爱国家"的办学理念，在李四光、马寅初等一系列名家大师的带领下，致力于培养具有国际视野、创新精神和实践能力的优秀人才。学校实行"以人为本、分类培养、厚基础、宽口径"的教育模式，注重学生综合素质和能力的培养。在第二任校长胡庶华先生题写的"研究科学，振兴理工；启兹天府，积健为雄"初心使命指引下，学校培育出一批以李文沅院士为代表的杰出科研工作者、以华为技术有限公司主要创始人任正非为代表的企业家，朝着中国特色、世界一流大学办学目标不懈奋进。

重庆大学创办于1929年，提出建设"完备弘深之大学"的

愿景，到20世纪40年代发展成为文理工商法医各学科齐全的综合性大学。经过1952年全国院系调整，由重庆大学、西南工业专科学校、川北大学、川南工业专科学校、成都艺术专科学校、交通专科学校、贸易专科学校7所大专院校的10个土木建筑系合并成立重庆土木建筑学院，成为以工科为主的多科性大学。改革开放后，学校进行了全面的恢复调整和改革建设，2000年原重庆建筑大学、重庆建筑高等专科学校与重庆大学合并组建为新的重庆大学。进入21世纪以来，学校发展进入新的历史阶段，朝着中国特色、世界一流大学办学目标不懈奋进。

重庆大学学科发展以"强化工科、夯实理科、振兴文科、繁荣社科、拓展医科、提升信科、推动交叉"为导向。学校学科门类齐全，涵盖理、工、经、管、法、文、史、哲、医、教育、艺术11个学科门类。其中，机械工程学科具有80多年的悠久历史，涵盖机械设计、机械电子工程、机械基础、智能制造与工业工程、汽车工程五大方向。学校数学学科以"算子代数分类及其应用""磁流体传播问题的建模与计算"等国际前沿和热点问题为核心，以学科交叉为支撑，结合生物学、物理学等多元学科，探索"图论离散数学模型与算法、对称函数理论、单峰性理论、拟阵与图多项式和组合计数"等核心研究问题，形成了特色鲜明的研究队伍，现该一级学科下设应用数学、信息与计算科学、统计学、金融数学4大方向，为国家和重庆市经济与社会发展献计献策。学校电子工程学科设信号处理、电子系统设计、生物电子、通信电子等专业方向，培养学生掌握信号与信息处理、电子系统设计、生物信息处理的基本理论、方法和技能，成为从事电子信息系统设计、信息处理、研究开发、企业管理等方面的创新型高级技术人才。

重庆大学现设7个学部35个学院，以及8所附属医院。重庆大学数学与统计学院的前身是始建于1929年的重庆大学理学院和1937年建立的重庆大学商学院。90多年来，数学名家何鲁、柯召、胡坤陞、段调元、潘璞、周雪欧等都曾任教于此。学院充分发挥数学、统计学在经济、社会等领域的优势，为国家和重庆市经济与社会发展提供一系列卓有成效的服务。机械与运载工程学院办学历史悠久、治学严谨，在王时龙、罗均、曹华军、蒲华燕、张正文教授等一批国际级人才的带领下，在机械传动、先进制造技术与装备、自主品牌汽车、特种装备等领域形成了鲜明的学科特色和优势。近五年来，围绕绿色智能制造技术及装备、高性能机电传动与系统、汽车动力系统与控制、智能测控技术与特种装备等优势特色方向，在复杂修形齿轮精密加工、工程复合材料基础件成形、机械传动接触界面动力学、航发整体叶盘精密磨削等方面取得突破性成果。重庆大学物理学院前身是始建于1929年的重庆大学理学院，是重庆大学最早设立的3个学院之一，著名学者郑衍芬、谢立惠等早年都曾任教于此。近年来，物理学院借助学校向综合性大学的转变趋势以及对基础学科的重视，取得了一批国内外同行公认的成果：一方面在理论物理、粒子物理、凝聚态物理理论3个二级学科方向上取得长足进步；另一方面，逐步深化与工程、材料、化学、生物等学科方向的交叉融合，在功能材料、新能源材料和软凝聚态及生物医学等方面初步拥有自身特色。

截至2024年1月，重庆大学在校学生50000余人，其中研究生24000余人，本科生26000余人。学校成立本科生院，全面实施大类招生、大类培养，加强通识教育。重庆大学现已建成了现代书院——彭桓武书院、何鲁书院、弘深书院、博雅书院，还将陆续建设冯简书院、道衡书院、懋德书院、洪沅书院、寅初书院、芳吉书院、唐璞书院、志潜书院等，最终形成"八大四小"12书院育人新格局，使其成为师生生活共同体、学习共同体和学术共同体。近年来，重庆大学持续深化培养体制机制改革，学校将研究生创新创业活动纳入培养必修环节。经过8年的探索与实践，依托研究生创新实践基地核心平台，重庆大学探索出数条可持续发展的研究生创新人才培养新路径：学校通过在全校范围内建设开放实验室，实现资源共享，搭建研究生自主研发平台；设立"研究生科技创新基金"，资助学生自主研究，打造优秀研究生创新团队；建立有效的"进入退出"机制，形成动态但相对稳定的可持续管理队伍，打造出学校政策大力扶持、研究生院统筹建设、突出研究生自主管理、学院积极参与、大学科技园及社会共建的研究生创新培养模式。

重庆大学大力实施人才强校战略。系统构建起"3+7"人事人才制度体系和人才引育"金字塔"，积极营造"近悦远来"的人才发展氛围，以先进体制机制激发高层次人才持续汇聚的内生动力。学校现有教职工5300余人，其中专任教师3200余人，包括9位院士在内的国家级人才298人次，博士生导师1100余人，副高级以上专业技术人员2200余人。重庆大学打造出一批高水平创新团队和领军人才。电工理论新技术团队依托教育部"飞行器测控与通信"重点实验室，在军事通信、雷达、飞行器测控与遥感信息传输技术相关研究领域，取得了多项开创性成果。采矿工程团队从理论和实验验证解决了国际上有争议的瓦斯吸附键问题；从分子水平上揭示了突出区煤的结构，并在国际上首先完整地建立了包含地电场、地应力场、地温场的煤层瓦斯渗流理论；系统地建立了煤与瓦斯突出潜在危险区预测的力学方法，实现了盐矿水溶开采工艺与技术的革新。这些科研团队在各自的研究领域都取得了很高的成就，并将研究成果融入教育教学工作，为学校的学术研究、人才培养，乃至国家发展提供强大的支持。

重庆大学坐落于红岩精神的重要发祥地重庆市沙坪坝区。有A校区、B校区、C校区、虎溪校区和两江校区。学校所在的重庆大学城背倚缙云山秀峰，远眺歌乐美景，地势平坦，林木葱茏，依山傍水，交通便捷。学校图书馆是中国西部地区最大的图书馆之一，创办于1930年，历史悠久，馆藏丰富。按校区和学科布局设立3个分馆，包括A校区理工图书馆（含声音图书馆），B校区建筑图书馆，虎溪校区虎溪图书馆（含4个舍区书屋、理学分馆、方志图书馆、科幻图书馆），还与学院合作建设有博雅分馆、新闻分馆。寅初亭、文字斋等古典建筑韵味十足。建于1935年的工学院大楼带着浓厚的欧式风味又具本土色彩，开创了重庆石建筑的先例。学校大力推进"文化强校"战略，凝练弘扬"复兴民族，誓作前锋"的重大精神。潜心打造校史馆及"立德树人"专题展览馆，弘扬科学精神和崇高品德。创作《重庆家书》《重庆往事·红色恋人》《光华》等原创文化作品，讲好"重大故事"，展示人文素养和家国情怀。在一年一度的传统文化作品大赛中，涌现出川江号子、民间美术、民族音乐、经典诵读等艺术形式，成为重庆大学一张张闪亮的文化名片。此外，学校还积极建设书香校园。

面向未来，重庆大学在"团结、勤奋、求实、创新"校风指引下，秉承"研究学术、造就人才、佑启乡邦、振导社会"的办学宗旨，立足新发展阶段、贯彻新发展理念、构建新发展格局，与时俱进建设世界一流大学，全面提升服务区域发展和国家战略能力，以"时时放心不下"的责任感，奋力谱写学校新发展阶段高质量发展新篇章，为新时代发展贡献"重大"力量。

西南大学

西南大学（Southwest University）是我国西部的卓越教师成长摇篮，以师范类和农业类学科见长。坐落于重庆市，秉承着"特立西南、学行天下"的学校精神，百余年来，学校始终以国家富强和民族振兴为己任，杏坛育人，劝课农桑，积淀了深厚的人文底蕴。"大地之子"侯光炯院士、文学家吴宓等一大批名师先贤曾执教于此，春风化雨，躬耕不辍。以袁隆平院士、吴明珠院士为代表的数十万毕业生从这里走向四面八方，成为民族复兴大业的建设者和各行各业的中坚骨干。百余年来，筚路蓝缕，玉汝于成，数代西南大学人以其弘毅坚韧、自强不息的奋斗，不断构绘出一幅"立足重庆、面向西南、服务全国"蓝图。

学校溯源于1906年建立的川东师范学堂，几经传承演变，1936年更名为四川省立教育学院。1950年，四川省立教育学院的教育、国文、外文、史地、数学等系与1940年成立的国立女子师范学院合并建立西南师范学院，农艺、园艺和农产制造等系与1946年创办的私立相辉学院等合并建立西南农学院。1985年，两校分别更名为西南师范大学、西南农业大学。2000年，重庆市轻工业职业大学并入西南师范大学。2001年，西南农业大学、四川畜牧兽医学院、中国农业科学院柑桔研究所合并组建为新的西南农业大学。2005年，西南师范大学、西南农业大学合并组建为西南大学，开启了学校发展崭新篇章。进入21世纪以来，西南大学紧跟时代潮流，为我国西部地区乃至国家发展源源不断输送着优质人才。

西南大学的学科门类齐全，综合性强、特色鲜明。目前，学校共涵盖哲、经、法、教、文、史、理、工、农、医、管、艺12个学科门类。其中，教育学作为学校办学历史最为悠久的学科，成就卓著。该学科一方面致力于培养从事教育科学研究和管理的高层次专门人才，研究方向涵盖教育学原理、课程与教学论、教育技术学、高等教育学、比较教育学等，形成了从本科生到博士后的人才培养体系；另一方面，学校开设学前教育（公费师范）、特殊教育（公费师范）本科专业，为国家培养一批有理想信念、有道德情操、有扎实学识、有仁爱之心的"四有"好教师，投身于立足西部、面向全国的一线讲堂。农学学科以国家和西南地区现代农业发展需求为导向，坚持"基于综合、立于专业、归于个性"的人才培养理念，涵盖作物遗传育种、作物栽培学与耕作学、植物学等领域，将作物学与现代生物学、大数据等相结合，力求培养"心系'三农'，顶天立地"的行业精英。

西南大学现有46个教学单位。含弘学院作为实施"本科生拔尖人才培养计划"的专门机构，其人才培养模式是学校的特色与优势。含弘学院采用新生入学时二次选拔方式，坚持"厚基础、强素质、扬个性、求创新"的育人理念，实施"一制三化"（导师制、小班化、个性化、国际化）的人才培养模式。具体包括基础学科拔尖人才培养计划试验班的大文科类"吴宓班"和理工类"袁隆平班"以及卓越农林人才培养计划"神农班"，并为每个学生单独制定个性化的培养方案和选课菜单，实行全程导学制和完全学分制，注重科学精神和人文学素养的结合。教育学部作为具有百余年历史的教育单位肇始于1906年的川东师范学堂。1984年，教育学家张敷荣教授领衔的课程与教学论学科被批准为博士学位授权点，招收并培养出中国第一个教学论博士。学科秉承晏阳初、张敷荣、徐国荣、高振业、刘克兰等教育学家的育人风范，经过一个多世纪的发奋图强与开拓进取，为国家培养大批优秀的人民教师和未来教育家。农学与生物科技学院（简称"农生院"）同样起源于1906年的川东师范学堂。学院坚持"追梦求实"的卓越理念，培养出袁隆平院士、孟安明院士等一批治学大师。农生院发展现依托农业部西南作物遗传改良与育种等重点开放实验室在油菜、水稻、棉花、玉米、薯类的品种选育与利用和分子生物学研究等方面具有优势和特色，在农作物抗逆生理生态与调控技术，三峡库区面源污染防治与区域生态农学发展等领域已逐步形成鲜明的学科特色和优势。

西南大学坚持以人才培养为根本，培养具有强烈社会责任感、深厚人文底蕴、扎实专业知识、富有创新精神和实践能力的高素质人才。截至2023年11月，学校现有在校学生58000余人，其中普通本科生近40000人，全日制硕士、博士研究生16000余人，留学生近2000人。西南大学研究生培养致力于培养更多新时代的新农人和未来教育家。一方面，学校支持公费（免费）师范毕业生结合中小学教育教学工作实际继续深造和专业发展，使公费（免费）师范毕业生具备先进的教育理念，良好的职业道德和创新意识，扎实的专业知识基础，较强的教育教学实践反思能力，为将来成长为优秀教师和教育家奠定坚实基础。公费（免费）师范生毕业后到中小学任教满一学期，并经任教学校考核合格，可申请免试攻读非全日制教育硕士专业学位研究生，为我国基础教育高质量发展贡献高校力量。另一方面，学校研究生教育正朝着宽口径厚基础并具有多学科背景的方向，推进农理、农工、农文、农医深度交叉，让农林人才的知识、技能在重构中体系化，更好适应新时代需求。西南大学积极推进国际化进程，重视国际化教育，吸引了大量的国际学生。现与美、加、泰、日、韩、越、澳、俄等40余个国家和地区的200余所高校、科研机构建立了长期友好合作关系，每年有来自世界70多个国家和地区的1400余名留学生来校学习。

西南大学拥有一支实力雄厚、结构合理的师资队伍。现有专任教师3265人，正高级职称772人、副高级职称1319人，博士生导师615人、硕士研究生导师1844人。现有国家级人才143人次，其中中国科学院院士2人、中国工程院院士4人、海外院士5人，人文社会科学资深教授1人。其中，教育学"职业教育融通与课程教学统整"教师团队以学科融合为特色，立足西南地区，深入田间地头、开展田野调查，扎根西部学校，切实深入"三区三州"地区，为响应加快发展现代职业教育的国家战略，依托教育学学科优势，坚持探索西南地区职业教育现代化发展的高效实践路径，在"新时代职业教育评价""民族地区职业教育服务乡村振兴"等主题研究中成果丰硕。心理学团队面向国家重大急需、面向国际学科前沿的科学研究，在中国人的价值观、健全人格、时间心理学、心理素质与心理健康、教学心理学、身体自我、认知控制与执行功能、创造性及其脑机制以及心理发展、情绪与睡眠脑机制、社区心理等领域进行了创造性的研究。以上科研团队在各自的研究领域都取得了很高的成就，并将研究成果融入教育教学工作，为学校的学术研究、人才培养，乃至国家发展提供强大的支持。

西南大学坐落于缙云山麓、嘉陵江畔，主体位于重庆市北碚区，占地约556.47万平方米，校舍面积195万平方米，绿地率达40%，泱泱校园，宏丽庄重，气象万千，是闻名遐迩的花园式学校。学校图书馆现有中心图书馆等图书馆5座，致力于建设"中心馆+分馆+专业馆"的现代大学智慧图书馆系统。学校校园文化丰富多彩，每年的3—4月，校园里的玉兰花争相开放之时，西南大学"玉兰文化节"便如期而至。玉兰花，不仅是西南大学的校花，更是学校精神的重要载体。从各类大赛、公益活动到音乐剧创作，学校将精神文化植入丰富多彩的线下活动中，潜移默化地实现了校园文化的输出和传递。另外作为农业强校，西南大学蚕丝文化节已连续举办15年。该品牌活动俨然成为一年一度的学科盛会。科普区、美食区、游戏区、展示区、体验区，全面覆盖人体感官的各个方面，让参与者得以沉浸式体验到原汁原味的西南大学桑蚕文化。学校还设有含弘大讲堂面向广大研究生，是旨在弘扬优秀文化、传承西大精神、展现名师风采、打造育人平台的综合性讲堂。含弘大讲堂涉猎不同的学科领域，以"博""雅"之风浸染学子的同时，以期构筑学子交流思想、百家争鸣的舞台。

西南大学作为拥有百年悠久历史的名校，历经百余年的磨砺和发展，砥砺奋进、自强不息。学校秉承"含弘光大、继往开来"的校训，其中，"含弘"既体现了"包含弘厚、光著广大"的办学方向，也展现"海纳百川、兼容并蓄"的宗旨，更是莘莘学子"自强不息、学无止境、诚信做人、承前创新"的前进动力。今天的西南大学正坚持"创新、协调、绿色、开放、共享的新发展理念"，以"特立西南、学行天下"的大学精神，全面提高人才培养质量，彰显教师教育和农业科技特色，全面深化综合改革，全面推进依法治校，为建设特色鲜明的世界一流大学努力奋斗。

贵州大学

贵州大学（Guizhou University）坐落于贵州省贵阳市，是教育部与贵州省人民政府"以部为主、部省合建"的国家"双一流"建设高校，是西部地区重点建设高水平院校。贵州大学有百年办学历史，孕育一批优秀人才，汇聚一批优秀师资。中国科学院院士周卫健、中国工程院院士殷跃平、八一勋章获得者杜富国等都是贵州大学知名校友，教育学家李书田、我国草业科学奠基人王栋、中国医学之父王世真、我国工业自动化教育的开拓者郎世俊等都曾在贵州大学任教。贵州大学以历史悠久的文化底蕴、独树一帜的育人理念、区域特色的学科建设、产教融合的发展道路，为贵州发展以及乡村振兴建设培育一批批人才。

贵州大学的前身是于1902年建立的贵州大学堂，后又历经省立贵州大学、国立贵州大学等阶段。1950年10月，学校更名为贵州大学。1951年11月，毛泽东主席亲笔题写了"贵州大

学"校名，成为主席题字为数不多的高校之一。1997年8月，贵州大学、贵州农学院、贵州艺术高等专科学校、贵州省农业管理干部学院合并组建为贵州大学，成为贵州省唯一按"211工程"框架进行重点投入、重点建设的省属重点综合性大学，同时也是教育部在西部省（区）重点扶持的大学之一。2001年，学校成为"西部大开发"教育部重点建设大学。2005年，学校进入"211工程"大学建设行列。2017年9月，学校入选国家"双一流"建设高校。2022年2月，贵州大学入选国家第二轮"双一流"建设高校。今日的贵州大学已经建立起完善的人才培养体系、形成雄厚的师资队伍、拥有完备的科研平台，为贵州经济发展提供人才支撑和技术支持。

贵州大学学科门类齐全，涵盖文学、历史学、哲学、理学、工学、农学、医学、经济学、管理学、法学、教育学及艺术学12类。学校现有"双万计划"一流专业总数84个，其中国家级52个；一级学科博士学位授权点19个、专业博士学位授权点1个；一级学科硕士学位授权点50个、专业硕士学位授权点28个。学校现有植物保护这一世界一流建设学科，农药学这一国家级重点学科，植物保护、大数据科学与技术学科群这两个部省合建高校服务地方特色产业学科群，国内一流建设学科9个、区域一流建设学科10个。植物保护学科立足新农科建设，服务"三农"政策，涵盖水稻、食用菌、酒用原料等领域，致力于培养知农爱农、追求卓越的优秀人才。农药学学科致力于解决制约我国和我省粮食安全、农产品质量安全及有害生物防控的重大问题，涉及绿色农药、农药及功能分子的有机合成等研究领域。大数据科学与技术涵盖人工智能、大数据安全与隐私保护、文本计算与认知智能、医学影像等研究方向，旨在培养具有开拓创新精神、扎实理论知识的专业技术人才。近年来，该学科本科生的就业率超过90%，研究生的就业率超过95%。学校科研力量强大。学校现有绿色农药与农业生物工程国家重点实验室这一全国重点实验室、省部共建公共大数据国家重点实验室等科研平台助力学科发展。贵州大学依托学校优势资源积极深化产学研合作，与贵州省9个地州市各级地方政府签订了全面合作或科技合作协议，积极探索产教融合、人才培养新道路。贵州大学助力乡村振兴战略，学校相关专家服务基层、为农业发展提供科技支持，服务地方的经济发展，重要产业涉及茶产业、食用菌产业、蔬菜产业、生态畜牧产业、精品水果产业、中药材产业、生态渔业产业、竹产业、油茶产业、辣椒产业等12个特色产业。

贵州大学学院建设助力贵州省经济发展。2016年，茶学院应贵州省茶产业发展而建。学院现有贵州省茶资源保护与高效利用、贵州省植物分子育种和贵州省茶产业创新发展中心省级工程研究中心3个。学院与贵州大学农业生物工程研究院共建教育部"山地植物资源保护与种质创新"重点实验室和"喀斯特山区植物资源利用与育种（贵州）国家地方联合工程研究中心"等科研平台。依托优势的教学和科研资源，学生由学历教育走向技术能力培训，由国内培养走向国外培养，由学校教育走向企业实践，将理论与实践结合，为中国茶产业建设和茶文化传承贡献力量。酿酒与食品工程学院以服务贵州白酒产业、生态食品特色产业发展为立足点，是贵州省白酒产业、生态特色食品产业人才培养和科学研究的重要基地。学院搭建贵州省白酒研究院、刺梨产业发展研究院、名优白酒协同创新中心、食品学科工程研究中心等科研平台助力酿酒人才培养。贵州省是中国四大中药材产区之一，贵州大学药学院发挥贵州省民族医药的优势，致力于创新药物研究。学院建立起高水平实验实践平台和高层次的学术研究梯队，开展产学研合作，以培育高水平的药学专门人才，致力于将学院办成科研创新能力高、特色鲜明、服务贵州建设的高水平药学人才培养基地。

截至2023年，贵州大学拥有全日制本科学生34000余人，研究生16000余人。在本科生培养方面，学校注重学生实践能力与创新能力的培养。学校与300多家企业签署了全面合作协议或共建实践基地协议，依托国家级实验教学平台和校内、基础实验室以及科研实验室（中心）等实验平台，学校现有校内外实习、实训基地300多个，为本科生提供良好的实习培训基地。学校组建"植物保护""化学生物学""动物科学""计算机科学与技术"4个创新班，成立先进电化学储能器件科技创新兴趣团队、新能源地下储能创新团队、未来交通科技创新兴趣团队3个未来科技创新团队，将人才培养、教育教学、科技成果转化紧密结合。在研究生培养方面，全日制专业硕士研究生培养实行校内、校外双导师制，深化产教融合协同机制。另外，学校开展"博士村长"项目，鼓励博士研究生人才投身乡村建设，为地方特色产业发展提供技术支持，助力乡村振兴。此外，贵州大学积极推动国际交流与合作，与43个国家签订合作协议，分别与美国、英国、加拿大、泰国高校合办中外合作办学机构和项目，还与泰国斯巴顿大学开展了"1+2+1"联合培养商务汉语、与泰国北方清迈大学开展"2+2"交流汉语本科生项目。

贵州大学注重师资队伍建设。学校现有中国工程院院士2人、国际欧亚科学院院士1人，国家杰出青年科学基金项目获得者等国家级领军人才42人次、中宣部全国文化名家暨"四个一批"人才等国家级青年人才57人次。学校拥有绿色农药与有害生物绿色防控教师团队、山地农业病虫害治理教师团队2个全国高校"黄大年式教师团队"，国家级教学平台30个和教学团队2个，教育部课程思政示范课教学名师2人和教学团队2个，教育部思想政治理论课名师工作室1个。中国工程院院士马克俭长期从事结构工程研究，并于2019年在贵州大学捐赠奖金设立"土木大师基金"以促进土木人才的培养。宋宝安带领团队从事农药创新和研究工作，对绿色农业的发展做出重大贡献，并于2011年捐赠奖金设立"卓越基金"以鼓励科研创新。

贵州大学有东校区、西校区、南校区3个校区，占地面积约309万平方米，另有教学实验农场约788万平方米。校园建筑多为苏式风格，古雅朴实，布局合理。校园内分布着典型别致的广场，绿树成荫的主干道，潺潺的流水与弯弯的石桥。贵州大学图书馆有西校区、南校区、东校区3个分馆，图书馆藏书总量393万余册，电子图书374万余册。贵州大学立足贵州省，服务贵州省，突出地域文化的发掘和研究，着力推进优秀传统文化的传承创新。例如，学校创办了《阳明学刊》《苗侗文坛》《中华传统文化与贵州地域文化研究丛刊》等致力于地域文化和民族文化研究的期刊；启动彝族文献百部工程，开展锦屏民间契约档案文书整理等。另外，校园文化丰富多彩。学校拥有传统文化促进会、麟山诗社、合一琴社、中华传统武术协会等近20个传统文化类社团，涉及国学、书画、音乐、戏剧等众多领域。学校加强品牌建设，推进"高雅艺术进校园活动"，开办侗族大歌班，举办"中国—东盟教育交流周"等文化活动精彩纷呈。

贵州大学坚持"明德至善，博学笃行"的校训精神，"明德至善"取自《大学》："大学之道，在明明德，在亲民，在止于至善。""博学笃行"取自《礼记·中庸》："博学之，审问之，慎思之，明辨之，笃行之。"学校坚持以"四新"主攻"四化"主战略和"四区一高地"为主要定位，以"中国特色、世界水平、贵州省需求"为发展要求，以"助力乡村振兴战略"为重要实践，以"立足贵州省、服务社会"为使命担当，为贵州经济建设以及国家科技自立自强提供人才支撑和智力支持。

云南大学

　　云南大学（Yunnan University）是教育部与云南省"以部为主、部省合建"的全国重点大学，国家"双一流"建设高校。学校位于云南省昆明市，云南大学以明清时代的贡院为起点，建校历史悠久，文化渊源深厚，发展到今日的现代综合性大学，历经风雨洗礼，见证了我国高等教育的沧桑变迁与蓬勃发展。在这漫长的岁月里，云南大学不仅为中国社会培养了无数杰出人才，更为中国高等教育的进步与繁荣做出了重要贡献。云南大学秉承"会泽百家、至公天下"精神，扎根祖国西南边疆民族地区，以兴滇报国为己任，励精图治、潜心办学，培养输送大量高层次人才，为全省乃至全国经济社会发展做出了积极贡献。

　　云南大学的历史可以追溯到清末民初。当时国家百废待兴，地处中国西南边疆的云南为改变政治、经济及教育文化落后的状况，社会各界人士积极呼吁创办大学。1922年12月8日，东陆大学宣告成立，1923年4月20日举行隆重的会泽院奠基暨首次开学

典礼。首任校长董泽提出"是东陆大学，非一人之所专有，更非云南的、中国的，实世界的也"，表明学校建设之初，即以"发扬东亚文化，研究西欧学术，造就专门人才，传播正谊真理"为办学宗旨，放眼世界办大学，引领西南新风气。1930年，私立东陆大学改组为省立东陆大学；1934年，又更名为省立云南大学。为适应国家经济建设和高等教育事业的需要，20世纪50年代，云南大学经历了院系调整。1978年，云南大学被国务院确定为全国88所重点大学之一；2017年，成为国家首批42所"一流大学"建设高校之一。新的历史时期，云南大学紧紧围绕建设世界一流大学目标，积极服务云南经济社会发展，遵循"开放合作、集成创新、协调共进、特色发展"的发展理念，以内涵建设为重点，全面提升学校办学实力和办学水平，为区域经济社会发展做出贡献。

云南大学学科设置丰富多元，追求卓越创新。学校现有本科专业84个，其中国家级和省级一流本科建设专业68个；拥有22个一级学科博士学位授权点，1个专业博士学位授权，42个一级学科硕士学位授权，26个专业硕士学位授权，形成了以民族学、生态学、统计学、生物与生物医药、特色资源开发与环境保护，以及边疆问题和区域国别研究为优势特色，学科较为齐全，具有人才密集的学科专业体系。生态学专业在生态学领域具有较高的声誉和影响力，拥有一流的师资力量和研究条件，研究方向主要聚焦在热带与亚热带生态系统的结构与功能、生物多样性保护、生态系统恢复与生态建设等方面，为生态保护和可持续发展提供科学依据。民族学专业是传统优势学科之一，具有深厚的历史底蕴和学术积淀，研究方向主要关注中华民族的历史、文化、社会、经济等方面，尤其注重西南地区少数民族的研究，通过深入研究不同民族的文化传统、社会结构和发展变迁，为促进民族团结和进步提供理论支持。工商管理专业的研究方向主要包括企业管理、市场营销、人力资源管理、财务管理等方面，注重与国际接轨，开设了一系列与国际工商管理相关的课程，以培养学生的国际视野和跨文化交流能力。

云南大学作为一所综合性大学，其组织架构庞大而完善。学校下设28个学院、10个研究机构、1个附属医院，设有研究生院。在众多学院中，有以下几个学院因其突出的学术实力、教学质量和社会影响力而备受瞩目。首先，生命科学学院是云南大学的一颗璀璨明珠，在生物学领域拥有雄厚的研究实力和丰富的教学经验，涵盖了生物科学、生物技术等多个专业方向。学院的研究团队在生物多样性、生态学、遗传学等领域取得了重要突破，为国家乃至全球的生物科学研究做出了重要贡献。其次，民族学与社会学学院是云南大学特色鲜明的学院之一。云南作为中国多民族聚居的省份，拥有丰富的民族文化资源。该学院在民族学、社会学等学科方向上拥有独特的研究优势和丰富的教学经验，研究团队深入民族地区，开展田野调查和文化研究，为保护和传承民族文化、促进社会和谐稳定做出了积极贡献。此外，经济学院也是云南大学备受瞩目的学院之一。云南大学经济学院在经济学领域拥有深厚的学术积淀和优秀的教学团队，为学生提供了系统的经济学理论知识和实践技能。学院的研究团队在区域经济学、发展经济学等领域开展了多项具有影响力的研究，为地方和国家经济发展提供了智力支持。

截至2023年6月，云南大学拥有全日制本科生近17000人、全日制硕士研究生近12000人、博士研究生1500余人、学历教育国际学生近1500人。云南大学在学生培养方面一直注重创新与实践，致力于为学生提供多样化、有特色的培养项目。例如，在本科生培养方面，由云南大学经济学院和数学与统计学院合作开展的"经济学+统计学"双学士学位复合型人才培养项目，旨在培养具备经济学和统计学双重背景的复合型人才，单独招生、单独培养、单独开班，实行小班化教学，并配备导师进行个性化指导。在研究生培养方面，学校积极推进科教融合和产教融合，与国内十余所高水平大学、科研院所联合培养研究生，与近百家优秀企业建立了产教融合研究生联合培养基地；同时，学校以创新人才培养项目为抓手，以6大行动计划为具体路径，通过研究生核心课程建设、高水平教材建设、急需学科人才培养项目、产教融合基地建设、科教融合联合培养项目、研究生科研创新、实践创新和对外交流基金、研究生暑期学校、研究生教育信息化建设等项目实施，全面推进学校研究生教育综合改革，以改革促发展，以改革提质量。此外，云南大学主动服务和融入"一带一路"和中国面向南亚东南亚辐射中心建设，牵头成立16国120多所高校参加的南亚东南亚大学联盟，着力构建面向南亚东南亚的区域国别研究体系、学术文化交流和留学生培养3大体系。学校现已建成覆盖南亚、东南亚、西亚、非洲等共建"一带一路"较为完备的区域国别研究体系。深入实施"留学云大"计划，初步建成国内面向南亚东南亚最大留学生培养基地。

云南大学大力实施"人才强校"战略，高层次人才持续增长。学校牢固树立人才优先发展理念，推出"东陆人才计划""青年人才培优计划"，聚焦人才引进和培养两个重点，做好引人、育人和用人"三篇文章"，完善岗位聘用、考核评价、奖惩激励、薪酬分配"四大机制",尊重用好现有人才、大力引进急需人才、着力培养未来人才,引进和培养一流师资队伍,高层次人才总量显著增加。截至2023年6月,云南大学拥有教职员工3000余人(不包括附属医院),其中专业技术岗位2700余人,具有高级职称人员近1300人,具有博士学位人员近1500人。其中,院士12人(含双聘),"长江""杰青""优青"等国家高层次人才近80人,国家重点基础研究发展计划首席科学家8人,国家"百千万人才工程"入选者16人。云南大学人才辈出,科研成果硕果累累。如朱有勇院士多年来系统深入地开展了农作物生物多样性持续控制植物病害研究,开创性地从栽培角度探索了利用作物多样性时空优化配置控制病害的新途径;从事新型环境与能源材料方向研究及开发工作的柳清菊教授,在国际上首次将分子印迹技术用于有毒有害气敏传感材料,研制出高灵敏度、高选择性甲醛、甲醇等气敏传感器,在环境有毒有害气体实时监测领域具有重要的应用前景。

云南大学凭借独特的自然风光和人文景观多次上榜"中国最美大学"。云南大学有东陆和呈贡两个校区,占地面积290.89万平方米,建筑面积达100余万平方米。东陆校区坐落于美丽的翠湖畔,古朴典雅,充满韵味,走进校门,即被会泽院的建筑风格所吸引。由会泽院、《会泽唐公创办东陆大学记》铜碑、九十五级台阶及西式喷水池组成的会泽院代表了当时国内大学建筑的较高水平,建筑本体及其文物构成至今保存完好,是云南大学标志性建筑。呈贡校区的建筑浪漫与庄严相融,红橙色调展现着年轻与朝气,纵横交错间,尽显雄伟气魄。从呈贡校区的正门进来,首先看到的就是气派的明远楼,3个95级台阶扶摇而上,象征着学校对云大学子"蛟腾凤起""一跃龙门"的祝福,罗马圆柱、叶形浮雕和雕花铁门,古朴典雅又大气壮观。

云南大学在长期的办学历程中,积淀和凝聚了"会泽百家,至公天下"的大学精神。现已形成云南大学精神文化的一大特色,集中体现为会泽百家的学术传统、至公天下的爱国传统和与之相呼应求真务实的科学精神、负重进取的自强精神。展望未来,云南大学将切实肩负起一流大学建设历史使命,不断开创学校建设发展新局面:到2035年,学校综合实力和办学水平显著提升,初步建成立足祖国西南边疆、面向南亚东南亚的综合性、国际性、研究型世界一流大学;到2050年,学校在人才培养、科学研究等领域享有卓越的国际声誉,建成世界一流大学。

西藏大学

西藏大学（Tibet University）坐落于西藏自治区拉萨市，是中国在雪域高原创办的第一所综合性大学，也是西藏自治区唯一一所国家"211工程"重点建设大学、"双一流"建设高校、部区合建高校。西藏大学位于世界屋脊的青藏高原，是中国海拔最高的大学。姚檀栋院士、尼玛扎西院士、中国科学院青藏高原研究所研究员赵俊猛等为西藏大学的发展与建设注入活力。西藏大学立足西藏建设的学科体系，坚持守正不守旧的进取精神，助力对外交流的开放精神，使得众多学生扎根世界屋脊。

西藏大学前身是1951年创办的藏文干部训练班。1965年，学校更名为西藏自治区师范学校，开创西藏师范教育之先河。1985年，学校更名为西藏大学。1999年，西藏自治区艺术学校并入西藏大学艺术系。后西藏医学高等专科学校和西藏民族学院医疗系、西藏自治区财经学校先后并入西藏大学。2013年，学

校被列入"中西部高等教育振兴计划"。2017年,学校入选首轮"双一流"学科建设高校。2018年,学校成为教育部、西藏自治区人民政府合建高校。2022年,学校入选第二轮"双一流"建设高校。目前,学校已成为一所极具高原边疆民族区域特色的综合性大学。

西藏大学坚持"改老、扶特、强优、发新"的原则发展学科建设,涵盖经济学、法学、教育学、文学、历史学、理学、工学、医学、管理学和艺术学10个学科门类。截至2023年12月,学校拥有52个本科专业,其中有20个国家级一流本科专业建设点,5个自治区级一流本科专业建设点。学校设有民族学、中国语言文学、生态学3个一级学科博士学位授权点,19个一级学科硕士学位授权点和16个专业硕士学位授权点,有民族学、生态学2个博士后科研流动站。学校拥有生态学、中国语言文学(藏语言文学)两个国家重点学科。生态学以青藏高原为重点研究领域,服务于青藏高原安全屏障建设,包括青藏高原生物多样性与进化生态学、青藏高原生态系统生态学、青藏高原环境生态学等研究方向。中国语言文学(藏语言文学)涉及中国古代文学、语言学、中国古典文献学等研究方向,为藏族文化的教学、科研、管理等培养了一大批优秀人才。学校的科研工作聚焦区域特色,服务于西藏自治区以及民族地区发展,设有西藏自治区纳木错高寒湖泊与环境国家野外科学观测研究站、青藏高原生物多样性与生态环境保护教育部重点实验室等研究平台来保护西藏自治区的生态环境,有西藏自治区铸牢中华民族共同体意识研究基地、教育部国家语言文字推广基地来促进西藏自治区的精神文明建设。

西藏大学设有14个学院。文学院历史悠久,最早开设中专科、本科、研究生专业。学院研究领域涉及文学、民族学、语言学等学科,已经形成以本科生教育为主体、以研究生教育为发展、以留学生教育等为扩充的人才培养体系。理学院将高原特色与西藏自治区实际紧密结合。学院设有宇宙线开放实验室、宇宙线研究所、高山生物生态研究所等研究平台,将区域优势转化为科研优势,取得丰硕研究成果。工学院应西藏自治区发展对工科人才的迫切需求而建,以求促进川藏铁路以及自治区交通的发展。学院以理论教学、实践教学、联合培养为主要手段,坚持走"产、学、研"的发展之路,致力于培养扎根世界屋脊的多元化、创新型卓越工程人才。

截至2023年12月,西藏大学有各类学生2.2万余人,其中,博士研究生380

人，硕士研究生2481人，本科生10476人，专科生29人，各类成人学生8649人。学校聚焦立德树人，形成了"靠得住、用得上、留得下、干得好"的人才培养特色。学校于2020年首次开展接收直博生工作，在规定的专业范围内招收具有推免生资格的优秀应届本科毕业生，实现本科教育、硕士教育、研究生教育的一体化。此外，西藏大学开展国际交流与合作，与挪威、日本、德国、法国等国家的十几所高校和国内多所高校及科研院所建立了良好的校际合作关系。学校积极助力"一带一路"建设工作，搭建起中国与尼泊尔交流的桥梁。留学生教育主要涉及非学历教育，为学生开设《拉萨口语》《藏文语法》《藏族文学选读》等课程。

西藏大学建立起一支较高水平的师资队伍服务于西藏自治区建设。学校的藏语言文学专业教学团队、计算机及藏文信息技术教学团队被评定为国家级教学团队，拥有生态学教师团队、边境信息安全与处理教师团队两个"全国高校黄大年式教师团队"。截至2023年12月，学校有在编在职教职工1158人，专任教师和其他师资844人。专任教师和其他师资中具有高级职称385人，占46%；研究生学历667人，占79%。学校拥有高层次人才70余人（国家级高层次人才47余人）包括中国工程院院士1人，自治区级高层次人才23人次。中国工程院院士尼玛扎西30多年来从事计算机及藏文信息系统技术研究与工程实践，被誉为"西藏自治区革命的炼金师"，将藏文与现代信息技术紧密结合。诺桑团队在西藏自治区第一次测量了海拔3000米至5000多米地面紫外线的强度分布规律，推动西藏高原太阳紫外线的研究。援藏教师钟扬为西藏大学的人才培养、学科建设等提供巨大帮助，他帮助西藏大学申请到第一个生态学博士点，为西藏大学培养3名博士教师，大大提高西藏大学的科研水平和师资力量。

西藏大学的所在地拉萨市，极具雪域高原特色，风土人情极为独特。其中，布达拉宫是拉萨的标志性建筑，也是世界文化遗产。布达拉宫依山而建，石壁与建筑融为一体。布达拉宫的壁画、木雕等，体现了藏族巧匠的高超工艺。西藏大学校徽以土黄、藏青、白色为主色调，彰显神秘、简约、高雅的民族特色。校徽的白色部分由山峰和星星构成，分别象征着珠穆朗玛峰和西藏大学。学校现有纳金、河坝林、罗布林卡医学院、罗布林卡财经学院4个校区，占地面积约93万平方米，建筑面积约47万平方米。西藏大学图书馆以藏族特色为重点，坚持"藏汉文并重、以藏学为特色、多学科全面建设"的原则。截至2023年12月，学校有纸质藏书120.45万册，电子图书60.1万册，藏文梵夹装图书5800函。

西藏大学秉承"团结、勤奋、求实、创新"的校训精神。西藏大学聚焦区域特色，坚持"特色立校、质量兴校、人才强校、勇创一流"办学思路，发扬"特别能吃苦、特别能战斗、特别能忍耐、特别能团结、特别能奉献"的老西藏精神。展望未来，西藏大学的发展目标是：到2050年，西藏大学办学水平进一步提升，实现"特色突出、国内有影响力、国际有知名度"的高水平综合性大学办学目标，在全面建设社会主义现代化新西藏、实现中华民族伟大复兴道路中贡献力量。

西北地区大学

西北大学

　　西北大学（Northwest University）坐落于陕西省西安市，是国家"双一流"建设高校、国家"211工程"建设院校、教育部与陕西省共建高校。学校由清光绪帝御笔朱批开办，是中国西北地区历史最为悠久的高等学府，被称为"西北高等教育之母"。在长期的发展历程中，学校形成了"发扬民族精神，融合世界思想，肩负建设西北之重任"的办学理念，汇聚了众多名师大家，李仪祉、马师儒、杨钟健、岳劼恒、侯外庐等在此主校事，张伯声、江仁寿、傅庚生、陈直、冯师颜、侯伯宇等执教于此。120余年的办学历程中，学校培养了数十万计英才，走出了29位两院院士，4位中国科学院哲学社会科学部学部委员，7位国际科研机构院士，张岂之、何炼成、彭树智3位教授上榜"社科名家"，被誉为"中华石油英才之母""经济学家的摇篮""作家摇篮"。

　　西北大学肇始于1902年的陕西大学堂和京师大学堂速成科

仕学馆。1902年，清光绪帝御笔朱批"著即督饬，认真办理，务收兴学实效"，西北大学前身陕西大学堂建立，西北近代高等教育自此兴起。1912年，在张凤翙的极力主张下，"西北大学"4个字第一次出现在中国的舞台上；1923年，学校改名为国立西北大学。1937年西迁来陕的国立北平大学、北平师范大学、北洋工学院和北平研究院等组成国立西安临时大学；1938年改为国立西北联合大学；1939年复称国立西北大学；1950年复名西北大学。1958年，学校改隶陕西省主管；1978年，被确定为全国重点大学；2009年，成为教育部和陕西省共建高校。2017年9月，地质学科以认定方式入选国家"世界一流学科"建设行列，学校成为陕西省唯一一所进入国家"双一流"建设高校行列的高校。作为一所具有深厚历史底蕴和优良传统的大学，西北大学始终坚持以人才培养为核心，以服务社会为己任。学校不断推进教育教学改革，加强实践教学和创新创业教育，培养学生的创新精神和实践能力，为国家和社会培养了大量优秀的人才。

西北大学的专业设置丰富多样，涵盖了文、理、工、管、法、经、教育、艺术等多个学科领域，为学生提供了广泛的学习选择和发展空间。目前学校设有88个本科专业，其中37个专业入选国家级一流本科专业建设点，24个博士学位授权点，57个硕士学位授权点，24个博士后科研流动站。地质学专业是学校的"世界一流学科"之一，致力于地质学领域的深入研究和创新，研究方向主要涵盖构造地质学、古生物学与地层学、矿物学岩石学矿床学、地球化学等多个子领域，通过对地球物质、结构、演化等方面的研究，为资源勘查、环境保护和灾害预测等领域提供科学依据。经济学专业拥有多名知名的经济学家和丰富的研究成果，研究方向包括宏观经济学、微观经济学、产业经济学、区域经济学等，通过对经济现象、政策效应和市场机制的深入研究，为政府决策和企业发展提供理论支持和实践指导。化学工程与技术专业是国家重点学科之一，研究方向主要涉及化学反应工程、化工分离工程、化工过程系统工程、化工热力学等多个领域，注重化学工程与技术领域的研究和应用，推动化工行业的可持续发展和技术创新。

西北大学作为一所综合性大学，拥有多个学院，每个学院都有其独特的特色和优势。学校现有24个院（系）和研究生院、1个中外合作办学机构、1个直属附属医院、7个非直属附属医院。其中，物理学院是西北大学的重要学院之一，在物理学领域有着深厚的研究基础和丰富的教学经验，拥有一批优秀的教师和科研团队，致力于物理学科的研究和创新。物理学院不仅注重理论知识的传授，还注重实验技能的培养，为学生提供了良好的学习和实践环境。此外，文化遗产学院也是西北大学的特色学院之一，致力于文化遗产的保护、传承和研究工作，拥有专业的师资力量和先进的研究设备，为学生提供了丰富的文化遗产学习和实践机会。文化遗产学院的学生可以深入了解中国丰富的文化遗产，参与相关的研究项目，为文化遗产保护事业做出贡献。最后，新闻传播学院是西北大学在传媒领域的重要学院，拥有一流的师资团队和现代化的教学设施，为学生提供了良好的学习和实践平台。

截至2024年3月，西北大学拥有在校生28000余人，其中本科生13700余人，研究生14600余人，国际学生500余人。在本科生培养方面，学校致力于培养具有人文情怀、社会责任、创新能力和国际视野的高素质人才，实施了"素质教育基础之上实施专业教育"的宽口径人才培养模式，以及"基地班"与"实验班"的精英教育模式。在研究生培养方面，学校根据经济社会发展对高层次人才的需求，通过开展高校与企业、高校与科研院所为主，兼顾高校与高校、高校与医院等事业单位的多种合作方式，探索构建研究生培养新模式。其中，地质资源与地质工程、考古学、生物学、生态学、地理学、化学工程与技术等学科分别与陕西延长石油（集团）有限责任公司研究院、陕西考古研究院、陕西动物研究所、中国科学院水利部水土保持研究所和榆林学院所建立的5个研究生联合培养工作站被评为陕西省研究生联合培养示范工作站，成为陕西省研究生培养模式改革的试验基地，培养高层次急需人才的示范基地。此外，西北大学具有面向世界开展国际交流的优良传统。与美、英、法、德、日等20余个国家及中国香港、台湾地区的100余所大学、科研机构建立了友好合作关系。

西北大学汇聚了众多学术造诣深厚、教学经验丰富的专家学者，构建了一支高水平的师资队伍，为人才培养和学术研究提供了坚实保障。学校现有教职工3100余人，其中中科院院士4人，双聘院士（教授）5人，国际科学史研究院院士1人，发展中国家科学院院士1人，俄罗斯自然科学院外籍院士1人，国家杰出青年科学基金获得者12人，国家优秀青年科学基金获得者13人，国家"百千万人才工程"人选18人，国家级教学名师4人，教育部"新世纪优秀人才支持计划"26人，科技部"中青年科技创新领军人才"6人。西北大学拥有多个著名的研究团队，这些团队在各自的领域取得了显著的成果。例如，由中国科学院舒德干院士领军、张兴亮教授领衔的早期生命与环境创新研究团队，是在国际古生物学界享有盛誉的"世界一流"团队,在古生物学、早期生命演化等领域取得了多项重要成果,为国际古生物学界的发展做出了重要贡献;以郑艳红教授为代表的气候变化研究团队在重建中国北方上新世水文变化方面取得了重要成果,为理解东亚地区上新世暖期水文循环的影响提供了新的观测和模拟证据,对全球变暖情景下的气候变化研究具有重要意义。

西北大学校园内的建筑风格多样,既有古朴典雅的传统建筑,也有现代感十足的新式建筑,这些建筑共同构成了西北大学独特的校园风貌。西北大学拥有"全国高校地上面积之最"的体育馆。体育馆位于长安校区西门内,总投资约4亿元,总建筑面积33791.24平方米,是全国高校为数不多的甲级综合性体育场馆,也理所当然地成为西北大学校园里最"高端"的建筑。体育馆的外形是以"船"为概念的建筑组团,寓意百年名校在新时代的"扬帆起航";这里先后承办了第十四届全国运动会的蹦床和艺术体操项目、全国第十一届残运会暨第八届特奥会等重大体育赛事。大礼堂是西北大学另一个具有深厚历史底蕴的特色建筑,不仅是一个举办各种活动的重要场所,更是一个充满历史故事的文物。每年,大礼堂的油漆都会得到维护修补,学校在保护这一文物方面毫不吝啬,以确保它能够长久地保存下去,继续见证学校的辉煌未来。

西北大学的校训"公诚勤朴",深刻体现了学校的办学宗旨和育人理念。其中,"公"指公正无私,强调服务社会、造福人民的责任感;"诚"即真诚待人,倡导坦诚正直的道德品质;"勤"代表勤奋努力,激励师生不懈追求学术进步;"朴"则寓意朴实无华,要求师生脚踏实地、求真务实。这4个字共同诠释了西北大学的精神内涵,激励着广大师生秉承校训精神,为国家和社会的繁荣发展贡献智慧和力量。《西北大学"十四五"事业发展规划》对于学校2035年和2050年的发展愿景进行了展望:到2035年,西北大学的发展愿景是成为国内一流、国际上有重要影响的高水平研究型大学;展望2050年,西北大学的发展愿景是成为世界知名的高水平研究型大学。

西安交通大学

西安交通大学（Xi'an Jiaotong University）是中国最早兴办、享誉海内外的著名高等学府，坐落在陕西省西安市。建校120余年来，培养出了一大批卓越的政治家、科学家、社会活动家、教育家、企业家、艺术家、医学专家，如蔡锷、张元济、蔡元培、黄炎培、邹韬奋、陆定一、钱学森、张光斗、汪道涵、吴文俊、杨嘉墀、徐光宪、姚桐斌、陈能宽、侯宗濂、黄旭华、顾诵芬、丁关根、吴自良、蒋新松、蒋正华、王希季、李金华、韩启德等。建校以来，有200余名校友当选两院院士；迁校以来，学校培养或在校工作的院士89名。有6位"两弹一星功勋奖章"获得者、4位国家最高科技奖获得者、3位中国"最美奋斗者"、2位"共和国勋章"和国家荣誉称号获得者、10位世界500强中国企业掌门人。迁校以来，学校为国家输送了各类人才29万余名。西安交通大学以其悠久的历史、奉献的精神、雄厚的实力、综合的学科以及优良的条件吸引着广大学子。

西安交通大学创建于甲午战败、民族危难之际。1896年，由近代实业家、教育家盛宣怀在上海创建，初名为南洋公学，1921年更名为交通大学，期间始终坚持"求实学、务实业"的办学宗旨。抗战时期移至上海租界、内迁重庆市，坚持沪渝两地办学。中华人民共和国成立后，1955年中央决定交通大学内迁西安市，以适应共和国大规模工业建设需要。1956年起师生分批从上海市迁赴西安市，投身建设大西北。1957年分设为交通大学西安、上海两个部分，实行统一领导。1959年，交通大学西安部分定名为西安交通大学，同年被列为全国16所重点大学之一。2000年国务院决定将西安交通大学、西安医科大学、陕西财经学院3校合并，组建新的西安交通大学。2019年，教育部和陕西省人民政府共同建设中国西部科技创新港，主动探索21世纪现代大学与社会发展深度融合的新模式、新形态和新经验。

西安交通大学是涵盖理、工、医、经、管、文、法、哲、艺、教育、交叉11个学科门类的综合性研究型大学。动力工程及工程热物理学科致力于培养具有宽厚基础理论，系统掌握能源高效转换与洁净利用、动力系统及其自动化控制与运行方面专业知识的高素质专门人才，该学科研究方向涵盖了热力学、传热学、燃烧学、流体动力学等多个领域。电气工程学科主要研究电能生产、传输、分配和应用全过程中规划、运行、控制的基本问题，涉及电力设备的制造、电网运行的控制、新能源发电、独立电力系统、新能源的并网与消纳等多个方面。同时，该学科面向全球能源互联网，研究太空、深海以及其他极端条件下的电能相关问题。机械工程学科涵盖了机械设计与制造、机器人技术、智能制造、精密仪器等多个方向，旨在培养具有创新精神和实践能力的高级专门人才。毕业生在制造业、航空航天、汽车、电子等多个领域都具有广泛的就业前景。

学校设有33个学院、9个本科书院和3所直属附属医院。能源与动力工程学院是西安交通大学创建最早、学科设置最齐全、师资力量最雄厚的学院之一，创建了中国第一个锅炉专业、第一个汽轮机专业、第一个汽车制造专业、第一个制冷与低温专业、第一个压缩机专业等。电气工程学院是中国电气工程学科的发轫之地，拥有115年办学历史。学院首创"电气+"发展理念，聚焦中国能源变革的重大需求，以解决中国电工领域未来发展中的瓶颈问题、关键问题为核心，培养了3名世界500强企业掌门人、50余名骨干国企重要领导，涌现出王锡凡、邱爱慈、雷清泉、程时杰、汤广福等中国科学院、中国工程院院士。管理学院的历史源远流长，最早可追溯到1916年7月南洋公学（交通大学的前身）设立的铁路管理科。管理学院培养了中国国内第一位管理工程博士，是国家第一批工商管理硕士（MBA）和高级管理人员工商管理硕士（EMBA）试点学院之一。

截至2023年，西安交通大学在校学生58124人，其中本科生24051人，硕士研究生22587人，博士研究生9337人，国际学生2149人。西安交通大学的研究生教育不断服务国家需求，创新培养模式，建立了以需求为导向的分类培养体系，推进跨学科人才培养改革，推行本—硕—博贯通的学术型人才培养模式，构建产学深度融合的专业型人才培养模式，实施未来技术领军人才培育计划和现代产业领军人才培育计划。学校为研究生提供系统的课程学习，涵盖专业基础知识和前沿技术。同时，注重教学实践，通过实验室研究、项目实践等方式，让学生将理论知识应用于实际问题的解决中。学校鼓励研究生参与科研项目，通过科研实践培养他们的创新能力和解决问题的能力。西安交通大学的留学生教育始于1959年，是教育部指定的最早培养中国政府奖学金留学生的院校之一。西安交通大学医学留学生教育始于1995年，是首创全英文授课培养医学本科留学生的院校，2000年开创了全英文授课医学硕士教育。自1995年以来，学校已经培养了来自63个国家的医学留学生2000余名，毕业生规模居全国之首。

西安交通大学师资力量雄厚，现有专任教师3789人，博士研究生导师2405人，导师队伍结构合理，平均每位博导指导3~4名博士研究生。师资队伍中有两院院士49名、国家级教学名师11名、国家杰出青年科学基金获得者58名、国家有突出贡献专家20名、教育部创新团队带头人29名、教育部"新世纪优秀人才培养计划入选者"234名、享受政府特殊津贴专家450名。学校近年来在创新中稳步前进，在科技上不断向前，打造出一批高水平团队，获得了一系列突破性成果。如在储能领域破解氢气储运难题，推动建设世界首个实用化零碳智慧能源中心；在智能制造领域研发连续纤维增强复合材料太空3D打印装备，实现中国首次太空3D打印实验；在医学领域完成世界首例颈内静脉穿刺反向封堵术等。学校的院士、教授、教学名师积极投身教学一线、在本科生和研究生培养方面进行一系列改革且成效显著。

西安交通大学现有兴庆、雁塔、曲江和西部创新港4个校区，占地面积约333.35万平方米，各类建筑总面积约400万平方米。校内布局体现着身处古都的方正和大气，多具有中式美学的对称性。各校区命名均有特色，兴庆校区对应着杨贵妃"沉香亭北倚阑干"的兴庆宫,雁塔校区对应着玄奘译经藏经、开坛讲法的大雁塔,曲江校区对应着士子登科后"一日看尽长安花"的曲江池。西部创新港则位于西咸新区沣西新城,将西咸新区的现代田园城市理念与国际著名高校的"学镇"实践相结合,打造形态优美、特色鲜明、产学协同、功能齐全的智慧学镇。学校图书馆被命名为"钱学森图书馆",其前身为1896年创建于上海的南洋公学藏书楼,1956年图书馆大部分工作人员及92%的藏书随学校内迁西安。馆藏文献资源丰富,累计藏书589.7万册。近年来,学校深入实施文化强校战略,坚持人文与科学并重,通过"九州名家""纵论四海""新港报告""创源论坛"等为师生开阔视野,打造了"大先生"系列话剧、金色梧桐节等一批文化品牌。

西安交通大学的校训为"精勤求学、敦笃励志、果毅力行、忠恕任事",学校坚持"扎根西部、服务国家、世界一流"的办学定位,持续弘扬"胸怀大局、无私奉献、弘扬传统、艰苦创业"的西迁精神。在新的历史起点上,西安交通大学对自身建设发展提出了明确目标:到2035年,达到世界一流大学中上水平;到2050年,跻身世界一流大学前列。未来,西安交通大学将继续主动把握世界高等教育发展规律,主动探索21世纪现代大学与社会发展深度融合的新模式、新形态和新经验,打造服务新时代西部大开发形成新格局的创新引擎。

西北工业大学

西北工业大学（Northwestern Polytechnical University）位于陕西省西安市，是中国唯一一所以同时发展航空、航天、航海（三航）工程教育和科学研究为特色的全国重点大学。建校以来，西北工业大学确定了"以学生为根、以育人为本、以学者为要、以学术为魂、以责任为重"的办学理念。在扎根西部、献身国防的建设历程中，学校始终坚持立德树人、培育领军人才，英才辈出，不胜枚举。从早年"航天三少帅"中的张庆伟和雷凡培，到中国探月工程总设计师吴伟仁等，相继为中国航天事业的飞速发展做出了突出贡献。大批西北工业大学学子成为行业精英、国之栋梁，在人才培养领域形成了独有的"西工大现象"，被社会誉为"总师摇篮"。学校始终坚持科技创新、与时俱进，书写了中国历史上的多个"第一"，为武器装备研制和西部建设提供了有力支撑。

西北工业大学历史悠久。1938年国立北洋工学院、国立北平大学工学院、国立东北大学工学院、私立焦作工学院在汉中组

建国立西北工学院，1946年迁至陕西省咸阳。1950年学校更名为西北工学院。1952年交通大学、南京大学、浙江大学的航空工程系在南京组建华东航空学院。1956年内迁陕西省西安市，更名为西安航空学院。1957年10月，西北工学院和西安航空学院在西安市合并成立西北工业大学。1970年2月，哈尔滨工程学院航空工程系并入西北工业大学。2017年进入"一流大学"建设高校行列，是"卓越大学联盟"成员高校和"一带一路"航天创新联盟发起高校。

西北工业大学办学资源富集，学科特色鲜明。在工学、理学、管理学、法学、文学、交叉学科6个学科门类拥有博士点，一级学科学位授权点覆盖9个门类。学校兵器科学与技术学科源于1955年，围绕高性能结构材料、先进功能材料、难加工材料的制备和智能精密成型技术开展研究，以培养有着"国际视野、家国情怀"的行业中坚为目标，瞄准学科学术、技术发展前沿，服务于"国防现代化"的建设。航空航天工程学科涵盖空天飞行技术研究、空天动力技术研究、飞行控制研究等多元方向，始终坚持以培养高素质航天创新人才为己任，服务国家和国防重大战略需求，为国家航天事业发展和国民经济建设贡献力量。学校软件工程学科设置软件工程与系统开发、数据科学与智能服务、领域软件技术与应用三大方向，面向大型工业软件、嵌入式软件领域，形成具有强示范性的高质量产教深度融合的软件人才培养新模式。

西北工业大学现设有航空、航天、航海和国际教育学院、教育实验学院等28个学院。材料学院源于1938年7月成立的国立西北工学院机械工程系与矿冶工程系，近百年来始终坚持"扎根西北，铸大国重器。潜心办学，育华夏栋梁"，积极探索"总师型"人才培养路径，构建了分层次、有统筹的本研衔接课程体系，实施"寓教于研、寓学于研"的培养模式，培育了我国第一位铸造专业博士、全国十大杰出青年和百余位副总师以上的众多行业领军人才，成为铸就和续写"西工大现象"的中坚力量。航空学院历史悠久，可溯源至1933年，近百年来，学院始终坚持以学生为根，以育人为本，精英辈出。学院坚持价值塑造、能力培养、知识传授"三位一体"的人才培养观，着力培养具有家国情怀、追求卓越、引领未来的领军人才。大批优秀毕业生成为行业精英、国之栋梁，两院院士尹泽勇、于起峰、唐长红、邓小刚等以及试飞英雄李中华均是其中的杰出代表。学院师生参与了我国绝大部分重点飞机型号的研制工作，为推动我国航空事业跨越式发展和建设航空强国做出了突出贡献。

学校在人才培养领域形成了独有的"西工大现象",培育了一大批"愿意去、留得住、干得好"的西北工业大学校友。现有学生37000余名,其中,在校研究生22283人,包括硕士研究生15890人,博士研究生6393人。西北工业大学以"国家卓越工程师"学院为抓手,扎实开展工程硕博士改革专项等国家级人才培养专项。超过80%论文选题来源于大飞机、探月等重大工程,联合航空工业等军工企业,发布国家急需领域问题清单,设立研究生创新基金,引导学生选真问题,做真研究。超过80%科研训练深度参与国防领域重大项目,构建"总师+项目+团队"科研训练路径,聘请400余位型号总师、副总师,组建联合项目攻关团队,系统培养创新创造力。超过80%赴国防科研院所实习实践,打造"翱翔一线"协同育人平台,与航天科技等十大军工集团签署战略合作协议,每年选派3000余名研究生赴100余个一线单位实习实践、挂职锻炼,提升职业胜任力。拔尖人才培养体系日益完善。此外,西北工业大学深化全球拓展,国际声誉稳步提升。立足我国西北,学校结合区位优势构建了精耕欧洲、深化对俄、辐射全球的世界一流大学国际合作网络。学校结合自身学科发展优势,成立了"一带一路"航天创新联盟,积极拓展与国际组织的合作,与亚太空间合作组织合作成立航天创新人才培养基地,与亚太工程组织联合会合作成立"一带一路"工程教育培训中心,与联合国大学国际软件技术研究所建立学生实习实践机制。学校自1996年开始招收来华留学生,充分利用陕西历史文化遗产丰厚的优势,通过不同主题的语言文化实践活动,大大提高了国际学生对中国历史文化的了解和热爱。

学校创新引育机制,师资力量雄厚。深入实施新时代人才强校战略,建设适应世界一流大学发展的高水平师资队伍。教职工4300余人,深化人才评价改革,把握人才成长规律,突出品德、能力和业绩,不断健全有利于人才发展和创新的评价体系;学校汇聚了一支由300余位国家级高层次人才为骨干的高素质教师队伍,包括全时两院院士10人、"长江学者"46人、"国家杰出青年科学基金"获得者33人、"万人计划"领军人才40人、国家级教学名师6人、国家级团队33个,国家级青年人才145人。其中,超高温结构复合材料团队是教育部首批创新团队和首批国防科技工业优秀科技创新团队,聚焦航空发动机材料和制造技术研究,在高温合金和铝合金无余量熔模铸工艺理论与制造技术、航空航天高温陶瓷材料和高温陶瓷基复合材料等方面进行了开拓性研究。动力与能源学科团队长期从事高超声速地面实验设备和试验技术、弹头突防气动物理、运载火箭空气动力、吸气式推进与飞行器等领域的理论和实验研究。该团队研制的氢氧激波管、储能放电激波管等多种实验装置，解决了我国大型运载火箭气动设计等多项重要工程问题，为国家科技发展做出了突出贡献。此外，学校科研团队还不断强化服务国家战略能力，翼身融合大型客机缩比试验机顺利完成首飞试验，"飞天一号"火箭冲压组合动力试验成功，"澳门科学一号"卫星B星成功发射，仿蝠鲼等新型水下无人系统研制成功，为铸大国重器再立新功。

西北工业大学占地面积310余万平方米，图书馆现有馆舍总面积约46000平方米，由友谊校区毗邻的东、西两馆和长安校区图书馆组成。西北工业大学的建筑设计融合了中世纪欧洲和中国传统文化元素，展现了中西文化交流的绚烂历史。在校园中，有着如"天兴洲""龙门石窟"等风格各异的建筑，兼具实用性和美学价值。作为一所以工科为主的高校，西北工业大学在鼓励学生开展学科研究的同时，也强调培养学生身心全面发展的思想。学校每年都会举办的本土文化研究活动、"校庆节""五四晚会"等一系列校园文化活动，以及蕴含悠久历史的"秦雪古渡"等传统节日，艺术设计、舞蹈表演、话剧演出等项目也经常在校园中展现，成为学校文化建设的重要补充。

西北工业大学坚守"公诚勇毅"之校训，积极弘扬"三实一新"之校风，即基础之扎实、工作之踏实、作风之朴实以及开拓创新之精神。学校根植于中华大地，心怀国家之伟大使命，始终面向世界科技的尖端、国家经济的核心、国家重大需求以及人民生命健康的关切，不断提升科研创新能力，锐意改革，锐意进取，致力于建设具有中国特色的世界一流大学。

西安电子科技大学

西安电子科技大学（Xidian University）坐落于陕西省西安市，是国内最早建立雷达、信息论、微波天线、电子机械、电子对抗等专业的高校之一，并以电子与信息学科为特色。学校建立近百年来，弘扬"西电精神"，倡导"团结、勤奋、求实、创新"的优良校风，巩固和发展电子与信息优势，实现了飞速发展。学校英才辈出，培育出"天舟"系列飞船副总设计师、"天宫一号"总设计师杨宏，两院院士杨孟飞、郑晓静等治学大师，联想创始人柳传志等行业精英。

西安电子科技大学是1931年诞生于江西省瑞金的第一所工程技术学校，开辟了我国电子与信息学科的先河。在长期办学实践中，学校于1958年迁址陕西省西安市。20世纪60年代"西军电"美名享誉海内外。1988年1月，学校正式更名为西安电子

科技大学。长期以来，学校建设与发展得到了高度重视，并努力成为推动国家信息化建设、国防现代化建设与区域经济社会创新发展的重要力量，致力于建设成为特色鲜明的世界一流大学。

西安电子科技大学是一所工、理、管、文、经等多学科协调发展的全国重点大学，以电子与信息学科为特色，聚力电子与信息领域，着力打造"根基牢、实力强、后劲足、特色鲜明"的一流学科体系。其中，信息与通信工程学科涵盖通信工程、信息工程和空间信息与数字技术3大方向，致力于培养宽口径信息领域高级专门人才，依托通信与信息工程国家级实验教学中心等，秉承着"理论基础扎实、实践应用能力强"的专业特色，与华为、中兴等国内知名通信设备制造企业保持紧密合作关系，目前在通信网络理论与技术、宽带无线移动通信、信道编码与信息传输、图像与视频压缩等领域处于国内领先水平。计算机科学与技术学科形成了嵌入式系统与可穿戴计算、数据工程、计算生物信息学、计算机网络与物联网工程、软件工程基础理论、动态智能化软件工程技术、面向工业软件领域软件工程、视觉智能领域软件工程等富有特色的学科方向，享有很高的社会声誉。集成电路设计与集成系统学科聚焦电路分析基础、信号与系统、模拟电子技术基础、数字电路与逻辑设计研究领域等，以高层次、应用型、复合型的集成电路及各类集成电子系统设计人才培养为目标，打造具有国际视野的研究型与工程型高级技术人才。

西安电子科技大学现设二级教学科研机构26个。计算机科学与技术学院（国家示范性软件学院）始于1958年，是全国最早一批设立计算机科学与技术专业的学院。该学院拥有一支以崔江涛教授为首的年龄结构稳定、学历结构合理、学缘结构良好，能力强、水平高的师资队伍，累积培养了以杨孟飞院士为代表的数万名优秀学子，为服务国家信息产业做出了突出贡献。机电工程学院可追溯到学校1960年成立的雷达技术系，始终以创新和发展为主题，聚焦电子机械、工业设计、自动控制、电气工程、测控工程与仪器和电子封装研究并以学科建设为主线，坚持立德树人、育人为本，打通教产学研合作，培养了我国飞行模拟器领域专家顾宏斌教授、珠峰测量科研者史志刚等高质量复合型人才。西安电子科技大学集成电路学部成立于2024年1月，作为一个新兴学部，统筹集成电路科学与工程一级学科和集成电路学院建设工作，支撑电子科学与技术一级学科建设，是国内较早开展微电子专业人才培养与科学研究的单位之一。学部打造了一支以郝跃院士为代表、中青年高层次专家为骨干，家国情怀深厚的高水平教师队伍。在氮化镓材料与器件、高性能模拟集成电路、系统芯片与集成系统、碳化硅高温半导体材料与器件等方面取得了一系列具有自主知识产权的重大研究成果。

西安电子科技大学不断深化拓展"学风扎实、基础厚实、工程实践能力强"和"科教融合、产教融合"优势，致力于培养基础厚实、术业精湛、求是创新、身心健康、具有国际视野的优秀骨干人才和未来领军人才。现有全日制在校生38958人，其中本科生22718人，硕士研究生13119人，博士研究生3121人。西安电子科技大学基于电子信息科学的优势、浓郁学术和科研环境，学校研究生培养和办学效益在国内享有较高声誉。学校结合国家发展战略，引导研究生攻克信息领域"卡脖子"技术，提升创新能力。在研制新一代雷达技术、下一代超限感知技术，以及挑战核心算法、高端芯片和大型工业软件等重大科技工程项目中，鼓励并大胆起用优秀博士研究生担任首席研究员。与中国电子科技集团、中国航天科技集团、华为、国微、海思、西安市软件园等著名企业和园区开展研究生联合培养，建有100多个联合实验室和实践基地，与安徽省芜湖市、江苏省昆山市等地方政府合作建立研究生联合培养基地，面向地方产业需求开展校企联合培养。学校于2023年4月成立卓越工程师学院，全面负责学校卓越工程师培养体制机制建设和培养体系重构工作。学校实行理事会领导下的院长负责制，理事会成员由校、企共同担任。学院在7个领域方向与合作企业共建产教融合中心，同时设置大湾区、长三角2个校级产教融合联培基地，开展工程项目合作与卓越工程师培养。主动发挥工程专业学位研究生培养的领域特色和规模优势，积极开展专业学位研究生教育改革工作，成效显著，为国家科技发展和区域经济建设输送更多人才。

西安电子科技大学坚持"人才第一资源、人才强校第一战略、人才工作第一抓手"的基本理念，深化推进一流师资汇聚战略，致力于建设国家重要的信息人才中心和创新高地。学校现有专任教师2700余人，其中博士生导师800余人、硕士研究生导师1900余人。大力培养使用战略科学家队伍，现有两院院士3人，欧洲科学院外籍院士、俄罗斯自然科学院外籍院士1人，双聘院士17人；聘有1位院士担任学院院长，5位院士担任学院名誉院长。近年来，西安电子科技大学在科研领域取得了一系列重大成就。其中，生物特征识别与加密实验室针对人脸识别的安全性问题，提出一种可撤销的人脸模板保护方法，该方法在加密域进行识别，在不损失识别精度的同时满足生物特征模板的不可逆、可重新发布以及不可链接等安全性能，为个人生物特征隐私保护提供了一种有效策略。生命科学技术团队在疼痛机制及非侵入性神经调控镇痛领域取得了显著进展。该团队致力于攻克非侵入性神经调控效应量小及个体差异大等难题，不断探索和优化创新治疗策略，以提升镇痛效果的持久性和效率。这些科研团队在各自的研究领域都取得了很高的成就，并将研究成果融入教育教学工作，为学校的学术研究、人才培养，乃至国家发展提供强大的支持。

西安电子科技大学坐落于文化气息浓厚的古都西安，深受历史之深沉与文化之积淀的熏陶。学校分为南北两大校区，北校区坐落于西安高新技术产业开发区，与时代的脉搏紧密相连；南校区则依偎在风景如画的终南山脚下，风景秀丽。当徜徉在校园中，尤其在校园路口或在花影树丛放眼望去，便可以看到一座座形态各异的石刻，这是西安电子科技大学的莘莘学子留给母校的一种精神寄托。文字里蕴含着深邃的文化内涵，有着含蓄曲折的"象外空间"，成为广大后学的言传身教，使这种文化遗产"薪火相传，泽被后世"，成为后学者的宝贵精神财富。石传深情，西安电子科技大学的石雕文化具有永久性，以静示动，以无声似有声。校园内绿树成荫，芳草萋萋，古典与现代建筑错落有致，环境优雅宁静。南、北两校区总占地面积近270万平方米，校舍建筑面积超过130万平方米，地域辽阔，资源丰富。学校拥有先进的教学设施和丰富的教育资源，为学子们提供了广阔的学习平台。西安电子科技大学图书馆由北校区逸夫图书馆和南校区图书馆组成，建筑面积总计约5.97万平方米，自2010年开始，每年在此举办"4.23"阅读推广活动，2016年获批设立"全民阅读示范基地"。图书馆2016年4月开放的"西军电文库"，讲述与学校有关的文献故事，已形成了一定规模的特藏；它同时是学校一个重要的文化基地。

西安电子科技大学以其卓越的教育质量和深厚的文化底蕴，成为无数学子向往的学习圣地，这里，是知识的海洋，是智慧的摇篮，每一寸土地都弥漫着学术的馨香。面向新时代，西安电子科技大学秉承"厚德、求真、砺学、笃行"的校训，贯彻"全心全意为人民服务"的办学宗旨，以高质量发展为主题，全面落实立德树人根本任务，全面提升教育质量，为把学校建设成为特色鲜明的世界一流大学而不懈奋斗！

西北农林科技大学

西北农林科技大学（Northwest A&F University），地处关中腹地的国家级农业高新技术产业示范区——陕西省咸阳市杨凌区。这里是我国古代农耕文明和先周文化的发祥地，也是西北地区现代高等农业科教事业的发源地。学校长期坚持在此办学，传承后稷"教民稼穑"薪火，步入我国高等教育和农业科技"国家队"的第一方阵，成为推动西部发展和旱区农业发展的"排头兵"和"生力军"，走出了一条产学研紧密结合的特色办学之路。建校以来为社会累计培养输送各类人才近30万人，毕业生遍布海内外，有28位校友成为两院院士，为西北乃至全国农业现代化建设及农村经济社会发展做出了重要贡献。

西北农林科技大学自诞生之日起，就与国家和民族的命运

休戚相关、荣辱与共，肩负着建设西北、兴学兴农、培育英才的历史重任。学校前身是创建于1934年的国立西北农林专科学校，为西北地区最早的高等农林教育学府。1999年9月，党中央、国务院为实施西部大开发战略和推进科教体制统筹改革，将同处杨凌的原西北农业大学、西北林学院、中国科学院水利部水土保持研究所、水利部西北水利科学研究所、陕西省农业科学院、陕西省林业科学院、陕西省中国科学院西北植物研究所7所科教单位合并组建成立西北农林科技大学，实行部省院共建机制，赋予学校支撑和引领干旱半干旱地区现代农业发展的重要使命。2019年，教育部等七部省院局联合出台意见继续深化共建西北农林科技大学，协力支持学校加快建设世界一流农业大学，为学校发展带来了新机遇。建校以来，一代代西北农林科技大学人形成了"扎根杨凌、胸怀社稷，脚踏黄土、情系'三农'，甘于吃苦、追求卓越"的"西农"精神和"团结、求真、坚韧、自信"的"西农"科学文化，走出了一条产学研紧密结合的特色办学之路。

学校已发展为全国农林水学科最为齐备的高等农业院校。共有14个博士后流动站，16个博士学位授权一级学科，29个硕士学位授权一级学科，涵盖农学、理学、工学、经济学、管理学、法学、医学、艺术8个学科门类。植物保护学科围绕农作物重要病虫害成灾机理及防控关键技术、生物多样性、生物源农药创制及其应用技术等国际学术前沿和国家战略需求，积极开展原始创新研究，提供高质量社会服务，培养具有国际视野的拔尖创新人才，创建为国际一流学科。畜牧学学科积淀深厚，拥有动物遗传育种与繁殖、动物营养与饲料科学、特种经济动物饲养3个领域，形成牛羊基因工程育种、家畜遗传改良、动物生殖生理与繁殖调控、动物营养代谢与饲料科学4个学科方向。在牛羊遗传进化研究、牛羊基因编辑技术创新、家畜肌肉发育与脂质代谢机理研究方面居世界领先水平，在家畜精子能量代谢调控机理、牛羊消化道微生物功能研究方面居国内领先水平。环境科学与工程学科的研究方向包括旱区环境污染诊断与过程、农业水土污染防控与修复、农林废弃物处理与资源化利用以及退化生态环境恢复与全球变化。环境科学与工程学科近20年来共培养高层次人才800余名，这些人才成为高校、科研机构、政府部门主要学术带头人、技术骨干和部门负责人。面向国家战略需求，学校加强作物健康、生物医学、家畜生物学等交叉学科建设和人才培养，践行使命担当。

学校设有研究生院和28个学院（部），各学院以"强农兴农"为己任。动物科技学院是西北农林科技大学办学历史最悠久的学院之一，聚焦畜牧产业重大科学和技术问题，有效带动了西部现代畜牧业的发展，建院先后培养各类人才10000余人。农学院尤以小麦遗传育种研究和旱作农业研究见长，为我国旱区农业发展做出了奠基性、引领性的贡献。学院培养了一大批杰出的农学家，他们在国内外享有广泛的声誉，其中王绶教授、沈学年教授、赵洪璋院士、李振声院士、喻树迅院士等都是学院师生中的杰出代表。植物保护学院揭开了小麦条锈菌毒性变异之谜，被誉为锈病研究的新里程碑；明确了病毒跨界传播、真菌有性生殖调控、细菌跨界信号感受机制，开创了病原微生物学研究新方向。涂治院士、林镕院士、周尧教授等著名学者先后在此执教，培养出以李振岐院士、魏江春院士、康振生院士等为代表的8000余名科学精英和"三农"领域的佼佼者。

截至2023年9月，学校共有全日制在校生36836人，其中本科生22297人，硕士研究生10782人，博士研究生3397人，留学生269人，预科生91人，本科生数占全日制在校生总数的60.53%。学校深入推进研究生培养改革。围绕农业关键技术领域，学校设置生物育种、生物医学等人才培养专项，配置专项招生指标，推进高精尖缺人才培养。自2009年起，西北农林科技大学便积极投身于"项目制"专业学位研究生培养的改革与探索之中。这种独特的培养模式打破了传统的学科及部门壁垒，通过设定前置条件来精准招生，并根据实际情况动态调整招生指标，以确保培养质量。学校特别设置了"乡村振兴"和"一带一路"两个专项的专业学位研究生培养项目，旨在培养具备国际视野和本土实践经验的高层次人才。经过这种系统的培养，西北农林科技大学已经成功培育出一批"下得去、用得上、留得住"的高层次复合应用型农业人才。

截至2023年9月，学校有专任教师2554人，生师比约为18∶1。专任教师中，具有高级职称的专任教师1893人，占专任教师的比例为74.12%；具有硕博士学位的专任教师2430人，占专任教师的比例为95.14%。学校现有中国工程院院士4人，国家级教学团队7个，黄大年式教师团队3个，教育部创新团队3个，科技部重点领域创新团队1个等。植物免疫研究团队围绕主要粮食作物重大病害开展协同攻关，在病害致病机理及综合防治方面取得重大突破，为国家粮食安全和食品安全做出更大贡献。植物氮素营养团队研究成果在《科学》在线发表，将为提高作物的氮利用效率、减少化肥使用和能源消耗、促进农业可持续发展提供新的思路。黄土高原优质苹果生产技术研究团队致力于苹果的理论与生产技术研究，以及苹果产业化的试验与推广，开展了大规模的苹果杂交育种工作，秦阳、瑞阳、瑞雪等优良苹果品种，已在生产上大面积推广。

西北农林科技大学享有"花园式学府"的美誉，校园内四季有绿、处处花香，山水园林路和谐自然。校园内有经济树木园、月季园、乔木园、灌木园等13个植物专类园，以及银杏林和枫树林等林地，为师生提供了丰富的植物知识和观赏价值。三号教学楼是西北农林科技大学的地标性建筑之一，也是学校历史最悠久的教学楼。这座古朴典雅的建筑见证了学校的风雨沧桑和一代代学子的成长。学校将校训、校史、办学理念及励志名言、二十四节气元素融入校园园林景观中，形成了独特的校园文化氛围。学校共有3个图书馆，馆藏资源覆盖所有学科，形成以农业、林业、水利、生物、机电、资环、信息等学科为重点，以干旱半干旱地区农业研究为特色的馆藏体系。学校充分发挥农业特色，将美育与耕读教育紧密结合，开设"大美秦岭""九曲黄河""大国三农"系列精品通识类课程，举办"畅想园艺"系列活动，打造具有农科特色、体现现代化水平、满足专业需求的美育实践教学平台。

西北农林科技大学将继续坚定不移地秉持"顶天""立地"两个发展方向，践行"诚朴勇毅"的校训精神，积极实施人才强校、国际化、信息化三大核心战略，以卓越的学术实力和社会责任感，切实履行服务保障国家粮食安全、生态文明、人类健康、乡村振兴这4大重要学科使命。学校将努力争做卓越农林人才培养的标杆、引领干旱半干旱地区未来农业发展的标杆、助力实施乡村振兴战略的标杆、助推"一带一路"建设的标杆以及校地深度融合发展的标杆，以建设中国特色世界一流农业大学为目标，为推进强国建设、民族复兴伟业而持续奋斗。

兰州大学

兰州大学（Lanzhou University）位于甘肃省兰州市，是中国西北地区第一个具有现代意义的高等学校。学校创建于1909年，在百余年的办学历程中，坚守在西部、奋斗为国家，走出了在经济待发达地区创办中国特色、世界一流大学的奋进之路，创造了化学"一门八院士"、地学"师生三代勇闯地球三极"、中国科学院"兰大军团"、隆基兰大合伙人等享誉国内外的"兰大现象"。杰出的科学家、中国科学院院士秦大河，不仅是中国徒步跨越南极的先驱，更是首位荣获国际环境殊荣的华人；中国科学院院士葛墨林与涂永强，亦是兰大的璀璨星辰。这些学术界的璀璨明珠，皆出自兰州大学的沃土，他们的成就与荣耀，为兰州大学增添了无尽的光辉。学校以浓郁的家国情怀、独特的坚守奋斗，赢得了"基础扎实、知识面宽、勤奋实干"的美誉，为我国

西部开发与建设提供了高校智慧。

兰州大学的前身是创建于1909年的甘肃法政学堂，这是甘肃省近代高等教育开端之标志，开启了西北高等教育的先河。1928年，扩建为兰州中山大学，后更名为国立兰州大学。1952年，学校被确定为国家十四所综合性大学之一；1954年开设研究生教育；2002年和2004年，原甘肃省草原生态研究所、兰州医学院先后并入兰州大学。2018年1月，兰州大学成立祁连山研究院，全面服务于祁连山国家公园建设，充分体现了学校的社会责任与担当。

兰州大学按照"兴文、厚理、拓工、精农、强医"的学科发展思路，现有学科涵盖了12个学科门类。其中，兰州大学化学学科起源于1946年秋成立的国立兰州大学化学系，现主要包含无机化学、分析化学、有机化学、物理化学、高分子化学与物理、化学信息学、放射化学、药物化学在内的丰富研究方向，在交叉融合发展理念指引之下，化学学科逐渐形成了"功能分子""稀土化学""能源与催化"三大研究方向群，开创化学学科科学研究新样态。学校大气学科始于1958年成立的气象学教研组，具体包含气候动力学和气候预测、半干旱气候变化、大气动力学模拟、大气遥感与资料同化、干旱气候和灾害气象等丰富多元的方向，学科依托具有国际先进水准的半干旱气候与环境观测站，围绕半干旱气候地区的现实问题深入钻研，开展甘肃省、宁夏回族自治区、内蒙古自治区等地大气污染源解析与防治研究，在服务地方发展中做出卓越贡献。

兰州大学下设42个二级学院。化学化工学院成立数十年来，一批留学回国知名专家张怀朴、袁翰青、常麟定、戈福祥、方乘、左宗杞、陈时伟、王雏文等组成的先驱者，为化学系的崛兴奠定了坚实的基础。20世纪50年代和60年代初，程溥、韦镜权、刘有成、朱子清、黄文魁、陈耀祖等近百名专家学者，或留学回国，或支援大西北，陆续来到了兰州大学，为化学学科后来的发展奠定了坚实基础。化学化工学院历经70余载建设与发展，经过几代人的不懈奋斗，已经形成了实力雄厚、作风过硬的教学和科研集体，培养出以吴云东、涂永强、周其林、冯小明院士为代表的一大批优秀人才，成为国家布局在西部地区化学化工高层次人才培养和科学研究的重要基地。兰州大学大气科学学院始于1958年成立的气象学教研组。1971年正式创办气象学专业，2004年6月，兰州大学根据国家气象事业发展的需要，为推动大气科学学科的更快发展，成立我国高校第一个大气科学学院，在丑纪范院士、黄建平教授等学科带头人的带领下，学院通过打造锐意进取的师资团队，积极发挥一流学科优势，开展特色研究，注重局校合作、军地合作、国际合作，努力构建一流的研究型大学大气科学拔尖创新人才培养体系，现已发展成为我国高等院校中具有完整体系的人才培养基地、高水平科学研究基地和国家大气科学创新体系的重要组成部分。

兰州大学落实立德树人根本任务，弘扬"勤奋、求实、进取"的优良学风，不断完善人才培养体系、提高人才培养质量。现有本科生20504人，硕士研究生14557人，博士研究生4688人。其中学校学位与研究生教育从无到有，在自然条件十分艰苦、社会发展相对落后的情况下，历尽筚路蓝缕之艰难，饱经呕心沥血之辛苦，积极探索经济欠发达地区综合性、研究型、高水平大学研究生培养的新模式，已建成层次完整、门类齐全的研究生培养体系，为国家培养了数以万计的高层次人才，已成为国家重要的研究生培养基地之一。兰州大学始终坚持全方位育人。立足西北，结合学科发展与科学研究所需，学科带头人带队徒步横穿塔克拉玛干沙漠、攀登高原、穿越冰川，在艰苦的野外环境实践中锤炼品格意志，通过科研育人培养研究生崇尚卓越、扎实严谨的科学精神。学校与荣耀终端有限公司、敦煌研究院、扬子江药业集团有限公司等8个单位共建专业学位研究生实践基地。学校给予学生多元的学习机会，加强研究生实践创新能力培养，探索以提升实践能力为导向的专业学位研究生培养模式。学校坚持开放办学，积极开展对外交流与合作，先后与世界49个国家和地区的276所高校及科研机构建立了交流合作关系，有1300多位外籍专家学者应邀来校交流讲学。学校设立专项资金用以鼓励和资助优秀在读研究生出国（境）参加高水平国际学术会议、短期国际讲习班，进一步突出国际视野，提高研究生教育国际化水平。

兰州坚持"近者悦、远者来"的人才工作理念，构建"稳培引用"有机结合的工作机制。现有专、兼职教学科研人员3069人，其中，教授、研究员1321人，副教授、副研究员864人。有研究生导师2400人；在站博士后339人；临床医学教授123人、副教授262人。有两院院士（含兼职）23人。学校生态学团队立足西部和丝绸之路沿线国家独特复杂的气候与地理环境及丰富多样的特色生物资源，坚持理论与应用并重，开展多层次交叉融合的综合性研究，进行实践指导、模式推广和政策咨询，构建和完善生态学理论体系、寒旱区退化生态恢复与污染环境修复技术体系、区域社会经济协调发展模式等，为国家西部生态安全屏障建设、黄河流域及"丝绸之路"生态保护与高质量发展等提供理论支撑与技术保障。学校育种团队共历时15年，在海拔高（2800米）、寒冷（年均气温仅-4~8℃、最低气温-26℃）、干旱（年降雨量为265毫米且多在秋季，蒸发量在1500毫米以上）的严酷生态条件下，经4个世代的连续选育，育成了我国首个适应高海拔、寒冷、干旱自然环境和放牧、半放牧半舍饲和舍饲饲养方式的肉用细毛羊新品种。可切实保证宝贵细毛羊资源不因羊毛市场波动和羊毛与羊肉比较效益的落差而混杂和泯灭，满足了高寒地区特别是细毛羊产区保毛增肉的重大需求，为该类地区羊品种升级换代提供了良好的种源保障，为我国羊核心种源的自主可控贡献了兰大力量，有效地为羊产业提质增效和乡村振兴赋能。

兰州大学设有榆中、城关2个校区，占地面积236.27万平方米。学校城关校区校史馆参考至公堂原址设计而成，忠实地记载着兰州大学的历史沿革和今日风采汇聚，联系着兰州大学过去与未来的纽带，也是一代一代兰州大学人接续奋斗的集锦展览。毓秀湖坐落于兰州大学本部校园中北区域，是一个幽静而文雅的湖，是兰州大学学子抚卷读书的大好去处，见证了一代又一代风华正茂的铮铮学子。博物馆颇具地域特色，是文化传承和立德树人的重要基地。如生物与环境展展示了西北丰富多彩的地形地貌和生物资源；历史文物展展示了以独具特色的甘肃彩陶为重点的西北历史文物等。此外，兰州大学坚持以全面提升高层次人才培养质量为核心，努力创造崇尚优秀、追求卓越、勇于创新的校园学术氛围。通过推出"百年兰大·名家讲坛"等具有特色的校园学术活动和研究生学术年会制度，搭建展示研究生学术成果的平台，激发研究生创新意识，积极倡导奋发向上、勇于探索的科学精神，营造良好的创新学术环境。

兰州大学以建成中国特色、世界一流大学为目标，发扬"自强不息、独树一帜"的校训精神，坚持"勤奋、求实、进取"的优良学风，不忘初心、牢记使命、坚守奋斗，致力于在中国西部大地书写建设教育强国的时代答卷，为以中国式现代化全面推进强国建设和民族复兴伟业做出新的更大贡献。

青海大学

青海大学（Qinghai University）地处青海省西宁市，是一所"以工、农、医、管为主，其他学科协调发展"的教学研究型大学，是国家"中西部高校综合实力提升工程"重点建设的十四所高校之一。青海大学是人才的摇篮，全国"五一劳动奖章"获得者李金福、全国名老中医药专家学术经验继承人池晓玲、"中华预防医学会公共卫生与预防医学发展贡献奖"获得者次仁顿珠等，他们从青海大学走向祖国大地，为祖国建设添砖加瓦。青海大学在生态学等领域成果显著，为青海乃至全国生态保护贡献力量。青海大学以鲜明的办学特色、创新的办学实践、开放的办学

理念，吸引诸多学子步入青海的"知识殿堂"。

青海大学的前身是1958年建立的青海工学院。1960年11月，青海工学院与青海农牧学院、青海医学院、青海财经学院合并为青海大学。1988年，学校更名为青海大学，此后院系构成不断完备。1997年，青海畜牧兽医学院并入青海大学。2001年，青海省农林科学院、青海省畜牧兽医科学院、青海财经职业技术学院并入青海大学。2004年，青海医学院并入青海大学。2017年，入选首批国家一流学科建设高校。2018年2月，成为教育部与青海省人民政府"部省合建高校"。2022年2月，入选第二轮国家"双一流"建设高校。今日的青海大学服务青海建设，立足国家战略，依托完备的科研平台、优秀的师资队伍、雄厚的学术氛围，朝着有特色、高水平的现代大学目标而努力。

青海大学的学科门类涵盖工学、理学、农学、医学、经济学、管理学等多个学科。截至2023年11月，学校设有本科专业69个，设有一级学科博士学位授权点5个，一级学科硕士学位授权点20个，二级学科硕士学位授权点108个，有硕士专业学位授权类别15个涉及96个专业领域。学校拥有生态学世界一流建设学科1个、国内一流建设学科2个、省内一流建设学科1个，有交叉学科1个。生态学科涉及高原动物、植物和极端环境微生物资源保护和利用、青藏高原生态环境保护与评价、天然产物应用研究与开发等方面的研究，致力于培养一批具有创新精神、实践能力、扎根高原的应用型人才。内科学（高原医学）是国家重点培育学科，涉及高原基础医学、高原生理学、中藏药药理学等研究领域，旨在培养具有医学基础理论与实践能力、社会责任感的专业人才，不断提高高原地区医学发展水平。学校的作物学学科致力于培养具有扎实的理论知识、服务于乡村振兴建设的高素质应用型人才，学科以油菜、马铃薯等为研究对象，涵盖作物栽培与耕作、作物遗传育种等方向。青海大学的学科建设立足区域发展、依托区域资源，为青海省经济建设和社会发展做出了积极贡献。

青海大学设有18个学院（系、部）。其中，生态环境工程学院科研力量雄厚，瞄准青海生态立省战略，建立省级生物科学实验教学示范中心、省级分子生物学与生物化学重点实验室、高原水生生物和生态研究所等科研平台，开展高原生物、植物和极端环境微生物资源保护和利用、青藏高原生物保护与评价等方面的研究工作。机械工程学院历史悠久，是青海大学成立最早的工科学院之一。学院立足青海地区的盐湖资源和有色金属矿产资源，开设盐湖功能材料、新兴合金及深加工等特色研究方向，提出的镁铝锰系镁合金的熔体净化、含锰粒子控制等技术和方法成功实现科技成果的转化。青海大学的藏医学院极具地域特色，坚持"立足青海、服务藏区、辐射全国、走向世界"，致力于培养高素质创新型藏医学人才。学院积极推动校企合作，建立了青海大学藏医学院、青海藏医药博物馆、青海省藏医院、青海省藏医药研究院和金诃藏药股份有限公司"五位一体""产学研医文化相结合"的协同创新体制，为藏医药学和中国传统医学的传播贡献力量。

截至2023年12月，青海大学拥有全日制在校生25871人，其中研究生5003人、本专科生20868人。研究生人数占全校在校生总数的19.3%。青海大学采用"综合素质、拔尖创新、地方特色"三大类、"大类培养、专业培养、多元培养"三阶段的本科人才培养体系。在研究生培养方面，青海大学的科技小院极具特色。学校派遣研究生进行驻地研究，为农民提供技术支持进而促进高质量的生产。科技小院是将教育、科研、服务社会有机统一的研究生育人模式，既能服务地方经济发展之需要，又能促进研究生实践能力之培养。另外，学校利用对口支援政策，与清华大学、上海交通大学、西北农林科技大学等开展校校合作，大大促进青海大学研究生的培养质量。此外，青海大学积极推动国际化进程，与美国加州大学洛杉矶分校等众多国外知名院校建立合作关系。在2019年获批"藏医药国际合作基地（青海）"，其高原医学研究中心与美国犹他大学共建"青海-犹他"高原医学联合重点实验室。

青海大学汇集一批雄厚的师资力量。截至2023年，学校有教职工5429人（其中教学科研单位2244人）；专任教师1400余人，专任教师中有博士700人；有正高305人（其中二级教授20人），副高675人；享受国务院特殊津贴专家40人。学校现有双聘院士9人，双聘教授7人，教育部"长江学者奖励计划"特聘教授6人、青年项目1人，国家"万人计划"专家2人，国家"杰出青年基金"获得者2人，入选国家"万人计划"、国家"百千万人才工程"、教育部"新世纪优秀人才支持计划"等国家级人才24人，享受"国务院特殊津贴专家"38人，获"国家创新争先奖""香港何梁何利基金科学与技术创新奖""霍英东教育基金会青年教师奖""中国侨界（创新人才）贡献奖""第三世界国家科学院全球唯一基础医学奖"等19人，全国及省级教学名师、优秀教师、教育工作者40余人，省级优秀专家、优秀专业技术人才60余人，入选青海省"高端创新人才千人计划"

人才项目643人，团队项目25个，青海省"135"高层次人才、省级自然科学与工程技术学科带头人260人。1个团队入选"教育部创新团队发展计划"，16个研究团队入选"青海省人才小高地"。王光谦教授团队长期从事水沙科学和江河治理工作，将科研团队支援青海建设，为青海大学发展以及青海区域发展注入新活力。倪晋仁教授团队主要就河沙治理领域进行攻难克坚，为生态环境保护提供关键技术。

青海大学拥有校本部、昆仑学院校区、藏医学院三大校区，占地约200万平方米，建筑面积约83万平方米。学校的所在地西宁是一座高原古城，将黄土高原特色与青藏高原特色紧密结合。西宁属于高原大陆性气候，夏季凉爽湿润，因此也是避暑胜地。校园花木繁茂、环境优美，极具现代人文气息，是读书治学的理想之地。青海大学图书馆，由本部图书馆、医学部分馆、青海大学附属医院分馆、农林科学院信息所、牧科院信息所5部分构成。其中，校本部图书馆馆藏文献总量为90余万册。此外，青海大学连续举办科技艺术节、社团文化节、阅读文化节等系列活动，校园文化丰富。

青海大学弘扬"登高望远、自信开放、团结奉献、不懈奋斗"的新青海精神；秉承"志比昆仑，学竞江河"的校训，即求知求学如长江黄河奔流不息、立德立志如莽莽昆仑崇高俊逸。学校立足青海建设，服务国家战略，加强校校合作。学校以立德树人为根本任务，以为党育人、为国育才为育人目标，艰苦奋斗、砥砺前行，努力将青海大学建设成学术氛围浓厚、科研平台完备、师资体系雄厚、育人质量优秀的现代大学，为青海乃至西部建设添砖加瓦，在教育强国的战略中贡献青海力量。

新疆大学

新疆大学（Xinjiang University）位于新疆维吾尔自治区乌鲁木齐市，是教育部与新疆维吾尔自治区人民政府"部省合作共建高校"、"双一流"建设高校、"211工程"建设高校。学校矗立在祖国西北边陲，自其诞生之日起，便承载着深厚的历史底蕴与独特的文化使命。在国家高等教育布局中，学校扮演着举足轻重的角色，不仅是自治区高等教育的领头羊和排头兵，更是推动区域教育事业发展的重要力量。在近百年的发展历程中，新疆大学始终坚守着维护祖国统一、民族团结、国家安全、社会稳定的使命，积极服务国家发展战略和自治区经济社会发展需要，将自

身的发展与国家的繁荣紧密相连,为新疆经济社会发展培养了20余万名各民族专门人才。

新疆大学前身为1924年创办的新疆俄文法政专门学校。该校拉开了新疆高等教育的序幕。1935年,学校改建为新疆学院;1950年,新疆省人民政府将原省语文学院并入新疆学院,并将新疆学院更名为新疆民族学院;1954年,新疆民族学院复名为新疆学院。1955年,高等教育部部长杨秀峰到新疆学院视察工作时,指示以新疆学院为基础筹建新疆大学。1959年5月,高等教育部决定由北京大学、清华大学、西北大学等院校支援新疆大学的成立工作。1960年,新疆大学正式成立,随后在国家历次确立重点建设大学时,新疆大学均位居其中。1978年,学校被国务院确定为第一批88所重点高等院校之一和全国16所综合性重点大学之一。2000年,新疆大学与原新疆工学院合并组建新的新疆大学。2018年,学校被确定为教育部与新疆维吾尔自治区人民政府"部区合建"高校。目前,学校正在把新疆大学建成丝绸之路经济带上特色鲜明的综合性研究型一流大学,使新疆大学成为培养兴疆固边人才的摇篮、引领区域创新发展的高地。

新疆大学学科门类齐全,现有哲学、经济学、法学、文学、历史学、理学、工学、管理学、艺术学9个学科门类,涵盖了高级专门人才培养和科学研究的主要领域。近年来,新疆大学学科特色进一步凸显,学校持续聚焦一流学科及优势特色学科建设,在资金、队伍、平台等方面予以重点倾斜。计算机科学与技术学科聚焦多语言多模态认知计算与内容安全等研究,在"丝绸之路经济带"多种自然语言互译等领域形成一批高水平研究成果。化学学科以解决新疆碳基能源资源清洁高效转化与高值化利用中的重大基础科学问题、工程技术难题和需求为导向,聚焦碳基能源资源化学基础、碳基功能材料、碳基能源资源催化转化3个优势特色研究方向,开展基础与应用基础研究。机械工程学科是重要的优势学科之一,研究方向涵盖了机械设计及理论、机械制造及其自动化、机械电子工程等多个领域,在现代设计方法与数值仿真、结构优化设计方法与显示处理以及虚拟产品设计与开发等方向的研究取得了一系列创新性的成果。

新疆大学现有28个学院,涵盖了多个学科领域。其中,生命科学与技术学院是一个具有鲜明办学特色的学院,针对新疆特色生物资源及新疆经济社会行业发展需求开展应用基础研究,包括动物、植物、微生物资源保护、功能基因挖掘及开发利用,农、畜产品深加工,新疆重大疾病诊断、预防及治疗等,研究成果丰硕，为国家和自治区培养了大批研究人员及专业技术人才。资源与环境科学学院是国内资源与环境科学领域的重要研究机构之一，研究领域涵盖了地质学、环境科学、地球物理学等多个方向，为新疆乃至全国的资源开发和环境保护提供了重要支撑。纺织与服装学院是新疆大学中具有鲜明特色的学院之一，在纺织新材料、服装设计与工艺、纺织机械与自动化等方面取得了多项创新成果，积极探索智能化、绿色化的纺织生产技术，为新疆纺织产业的转型升级提供了技术支持和智力保障。

截至2023年，新疆大学现有各类在校生38449人，其中普通本科生22392人，硕士研究生14629人，博士研究生1321人，留学生107人。在本科生培养方面，学校持续推进拔尖创新人才培养，继续开办数学与应用数学专业理科基地班、法学、计算机科学与技术、机械工程等专业卓越班，生物科学专业实验班等；持续开展本科生导师制，推动教育教学从以"教"为中心向以"学"为中心转变，从以"管"为主向以"导"为主转变，实现"教书""育人"有机结合，提高人才培养质量和办学水平。在研究生培养方面，未来技术学院聚焦智能科学与技术专业，开展了符合未来技术特征、学科交叉型拔尖创新人才的"一人一策"个性化全面选课制、常态化系列学术讲座等实践，形成开放式、多学科、跨专业的课程体系，实施本硕贯通式培养模式；商学院积极探索实施管理类专业学位研究生项目制培养新模式，同各专业学位点依托单位经济与管理学院、政治与公共管理学院、建筑工程学院、机械工程学院、旅游学院就项目制培养如何落地实施分别召开了2~3轮的分析研讨会议，形成了5个管理类专业学位研究生项目制培养新方案。此外，新疆大学是新疆维吾尔自治区最早开展来华留学生教育的高等院校，至今已培养来自哈萨克斯坦、吉尔吉斯斯坦、塔吉克斯坦、土库曼斯坦、巴基斯坦、乌兹别克斯坦、俄罗斯、美国、英国、日本等60多个国家的8000多名知华友华的国际人才。学校与27个国家和地区的80多所高校和教育科研机构签署了教育交流与科研合作协议（备忘录），在吉尔吉斯斯坦、俄罗斯设立3所孔子学院。

新疆大学拥有一支由资深学者和青年才俊组成的师资队伍，他们在各自的学科领域有着深厚的学术造诣和丰富的教学经验，为培养高素质人才提供了坚实保障。学校现有专任教师2071人，具有高级职称专任教师1052人，具有博士学位教师1147人。现有中国工程院院士1名，入选国家级人才项目21人，"全国高校黄大年式教师团队"2个，教育部"新世纪优秀人才支持计划"8人，自治区突出贡献优秀专家17人，自治区文化名家暨"四个一批"人才和文化产业领军人才6人，自治区"国家高层次人才特殊支持计划"后备人选13人。比如，汪烈军教授负责的"多模态信息感知智能处理"创新团队在视觉图像智能处理、语音智能处理、自然语言智能处理、网络信息协同智能处理等领域有着深入的研究；天山学者郑方教授和信息科学与工程学院艾斯卡尔·艾木都拉教授带领的研究团队主要从事多语言语音识别、声纹识别、语音合成等领域的研究，与清华大学等多个单位合作，共同申报的"'声纹+'可信数字身份认证关键技术及应用项目"荣获了中国产学研合作创新成果奖二等奖。

新疆大学作为新疆地区历史悠久的高等学府，校园内保留了许多具有历史价值的建筑。这些建筑不仅见证了新疆大学的发展历程，也反映了新疆地区文化和教育的变迁。解放楼始建于1953年，是新疆大学最具代表性的历史建筑之一，是今天新疆大学校史馆的前身，也是新疆大学最早的教学楼，占地面积4133平方米，共两层，当年主要是地理系、政治系，历史系的教学楼。2014年，经过改造和修缮，这里正式成为新疆大学校史馆，新疆大学一批珍贵的历史资料得到了有效的保管和陈列，展示了新疆大学的悠久历史、发展变化。2018年，校史馆再次进行了改造升级。改造后的校史馆分为6个展厅，分别是"流金岁月""红色传承""坚守阵地""笃志耕耘""砥砺前行""情系新大"，在二楼还专门开设了中华优秀传统文化展。

在新疆这片辽阔而富饶的土地上，在百年历史进程中，新疆大学凝练形成了"团结、紧张、质朴、活泼"的校训精神。站在建校一百年的重要历史节点上，新疆大学提出：到2024年，全面建成"西部先进、中亚一流、国际知名"的高水平大学。到2035年，学校整体水平达到国内一流，成为在中亚地区最具影响力的区域一流大学；到2050年，基本建成中国特色的一流大学。

后　记

　　改革开放以来，中国大学改革发展逐渐迈上快车道，高等教育制度和体系不断完善，学位制度实施为大学高层次人才培养提供了法律保障。重点学科建设、"211工程""985工程""双一流"建设的实施提升了中国大学的整体办学水平，为中国高等教育比肩国际高水平大学奠定了良好的基础。

　　面对百年未有之大变局，党中央高瞻远瞩地做出教育强国的战略布局。建设教育强国，龙头是高等教育。要把加快建设中国特色、世界一流的大学和优势学科作为重中之重，大力加强基础学科、新兴学科、交叉学科建设，瞄准世界科技前沿和国家重大战略需求，推进科研创新，不断提升原始创新能力和人才培养质量。一流大学要发挥教育、科技、人才三位一体的枢纽作用，发挥高层次人才培养、科学原始创新、社会服务的支撑作用，引领教育强国建设。同时，中国大学在走向国际舞台的过程中要讲好中国故事，扩大中国大学的国际影响力。

　　中国高等教育已进入普及化阶段，上"好大学"成为社会关注的焦点。为进一步深入挖掘中国大学的精神内核和文化底蕴，讲好中国大学发展的故事，展现中国大学的精神文化，推介中国大学的办学模式，扩大中国大学全球影响力，进一步呈现大学发展的成效，回答社会对世界一流大学的热切关注，2023年6月，笔者开始构思《世界大学100强》和《中国大学100强》的内容框架和撰写思路。2023年10月，教育部学位管理与研究生教育战略研究基地（北京理工大学）成立两本书的研究撰写课题组，正式启动研究撰写工作。课题组聘请教育领域的著名专家，成立专家咨询委员会，多次召开编写组研讨会，反复征求有关专家和学者的意见和建议，确定了《世界大学100强》和《中国大学100强》的大学名单。

　　《中国大学100强》秉承"面向世界、服务需求"的理念，讲好中国大学发展故事，展现中国大学深厚的精神内涵、丰富文化底蕴和独特的发展模式。《中国大学100强》从历史沿革、学科特色、重点院系、学生结构、师资队伍、校园

后　记

文化等维度，全面呈现了中国百所大学的发展状态。

本书的研究撰写课题组成员来自北京理工大学、安徽大学、湖南师范大学、首都师范大学等单位。本书的策划、整体框架设计、全书统稿均由笔者负责，中国科学技术出版社科学教育分社社长王晓义和安徽大学蔺跟荣参与了本书的策划与研讨。本书的主要参与者有：王战军、李旖旎、蔺跟荣、张泽慧、张晓峰、钟贞、雷紫绚、邱玉超、王烨、武成慧、余娅等。

本书的研究撰写工作得到了来自各方的支持和帮助，对他们做出的贡献和辛苦付出表示感谢。同时，本书在研究撰写时还参考了相关书籍和资料，在此感谢这些带给我们参考和启示的所有参考文献的作者！感谢王晓义一直参与本书的策划、出版。

由于水平有限，再加上时间仓促，对书中内容的整体把握和精髓细刻都留有许多遗憾，难免存在一些疏漏和不当之处，期待各位读者、同人谅解并不吝赐教。

王战军

2024年5月